당대當代 타이완의
민족주의의 문화정치

이 번역서는 2017년 대한민국 교육부와 한국연구재단의 지원을 받아 수행된 연구임(NRF-2017S1A6A3A03079318)

접경인문학
번역총서
012

당대當代 타이완의
민족주의의 문화정치

샤오아친[蕭阿勤] 지음
오병수·손승희 옮김

學古房

일러두기

1. 용어 가운데 한자 병기가 필요한 경우 첨자로 표기하였다.
2. 쉽게 풀어 번역한 용어 중 원문 병기가 필요한 경우 [ ] 안에 표기하였다.
3. 중국과 타이완의 지명이나 인명 등 모든 고유명사는 외래어 표기법을 따랐고, 처음 나올 때 [ ] 안에 원어를 표기하였다. 특히 중국 인명 중 신해혁명 이전 사람은 한자음으로 표기하였다.
4. 정부 기구나 관직명·학교·협회·법령(규정·조례)·서명·인용문 안의 타이완과 중국 지명·인명 및 익숙한 사료 용어 등은 한자음으로 표기하고, 처음 나올 때 원명을 첨자로 표기하였다.
5. 단 서명과 논문 중 독자의 이해를 위해 필요한 것들은 번역하고 원명을 [ ] 안에 병기하였다.
6. 본문에 나오는 ( ) 안의 설명 중 저자나 역자 표시를 하지 않은 것은 인용 원문에 있는 내용이다.
7. 저자의 주 외에 역자가 붙인 주는 본문에서는 역자, 각주에서는 역자 주로 표기하였다. 참고 자료 출처를 밝히지 않은 것은 인터넷이나 백과사전 등에 근거한 것이다.
8. 서양어 서명은 이탤릭체로 논문은 " ˝로, 동양어 서명은 『 』논문은 「 」로 표시하였다. 문장 속의 인용문은 " ˝, 짧은 인용구와 강조는 ' ', 중간점은 ·, 줄임표는 …… 등을 사용하였다.

서문

1980년대 이후 본성인本省人[1] 중심의 '재야[黨外]'[2]와 1986년 9월 성립된 민주진보당民主進步黨(이하 민진당으로 약칭 - 역자)이 이끄는 반정부 운동은 '타이완 의식'을 적극 선양함으로써 타이완 민족주의 운동을 현저히 발전시켰다. 1988년 본성 출신의 리덩후이[李登輝][3]가 장징궈[蔣經國][4]를

1   역자 주: 1945년 일본이 항복하기 이전 타이완에 정착해 살던 한족(閩南人, 客家人)과 원주민을 그 이후, 특히 중국 국민당이 타이완으로 철수할 때 중국 대륙의 각 성에서 이주한 사람(外省人)과 구별하기 위해 붙인 명칭이다.

2   역자 주: 제도적 정치 조직에 들어가지 못하는 일정한 정치세력을 가리키는 '재야'와 국민당 일당 독재로 정당 설립이 금지된 상황에서 국민당 소속 이외의 정치 참여 인물을 지칭하는 '당외' 사이에는 미세한 차이가 있으나, 한국 독자의 이해를 돕기 위해 이 용어를 사용하였다.

3   역자 주: 리덩후이(1923~2020)는 타이완 태생의 농학자로 대만대학 교수를 지내다 정치에 입문한 뒤 타이베이[台北] 시장과 타이완성 정부 주석을 거쳐 1984년 부총통으로 선출되었다. 장징궈 사후 헌법에 따라 총통 직을 승계함으로써 타이완인 최초로 중화민국 총통과 국민당 주석이 되었다. 1990년 간접 선거를 통해 제8대 총통에 당선되었고, 1996년 직접 선거에서 총통으로 선출되었다. 12년 간 총통에 재임하면서, '국민당의 타이완화' 노선에 따라 일련의 정치개혁을 시행하였다.

4   역자 주: 장징궈(1910~1988)는 장제스의 장남으로 모스크바 중산대학에서 덩샤오핑과 함께 수학했고, 소련 공산당에 가입하였다. 1938년 국민정부 장시성江西省 행정관서 전문요원이 되어 반공구국反共救国을 주창했다. 중일전쟁 종전 후 외교부 둥베이 특파원, 상하이 경제독찰관經濟督察官이 되었다. 1949년 국민정부의 타이완 이전 이후 국민당 타이완성 주임主任, 국방부 총정치부 주임으로 특무조직을 장악했다. 사실상 타이완에서 장제스 정권의 권위주의 체제를 수호한 인물로 평가받는다. 국방부장, 행정원장, 국민당 주석을 거쳐 1978년 제6대 총통이 되었다. 중미수교 후 타이완의 안보를 모색하였지만, 1987년 점증하는 민주화 요구에 밀려 계엄령을 해제한 후 여러 민주화 조치를 시행했다.

이어 국민당 주석과 총통이 되었다. 그리고 국민당 내에서 당과 국가[黨國] 정책을 결정할 수 있는 계층에서 본성 출신자의 비중이 점차 외성 출신을 추월하였다. 1991년 원래 중국 본토에서 선출된 이후 정기적 개선改選이 이루어지지 않던 제1계 중앙민의대표中央民意代表[5]의 직권도 마침내 종료되고, 전면적인 국회의원 선거가 이루어졌다. 1990년대 초 국민당 내에서 리덩후이에 반대하는 '비주류파'가 친 리덩후이의 '주류파'와의 경쟁에서 세력을 잃었다. 외성 출신의 젊은 세대가 중심이 된 리덩후이 반대그룹과 그의 타이완 독립 지지 성향을 의심한 국민당 내 '신국민당연선新國民黨連線'[6]그룹이 1993년 '신당新黨'을 따로 조직함으로써, 민진당 및 타이완 민족주의를 지지하는 집단과 격렬히 충돌하였다. 1996년 타이완에서 전후 최초로 거행된 총통 직접 선거[民選]에서 국민당 후보 리덩후이가 과반을 득표하여 연임에 성공하였다. 이러한 정치적 변동 속에, 국가의 문화교육 정책 또는 공공 영역의 문화논술 전반에 걸쳐 과거 국민당의 권위주의 통치의 교화敎化 수단이었던 중국 민족주의에 기초한 역사 서사敍事·집단 기억·문화 상징 등도 문제 제기와 도전을 받게 되었다.

당대 타이완 역사에서 1980·90년대는 타이완 정치와 문화의 '본토화' 내지 '타이완화'에서 매우 중요한 시기였다. 문화 전환이라는 점에서 이

---

5 역자 주: 중화민국 헌법에 근거해 1947~1948년 선출된 제1회 국민대표대회 대표, 입법위원, 감찰 위원을 가리킨다. 이들의 임기는 3~6년인데, 1949년 중화민국 정부가 중국 대륙을 잃고 타이완으로 이전함으로써 원 선거구에서 재선출할 수 없게 됨에 따라 계속 연임을 하였다. 중화민국의 정통성을 상징하는 기구로서 존속하였지만 '만년국회萬年國會'라는 비아냥을 받았다. 1990년 리덩후이 정부가 헌법을 수정하여 전면 재선거를 시행하기로 하면서 이들 모두 1991년 말 퇴직하였다.

6 역자 주: 1989년 국민당 내 소장파 국회의원들이 '당무黨務 개혁'을 주장하면서 시작되어 1990년 정식으로 성립된 국민당 내 비주류 계파로, 이후 탈당하여 신당을 조직하였다.

20년 남짓의 시간은 문화계에서 타이완 민족주의가 전파되고 발전한 절정기였다. 또한 타이완의 문화적 주체성을 추구하고, 주체성을 갖춘 타이완 문화를 세우려는 등의 이념, 즉 '타이완 문화 민족주의'(Taiwanese cultural nationalism)가 몇몇 사람의 제창에서 시작되어, 점차 광범위한 사회적 영향을 불러일으키고, 타이완의 정치 전환과 서로 격렬히 뒤섞이면서 타이완 문화의 양상에 중대한 변화를 만들어내기도 하였다. 이 20년 남짓의 시간 동안 타이완 민족주의가 문화계에 미친 변혁 중 가장 현저하고 관심을 가질 만한 것은 문학과 언어 그리고 역사 세 영역이었다. 타이완 문학의 성립, 타이완 본토 언어 운동의 흥기, 타이완 사관의 발전은 문화의 본토화·타이완화의 선도자이자 타이완 민족주의가 표방한 '문화정치'(cultural politics)의 주요한 부분이었다. 본서는 바로 문학·언어·역사 세 영역을 중심으로 이 20년 동안 있었던 중대한 문화정치의 변천을 기록하고 연구한 것이다.

필자의 저서 *Contemporary Taiwanese Cultural Nationalism*(London: Routledge)은 2000년 출판 이후, 외국의 많은 대학에서 개설한 타이완 관련 과목의 교재로 채택되었다. 지난 10년간 외국 학자나 대학원생으로부터 본서의 도움을 받았다는 말을 많이 들었다. 본서를 통해 최근 30년 동안 타이완 문화정치 변천의 요점을 명료하게 파악할 수 있었고, 이 현상에 대한 흥미가 생겼다는 것이었다. 본서는 바로 위 영문 원저를 바탕으로 고쳐 쓴 것이다. 타이완에서는 일찍이 원서 제4장의 일부를 수정 보완하여 「1980년대 이후 대만 문화 민족주의의 발전[1980年代以來臺灣文化民族主義的發展]: '대만(민족) 문학' 분석을 중심으로[以'臺灣(民族)文學'爲主的分析]」라는 제목으로 학술지(『臺灣社會學硏究』, 1999年 第3期, pp.1~51)에 발표한 적이 있다. 이 글은 문학 분야만을 다룬 것이었으나, 영문 원서의 주요 개념과 이론 시각 및 논점을 드러낸 것이기도 했다. 필자의 영문 원서에 대한 서평은 타이완에서 진즉 나왔었지만, 이 논문 역시 많은 반응과 논쟁을 불러일으켰다. 그러나 이 논문 외에 영문 원저의 내용은 중문으로 아직 전부 번역되지는 않았다. 사실 지난 여러 해 동안 중문판을 발행하자는 출판사의 요청도 몇 차례 있었지만, 새로운 연구에 바빴던 필자의 사정으로 모두 그만두었다.

십몇 년 동안 본서에서 다룬 타이완의 국족國族[7] 정체성·민족주의·문화정치, 타이완의 문학·언어·역사 등의 의제에 관한 연구는 장족의 발전이 있었다. 이들 분야에 관한 수많은 새로운 연구가 진행되어서 여러 현상을 깊이 파헤치고, 크고 작은 각종 주제를 다루는 등 이미 많은 성과가 축적되었다. 그럼에도 현재 기존의 연구 성과 가운데 타이완 민족주의가 문화계에 전파되고 발전한 절정기이자, 문화 본토화·타이완화의 매우 중요한 시기였던 1980·90년대에 대해, 비교적 전면적이고 명료한 서술과 분석을 제시한 것은 졸저 *Contemporary Taiwanese Cultural Nationalism* 외에 아직도 찾기 어려운 것 같다. 이 시기의 국족 정체성과 관련된 문화정치에 대해 비교적 종합적인 이미지와 이해를 바란다면, 필자의 영문 원저가 여전히 거의 유일한 근거가 될 것이다. 이것이 필자가 10년 전의 낡은 저서를 중문으로 고쳐 써서 출판할 필요가 있다고 생각한 첫 번째 중요한 이유이다.

20세기 후반 세계는 빠른 속도로 변화하여, 이른바 세계화 시대의 시

---

7   역자 주: Nation의 번역어로 동일한 문화·언어·역사와 자아 정체성을 가진 하나의 공동체를 지칭한다. 이 책에서는 Ethnic group의 번역어인 族群의 상대어로서 國族이라고 표현하고 있다. 한국어의 맥락에서는 '민족'으로 번역하여도 무방하지만, 저자의 의도를 존중하여 그대로 국족으로 표기한다.

공간 압축, 인터넷과 각종 통신·정보, 교통·과학기술의 고도의 발달 등은 인간의 시간 의식과 역사 감각을 바꾸었으니, 즉 시대의 급속한 변화에 대한 주관적 느낌을 강화함으로써 더욱 빨리 과거를 잊도록 한지도 모른다. 1980년대 이후 타이완 사회의 급속한 변동에 따른 역사 변화는 너무 많아서 한 눈으로 조망하기가 어려울 지경이다. 이 시기 사람들은 어쩌면 이전 어느 시대보다도 사회학적 상상과 역사적 상상력을 결합하여 자아와 사회와 시대를 인식할 필요가 있었을 것이다. 왕왕 세상의 모순된 사물이 병존하며 서로 격렬히 충돌하였다. 사람들은 사회 변동의 속도가 빠를수록 안정된 힘을 찾고, 건망증[遺忘]이 충만한 시대일수록 기억을 갈구한다. 또 '믿음'이 충만한 시대에 사람들은 해방을 희망하고, '불신'이 충만한 시대에 사람들은 신념을 추구하기 마련이다. 신념은 단순한 가치를 견지하는 데서 나오지만, 반드시 역사와의 연계로부터 생겨나 끊임없이 지나가는 시간의 거센 흐름 속에서 생활의 정해진 위치와 존재의 의의를 찾는다. 1980·90년대 국족과 관련된 문화정치의 변화는 당대 타이완의 경탄을 금치 못할 일단의 역사로서, 지금도 여전히 그 중대한 영향 아래 진행되고 있기 때문에, 이에 대해서는 비교적 완전하고 명료하게 이해할 필요가 있다. 이것이 필자가 낡은 저서를 고쳐 쓴 두 번째 이유이다.

본서의 연구 범위는 시간상으로 대략 1990년대 말까지, 즉 민진당 집권 이전의 상황이다. 본성인 중심의 반정부 운동은 재야에서 시작하여 민진당 창립 이후까지, 국민당 통치에 대한 30여년에 걸친 도전 끝에, 2000년 마침내 천수이벤[陳水扁]과 뤼슈렌[呂秀蓮]이 중화민국 제10대 총통과 부총통으로 당선됨으로써, 반세기 이상 집권당이었던 국민당을 야당으로 밀어내는 전후 타이완 최초의 정당 교체를 통해 집권하였다. 그러나 2008년 3월 22일의 총통·부총통 선거에서 국민당 후보 마잉주[馬英九]와 샤오완창[蕭萬長]이 60%의 득표로 당선되었다. 민진당 천수이볜과 뤼슈롄 두 사람의 8년 임기를 거쳐 국민당이 다시 정권을 잡은 것이었다. 같은 해 5월 마잉주 취임 이후 문화교육 정책이 변하기 시작해, 민진당 집권 시기의 노선을 바꾸고자 하였다. 그중 가장 주목받은 것은 고등학교 국어와 역사 과목의 과정 요강 수정이었다. 마잉주 총통 취임 4개월 후인 2008년 9월 교육부는 고등학교 국어 과정 요강의 수정 원칙을 발표하면서 "단원[節]을 적절히 늘려서 학생들이 문화 경전經典을 익힐 교재를 더하고", "교재를 편성할 때 문언문文言文[8]의 비중을 적절히 늘리겠다"라고 선포하였다. 2010년 9월 교육부는 고등학교 국어 과목의 문언문 모범 문장[範文]의 비중을 기존 45%에서 45~65%로 높이겠다고 발표하였다(2012년 가을 학기부터 실시). 2011년 5월 확정된 고등학교 역사과정 요강에서 교육부는 타이완사의 출발을 (중국의) 삼국시대까지 소급하기로 했던 원래 계획을 "타이완과 펑후[台澎] 초기 역사의 문헌 기록을 탐구한다"라는 정도로밖에 고칠 수 없었지만, 원래 타이완사 1학기, 중국사 1학기, 세계사 2학기였던 수업시수를 타이완사 1학기, 중국사 1.5학기, 세계사 1.5학기로 변경하여 중국사의 비중을 높였다(2012년 가을 학기부터 고등학교 1학년을 대상으로 실시). 2011년 3월 마잉주 총통이 명예회장을 겸하고 있던 '국가문화총회國家文化總會'가 '중화문화총회'로 이름을 바꾸었다. 2011년 6월 교육부는 유가儒家의 '사서四書'를 중심으로 한 '중화문화 기본교재'를 고등학교 필수 선택[必選] 과정에 집어넣었다. 2011년 9월 마잉주는 '경전 읽기[讀經]'를 제창하였다.

---

8   역자 주: 문언 혹은 고문古文으로도 불리는 한어漢語의 서면書面 형식이다. 고증에 따르면 한대漢代부터 이미 문언이 이미 일상 구어口語와 이탈하여 각자 발전하기 시작했다고 한다.

2008년 여름 교육부가 고등학교 국어와 역사과정요강 수정 의사를 표명한 이래, 상술한 개혁들은 늘 타이완 민족주의를 지지하는 '본토파本土派' 사람들의 비판과 항의를 불러일으켰고, 소란이 끊이지 않았다. 대만사台灣社·대만북사台灣北社·중사中社·남사南社·동사東社·객사客社·청사靑社·대만교사연맹台灣教師聯盟·대만교수협회台灣教授協會·교육대만화연맹教育台灣化聯盟·공투호대만연맹公投護台灣聯盟·창구대만행동연맹搶求台灣行動聯盟·대만국가연맹台灣國家聯盟·대만독립건국연맹台灣獨立建國聯盟·대만모어회台灣母語會 등과 민진당 및 그 소속 국회의원들은 매번 성명을 발표하거나 기자회견을 열어 비판을 제기하면서 강력한 반대 뜻을 표명하고, 교육부에 직접 가서 공개적으로 항의하였다. 그들은 국민당 집권자가 과거로 회귀하여 교육을 다시 '중국화' 내지 '탈 타이완화'하려 한다고 여겼다. 교과서의 중국사 부분 확대는 국민당 집권자가 여전히 '중국사관'을 갖고, 타이완사를 한족이 타이완을 개척하고 경영한 이민사로 축소하려는 것임을 보여주며, 이러한 방법은 중국을 여전히 문화와 역사의 중심에 두고 그에 대한 해석도 중국을 중심으로 하려는 것이므로, 다음 세대의 신분 정체성 착란錯亂을 초래하게 될 것이라고 강조하였다. 타이완 민족주의의 지지자들은 마잉주가 영도하는 국민당의 재집권 이후 국가 주권과 경제 산업면에서 공공연히 '중국으로 기울[傾中]었'을뿐 아니라 쉽게 눈에 띄지 않는 사상과 문화 측면에서도 '중국편향'을 진행함으로써 타이완인의 주체사상을 억압했다고 비난하였다. 그들은 마잉주와 국민당 정부가 제창하는 중화문화와 중국 역사는 과거 장제스[蔣介石]와 장징궈 시대의 그것과 이미 차이가 있으며, 그 목적은 결코 중화인민공화국과 정통성을 다투는 데 있는 게 아니라 '궁극적 통일'을 추구하고, 국민당과 공산당[國共]이 손을 잡고 비밀리에 타이완을 팔

아버리려는 데 있다고 지적하였다. 그들은 타이완 민중들이 중국사관의 타이완사에 저항해야 함을 호소하면서 반드시 타이완사를 '국사國史'로 만들어, 타이완의 젊은 세대가 '타이완 사관'을 갖게 됨으로써 중국의 노예화 교육에서 벗어나야 한다고 강조하였다.

언어 문제에 있어서는 2011년 5월 말 작가 황춘밍[黃春明]이 타이난 [台南] 국립대만문학관國立台灣文學館에서 「대만 어문 쓰기와 교육에 대한 검토[台語文書寫與敎育的商榷]」라는 제목으로 강연할 때, 정치적 이유로 타이완에 내재한 한인漢人문화 혹은 중국 문화 요소를 부정하거나 절단하거나 배제해서는 안 된다고 하면서, 민진당이 주장하는 바와 그들이 집권 때 추진했던 본토 교육은 "앞뒤가 꽉 막혀 융통성이 없는[鑽到牛角尖去]" 것이라고 비판하였다. 그는 또 '방언'인 '민남화閩南話'는 발음과 글쓰기 체계가 모두 표준화되지 않아서 초등학교에서 정식 과정으로 가르쳐서는 안 된다고 강조하였다. 황춘밍은 영토가 넓고 방언이 아주 많은 중국에서는 표준어가 있어야 상호 소통에 편하니, 북경화北京話를 기초로 한 보통화 혹은 국어가 민남화·객가화客家話·광동화廣東話 등에 비해 어린이들이 배우기 더 편리하다고 생각하였다. 그는 민남화나 객가화 등의 방언은 "학교에서 배워서는" 안 되고, 집에서 "생활 속에서 배우면" 된다고 주장하였다. 그는 작가 쏭쩌라이[宋澤萊] 등과 같이 민남화나 객가화로 작품을 쓰려 할 필요가 없으며, 정량웨이[鄭良偉]나 홍웨이런 [洪惟仁] 등이 타이완어를 문자화하려 애쓰는 것도 적절하지 않다고 생각하였다. 황춘밍의 강연 현장에서 성공대學成功大學 대만문학과 부교수 장웨이원[蔣爲文]은 "타이완 작가가 타이완 어문을 사용하지 않고 중국어로 창작하는 것은 수치다!"라는 현수막을 들고 항의하면서 황춘밍과 충돌하였다. 이 사건은 일련의 논쟁을 불러일으켰으니, 그 후 1개월여 동안 몇몇 주요 신문에 서로 다른 입장의 투고와 보도가 계속되었다. 6월 13일 앞서 언급한 대만북사 등 조직과 대만모어연맹台灣母語聯盟·대만로마자협회[台灣羅馬字協會]·대만해옹대어문교육협회台灣海翁台語文教育協會 등 30여 개 단체가 함께 '환아대만어문교육권연맹還我台灣語文教育權聯盟'을 조직하고, 장웨이원이 의장이 되어 교육부에 항의하면서 '화어華語 독존獨尊 교육정책'을 비판하였다. 그들은 타이완 모어는 여러 원주민原住民의 언어와 객어客語 및 타이완어[台語]를 포함한다고 하면서, 초등학교 타이완 어문 교육을 현행 매주 1시간에서 3시간으로 늘리고, 중학교·고등학교·대학교에서도 타이완어문을 필수 과정으로 개설하며 대학과 고등학교 입학 국어시험에서 응시생이 원주민족어·객어·타이완어 및 화어 중 하나를 선택할 수 있도록 해야 한다고 요구하였다. 아울러 정부는 반드시 장기적인 모어 회복 교육계획을 수립하여야 하며, 교육부의 '국어추행위원회國語推行委員會'를 '대만족어추행위원회台灣族語推行委員會'로 격상하고, 동시에 개명하여야 한다고 강조하였다.

대만객가연맹台灣客家聯盟이 발기하고 대만객가필회台灣客家筆會·대만객사台灣客社·대만객어교학연맹台灣客語教學聯盟·대만객가어교사협회台灣客家語教師協會·대어교학연맹台語教學聯盟·대만북사 등 20여 개 단체가 참여하여 2011년 7월 3일 『자유시보自由時報』에 국어 혹은 화문어華文語 독존의 '단일 어문語文 패권霸權'을 비판하는 공동 성명을 발표하면서 「국가어언발전법國家語言發展法」 제정을 요구하였다. 그들은 이 법을 통해 원주민어·객가어·Holo어(타이완어)·화어 모두를 국가 언어(국어)로 지정하고 모두 평등한 지위를 보장해야 하며, 국민은 자신이 사용하는 국가 언어로 교육과 정부의 서비스를 받을 수 있도록 요구할 권한이 있고, 국가는 국가 언어의 문자화·표준화·표음화 등을 추진·보급할 책임을 져

야 한다고 강조하였다. 같은 해 11월 대만북사·대만교사연맹·대만독립
건국연맹·교육대만화연맹·대어교학연맹·대만모어연맹 등은 다시 기자
회견을 열고 공동 성명을 발표하여, 교육부가 중학교와 초등학교 등에
서 이미 여러 해 전부터 시행하고 있는 '대만모어일台灣母語日' 방문 시찰
및 경비 보조를 없앤 것과 타이완 모어 보급 임무를 가진 국어추행위원
회의 지위를 낮추고 타이완 모어의 교수학습 보조 경비를 삭감한 것 등
을 규탄하였다.

　2012년 1월 14일 총통 선거에서 민진당 후보 차이잉원[蔡英文][9]이 패
하고 마잉주가 재선되어 연임하게 되었다. 중화문화총회가 주관하고 중
국 측과 합작하여 완성한 '중화어문지식베이스[中華語文知識庫]'가 2월 초
온라인 서비스를 정식 시작하였다. 이 지식베이스(knowledge base - 역자) 구
축은 마잉주가 2008년 총통 선거 경선 때 문화정책 백서에서 제시한 '양
안(兩岸) 공동 중화대사전中華大辭典 편찬' 구상에서 비롯되었다. 지식베
이스 서비스 제공에 맞춰 중화문화총회 류자오쉬안[劉兆玄] 회장은 양
안과 세계의 한자漢字 사용자들이 이 인터넷 지식베이스를 통해 정체자
와 간체자를 동시에 신속하게 인식할 수 있을 뿐 아니라 '시장 메커니
즘'을 거쳐 "우수한 것으로 선택되고 애용되어서", "여러 사람의 공동 글
쓰기를 통해 가장 보편적으로 환영받는 대부분 서로 같은 한 세트의 상
용한자를 만들고, 아울러 이러한 과정에서 학자들의 변론[申辯]과 안내
[引導] 그리고 양안 정부의 정책 추진을 통하여", "다시 한번 한자의 '문자

9　역자 주: 차이잉원(1956~)은 타이베이 출신의 정치인이다. 런던대학 정경학원에서 법학
　박사학위를 취득하고 정치대학 교수를 지냈다. 이후 민진당 주석, 행정원 부원장을 거쳐,
　타이완 총통으로 8년(2016~2024)간 재임하였다. 중미 갈등이 심화되고, 양안 관계가 악화
　되는 중에도 타이완 독립 정책을 강화하였다.

통일[書同文]'을 달성하는" 것이 그의 꿈이라고 말하였다. 이 지식베이스의 등장에 대해서 대만교수협회는 "어문 통제에 의한 통일 촉성[促統] 반대" 기자회견을 열어 마잉주 정부가 타이완 어문의 주체성을 파괴하려는 게 아닌지 의심된다면서 경제를 살리기 위해 중국의 용어 혹은 간체자를 받아들여서는 안 된다고 하였다. 또 기자회견에 참석했던 장영대학長榮大學 대만연구소의 좡완서우[莊萬壽] 명예 강좌교수도 다음 날『자유시보』에 글을 기고하여 마잉주가 '중국과의 통일'을 추구한다고 비판하였다. 그는 마잉주가 타이베이[台北] 시장 시절부터 중국의 '한어 병음'을 채택하고 2009년 한자에 대한 '식정서간識正書簡'[10]을 공개 제창한 것들은 모두 국민당의 '봉건·권위주의적 중국문화 정신'을 계승했음을 보여주며, 국민당의 재집권과 마잉주의 권력 장악 후에 더욱 중국과 한패가 됨으로써 타이완인의 문화와 사상을 병탄하고 동화시키는 큰 위기에 빠뜨리고 있다고 여겼다.

2008년 국민당의 재집권 후 상술한 교육·문화·역사·언어·문학 등에서 일으킨 여러 논쟁 및 타이완 민족주의 지지자들의 계속된 비판과 항의 중 많은 장면은, 1980·90년대 타이완 문화 주체성 이념이 고조되고 타이완 민족주의자들이 국민당에 도전하던 상황과 아주 비슷해서, 마치 타이완을 다시 그 시대로 되돌려 놓은 것 같았다. 2008년 여름 이후의 이러한 현상은 타이완의 문화 민족주의가 1980년대 이래의 중대한 영향을 받았음을 증명하며, 국족 정체성과 관련된 문화적 추세가 타이완 사회의 갈등을 초래했음을 뚜렷하게 보여준다. 복잡한 현실 속에서 지난날을 회상할 때 본토화·타이완화의 문화정치가 흥기·발전하게 된 자초

---

10 역자 주: 책을 읽거나 글을 쓸 때 정체 한자를 사용하지만, 한편 글 쓸 때는 간체 한자 사용을 배제하지 않는다는 뜻으로 마잉주 총통이 2009년 미국 화교를 접견할 때 했던 발언이다.

지종을 더욱 돌아볼 필요가 있으니, 그렇지 않으면 우리 눈앞의 상황을 제대로 이해할 수가 없기 때문이다. 이것이 필자가 낡은 저서를 다시 고쳐 중문으로 출판할 필요가 있다고 생각하게 된 세 번째 이유이다. 당연하지만 최근 몇 년과 1980·90년대 사이에는 분명한 차이가 하나 있다. 양안 관계가 갈수록 밀접해져서, 중화인민공화국이라는 요소가 타이완 내부의 정치와 문화 분쟁에 미치는 영향이 1980·90년보다 훨씬 크고 직접적이라는 점이다. 위에서 언급한 대로 타이완 문화 주체성에 주목하는 타이완 민족주의자들의 입장에서 마잉주가 영도하는 국민당 정부의 문화 행위는 더 이상 중화인민공화국과 서로 다투는 게 아니라 오히려 서로 호응하는 것으로 보였다. 그래서 대만사台灣社의 사장社長 우수민[吳樹民]은 2009년 10월 16일 『자유시보』 「자유광장自由廣場」에 기고한 글에서 단도직입적으로 "국민당의 교육정책은 타이완의 역사·타이완의 문학·타이완의 언어를 멸망시키는 것이니, 타이완을 멸망시켜 중국에 병합하려는 것이 본질이란 점을 확실히 증명한다"라고 강하게 비판하였다. 타이완 사회에 대한 중국 요소의 영향력이 증대되었기 때문에, 우리는 타이완 민족주의의 문화정치를 더욱 이해할 필요가 있게 된 것이다.

본서는 비록 일본 식민 통치 시기와 전후부터 1970년대까지 거슬러 올라가지만, 주요 중점은 1980·90년대 본성 출신의 문학작가·문학비평가·언어학자·언어부흥 운동자·아마추어 혹은 전문 역사학자 등 '인문 지식인'들이 타이완 민족주의의 국족 건설[建構] 과정에서 한 역할과 작용을 탐구하는 데 있다. 이를 통해 그들이 수행했던 문화 활동이 어떻게 타이완 민족주의 정치의 중요한 부분이 되었으며, 어떻게 '타이완성'(Taiwaneseness) 혹은 타이완 국족의 특성을 만드는 데 중요한 역량이 되었는지를 분명하게 정리하고자 한다. 본서는 체코의 역사학자

Miroslav Hroch의 독창적 견해에 신세를 졌다. Hroch는 중부와 동부 유럽에서 통제받던 약소 족군族群[11]이 민족으로 변화하는 과정을 연구하였다. 그가 이 방면의 연구에 기초하여 제시한 이론은 이후 연구자들에게 시사하는 바가 커서 광범위한 영향을 끼쳤다. 본서에서도 타이완 민족주의 문화정치를 논의하는 참고 틀로 삼았다. Hroch는 하나의 민족주의 운동은 통상 세 단계 기본 발전 과정을 거친다고 지적하였다. 즉 (1) 지식인이 잠재적 민족 언어·문화·역사의 특질을 발굴·설명[闡述]·선양宣揚하는 데서부터, (2) 활동가들의 많은 작은 단체가 조직적인 정치 행동으로 사람들의 민족의식을 환기하려 애쓴 후, (3) 비교적 규모를 갖춘 군중 동원과 운동으로 발전하게 된다는 것이었다. 필자는 본서에서 문학·언어·역사 세 영역 인문 지식인의 활동이라는 점에서 보면, 타이완 민족주의의 발전 과정은 Hroch가 제시한 세 단계론과 차이가 있음을 지적하였다. 정치적으로 입장이 다른 본성 출신의 문화 엘리트가 민족주의 운동에 투신한 시기는 대체로 반정부 운동자들보다 좀 늦었으니, 적극적 정치 활동가들이 인문 지식인에 앞서 민족주의운동의 주요 추진 역량이 되었던 것이다. 다시 말해 타이완에서는 Hroch가 말한 민족주의운동에서 자주 보이는 제2단계가 제1단계보다 빨랐으니, 문화계의 타이완 민족주의는 반정부 운동의 영향을 크게 받아 발기되어 나온 것이었다. 1980년대 이후 많은 문화 엘리트가 묘사한 이야기나 일부 학자들의 연구는 항상 문화계의 선구적 역할을 강조함으로써, 전후 타이완 민족주

---

11 역자 주: ethnic group의 번역어이다. 동일한 조상·혈연·역사·문화·습속·언어·국가 체험을 공유함으로써 형성된 하나의 공동 집단을 가리킨다. 2차대전 이후, '인종', 종족, '민족' 등이 이미 정치화되었다는 반성을 배경으로 등장한 용어이다. 국내에서는 다소 생소하지만 원서의 표현을 따랐다.

의 운동의 발전 역시 Hroch가 제시한 세 단계의 순서와 유사한 듯이 생각하였다. 하지만 본서가 밝혀낸 논점은 이들 이야기 혹은 연구와 다소 다른 점이 있다.

본서는 나중에 타이완 민족주의자로 전향한 많은 문화 엘리트 혹은 인문 지식인이 어떻게 개인 혹은 집단의 과거 정체성을 새롭게 설명하고, 기억을 재구축하며 역사를 다시 썼는지를 지적하지만, 필자의 목적은 상처를 드러내거나 특정한 정치 입장을 비판 또는 지지하는 데 있지 않다. 집단 정체성 문제와 관련하여 편향되게 진위眞僞를 파헤치거나 타인의 변절[昨是今非]을 비판하는 것은 대부분 정치 투쟁의 필요에 따른 것으로, 지식 분석의 취지에 근거한 것이 아니며 사람들 간의 상호 배려와 이해 그리고 평화 공존에 도움이 되지도 않는다. 본서는 역사를 지향하는 사회학 연구로서 집단 정체성·정치적 경쟁, 그리고 문화 구조와의 밀접한 관계 및 특히 집단 정체성과 집단기억 혹은 정체성과 서사 간의 상호작용과 불가분의 동태적 과정을 탐구하는 데 목적이 있다. 우리는 누구인가? 우리는 어디에서 왔는가? 지금은 어떤 시대인가? 우리는 어디로 가고 있는가? 우리는 무엇을 해야 하는가? 등은 집단 정체성과 관련된 핵심 문제이다. 이들 문제는 모두 사람들이 시간의 흐름 속에서 자아와 집단[群體]의 존재에 대해 인지하고 체감하는 데 영향을 미친다. 사람들은 시간 속에 살면서 끊임없이 현재에 몸을 두고 과거를 회상하며 미래를 기대하는 방식으로 자신과 세계를 생각한다. 사람들은 과거·현재·미래를 교차하고 참작하는 과정에서 자신과 세계의 의의를 이해한다. 이는 우리가 어떤 이야기를 듣고 읽고 혹은 감상할 때 매우 익숙하게, 그리고 보편적으로 공유하는 경험과 같다. 이야기의 '서사'(narrative) 과정에서 우리는 각종 인물의 언행과 사건의 줄거리를 포괄하는 시작과 중간 그리고 결말을 서로 참조·융합·관통하고자 하며, 이야기 전체 의의를 파악할 때 우리는 그것이 전달하고자 하는 의미를 깨닫고, 그것이 우리 개인 혹은 집단에 대한 계시를 짐작함으로써 진퇴進退 할 바를 알고 선택을 하게 된다. 당연하지만 세상의 이야기는 결코 합리적이고 명백한 것만은 아니며, 우리가 듣고 읽고 감상하는 이야기 역시 반드시 모두 마음속으로 깨닫고 이해할 수 있는 것은 아니다. 이는 우리가 자신과 세계를 이해하려 할 때 자신이 어떻게 여기에 이르렀고 세상이 왜 이렇게 변하였는지를 알지 못하는 것처럼, 항상 곤혹스럽고 이해하지 못하는 부분이 있다. 그러나 이러한 애매하고 혼란스러운 상황은 오히려 집단 정체성과 집단기억 혹은 정체성과 서사 상호 간의 긴밀한 관계, 그리고 그것이 사회적 행동에 대해 영향을 끼치는 중요성을 반증한다. 사람들은 늘 "이것이 무슨 일인지 안다면 내가 어떻게 해야 할지도 안다"라고 말한다. 사람들의 '서사적 이해'(narrative understanding) 과정은 시간·서사·정체성·행동 네 가지가 뒤얽혀서 상호작용하는 것이니, 이것이야말로 개인의 생명 존재와 사회생활 과정 본연의 상태라 할 수 있다. 실증주의의 시각에 집착하여 서사와 정체성의 진위·허실의 관점에서만 바라본다면, 사람들의 자아 해석 과정에서 정체성이 갖는 진실을 이해할 수 없다. 이 점은 본서의 결론 및 「부록 2」(2005년 9월『문화연구文化硏究』창간호에 게재된 것임)의 중요한 취지이며, 필자가 나중에 『현실로의 회귀[回歸現實]: 1970년대 타이완 전후 세대와 문화정치의 변천[台灣一九七〇年代的戰後世代與文化政治變遷]』에서 집중적으로 논술한 것이기도 하다.

John Shelton Reed는 학문 생애의 대부분을 미국 남부지방 연구에 매진하였다. 그의 저작은 사회학의 관점으로 미국 남부지방 특유의 역사 변화와 풍토·인심[人情]을 통찰한 것으로 의미가 풍부하며 흥미진진하다. 그는 1989년 미국 남부사회학회(Southern Sociological Society) 회장에 취임하면서, 「서사와 사회학」(On Narrative and Sociology)이란 제목의 강연을 통해 어떻게 사회학을 개량할 것인지, 사회학자의 작업은 어떻게 변화해야 하는지, 어떻게 하면 사회학 저작이 학과를 넘어서 광범한 독자로부터 환영받을 수 있을지에 관해 발언하였다. Reed는 사회학 연구는 좋은 필치와 글쓰기 능력을 기본적으로 갖추어야 하는 것 외에, 지식적 혹은 정치적 이유를 불문하고 '서사적·해석적·스토리텔링 식'(descriptive, interpretive, story-telling) 저작 집필을 더욱 중시해야 한다고 생각하였다. 그는 오늘날 대다수의 사회학자는 '가설-연역적'(hypothetico-deductive)인 연구를 중시하여 가설을 검증하고 이론을 수립하는 사회과학에 힘쓰느라, 정작 '서사적 혹은 해석적 사회학'(narrative or interpretive sociology)은 중시되지 않고 있다고 지적하였다. Reed는 심리학자 Jerome Bruner의 저명한 논점을 인용하여, 사회를 탐구하고 지식을 발전시키는 이 두 가지 방식은 인류의 두 가지 서로 다른 인지 활동과 사유 모델에 상응한다고 생각하였다. 그는 두 가지를 결합할 수 있으면 이상적이지만, 두 방면을 두루 잘할 수 있는 학자는 매우 드물기 때문에 사회학에서 확실한 분업 현상이 나타났다고 보았다. Reed는 사회학의 개념과 방법을 응용하여 특수한 개별 사안의 이해를 돕는 것은 의미 있는 작업일 뿐 아니라, 사회에 대한 이해를 갈망하는 수많은 일반 독자에게는 설명적 이론 (explanatory theory)을 추구하는 것보다 더욱 더 흥미로울 것이라고 생각했다. 그는 일반 독자를 상대로 사회학자는 마땅히 사회학이 인도하는 이야기, 즉 그들 자신이나 그들이 속한 사회의 많은 남자와 여자에 관한, 다른 시대와 장소에 관한 이야기를 호소하도록 노력해야 한다고 주장하였다. 사회학에 대한 Reed의 반성과 충고는 많은 것을 뒤돌아보게 한다.

1970년대 타이완은 정치적으로 '현실 회귀', 문화적으로 '향토 회귀'를 시작하였다. 당시 기존 체제에 도전한 주력은 전후에 성장한 본성과 외성 출신을 포괄하는 젊은 지식인들이었다. 그들은 1970년대 초 타이완의 외교적 좌절을 계기로 각성·변화함으로써 방랑하며 떠도는 심리상태를 버리고, 『현실로의 회귀』에서 말하는 '현실 회귀 세대'를 형성하였다. 그들은 대체로 여전히 중국 민족주의의 시야 혹은 이를 고려하는 틀 속에서 향토를 발견하고 타이완을 바라보았으며, 또한 체제 내 혁신과 민주를 추구하는 경향이 강했다. 1979년 말 가오슝[高雄]에서 발생한 메이리다오[美麗島] 사건[12]은 분명 1970~1980년대 급격한 전환의 중요한 요소였다. 1980년대 이후 본성인을 중심으로 한 재야와 민진당이 이끄는 반정부 운동은 타이완 의식을 적극 선양함으로써 타이완 민족주의운동을 현저히 발전시켰다. 1970년대의 현실 회귀 세대 중 본성인 젊은 세대를 중심으로 한 향토문학 발전, 일제 강점기 타이완 문학의 발굴, 재야의 타이완 역사 탐색은 모두 이후 타이완 의식과 타이완 민족주의를 위해 소재素材를 준비하고 기초를 닦았다. 이러한 1970년대의 기초위에서 1980년대 타이완 민족주의의 문화정치가 일어났고 '타이완 재구성'이 시작되었다.

본서와 『현실로의 회귀』는 자매작으로서, 이 두 책은 1970대에서 1990년대의 이르는 시기의 연속적인 변화와 관련하여 우리가 살았던 이 시대의 변천을 묘사함으로써, 국족 문제에 관한 타이완 사회의 사고에

---

12 역자 주: 1979년 12월 10일 세계인권선언기념일 가오슝에서 민주·자유·계엄 종식 등을 요구하는 시위군중과 진압경찰 간의 충돌 사건으로, 『메이리다오』잡지사 구성원을 비롯한 재야 인사들이 대거 체포되어 중형을 선고받았다. 민진당 창당 초기 지도자 대부분이 직간접적으로 이 사건에 참여하였다.

극적인 변화와 전환이 일어난 30년을 그려내고자 하였다. 그려낸다고는 했지만, 이 두 책은 세밀화는 아니다. 우리가 과거를 되돌아보는 목적은 크고 작은 것을 모두 아울러 역사를 전면적으로 재현하는 데 있지 않다. 이는 불가능할 뿐 아니라 지식의 목적도 아니다. 체계적인 지식은 관점을 제공하고 구조를 해석하는 데 중점을 둔다. 나의 목적은 사회학의 상상과 역사의 상상을 결합하여 하나의 사회학 관점의 역사를 이야기하는 데 있다.

앞서 언급한 대로 지난 10여 년 이래 본서에서 다루는 주제에 관한 학술 연구는 매우 진전되어서 이미 수많은 문헌이 축적되었다. 예컨대 본서 제2장에서 논의할 일본 식민 통치 시기 타이완인의 반식민 운동·국족 정체성·문학과 언어 문제 등에 관해서 이미 적지 않은 우수한 연구가 나와 있어서, 1990년대 말 내가 *Contemporary Taiwanese Cultural Nationalism*를 쓸 때와는 상황이 달라졌다. 오늘날의 관점에서 보면, 본서는 일본 식민통치시기 및 일부 다른 부분에 관해 어쩌면 대대적으로 보충하고 발전시켜야 할지도 모른다. 그 밖에 교육부도 여러 타이완어 병음 계획에 협조하여, 2006년 10월 '타이완 민남어 로마자 병음 방안[台灣閩南語羅馬字拼音方案]'을 공고하였고, 2007년 5월 이후 잇달아 '타이완 민남어 추천 사용 글자[台灣閩南語推薦用字]'를 조정 공고하였으며, 이어 인터넷판『대만 민남어 상용사 사전台灣閩南語常用詞辭典』를 출시하여 대중들이 사용하게 하였다. 이 모두는 타이완어의 문자화와 글쓰기를 더욱 편리하고 표준화 한 것이다. 필자는 영문 원서를 기초로 고쳐 쓰면서 일부 작은 잘못을 바로잡고 문헌 사료와 각주를 보충하였지만, 크게 변동된 것은 없다. 이렇게 한 이유는 사소한 일로 전체에 영향을 미치는 것을 피하고자 한 점도 있지만, 더 중요한 것은 학술사의 시각에서 일부러 당시 타이완 문화 민족주의를 연구하던 조건과 여정을 그대로 드러내려 하였기 때문이다. 본서의 「부록 1」은 1998년 11월 『대만사회학사통신台灣社會學社通訊』29기에 게재한 글로 역시 당시 이 문제를 연구하였던 감상을 기록하였다. 그 외 본서에 실린 사진은 모두 영문 원서에는 없던 것들이다.

본서를 흔쾌히 출판해 준 연경출판사[聯經] 발행인 린짜이쥐[林載爵] 선생에게 감사드리고, 출판 과정에 열성적으로 도와주신 부 총편집 후진룬[胡金倫] 선생에게도 고마움을 표한다. 지난 몇 년간 나의 작업을 도우며 책임감 있게 적지 않은 수고를 해준 연구 조교 장진원[張晉文]과 예춘쟈오[葉春嬌]에게도 고맙다는 말을 전한다. 이들은 본서 원고를 교정하면서 많은 좋은 의견을 주었다.

어릴 때부터 시골 이곳저곳에서 일하도록 함으로써 내가 대지와 인민에 친근해지도록 하고, 그의 비참한 생명으로 나를 단련시킨 돌아가신 아버지 샤오위이[蕭浴沂]에게 감사드린다. 올해 80세인 모친 리옌[李燕]의 영원한 사랑과 헌신, 그리고 고향에서 농사짓던 모습은 도시에서 내가 분투할 때 뿌리가 있음을 느끼게 해주셨다. 아내 양진시[楊金錫]의 한결같은 지지와 격려가 없었다면 나는 지금의 길을 제대로 갈 수 없었을 것이다. 또 청춘 시절 나에게 많은 젊음의 사물事物을 가르쳐 준 윈린고등학교[雲中] 친구들에게 감사를 전한다. 어머니를 돌보며 걱정을 덜어 준 큰누나 펑쟈오[鳳嬌]와 둘째 누나 비쥬[碧秋]에게 감사하다. 이 특수한 가정에서 형제로 자라면서 같은 추억을 가지고 있는 큰형 진저우[錦洲]와 둘째 형 셴웨이[憲爲]에게 감사하다. 젊은 나이에 돌아가신 큰 매형 쉬펑팅[徐鳳庭]을 그리워하며 감사를 표한다. 그가 세상을 떠나기 전에 고향 집 문 앞에 심은 벗나무는 어머니와 우리에 대한 사랑을 증명한다. 본서는 외견상 내 가족과 연관이 없는 것 같지만, 사실 그들의 온갖 기여가 있었다.

　나는 특히 춘쟈오의 도움에 고맙다는 말을 전한다. 그녀의 도움이 없었더라면 본서가 언제 완성될지 알 수 없었을 것이다. 그녀는 세심하게 번역 작업을 도왔을 뿐 아니라 책에서 참고한 원시 자료를 찾고 사진을 정리하는 데 애썼으며, 고쳐 쓰는 과정의 크고 작은 문제를 처리하기도 했다. 춘쟈오의 석사논문은 내가 지도하였는데, 타이완 사회학회에서 주는 석사논문 상을 받았다. 그녀는 석사논문을 수정 보완하여 『국족 정체성의 전환[國族認同的轉折]: 대만 민중과 엘리트의 서사[台灣民衆與菁英的敍事]』(稻鄉出版社, 2010 – 역자)를 출판하였다. 이 우수한 저서는 여론 포럼[民意論壇] 같은 신문 지면에 투고한 많은 독자의 글을 이용하여 1994년에서 2004년 총통 선거에 이르는 10년가량 타이완 일반 민중의 국족 정체성의 전환을 동태적으로 검토함으로써, 그들 거의 모두가 중국 의식에서 타이완 공동체 의식으로 방향을 바꾸었고 그 반대의 경우는 극히 드물었음을 밝혔다. 그녀는 이러한 국족 정체성 전환의 경험 속에서 보편적인 공동의 역사 서사 혹은 이야기 구성이 상당히 중요한 작용을 발휘했다고 지적하였다. 이 이야기 구성에는 일련의 특정한 역사관·가치체계·정체성 감정 패턴을 내포하고 있는데, 역사 서사가 정체성 전환에서 중심적인 역할을 하면서 핵심적인 작용을 한다는 것이었다. 춘쟈오는 나아가 일반 민중과 정치·문화 엘리트의 국족 정체성의 전환을 동태적으로 비교함으로써, 그들이 경험한 과정이 유사하며 자신의 정체성 전환을 서술한 이야기가 모두 서로 비슷한 줄거리를 갖고 있음을 발견하였다. 그녀는 사람들이 용감하게 행동하고 사회 변화에 나서도록 자극한 동력은, 이야기[故事]를 말하는 과정에서 사회구조와 개인 요소가 상호 작용한 데 있다고 강조하였다. 필자는 본서에서 1980·90년대 문화 엘리트가 어떻게 기억과 역사와 정체성을 재구축한 지를 분석하였으나, 춘쟈오의 연구는 상술한 보편적인 역사 서사 구성과 공통의 감정 발전이 적어도 1990년대 이후 엘리트에서 민중에 이르기까지 점차 타이완 사회에서, 타이완 정체성으로 전향한 자들이 그들의 국족 정체성 전환을 서술하는 과정에서 흔히 볼 수 있는 패턴이 되었음을 분명하게 지적하였다. 이는 타이완의 국족 정체성이 1990년대에 확산하고 심화하였음을 반영한다.

타이완 민족주의의 발전 단계는 Hroch가 제시한 3단계론과 차이가 있지만, 1980년대 재야, 민진당의 타이완 의식 선양, 타이완 민족주의의 추동과 및 타이완 문화 주체성 추구 경향의 출현에서 시작하여, 1990년대 이후 민중 사이에 타이완 국족 의식이 널리 확산되면서 타이완에서는 이 3단계가 가리키는 역사 현상이 대부분 출현하였다고 할 수 있다. 그러나 Hroch도 강조하였지만 민족의 구축 과정은 불가역적으로 미리 정해진 것이 결코 아니고, 중간에 중단될 수도 있고 또 일정 기간 침체되었다가 다시 나타날 수도 있을 뿐만 아니라, 3단계 중의 각 단계의 발전 강도와 시간의 길이는 모두 개별 사안에 따라 상당히 다를 수 있다(Hroch 1985: 178 ; 1996[1993]: 79, 81). 동시에 영국 학자 John Breuilly 같은 사람도 "민족주의 신조와 민족주의 정치는 대다수 민중들이 어떤 강렬하고 독특한 민족 정체성이 없는 사회, 지역에서 늘 나타날 수 있다"고 지적한 바 있다. 반대로 "설령 보편적으로 함께하는 민족 정서가 있다 할지라도 민족주의 신조의 충분한 발전 혹은 중요한 민족주의 정치 운동의 출현과 관계가 없는" 사례도 찾을 수 있다(Breuilly 1996[1994]: 147~148). 인류 역사의 진전은 우연적인 요소도 많고 모순도 병존할 수 있으며 왕왕 명암

이 뒤섞이기 때문에 희비를 헤아리기 어렵다. 중국의 심대한 영향과 국제 강대 세력 간 관계의 역학은 타이완의 일체를 더욱 복잡하게 하였다.

2012년 가을 타이완·중국·일본 사이에 댜오위타오 열도 주권에 관한 분쟁이 다시 발생하였다. 특히 중국과 일본에서는 강렬한 민족주의와 정서가 다시 일어날 기세였다. 세계화와 지역화의 추세 속에서 민족주의는 전혀 조금도 약화되지 않고 틈을 보아 움직이고 있던 것이었다. 이는 민족주의가 여전히 높은 관심을 두고 연구할 가치가 있는 주제임을 보여준다.

나의 캘리포니아대학 샌디에이고 캠퍼스 시절 박사논문 지도 교수 Richard Madsen(趙文詞)은 졸저 *Contemporary Taiwanese Cultural Nationalism*의 출판을 재촉한 분이기도 하다. 그는 2007년 출판한 *Democracy's Dharma: Religious Renaissance and Political Development in Taiwan*에서 타이완의 4개 종교단체인 자제慈濟[13]·불광산佛光山[14]·법고산法鼓山[15]·행청궁行天宮[16] 등이 대표하는 종교 부흥과 근대성·중산계층·민주정치 발전의 관계를 탐구하였다. 바로 그가 책에서 다음과 같이 말한 것과 같다.

---

13 역자 주: 정식 명칭은 재단법인 중화민국 불교 자제자선사업기금회慈濟慈善事業基金會이며 증엄법사證嚴法師가 1966년 사회구제 사업을 위해 만든 자제공덕회慈濟功德會가 그 기원이다. 총본부는 화롄현[花蓮縣]에 있으며 현재 병원·학교(대학 포함)·TV 방송국 등을 운영하는 유엔 NGO 자선단체 중 하나로 성장하였다.

14 역자 주: 성운법사星雲法師가 1967년 창설한 대승불교 교단으로 총본산은 가오슝에 있으며 현재 전 세계에 총 300여 개의 별원別院 혹은 분원分院이 퍼져있다.

15 역자 주: 성엄법사聖嚴法師가 창립한 대승불교 단체로 총본산은 신베이시[新北市] 진산[金山]에 있으며 타이완 전역과 홍콩·동남아·북아메리카 지역에 도장道場이 설립되어 있다.

16 역자 주: 타이베이시 중산구[中山區]에 있는 유명한 관제묘關帝廟로 타이베이시 베이터우[北投]와 신베이시 싼샤[三峽]에 분궁分宮이 있다.

모든 사람은 타이완의 운명에 관심을 가져야만 한다. 그것은 비록 2,300만 명만 사는 작은 섬에 불과하지만 세심하게 살필 가치가 있으니, 그것이 아시아에서 극도로 불안정한 정치·사회·문화 단층斷層 구역에 자리 잡고 있기 때문이다. 아시아가 굴기하여 세계에서 가장 활기찬 재부財富와 권력 및 문화 창조력을 갖춘 중심이 된다면 세계 질서 형성에 비할 데 없는 거대한 도전이 될 것이다. 그런데 이러한 세계 전체의 질서는 수 세기 이래 유럽이 제어하였고, 지금은 미국이 좌우하고 있다. 타이완에 집중된 이들 단층선 중 어떤 것이 만약 붕괴한다면, 최악의 경우 세계 전체로 확대되는 대재난의 중심으로 변할 수도 있다. (Madsen 2007: xxii)

타이완, 이 동아시아에 위치한 큰 섬은 여전히 역사의 고해苦海 노도怒濤 속에서 항해하며 어디에 닻을 내리고 어느 곳에 정박할지 알지 못하고 있다.

19세기 중엽 토크빌(Alexis de Tocqueville)은 『구체제와 대혁명』(L'Ancien régime et la Révolution, 1850)에서 프랑스 대혁명 발생과 구정권의 관계를 추적하면서, 신구 프랑스 사이의 균열과 연속을 검토하고 혁명의 득실을 평가하였다. 그는 자신의 독창적 견해에 대해 다음과 같이 말했다.

나는 이 책을 쓸 때 편견을 갖지 않기를 바랐지만, 작업할 때 격정을 품지 않았다고는 감히 말하지 못하겠다. 한 프랑스인으로서 자신의 조국을 이야기하고, 자신이 살고 있는 시대를 생각하면서도, 전혀 동요되지 않았다는 것은 실로 있을 수 없는 일이다. 나는 구사회의 각 부문을 연구할 때 새로운 사회를 도외시置之度外할 수 없었다. …… 나의 목적은 지극히 정확하면서 동시에 교육적 효과도 발휘할 수 있는 한 폭의 그림을 그리는 것이었다. …… 나는 상술한 목적지에 도달하기 위해 누구에게 미움을 사는 일을 두려워하지 않으며, 개인이나 계급 또는 여론이나 추억을 아랑곳하지 않았고, 그들이 얼마나 경외심을 일으키는지도 아랑곳하지 않았다. 나는 이렇게 하면서 자주 미안한 마음이 들었으나 부끄러움을 느낀 적은 없었다. 하지만 나 때문에 불쾌함을 느낀 사람들이 있다면 정직하고 사심 없는 나의 목적을 헤아려 용서해 주길 바랄 뿐이다. (托克維爾 1994[1856]: 5)

토크빌의 큰 뜻과 위대한 업적, 용기와 사심 없음은 뒤를 따르기 어려울만큼 존경스럽다. 나는 본서에서 타이완을 쓰고 타이완을 설명하면서 일반적으로 유행하거나 민족주의자들이 주장하는 표준과 다른 이야기를 표현할 때마다 항상 토크빌의 이 말들을 생각하였다. 고전 사회학자 베버(Max Weber)는 학술 작업이 원만해질 때마다 새로운 문제가 제기되고, 학술 작업이 추월당하여 시대에 낙후되길 요구하는 것은 학술 연구의 운명이고 학술 작업의 의의이자 공동의 목표라고 말했다(韋伯 1991[1917]: 142~143). 과거로 되돌아가는 것은 현재를 이해하고 미래를 염원하는 데 있다. 모든 사회는 자신의 이야기를 필요로 한다. 그것은 자신이 서 있는 땅을 인식하게 하고 개인과 사회의 연대감을 북돋우기 때문이다. 자기의 이야기가 없다는 것은 정체성이 없다는 것이고, 정체성이 없으면 생명은 흩어지고 만다. 타이완 사회의 이야기는 계속될 필요가 있다. 더 좋은 더 감동적인 이야기가 끊임없이 나타나리라 믿는다.

2012년 10월, 타이베이 난강[南港]에서

한국어판 서문

한국의 독자들이 이 책을 읽고 오늘날 타이완의 정치·문화적 면모의 근원을 이해하기 전에, 먼저 독자들에게 한반도 남쪽에 있는 이 아열대 섬나라의 최근 정치와 문화 정세를 보여주고자 합니다.

2024년 1월 13일, 타이완은 입법원(국회의원) 제11기 입법위원 선거와 '중화민국 제16대 총통 및 부총통 선거'를 동시에 실시하였습니다. 입법위원 선거 결과, 입법위원 113석 중 민주진보당(민진당)이 51석, 중국국민당(국민당)이 52석, 그리고 대만민중당(민중당)이 8석을 각각 차지하여, '3당 중 어느 당도 과반을 차지하지 못하는' 국면을 보였습니다.

2월 1일 새로 선출된 입법위원은 4년의 임기를 시작했습니다. 당시 민진당의 차이잉원 총통이 여전히 집권하고 있었지만, 국민당과 민중당 두 야당이 서로 협력하여 다수 의석을 가지고 민진당에 대항하는 '여소야대'의 어려운 국면을 형성하게 되었습니다. 두 야당이 합작하여 발의한 '국회개혁법안'은, 5월 17일부터 신속하게 수만 명의 인파가 타이베이시 거리에 집결하여 '국회의 권력 남용[濫權]', '국회 권력 확장[擴權]', '민주 후퇴'에 항의하도록 했습니다. '청조행동青鳥行動'이라 불리는 이 대중의 항의 시위는 가오슝[高雄]·타이중[台中]·쟈이[嘉義] 등 타이완의 다른 주요 도시에서도 동시에 나타났습니다. 시위에 참여한 많은 민중들은 국민당(심지어 민중당 포함)이 '친중親中'으로 타이완 탄압에 협력하고 있다고 생각하고, "국민당이 없어지지 않으면, 타이완이 좋을 수 없다", "나는 시진핑을 믿지 않는다", "반反 중국 주구走狗, 반 블랙박스 권한 확대", "나는 국회를 경멸하고, 친공의원을 증오한다", "국공이 타이완에 침투하면, 남백[藍白(국민당, 민중당)]이 응수한다", "중공의 대리인, 입법원에서 물러나라" 등의 표어를 내걸고 큰소리로 외쳤습니다.[1]

총통 선거에서는 민진당의 총통 후보인 라이칭더[賴淸德]와 샤오메이친[蕭美琴]이 국민당의 허우여우이[侯友宜]·자오사오캉[趙少康] 후보, 민중당의 커원저[柯文哲]·우신잉[吳欣盈] 후보를 제치고 다수표로 당선됨으로써, 민진당이 재집권하게 되었습니다. 총통 선거와 입법위원 선거는 1월 같은 날 투표하였지만, 신임 총통·부총통은 임기 규정에 따라 5월 20일에야 취임할 수 있었습니다. 라이칭더는 취임 연설에서 중국(중화인민공화국)에 대해 "타이완에 대한 모든 위협을 즉각 중단할 것", "중화민국의 존재 사실을 직시하고 타이완 인민의 선택을 존중할 것"을 호소했습니다. 그는 또 "어떤 정당도 (중국의 타이완) 병합에 반대하고 주권을 수호해야 하며, 정권을 위해 국가 주권을 희생시켜서는 안 된다", "모든 국민은 족군을 나누지 않고 본성인이든 외성인이든 타이완을 인정하면 모두 이 나라의 주인이다. '중화민국'이든 '중화민국 타이완'이든 혹은 '타이완'이든, 우리 자신과 국제 친구들이 우리나라를 부르는 명칭은 모두 똑같이 우렁차게 들린다"라고 강조하였습니다.[2]

라이칭더 총통의 연설은 즉각적으로 중국 정부와 야당인 국민당의 비판을 받았습니다. 중국은 줄곧 국제적으로 '하나의 중국' 원칙을 선전하면서 세계에 오직 하나의 중국만이 있을 뿐이고, 중화인민공화국 정부

---

1   이러한 표어들은 모두 저자가 타이베이시의 거리 시위 현장에서 본 것들입니다.

2   「제16대 총통 및 부총통 취임 특집」, 중화민국 총통부 홈페이지, 2024년 5월 20일 (https://www.president.gov.tw/Page/700, 2024년 9월 20일 검색)

는 전 중국의 유일한 합법적 대표이며, 타이완은 중국의 영토일 뿐이라고 강조하였습니다. 따라서 민진당의 타이완 민족주의는 '타이완 독립'을 추구하는 음모라는 점을 강조하였습니다. 천빈화[陳斌華] 중국 국무원 타이완 사무판공실 대변인은 라이칭더의 연설을 겨냥해 목전의 "타이완 바다 상황이 복잡하고 엄중해진 것은 민진당이 '타이완 독립'의 분열 입장에 서서 '하나의 중국원칙'을 부인하고, '외부 세력'과 결탁하여 '독립'의 도발을 꾀하고 있기 때문"이라고 비판하였습니다. 국민당의 주리룬[朱立倫] 주석은 라이칭더 총통의 취임식 참석을 거부하고, 라이칭더가 진심으로 양안 평화를 추구할 것을 촉구하였습니다.[3] 국민당의 마잉주[馬英九] 전 총통도 '중화민국 헌법'의 개정 조항에 따라 통일 전 중국과 타이완은 하나의 특수한 관계이며 같은 중국의 두 지역이기 때문에, 라이칭더[賴淸德]가 타이완과 중국을 두 개의 국가로 간주해서는 안 된다고 비판하였습니다.[4] 사실 지금도 국민당의 '당장黨章은 여전히 "국가의 부강과 통일의 목표를 추구한다"라고 하면서, '중국문화의 부흥', "중화민족 전체의 이익을 위해 함께 투쟁할 것" 등을 주장하고 있습니다.[5]

---

3 「台灣進入賴淸德時代:一文讀懂總統就職演說中的信息」, BBC NEWS 중문판, 2024년 5월 20일(https://www.bbc.com/zhongwen/trad/chinese-news-69037081, 2024년 9월 20일 검색)

4 「賴淸德就職演講強調「互不隸屬」 國民黨:「新兩國論」・「違憲」」, DW(독일의 소리), 2024년 5월 21일 (https://www.dw.com/zh-hant/%E8%B3%B4%E6%B8%85%E5%BE%B7%E5%B0%B1%E8%81%B7%E6%BC%94%E8%AC%9B%E5%BC%B7%E8%AA%BF%E4%BA%92%E4%B8%8D%E9%9A%B8%E5%B1%AC-%E5%9C%8B%E6%B0%91-E9%BB%A8%E6%96%B0%E5%85%A9%E5%9C%8B%E8%AB%96%E9%81%95%E6%86%B2/a-69138363, 2024년 9월 21일 검색)

5 「中國國民黨黨章」(2021年 10月 30日 第二十一屆第一次全國代表大會第二十五次修正)의 머리말, 제1장 총강의 제1, 2조. 中國國民黨全球資訊網(https://www.kmt.org.tw/2022/03/blog-post_55.html, 2024년 9월 20일 검색)

이 같은 5월의 정치적 갈등 이후인 지난 6월, 국립정치대학 선거연구센터가 타이완 국민을 대상으로 실시한 두 가지 여론조사는 주목할 만합니다. 첫 번째 조사는 '국족 정체성'에 관한 것으로, 결과는 응답한 타이완인 64.3%가 스스로를 '타이완인'이라고 생각하고, 30.4%는 '타이완인'이자 '중국인', 겨우 2.2%만이 자신을 '중국인'이라 생각하는 것으로 나타났습니다(응답자의 3.0%는 '무반응'). 1992년 이 센터가 실시한 같은 방식의 조사에서는 각각 10.5%, 17.6%, 46.4%(10.5%는 '무반응')였습니다. 두 번째 조사는 '통일과 독립에 대한 입장'(타이완이 중국과 통일해야 하는지, 아니면 독립적인 주권국가로서 존재해야 하는지 여부)에 관한 것이었는데, 응답자의 87.1%는 타이완과 중국의 분치라는 현상유지 또는 독립을 원하고('현상유지', '영원히 현상유지', '독립 편향', '최대한 빨리 독립'을 원하는 사람들 포함), 6.6%만이 타이완과 중국통일을 원하는 것으로 나타났습니다('빠른 통일', '통일편향'을 원하는 사람들 포함, 6.3%는 '무반응'). 센터가 1994년에 실시한 조사 결과는 각각 59.4%, 20.0%(20.5%는 무반응)였습니다.[6] 요약하면, 지난 30년 동안 타이완인들의 국족(민족-역자) 정체성은 분명히 '중국인'에서 '타이완인'으로 변화하였고, 중국인이 아닌 타이완인이라고 생각하는 사람들이 점점 더 많아졌으며, 동시에 중국과의 통일을 지지하는 사람들은 점점 줄어들었을 뿐 아니라 현재 대다수의 타이완인들은 두 나라의 분립[分治] 현상을 유지하고 싶어 한다는 것입니다.

5월의 정치 갈등 이후 타이완이 직면했던 또 다른 큰 사건은 파리 하계 올림픽이 7월 말에 개막하면서 '문화올림픽' 전시 활동을 함께 개최

---

6   출처: 국립정치대학 선거연구센터 중요 정치 태도 분포 추세도 (https://esc.nccu.edu.tw/PageDoc/Detail?fid=7804&id=6960;https ://esc.nccu.edu.tw/PageDoc/Detail?fid=7805&id=6962, 2024년 9월 22일 검색)

한 일이었습니다. 1980년대 초부터 중국의 '하나의 중국' 원칙의 압력 때문에 타이완 선수들은 '중화 타이베이(Chinese Taipei)'라는 이름으로 국제 대회에 참가할 수밖에 없었고, 정식 국명인 '중화민국'은 물론 국기도 사용할 수 없어서 '중화올림픽위원회 회기會旗'(梅花旗)로 대체해야 했습니다. 이번 파리 올림픽에서 타이완은 선수 외에도 문화부에서 대규모 문화 대표단을 조직하고, 파리 라피트 공원(Parc de la Villette)에 '타이완관'을 설치하여 '문화올림픽'에 참여하였습니다. 타이완을 대표하는 문화예술팀은 행사를 기획하고 '참여선언'을 하면서, "자유는 타이완의 상징이며, 파리 문화올림픽의 타이완 마당[場]은 자유와 다양성으로 가득 찬 전시 공연장으로서 타이완 각지의 진귀한 보물들을 수용할 것"이라는 자부심을 드러냈습니다.[7]

'타이완관'에는 대형 무대·붉은 원형 테이블·붉은색 커버 의자를 배치함으로써 전통시대 타이완의 지방 '사당 앞 광장에서 열리는 손님맞이 축제[廟埕辦桌]' 상황을 표현하고자 하였습니다. 타이완의 문화예술팀은 다양한 세대·족군族群·언어·문화 및 성별을 대표하는 20개 이상의 음악·무용·희곡·변장 공연·서커스단 등을 포함하였습니다. 그중에는 타이난에서 온 풍중등견망가단風中燈牽亡歌團이 견망가牽亡歌를 공연하는 의식도 포함되었는데, 이는 원래 타이완 남부지방에서 사망한 가족을 저승으로 배웅하는 전통 민속 의식입니다.[8] 출발 전 기자회견에서 샤오메이

7 「副總統蕭美琴為文化奧運代表團綬帶 盼讓世界看見臺灣」, 文化部 홈페이지「文化新聞」, 2024년 6월 26일(https://www.moc.gov.tw/News_Content2.aspx?n=105&s=219117, 2024년 9월 21일 검색); 「參與宣言 Participation Declaration」, 臺灣文化前進巴黎奧運·巴黎文化奧運臺灣場 홈페이지, 2024년(https://cotpe.tw/tw/about.html, 2024년 9월 21일 검색)

8 「「因為相信 我們團結在這裡」文化奧運臺灣館分享成果 以文化藝術呈現臺灣自信與真實」, 臺灣文化前進巴黎奧運·巴黎文化奧運臺灣場 홈페이지, 2024년 9월 12일(https://cotpe.tw/tw/news-

친[蕭美琴] 부통령 당선자는 공연단이 파리로 곧 떠날 것을 선포하고, 이들이 '세계를 향해 타이완을 보여줄 것'이라고 격려했습니다. 축사에서 리위안[李遠] 문화부 장관은, 이는 타이완이 곧 출발하여 문화 예술로 세계 무대의 각국과 만나게 된다는 의미인데, "타이완과 다른 나라의 가장 큰 차이점은 자유와 민주"라고 말했습니다.[9]

문화올림픽 타이완관은 15일 동안 120여 명의 공연자가 60회 안팎의 공연을 했습니다. 마지막 날 행사에서 왕스쓰[王時思] 문화부 정무차관은 연설을 통해 "이 15일간의 시간 동안 타이완은 자신의 이야기·선택·희망·신명[瘋狂]·사랑을 공유했는데, 공유하는 것 자체가 바로 우리 자신의 진실한 모습"이라고 말했습니다. 그녀는 "진정한 이름을 되찾아야만 자신의 신분을 되찾을 수 있다"고 하면서, '중화 타이베이'라고 부르든 '타이완'이라 부르든 타이완은 국제사회의 일원이 되는 것을 포기하지 않을 것이고, 타이완은 이미 이 길을 찾아가고 있으며, 이 여정은 멈추지 않고 자신의 진정한 이름을 되찾는 날까지 계속될 것"이라고 강조하였습니다. 변장 연기 예술가인 님피아 윈드[Nymphia Wind]가 이날 마지막 공연을 할 때, 마침 타이완의 린위팅[林郁婷]이 타이완 복싱 사상 처음으로 여자복싱 57kg급에서 금메달을 땄다는 소식이 전해졌습니다. 님피아 윈드는 그 자리에서 타이완은 현재 비록 유엔에 자리가 없지만, 결국 "타이완은 세계의 일원이 될 것"이라며, "하늘에서 무지개를 찾으려고 애쓰지 않아도 될 만큼, 타이완 사람들에게서 모든 색을 볼 수 있게 해준 국가로서 타이완에 감사드린다"고 말했습니다.[10]

2024091201.html, 2024년 9월 21일 검색)

9   주 7의 「副總統蕭美琴為文化奧運代表團綏帶 盼讓世界看見臺灣」

10   「Win Together」文化奧運閉幕 林郁婷奪臺灣史上首面奧運拳擊金牌 文化部：臺灣向世界證明永

앞서 언급한 '청조행동', 라이칭더 취임 연설, 정치대학 여론조사 결과, 타이완 '문화올림픽' 대표단의 공연은 모두 중국의 억압과 위협 속에서 타이완 사회가 정치 문화적으로 점차 중국 민족주의와 중국 중심주의에서 벗어나, 타이완 자신과 타이완 문화를 '주체'로 삼는 자신감과 영광스러움을 보여주었습니다. 이것은 전후 타이완에서 1980년대에 이르기까지, 심지어 1990년대에는 상상할 수도 없고 존재하지도 않았던 현상들입니다. 타이완 국내의 민중이든 외국인이든 위에서 언급한 2024년 1월 이후의 최근, 최신의 정치, 문화적 전환[轉變](타이완과 중국의 긴장관계, 집권 민진당과 야당인 국민당의 충돌, 중국공산당과 국민당에 대한 타이완 민중들의 혐오, 그리고 문화올림픽 타이완관 및 전시팀이 전달하고자 했던 국족 정체성, 역사기억과 타이완 민중의 보편적 열망 등)에 대해 표면적인 관찰에 그치지 않고 깊이 있게 이해하기 위해서는, 전후戰後부터 지금까지의 타이완의 역사, 특히 타이완 민족주의가 현저하게 발달했던 1980년대와 90년대를 이해할 필요가 있습니다. 이 20년 정도의 시기가 바로 이 책의 연구 초점입니다.

우리는 지난 200년 이상의 세계 민족주의가 발전해온 역사를 통해 민족 정체성의 확립과 문화적 정체성의 형상화[塑造]가 불가분의 관계에 있다는 것을 발견할 수 있었습니다. 이는 일찍 건국된 '민족국가(예: 프랑스·영국·독일·스페인)'의 경우이든, 제국 통치나 식민 통치에 저항하여 독립 건국을 추구했던 민족운동(예: 아일랜드·중동유럽·아시아·아프리카·라틴아메리카 등)의 경우이든 모두 같습니다. 그러나 이것이 통상 후자에게 더욱 중요한 이유는 문화적으로(특히 문학·언어·역사 등을 통해) 외세에 의해 지배된 동포들을 계몽하고, 지배받는 약자들의 집단적 정체성을 형상화하여 저항

遠不會放棄成為國際社會一份子的決心」, 臺灣文化前進巴黎奧運·巴黎文化奧運臺灣場 홈페이지, 2024년 8월 11일(https://cotpe.tw/tw/news-2024081101.html, 2024년 9월 21일 검색)

의 의지와 행동을 고취시킬 필요가 있기 때문입니다. 20세기 냉전 시대에 국민당 정부는 타이완을 '자유중국', 즉 '공산 중국' 밖의 '작은 중국[小中國]'이라고 선전했고, 미국을 비롯한 서방 진영에서도 타이완을 그렇게 생각했습니다. 당시 서양 학자들은 중국 현지에 가서 학술적인 연구를 할 수 없었기 때문에, 적어도 1970년대 말 중국의 '개혁개방' 이전까지 서양 학계는 타이완을 중국 연구의 대용품으로 활용했습니다. 즉 타이완은 작은 중국, 타이완 사람들은 중국 사람과 같았습니다. 타이완 사회는 중국 사회로 간주되었고, 타이완 문화는 중국문화와 동일시되었습니다. 국민당의 교육과 선전의 영향으로 전후 다수의 타이완 국민의 인식과 시각 역시 그러하였습니다.

1970년대 초 주로 타이완의 '본성인'(1945년 전후 중국 본토에서 타이완으로 온 '외성인'의 상대적 개념)이 조직한 반反 정부운동이 일어났습니다. 이러한 반국민당 인사들을 '재야[黨外] 또는 '재야인사'라고 불렀으며, 자유·민주·평등을 요구하는 정치운동을 '재야운동[黨外運動]'이라고 불렀습니다. 국민당은 이 '재야운동'을 강력하게 탄압하였지만, 1979년 12월 가오슝에서 '메이리다오[美麗島] 사건'이 발생한 이후 재야는 국민당 정부의 권위주의적 통치와 그 이데올로기인 중국 민족주의에 더욱 거세게 도전하였고, 마침내 1986년 민진당을 창당하였습니다. 1980년대와 1990년대는 '재야'와 민진당이 타이완의 정치와 문화의 '본토화'(또는 '타이완화')를 추진했던 중요한 시기였습니다. 역사적 관점에서 보면, 앞서 언급한 2024년 1월 이후의 최근 타이완의 정치 및 문화 상황은 1980년대와 1990년대 정치·문화의 본토화 또는 타이완화가 발전해온 결과 내지 그 산물입니다. 이 책의 임무는 지난 20년 동안 타이완 민족주의가 어떻게 타이완의 문화계, 특히 문학·언어·역사의 세 가지 분야를 재구성했는지 분석하는 데 있습니다. '타이완 문학'의 성립, 타이완 본토어(특히 '타이완어') 운동의 부상, '타이완 사관'의 발전은 이 시기의 중대한 '문화정치'(cultural politics)의 변화였으며, 그것은 당시는 물론 현재까지의 타이완 및 타이완과 중국(및 세계)의 관계에 깊은 영향을 미쳤습니다.

1980, 1990년대 정치 및 문화의 본토화는 민주화를 추동하면서 함께 진전되었습니다. 2000년 민진당의 천수이벤[陳水扁]·뤼슈롄[呂秀蓮] 후보의 총통·부총통 당선은 본토화와 민주화가 절정에 도달했음을 상징하였습니다. 2008년 마잉주[馬英九] 총통이 당선되어 국민당이 재집권했지만, 2016년 차이잉원[蔡英文] 총통의 당선으로 민진당이 다시 정권을 잡았습니다. 2024년 초 라이칭더[賴淸德]가 선거에서 승리하고 민진당의 집권을 이어갔습니다. 1980년대부터 시작된 정치와 문화의 본토화·민주화로 타이완 민중들의 타이완 정체성은 더욱 높아졌습니다.

그러나 타이완은 국민당 치하의 중국 민족주의의 굴레에서는 벗어났지만 이제 세계 강국으로 부상한 중국을 상대해야 하고, 그의 중국 민족주의가 타이완 및 자유민주주의에 미치는 위협은 이전 국민당의 그것보다 훨씬 위험하고 치명적입니다. 오늘날까지 중국의 선전과 강권強權 때문에 세계의 많은 국가와 국민들은, 타이완을 중국의 영토로 여기고 타이완인과 중국인은 모두 '화인華人'이며, 문화적으로 아무런 차이가 없다는 중국의 입장을 받아들이고 있습니다. 그러나 타이완 국민들은 바다 건너에서 중국공산당의 전체주의적 통치를 지켜보았고, 중국이 '하나의 중국'으로 국제적으로 타이완에 가하고 있는 억압에 분노하고 있기 때문에, 점점 더 자유롭고 민주적인 생활 방식을 과시하면서, 동시에 더욱 기꺼이 타이완 문화의 독특성을 보여주고 있습니다. '청조행동', 라이칭더의 취임 연설, 정치대학의 여론조사 결과, 타이완 문화올림픽 대표단

과 공연 등은 의심할 바 없이 타이완 다수 민중들의 정체성과 정감情感
을 반영하였습니다.

전후 동아시아에 관한 학술연구에서 한국은 늘 타이완과 자주 비교되
었습니다. 피식민 역사 경험의 측면에서 한국과 타이완은 일본의 지배
를 겪었지만, 양자가 겪었던 식민지화의 경험과 전후 그에 대한 역사적
성찰은 같지 않았습니다. 전후 경제발전의 측면에서도 양국은 종종 선
명하게 대비되었으니, 특히 한국에서는 대기업과 재벌이 핵심적인 역할
을 하였던 반면, 타이완에서는 중소기업이 중요한 역할을 하였습니다.
전후의 정치적 변화라는 측면에서 양국은 세계의 '제3의 물결 민주화'
과정에서 권위주의적 통치에 도전하고 자유 민주를 추구했던 과정은 비
슷합니다. 이런 것들은 모두 타이완과 한국의 관계와 상호 이해에 특별
한 의미를 갖게 합니다. 학술연구를 통해 상대를 이해함으로써 자기를
이해하는 것은 두 나라 모두에게 더 바람직하고 의미 있는 일이 될 것입
니다.

이 책이 한국에서 번역 출판되어 한국인들이 타이완을 이해하는 데
도움이 될 수 있다면 저로서는 더없는 영광이겠습니다. 번역이 얼마나
힘든 일인지는 잘 알고 있습니다. 제 연구 성과를 한국 독자들과 공유할
수 있도록 애써주신 오병수(동국대 인간 및 미래연구소 초빙교수), 손승희(중앙대
연구교수) 교수 두 분께 진심으로 감사드립니다.

이 책은 저의 또 다른 두 저서인 『回歸現實:台灣一九七〇年代的戰後世代
與文化政治變遷』(第二版, 2010, 台北:中央研究院社會學研究所)'및 *Politics and
Cultural Nativism in 1970s Taiwan: Youth, Narrative, Nationalism*(2021, New
York: Columbia University Press)과 자매작입니다. 이 두 책 모두 1970년대 전
후 세대들이 정치적으로 추구했던 '현실로의 회귀'와 문화적으로 추진했

던 '향토로의 회귀' 조류를 탐구한 것입니다. 특히 2021년에 출판된 영어책은 외국 독자들이 읽기에 더 적합할 것입니다. 만약 독자들이 이 책을 함께 읽으신다면, 전후 타이완의 정치와 문화가 어떻게 변화해왔는지를 보다 완전하게 이해하는 데 도움이 될 것입니다.

프랑스 학자 Stéphane Corcuff가 말했듯이 타이완은 '정체성의 실험실'입니다.[11] 전후 타이완의 정치와 문화의 복잡한 딜레마는 항상 민족 정체성이라는 난제와 관련된 것이었습니다. 이 책이 연구한 1980, 1990년대는 이 난제가 팽창하던 시대였고, 많은 사람들이 그 치료법을 찾고자 애쓰던 시대였습니다. 타이완의 사회 엘리트와 일반 민중들은 자신들이 누구이며 어떤 나라를 건설할 것인지의 문제는 타이완 자체뿐 아니라 동아시아와 세계에도 영향을 미치는 것이라고 생각했습니다. 21세기인 지금에 와서 보면 더욱 그렇습니다.

2024년 9월 24일

타이베이 중앙연구원에서

---

11 Corcuff, Stéphane, 2002, "Introduction: Taiwan, A Laboratory of Identities." Pp. xi-xxiv in *Memories of the Future: National Identity Issues and the Search for a New Taiwan*, edited by Stéphane Corcuff. Armonk, N.Y.: M. E. Sharpe.

목차

제1장   서론

제2장   일본 식민 통치와 문학·언어 문제

제3장   전후戰後 언어 문제와 문학의 발전

제5장 민족 언어의 창건

제6장 민족 역사의 서사

제7장 결론

도표 목차

제1장

서론

　타이완 즉 중화민국은 1996년 3월 23일 전후 처음으로 총통 직접 선거를 거행하였다. 이 선거는 1980년대 이래 발전해 온 정치 자유화·민주화의 절정으로 간주되었다. 중국공산당의 중화인민공화국이 미사일을 시험 발사하고 군사 연습을 하는 위협 속에서 실시된 선거는 이 섬의 통치 주권을 갖고 있다고 공언하는 중화인민공화국에 대한 타이완의 명백한 저항과 도전을 상징하기도 하였다. 투표 이틀 전 타이완어(福佬話·河洛話) 부흥에 힘쓰던 몇몇 대학생 동아리는 타이완의 교육은 '중국 쇼비니즘'의 통제를 받고 있다고 집단으로 항의하였다. 또한 이들 학생은 중국이 미사일 시험 발사와 군사 연습으로 타이완 유권자들을 공포에 빠뜨림으로써 타이완과 중국의 통일에 반대하고 타이완 독립을 지지하는 어떤 후보에게도 감히 투표하지 못하게 하고 있다고 규탄하였다. 이들 학생은 교육부 정문 앞에서 정부 당국이 만든 교과서, 예컨대 『중국문화사』·『국문國文』·『삼민주의三民主義』 등을 불태우며 "중국인이 아니라 타이완인이 되어야 한다!", "중국 역사가 아니라 타이완 역사를 배워야 한다!", "중국 지리가 아니라 타이완 지리를 배워야 한다!" 등의 구호를 외

첬다.[2]

　타이완의 최대 야당인 '민주진보당'(이하 민진당으로 줄임) 후보로 총통 선거에 나섰으나 패배한 펑밍민[彭明敏][3]은 선거가 끝난 2주 후, 개인적으로 준비하던 조직 '건국회建國會'를 성립시킴으로써 사회운동 방식으로 타이완 독립을 추진하기 시작했다. 펑밍민은 오랜 기간 줄곧 해외 타이완 독립운동의 주요 지도자였으나[4], 중화민국 정부에 의해 블랙리스트에 올라 1990년대 말까지 타이완으로 돌아올 수가 없었다. 1996년 총통 선거 무렵까지 민진당 내부에는 타이완 독립 주장에 대한 소위 급진적 노선과 실용적 노선이 병존했는데, 펑밍민의 건국회 결성은 이 두 노선 간의 모순이 충돌하는 징조로 비추어졌다. 펑밍민은 건국회가 민진당과 전혀 관계가 없다고 분명히 밝혔다. 사실 선거 기간 민진당의 핵심 지도층과 펑밍민의 선거운동본부 간에 서로 보조가 맞지 않는다는 것은 이미 공개적인 비밀이었다. 양자 사이의 중요한 이견 중 하나는 타이완 독립 이념을 유권자에 대한 주요 호소 사항으로 삼을지에 있었다. 타이완 독립론은 줄곧 펑밍민 진영의 경선 이슈였지만, 민진당의 핵심 지도층이 도리어 그 중요성을 희석시킴으로써 보다 많은 중도층 유권자의 지지를 끌어들이고자 하였다.[5] 펑밍민의 총통 출마와 그가 창립한 건국회는 모두 '대만교수협회'·'대만교사연맹'·'대만필회台灣筆會'와 몇몇 타

2　『民衆日報』, 1996年 3月 21日.

3　역자 주: 펑밍민(1923~2022)은 국립대만대학 교수를 지낸 국제법 권위자로 가장 대표적인 타이완 독립운동 지도자 중 한 명이다. 1964년 '대만자구운동선언台灣自救運動宣言'을 공동 기초한 일로 8년 형을 선고받았다. 1970년 타이완을 탈출하여 해외에서 20여 년 망명 생활을 하다 1992년 귀국하였으니, 1990년대 말까지 돌아올 수 없었다는 저자의 설명은 착오로 보인다.

4　제3장 각주 16을 참조.

5　펑밍민은 결국 1998년 9월 민진당을 탈당하였다.

이완어 부흥 조직의 열렬한 지지를 받았다.[6] 같은 해 4월 말 이들 단체의 지도급 간부이자 건국회의 주요 회원 2~30명은 다른 많은 운동권 인물과 함께 '교육대만화연맹教育台灣化聯盟'을 결성하고, "중국을 주체로 하고, 타이완을 변경으로 여기는" 교육 원칙과 정부의 문화정책에 대항하는 활동을 추진하였다.[7]

<그림 1-1> 건국회와 교육본토화(타이완화)연맹 성립 보도 (원서 31쪽)

본서는 타이완 민족주의의 주요 텍스트 또는 추세에 대한 연구이다.[8]

6　『民衆日報』, 1996年 4月 8日, 10日, 23日.

7　『民衆日報』, 1996年 4月 30日.

8　'근대 민족주의'(modern nationalism)에 있어 민족(nation)과 국가(state)의 관계는 밀접하다. 근대 민족주의의 핵심 요소는 '민족'의 이름으로 정치와 문화상의 자주自主를 정당화하는 데 있으니, 통상 특정한 영역에 하나의 주권 국가를 건립하기도 한다. 이 때문에 근대의 민족주의에 대해 민족과 국가를 완전히 구분해 토론하기가 매우 어렵다. 그러나 중국어 중에서 근대 민족주의로 '민족/국가' 양쪽을 겸비한 개념을 포괄할 수 있는 적절한 용어를 찾기가 매우 어렵다. 이런 어려움 때문에 본서에서는 자주 맥락에 따라 '민족'·'국족國

이러한 타이완 민족주의는 주로 인문 지식인(humanist intellectuals)의 논술로 구성[建構]되었는데, 여기에서 인문 지식인은 문학 작가·문학 비평가·언어 학자·언어 부흥 운동가·아마추어 혹은 전문 역사학자 등을 포함하였다. 일반적으로 이들 지식인은 비교적 급진적인 타이완 민족주의자의 주요 구성원이었고, 그들의 관점은 타이완의 독립과 타이완 민족을 구성하는 이데올로기의 측면에서 상당히 중요한 역할을 하였다. 그들이 구성한 민족주의의 핵심은 '중국 문화'에 대항하는 '타이완 문화'의 특수성에 대한 깊은 관심이었다. 타이완 문화의 독특성에 관한 이들 인문 지식인의 논술은 타이완의 민족적 특성에 관한 일련의 개념을 형상화하는 데 중요한 영향력을 발휘하였다. 이러한 논술은 각 방면이 참여하여, 획일화 할 수 없는 민족 구성 과정의 기본 요소였다. 따라서 본서에서 다루려는 핵심 문제는 다음과 같다. 문화 특수성 개념이 어떻게 타이완 '문화 민족주의'(cultural nationalism)의 발전을 촉진했는가? 타이완 문화의 독특성에 관한 이데올로기가 어떻게 문학·언어·역사라는 중요한 지식 활동 영역을 통하여 민족주의 정치에 영향을 미쳤는가? 타이완 민족주의의 발전 과정에서 인문 지식인의 역할은 무엇인가? 더욱이 타이완 문화의 특수성에 대한 그들의 논변과 설명이 논술과정에서 어떻게 '타이완 민족'이라는 개념을 창조해 내었는가?

타이완의 정치 동태動態라는 특수한 맥락에서 타이완의 문화 민족주의는 타이완 민족을 구축하는 중요한 수단의 하나로서 특수한 행동 전략·조직·이데올로기를 통하여 민중의 지지를 얻었다. 이러한 민족주의의 본질은 일종의 '문화 특수성의 정치'(politics of cultural uniqueness)인데,

---

族'·'민족 정체성'·'국족 정체성' 등 다른 용어를 사용하였지만, 상술한 근대 민족주의의 핵심 개념을 여전히 중심에 놓았다.

그것은 새로운 민족 정체성을 구성하려는 일종의 노력으로서, 타이완 문화의 독특함과 관련된 상징과 수사修辭 및 그 이념을 제도화할 수 있는 각종 정치 활동을 두루 포함하였다. 이 민족 구성 활동의 중견中堅으로서 타이완의 독립을 주장한 인문 지식인들은 타이완 문화의 독특성을 드러내는 여러 요소를 진술·논변하였을 뿐 아니라, 그것을 구현할 수 있는 새로운 국가 건설을 추구하였다. 당대 타이완의 문화 민족주의는 대략 1980년대 초반부터 부상하여 형성되었으니, 긴 역사적 관점에서 보면, 그것은 19세기 말 서방국가에 의해 중국이 문호를 개방한 이래 형성된 중국의식 혹은 정체성이 현시대에 들어 직면한 절정적인 도전이었다. 그 외 타이완의 문화 민족주의는 문학·언어·역사 영역에서만이 아니라 예술 등 다른 문화 활동 범위에서도 나타났다.[9] 하지만 타이완의 문화 민족주의의 발전을 촉진시킨 점을 놓고 보면, 상대적으로 다른 영역의 중요성은 본서에서 역점을 두고자 하는 세 영역에 훨씬 미치지 못하였다. 1980년대 초기부터 시작하여 타이완 문화의 특수성을 구성하려는 문화 정치 활동의 중심은 주로 문학·언어·역사 세 방면이었다.

본 장의 내용 배치는 아래와 같다. 먼저 타이완 섬[島嶼]에 사는 인민·언어·역사 개황을 간략히 회고할 것이다. 둘째, 타이완 민족주의 역사 발전을 주제로 한 최근까지의 관련 연구를 간추려 평론할 것이다. 이들 선행 연구는 크게 '상상된 공동체'(imagined community)와 '정치 경쟁'이라는 두 가지 주요 분석 경향으로 나눌 수 있다. 이 두 가지 연구 경향의 초점은 모두 '정치적 민족주의'(political nationalism)에 국한되기 때문에 문화 민족주의를 검토할 수가 없다. 그렇지만 문화 민족주의는 타이완 민족

---

9   謝里法(1994), 羊文漪(1995), 黃海鳴(1995).

주의의 국족 구성 방안 중 상당히 중요한 부분이다. 셋째, 필자는 피지배 족군·민족주의·인문 지식인 3자의 관계를 깊이 검토할 것이다. 억압받는 족군 내에서 인문 지식인이 수행한 역할은 바로 본서의 타이완 문화 민족주의에 대한 분석의 핵심이기 때문이다. 넷째, 필자는 이어서 문화 민족주의와 정치 민족주의의 차이를 밝힐 것이다. 다섯째, 문화 특수성 정치의 본질이 무엇인지 간단명료하게 설명할 것이다. 여섯째, 근대화 이데올로기와 문화 민족주의의 관련성을 논급할 것이다. 이 부분의 토론은 타이완의 문화 민족주의를 이 섬의 독특한 경험으로서만이 아니라, 일종의 제3세계에 흔히 있는 현상으로서 연구하려는 것이기도 하다. 제3세계의 많은 곳에서 근대화는 바로 논쟁이 넘치는 문제이기 때문이다. 일곱째, 문화 민족주의자가 이념을 전파하는 방법과 수단에 대해서도 간단히 토론할 것이다. 본 장의 마지막에서는 본서의 각 장절章節 배치에 관해 설명할 것이다.

1. 개술概述: 타이완의 인민·언어·역사

현재까지 우리는 먼 옛날 타이완의 역사에 대해 아는 것이 거의 없다. 학자들도 중국 대륙의 주민들이 언제 이 섬의 존재를 알았고, 타이완에 건너왔는지를 여전히 확정하지 못하고 있다(Hsu 1980: 3, 5). 단편적인 역사 기록은 16세기 후반부터 어민·행상인·심부름꾼·탐험가들이 타이완에 인접한 중국 동남쪽 푸젠성[福建省]에서 이주해 왔음을 알려준다(陳紹馨 1979a[1966]: 452). 그 전에 아시아 동남부에서 온 말레이 폴리네시아어 (Malayo-Polynesian family) 언어를 사용하는 적지 않은 원주민들이 일찍부터 정주하고 있었다.[10] 중국 이민자와 원주민 사이에는 늘 충돌이 발생하였다. 지난 400여 년 동안, 여러 통치 정권의 동화정책과 원주민 인구의 급감 및 사회경제적 지위의 지속적 하락으로 원주민의 언어는 점차 쇠퇴하고 말았다.

17세기 말에 이르러서야 중국에서 온 한인 이민자들이 비로소 타이완에서 주도적인 지위를 차지하기 시작하였다. 한인의 인구는 이후 계속 증가하였다(陳紹馨 1979a[1966]: 453). 명나라 멸망 후 타이완으로 패주한 잔여세력을 소탕하기 위해, 청 제국은 1683년 타이완을 침입하여 1895년까지 통치하였다. 그 기간 타이완이 다시 반항자의 근거지가 될 것을 염려한 청 제국은 합법 이주의 경로를 철저히 금하였으나, 빈곤한 한인들은 끊임없이 타이완으로 이주하여 토지를 쟁탈하였다. 타이완에 정착한 거의 모든 이민자는 중국 남부의 푸젠과 광둥[廣東] 두 성省에서 왔다. 푸젠성에서 온 이민자들은 그들의 고향 소재지에 따라 '장주인漳州人'과 '천주인泉州人'으로 구분되었다. 이 두 무리는 다른 말투의 '민남어'를 사용함에도 모두 '복료인福佬人'[11] 또는 '하락인河洛人'이라 불렸고, 그들의 언어도 '복료화' 또는 '하락화'라고 하였다. 제3의 한인 이민은 객가인客家人으로 주로 광둥에서 이주해 왔으며 객가화를 사용하였다.

19세기에 이르러 장저우와 취안저우 두 곳에서 온 한인 이민자들이 약 80%를 차지함으로써 복료화는 타이완의 주요 언어가 되었다. 이에 비해 광둥에서 온 이민자는 총인구의 약 15%에 불과하였기 때문에 객

---

10 역자 주: 최근에는 타이완 원주민의 선조가 동남아시아로부터 왔다는 기존 학설 대신, 약 4700~7700년 전 중국 남부 연안 지역에서 유입되었다고 보는 등 이설이 제기되었다.

11 역자 주: 자전적 의미로 푸젠성 말을 하는 한인을 가리키지만, 주로 푸젠 남부 사람들의 언어인 민남어 사용자를 범칭한다. 學老(佬)人·學老(佬)人·河老(佬)人·河洛人 등으로도 불린다.

가화는 사회적으로 비교적 주변화 되었다. 청의 통치 시기 장저우·취안저우·광둥 이민자들은 모두 상대방을 자신과 다른 무리로 여겼다. 그들은 늘 이러한 서로 다른 집단 정체성에 기반하여 토지나 다른 경제 자원을 놓고 경쟁하였다. 17세기 말부터 19세기 중엽까지 이러한 자원 경쟁과 쟁탈은 이 세 이민 집단 간에 극렬한 무력 충돌을 빈번하게 수반하였다(黃秀政 1992: 52~54).

1894년 발발한 중·일 갑오전쟁에서 패한 청 제국은 1895년 일본과 시모노세키[馬關] 조약을 체결하고 타이완을 승리자에게 할양하였다. 일본의 식민 통치 이전 타이완의 한인 대부분은 '복건인'·'광동인'·'장주인'·'부성인府城人'[12]·'녹항인鹿港人'[13] 등 지역을 중심으로 자칭, 타칭하였다. 일본 식민 통치하에서 주로 피식민자와 식민자로서 대립하였기 때문에 비로소 소위 '타이완인'·'타이완어' 혹은 '타이완화'라는 개념적 범위가 생겨났다. '타이완인'은 한인을 지칭하는 것으로 그들의 원 고향이 어디인지는 상관없었다. '타이완어' 혹은 '타이완화'는 타이완 현지의 주요 언어, 즉 복료화를 지칭하였다. 경우에 따라 객가화도 '타이완화'에 포함되기도 하였다. 한인이라는 이러한 분류 방식은 외래 통치자 밑에서 싹트기 시작한 일체감을 상징하였다(許極燉 1993: 40~43).

일본은 1895년부터 1945년까지 타이완을 통치하였다. 식민 통치 초기 20년간의 무력 진압으로 타이완의 무장 저항운동은 완전히 와해되었

---

12 역자 주: 부성 출신이란 뜻으로 청조 통치 시기 대만부 치소가 있던 현재의 타이난에 살던 사람들을 주로 가리킨다. 1875년 타이베이에 또 하나의 부가 설치되지만, 곧 일본에 할양되어 폐지되기에 포함하지 않는다.

13 역자 주: 루깡은 일찍이 중국 대륙과 통상하던 타이완 최대의 항구로 많은 취안저우 신사紳士 가족이 건너와 정주하여 문풍文風이 번성하는 등의 독특한 성격을 지녔기에 지명을 딴 호칭이 생겼다.

다. 1920년대에 와서 민주주의와 사회주의, 그리고 민족자결주의 등 당대 정치 사조의 영향을 받은 타이완인들의 비폭력적 반식민운동이 출현하였다. 그렇지만 20년대 말, 타이완인이 조직한 모든 급진적·좌익적 반식민 단체 - 그들 대부분 식민 통치로부터 타이완인의 전면적 해방을 추구하였음 - 는 식민 당국에 의해 완전히 억압당했고, 식민 통치하에서 타이완의 자치를 추구하는 소극적이고 온건한 개량주의 노선의 반식민운동 만이 지속될 뿐이었다. 그러나 1937년 일본이 중국과 다시 전쟁을 일으킨 후 이러한 온건한 운동마저 강제로 중지되고 말았다(제2장의 논의를 참조).

같은 시기 1911년 쑨중산[孫中山, 즉 쑨원孫文 - 역자]이 영도하는 혁명이 만주인이 지배하던 청 제국을 전복시키고 중화민국을 건립하였다. 쑨원이 만든 몇 개의 정치단체가 변천을 거듭한 끝에 1919년 중국국민당(이하 국민당으로 약칭함)을 성립하였다. 쑨원 사후 장제스가 권력을 잡아 중국을 통일하였다. 타이완과 중화민국의 관계에서 보면, 1937년 중일전쟁 발발 후까지도 국민당의 타이완 정책은 여전히 매우 모호하였다. 1943년 12월 카이로 선언에서 미국의 루스벨트 대통령과 영국의 처칠 수상, 그리고 중국의 군사위원회 위원장 장제스는 "일본이 빼앗은 중국의 영토, 즉 동북 4성·타이완과 펑후[澎湖] 열도 등을 중화민국에 반환한다"라고 명백하게 선포하였다. 그 1년 전 중국 외교부가 이미 비슷한 선언을 발표했지만, 중국의 실지 수복 입장이 카이로 회의에서 비로소 처음으로 국제적 승인을 얻은 것이었다(鄭梓 1991: 218~219).

일본의 패전 이후, 1945년 가을 장제스의 군대가 타이완을 접수하면서 타이완도 중화민국의 한 성省이 되었다.[14] 일반적으로 당시 타이완 민중들은 국민당 정부 관리와 군대의 도착을 상당히 환영하였다. 그러나 얼마 지나지 않아 타이완인들은 국민당 통치하의 정치적 억압, 경제적 혼란, 그리고 타이완인에 대한 정책적 차별 때문에 크게 실망하였다. 1947년 봄 국민당에 대한 일련의 격렬한 저항이 타이완 전역으로 확산하면서, 마침내 피비린내 나는 진압을 불러왔으니, 바로 '2·28 사건'이다. 이 사건은 타이완인 혹은 '본성인'과 이제 막 대륙에서 온 '외성인外省人'과의 관계를 현저하게 악화시켰다. 이 사건으로 인한 상호 질시[猜忌] 분위기는 그 후 타이완의 성적省籍[15] 정치를 형성하였다. 사실상 2·28

---

14 1945년 포츠담 선언은 카이로 선언의 내용을 다시 한번 천명하였다. 1945년 9월 일본은 항복문서에 서명하고 포츠담 선언의 조항을 받아들였다. 연합군 최고 사령관은 중국과 타이완에 있는 일본 군대는 반드시 "장제스 원수에게 투항하라"고 명령하였다. 1945년 10월 25일 국민당 정부는 타이완 및 그 부속 도서를 접수하고, 아울러 다음 날 타이완이 중화민국의 한 성이 되었음을 선포하였다. 1950년 한국전쟁 발발 후, 타이완에 대한 미국의 개입을 정당화할 뿐 아니라, 중국공산당의 타이완 점령을 방지하기 위해 미국은 법적 기초를 확립할 필요가 있다고 생각했다. 이에 미국의 제의와 영향 하에 1951년 샌프란시스코에서 체결된 제2차 세계대전 전승국과 일본 간의 평화조약 및 1952년 중화민국과 일본 사이에 체결된 평화조약 모두에 타이완의 중국 반환을 명확히 언급하지 않았다. 다시 말해 이 두 평화조약 모두 도대체 누가 타이완의 관할권 혹은 통치권을 갖는지를 명백히 하지 않았던 것이다. 이것이 바로 '타이완 법적 지위 미정론'의 기원이다. 타이완의 법적 지위 문제의 기원과 발전에 관해서는 Chiu(1979)의 명쾌하고도 유용한 토론을 참고할 수 있다. 오랫동안 타이완 민족주의자, 특히 1980년대 말과 1990년대 초 해외에 거주하던 타이완 독립운동가들은 이러한 타이완의 법적 지위 미정론을 바탕으로 그들의 주장을 뒷받침하고, 중국을 대표하는 것이 중화민국이든 중화인민공화국이든 불문하고 타이완은 "중국의 분할될 수 없는 일부"가 아니라고 강조하였다. 그들은 장래 타이완의 정치는 마땅히 타이완 주민이 결정해야 한다고 생각했다. 논의의 편의를 위해 본서의 이어지는 장절에서는 때때로 "타이완이 중국으로 복귀[回歸]하다"와 "타이완이 중국으로 귀환[歸還]되다"와 같은 표현을 사용할 것이다.

15 역자 주: 중화민국 정부가 개인 신분증에 그 원적[籍貫]을 기록하도록 함으로써 타이완성 출신을 본성인이라 부르고 1945년 이후 타이완에 온 중국 대륙 사람과 그들의 후손을 외성인이라 칭하며 구분, 차별하였기에 '성적 갈등', '성적 모순', '성적 문제' '성적 콤플렉스' 등의 표현이 등장하였다. 지금은 신분증에 원적 대신 출생지를 기록하도록 바뀌었지만,

사건은 타이완 민족주의의 중요한 발원지였던 셈이다.

　1949년 12월 국민당의 중화민국 정부는 내전에서 중국공산당에 패하여 타이완으로 철퇴하였다. 1950~60년대 미국은 쌍방이 체결한 「중미공동방어조약中美共同防禦條約」에 근거해 타이완 해협의 안정을 확보함으로써, 타이완 정국의 안정과 지속적인 경제 발전에 필요한 안전 보장을 제공하였지만, 국민당은 여전히 '공비共匪 소멸과 반공反攻 대륙'의 결심을 끊임없이 천명하였다. 국민당의 정치체제는 기본적으로 레닌의 당국체제黨國體制[16]를 본받은 일당 독재의 집권集權 통치였다. 장제스는 국민당 주석이자 중화민국 총통, 삼군三軍의 통수권자로서 모든 중대한 정책 결정의 최종 결정권을 갖고 있었다. 국민당은 지방 정치 차원에서 민주 선거제도를 도입하여 타이완인이 제한된 통로 내에서 정치에 참여할 수 있게 하였지만, 결코 국민당 권위주의 통치의 본질적 특성을 변화시킬 수 없었다. 이러한 상황에서 반정부 세력은 거의 전면적으로 압제를 당하였고, 공민권과 정치권 역시 계엄법령과 '동원감란動員戡亂'[17]이라는 전시戰時 법규의 통제 하에 곳곳에서 제약을 받았다(제3장의 논의를 참조).

　20년의 정치 안정과 경제 번영을 거친 1970년대 초 타이완은 일련의 외교적 좌절에 봉착하였다. 국민당 정부가 직면한 외교적 도전 가운데 가장 큰 것은 미국이 중국과 우호 관계 수립을 시도하면서 타이완이 유

그 여파가 아직 남아있다.

16　역자 주: party-state system의 번역으로 "정당이 국가를 통치한다"(以黨治國)라는 원칙에 입각한 정치체제를 말한다.

17　역자 주: 전국총동원감평반란全國總動員戡平叛亂의 준말로 전쟁 혹은 긴급상황 발생 시 국가가 모든 인원과 자원을 동원, 군사 활동을 지원함으로써 반란을 평정하도록 한다는 것이다. 2차 국공내전 중인 1948년 중화민국 정부가 공포한 '동원감란시기임시조관臨時條款'은 '헌법' 본문의 제한을 받지 않는 특별 규정으로 타이완 이전 이후에도 계속 시행되다 1991년 폐지되었다.

엔에서 보유하고 있던 지위에 대한 지지를 줄이기 시작했다는 점이었다. 1971년 10월 유엔총회는 투표로 중화인민공화국의 가입을 승인하고 타이완을 배척함으로써, 타이완이 합법적으로 전 중국을 대표한다고 공언하던 투쟁은 실패를 고하였다.

1975년 4월 장제스 사망 후, 부총통이던 옌자간[嚴家淦][18]이 총통 직을 이어받았다. 장제스의 아들 장징궈는 1976년 11월 국민당 주석에 취임하고 1978년에는 총통에 당선되었다. 국민당은 온건하고 제한적 개혁에 착수하였지만, 장징궈 집권 초기에는 독재 정치의 본질은 크게 변하지 않았다. 타이완인의 반정부 운동은 이 기간에 현저하게 발전하기 시작하였다. 1979년부터 미국은 마침내 타이완과의 외교 관계를 단절하고, 중화인민공화국을 승인하면서 중화인민공화국의 '하나의 중국'론에 대해 인지認知하는 바 있다고 표명하였다. 이 거대한 외교적 변화가 가져온 정치적 분란紛亂 속에서, 타이완의 반정부 운동가들은 타이완 전역에서 적극적으로 민중을 조직, 동원함으로써 그들의 지지를 쟁취하였다. 그러나 1979년 타이완 남부 최대 도시 가오슝에서 거행된 세계 인권의 날 시위행진에서, 마침내 많은 전국적인 반정부 운동 지도자와 지방의 반정부 운동가들이 체포되고 말았다. 이 가오슝의 '메이리다오 사건'은 1980년대 전반 반정부 운동의 급진화를 초래하였다. 반정부 운동에서 역할이 더욱 중요해진 급진적 인사들은 충돌을 높이는 방식으로 타이완 민족주의를 추동하기 시작하였다. 그들의 동원 전술과 이데올로기는 갈수록 많은 타이완의 작가·문학 평론가·언어학자·역사학자들을 일깨움

---

18 역자 주: 옌자간(1905~1993)은 장쑤성 출신의 재정 경제 전문가로 국민정부 요직을 맡았고 장제스 사후 중화민국 제5대 총통을 지냈다. 총통 재직 기간 국정을 거의 주도하지 않고 주로 장징궈의 시정을 존중하였다고 평가된다.

으로써 점차 그들의 민족주의 정서를 불러일으켰다. 타이완의 문화 민족주의는 바로 이 단계에서 점점 부상하여 형성되기 시작하였다. 1986년 9월, 전후 타이완 최초의 야당인 민진당이 마침내 성립하였고, 아울러 1987년 계엄 해제 후 합법적 지위를 얻었다. 국민당 정부는 민진당의 성립을 용인할 수 밖에 없었지만, 이는 반대당의 도전에 직면한 국민당으로서는 이후 역사 발전 과정에서 일련의 정치 개혁을 진행할 수밖에 없게 되었음을 예고하였다. 이러한 개혁은 당연히 반 국민당 인사들에게 과거보다 훨씬 유리한 환경에서 정치 경쟁을 할 수 있게 하였다.

민진당의 대다수 지지자는 본성인이었고 반정부 운동의 핵심 지도자역시 대부분 본성인으로 구성되었다. 민진당은 창당 이래 끊임없이 타이완의 독립을 추진하면서 국민당 정부의 중국 민족주의에 도전하였다. 민진당과 그 지지자들의 입장에서 중국 민족주의는 타이완에 대한 외성인의 통치를 정당화함으로써, 자연스럽게 국민당이 반공동원감란을 구실로 공민권과 정치 권리를 억압할 수 있게 하는 것이었다. 민진당의 정치강령은 타이완의 유엔 복귀와 함께 타이완 주민들 스스로 자신들의 미래 정치의 방향을 선택할 것을 주장하였다. 국민당 정부의 여전한 억압에도 불구하고 1980년대 후반, 타이완 독립을 추구하는 운동은 신속하게 발전하였다. 전체적으로 이 기간 국민당의 정치적 통제는 확실히 점차 이완되었다. 중화인민공화국이 전 중국을 대표하는 유일한 합법정부로서 국제 정치 무대에서 적극적으로 활동함에 따라 민진당은 중화민국의 정치 구조에 도전하는 한편, 중화인민공화국의 타이완에 대한 주권 언명에 대해서도 수용할 수 없음을 강조했다. 이 기간 타이완의 독립을 주장하는 인문 지식인들은 더욱 열렬히 정치에 투신하였고, 타이완 민족주의 문화에 관한 논술論述 열풍을 추동하였다. 언론이 점차 자유롭게 개방되고 타이완 민족주의가 현저하게 발전함에 따라 1990년대 초 타이완과 중국의 통일을 주장하는 자들과 타이완 독립을 지지하는 민중들 사이에 엄중한 긴장 관계가 형성되었다. 그 이후로 두 가지 서로 다른 국족 정체성이 충돌하면서 야기된 긴장이 줄곧 타이완의 각종 사회·정치·문화 의제議題에 심각한 영향을 미쳤다.

1970년대 초 외교적 좌절이 수반하는 국민당 통치의 정당성 위기에 대응하기 위해 장징궈는 국민당을 지지하는 타이완인 엘리트들을 발탁하여 당과 정부의 고위직에 임명하였다. 기술관료 출신의 본성인인 리덩후이는 1984년 장징궈 정부의 부총통이 되었을 뿐 아니라, 1988년 1월 장징궈 사망 후 국민당 주석과 중화민국 총통을 이어받았다. 정치 자유화와 반정부 운동의 발전에 따라 집권 국민당도 대폭 '타이완화' 정책을 추진하였다. 즉 리덩후이 집권 이후 더욱 많은 본성인이 당과 정부의 요직을 맡게 됨으로써 정책 결정 집단 내에서 본성인의 비중이 외성인을 초과하기에 이르렀다. 그밖에 1991년 중앙민의대표 기구인 입법원·감찰원·국민대회國民大會[19]의 모든 종신직 위원(대다수가 외성인임)이 일괄 사퇴하고 새로운 중앙민의대표가 선거로 선출되기도 했다.

국민당 내에서 타이완의 독립에 반대하거나 양안 통일을 지지하는 외성인 엘리트들에게는 민진당과 국민당 내 본성인의 도전에 따른 위기의식이 배가 되었다. 이에 따라 그들은 조직을 결집하기 시작하여 1993년 '신당新黨'을 결성하였다. 1993년에서 1995년 사이에 신당과 민진당은

---

[19] 역자 주: 1946년 제정된 중화민국 헌법에 근거해 구성된 최고 권력기관이다. 국민대회 대표들로 구성되며 가장 중요한 직권은 중화민국 총통과 부총통을 선출하는 일이다. 1949년 중화민국 정부의 타이완 이전 후에도 계속 운영·존속되다 2005년 헌법 수정을 통해 완전히 폐지되었다.

각자 자신의 지지자를 동원하였지만, 국민당은 여전히 타이완화를 계속 진행하였다. 통일을 주장하는 민중과 독립을 주장하는 민중 사이의 충돌도 절정으로 치달았다. 그러나 1990년대 초 이후 비록 자유롭고 개방된 정치 분위기 속에서 민중의 정치적 관심과 이해관계는 더욱 복잡해졌지만, 분명한 사실은 자신을 타이완인이라고 여기는 민중이 뚜렷하게 증가한 반면, 스스로를 중국인으로 여기는 민중의 수는 급감했다는 점이다. 이와 동시에 민진당의 정책도 더욱 실제를 중시하는 방향으로 변화하였다(제4장의 논의를 참조). 더 많은 중도층 유권자의 지지를 얻기 위해, 가장 중요한 반대당이 비교적 강렬하지 않은 방식으로 타이완의 독립 문제를 처리하기 시작한 것이었다. 이에 비해 1980년대 전반 반국민당 정치인(그들 중 많은 이는 이후 민진당 창당 멤버가 됨)의 영향을 받아 형성된 타이완의 문화 민족주의는 점차 자체적인 발전 동력을 갖추기 시작하였다. 다수의 문학 작가·문학 평론가·타이완어 부흥 운동가·전문 및 비전문 역사학자·민속 연구자 등 인문 지식인들 사이에서 타이완 민족주의는 급속하게 발전하였다. 본 장 머리에서 언급한 1996년 봄 최초의 총통 선거 후 성립된 '건국회'는 일부 확고한 타이완 독립 이념 지지자들이 민진당에 대한 불만의 목소리를 낸 것이었다. 이들 확고한 타이완 독립 이념의 지지자 중에는 바로 우리가 다루려는 많은 인문 지식인이 포함되었다. 건국회가 만들어진 지 6개월 후인 1996년 10월, 일부 간부들은 '건국당建國黨'을 조직하였다. 이 당의 강령은 새롭고 독립적인 타이완 공화국의 수립을 요구하면서, 중화인민공화국이 타이완을 침공하여 타이완의 독립 건국을 억누르려 한다고 규탄하였다. 마침 민진당이 이 문제에 대한 태도를 완화하자, 건국당은 건국회와 마찬가지로 분명하고 확고하게 타이완 독립을 주장하는 인사들이 집결하는 중심이 되었다.

2. 당대 민족주의와 타이완 민족주의 연구

당대 민족주의를 연구하는 학계의 주요 작업 중 하나는 국족의 근대성을 천명闡明하려는 것이다. 근대 민족주의가 기원하는 확실한 시점에 대해서는 학자들 사이에서 의견이 분분하지만, 17세기 영국에서 군주 정체에 반항한 시기보다 분명 빠르지 않을 것이라는 데에는 대체로 동의하고 있다(Calhoun 1993: 212). 근대 민족주의의 출현을 해석하기 위해 학자들은 각기 다른 해석 요소를 중시하였다. 예를 들면, 근대 국가의 흥기는 국가 간 상호 경쟁의 맥락에서 일종의 행정 권력의 중앙집중화 과정으로 볼 수 있다(Giddens 1985 ; Tilly 1990 ; Mann 1992). 근대 국가의 발전은 국가와 사회 간의 차이를 만들어 냈다(Breuilly 1982). 공업화는 유동적이고 글자를 읽을 수 있는 문화적 동질성을 가진 민중을 필요로 한다(Gellner 1983).[20] 신문과 소설 등 '인쇄 자본주의'(print-capitalism)는 어떤 특정한 행정 통치 영역 내에서 원래 사람과의 접촉이나 사회적 접점이 없던 개인들 사이에 상호 연대감을 발전시킴으로써 결국 일종의 '상상적' 민족 공동체를 형성할 수 있었다(Anderson 1983)는 것 등이다.[21] 또 하나

---

[20] Karl Deutsch는 이러한 논점의 선구자로 볼 수 있다. 그는 근대 사회에서 사회 교류와 경제 교환 활동이 부단히 연장 확대되어 문화적 동화(同化)를 이끌어냄으로써 민족주의가 촉성되고, 사회동원(Social mobilization) 및 향촌과 도시 주민의 이동이라는 변화[動態]가 비교적 작은 족군 사회집단을 문화적으로 주류 지역에 동화되도록 하며, 바로 이러한 사회 교류 네트워크의 발전을 거쳐야만 국족 정체성을 창조할 수 있다고 여겼다. Deutsch(1966)를 참조. Deutsch의 관점에 비해 Gellner의 논점은 기능성을 더욱 강조하고 있다. Gellner에게 있어서 민족주의는 공업화 사회가 필요로 하는 문화 동질성을 만드는 데 도움이 되기 때문에 국가에 대한 상당한 기능이 있었으니, Breuilly(1982: 418~419)의 논점과 서로 비교해 볼 수 있다.

[21] Deutsch(1966)는 아주 일찍부터 국족 융합에 있어 매체 통신의 중요성을 지적하였다. 라디오와 TV 및 근대 교통 운수와 같은 당대의 전파 과학기술은 모두 사람들을 하나의 국족

의 해석 요소는 모종의 동질적이고 안정된 집단群體에 귀속되길 갈망하는 심리인데, 이러한 집단이 이미 가족·공동체·종교적 연대 관계의 약화로 지리멸렬해졌기 때문이다(Kedourie 1993[1960]). (그 대안으로 국가가 부상했다는 것이다-역자) 이들 서로 다른 해석 요소의 중요성에 대한 학자들의 시각은 일치하지 않지만, 그러나 대부분 동의하는 것은 민족주의는 당대에 발생한 특별한 현상이라는 점이다. 일부 학자들은 근대 역사 단계의 정치·경제·과학 기술과 다른 사회 발전 조건이 한데 모여야만, 민족주의와 국족 정체성이 출현할 수 있다고 분명히 지적하였다(Hobsbawm 1990: 9~10; Eriksen 1993: 101~107 ; Calhoun 1994: 315).[22]

민족주의를 강조하는 근대성 이론이 끼친 중요한 영향은 민족을 일종의 집단 정체성으로 보는 것이다. 그것은 기본적으로 문화의 구축에 의하여 발전하는데, 이러한 문화의 구축은 자신의 국가 건립을 추구하는 민족주의자 혹은 이미 존재하는 국가에 의해 추동된다. "민족주의가 민족을 창조하는 것이지, 민족이 민족주의를 창조하는 것은 아니다"(Gellner 1983: 55). 또는 "민족은 결코 국가와 민족주의를 창조하지 못하고, 국가와 민족주의가 민족을 창조한다"(Hobsbawm 1990: 10) 등의 표현은 이미 상투적인 이야기가 되었다. 이러한 논점은 제2차 세계대전 이후 (민족의 생성은 역사 발전의 필연 과정이라고 여기는) '진화 결정론'에 대한 최고의 반대를 대표한다(Smith 1993: 10).

비 진화 결정론적 관점의 전형은 바로 Benedict Anderson의 '상상된

으로 합성시키는 매우 중요한 요소이다. Eriksen(1993: 106)을 참조.

22 Walker Connor는 현재 확인된 유럽 민족 모두 그 형성 시기가 아주 최근의 일이어서 통상 일반인이 생각하는 것보다 수 세기나 늦다고 보았다. 어떤 사례들 속에서 사람들이 이미 일종의 민족적 지위나 상태(nationhood)로 발전하였는지 아닌지는 여전히 매우 문제가 되고 있다. Connor(1990)를 참조.

사회집단' 혹은 '상상된 공동체'(imagined communities) 이론이다. Anderson 의 입장에서는 모든 종류의 사회집단의 정체성은 상상력이 구성한 것이다. 그는 다음과 같이 말했다.

> 사실상 모든 사회집단은 그 규모가 사람들이 면대면으로 접촉할 수 있는 원시 촌락보다 크기만 하면 모두 상상의 산물이다(심지어 설령 원시 촌락 자체일지라도 이와 같다). 우리는 허위/진실성이 아니라 상상되는 방식에 따라 서로 다른 사회 집단을 구분할 수 있다. (Anderson 1983: 6)

Anderson은 『상상된 공동체』(*Imagined Communities*)에서 민족을 '하나의 상상된 정치 사회집단'으로 정의하였으니, 이 명저의 주요 목적은 바로 민족이 어떻게 상상되고 어떻게 탄생하였는지를 해석하는 데 있었다. 민족이 무엇이고 어떻게 상상되어 "본질적인 한계에도 불구하고 주권을 갖추게" 되었는지를 상세히 설명하기 위해, Anderson은 먼저 약간의 보편적인 조건, 예컨대 일부 주요 종교의 지속적인 지위 하락, 군주 왕조 정체의 쇠퇴, 동질적이고 비워진(空洞的) 시간관념의 형성 등을 제시하였다. 구체적으로 말하면 그는 1776년에서 1836년 사이 아메리카 대륙의 일부 신생 국가의 건국 경험에 주목하여, 이들 국가가 민족을 상상된 사회집단으로 삼는 최초의 모델을 제공하였다고 보았다. Anderson 의 견해에 따르면, 세 종류의 사회 역사적 요소가 결합해야 비로소 이러한 새로운 의식의 출현을 추동할 수 있다는 것이었다. 첫째, 이들 남아메리카의 모든 신생 공화정체共和政體는 수 세기 이래 일찍이 식민지의 행정 단위였고, 이는 그들에게 독립성과 자주성을 갖게 하였다. 둘째, 아메리카에서 출생한 크리올(creole) 관리들이 하나의 식민 행정구역 내에서 성지 순례하는(pilgrimage), 즉 특정 행정 단위 내에 제한된 생애 경험은 이들 관리 사이에 서로 연결되는 느낌을 들게 하는 데 일조하였다. 셋째, 신문이라는 '인쇄 자본주의'가 한 행정구역 안에서 같은 신문을 읽는 독자들 사이에 일종의 사회집단 의식을 형성시켰다(Anderson 1983: 9~36, 47~65). Anderson은 이 민족 모형이 남아메리카에서 만들어지자 세계 각지에서 이를 모방하게 되었다고 강조하였다. "이 때문에 마치 '민족'은 시간이 지나면서 점차 시야視野가 분명해지는 구조가 아니라, 처음부터 사람들이 추구하고 싶은 어떤 것인 양 변화하였다"는 것이다(Anderson 1983: 67).

확실히 Anderson의 주된 관심은 이러한 새로운 집단 정체성 유형이 왜 이런 형식(form)으로 나타날 수 있으며 도대체 이러한 상상된 방식이 어떻게 출현하였는지 하는 것이었으며, "이것이 누구의 민족주의냐" 등과 같은 더 구체적인 문제에 관한 것은 아니었다. 그가 연구의 초점으로 삼은 민족과 민족주의는 "사회집단 및 사회집단이 어떻게 조직되어야 하는지에 관한 모종의 새로운 관념"(Breuilly 1996[1994]: 159)이었다. 즉 민족과 민족주의의 일반적이고 보편적인 성격에 주목한 것이었다. 비록 Anderson의 분석이 주로 남아메리카의 실제적 사례를 기초로 한 것이었지만, 그의 연구 중점은 특정 사회에서 등장하는 민족주의 이데올로기의 특징과 함의는 아니었다.[23] Anthony Smith가 평론했듯이 Anderson의 이론은 "민족이 가리키는 것이 누구인가? 왜 이들 민족이며 다른 민족을 가리키지는 않는가?"라는 문제에 대해서는 소홀하였다(Smith 1993: 20). 현재 타이완 민족주의의 기원에 관한 연구의 관점에서 보

---

23 John Breuilly는 Anderson의 논점이 어떤 특정한 사례에 비교적 적합하지만, 다른 사례의 경우 설득력이 상대적으로 없다고 지적하였다. Breuilly(1996[1994]: 159)를 참조.

면 Anderson의 연구 경향에 대한 Smith의 비판은 적절하다고 할 수 있다. 아래에서 이들 연구에 대해 논의해 보자.

타이완 민족주의의 역사적 발전에 관한 많은 연구는 모두 작자 개인의 정치적 입장에 좌우되는데, 이들 모두 특정한 정책을 제창하였다(예컨대 蕭行易 1990 ; 馬起華 1992 ; 林勁 1993 ; 黃昭堂 1994). 이들 저작은 사실상 정치 평론으로 분류할 수 있다. 그 외에 이 문제에 관해 문제의식이 분명하고 이론적 취지를 갖춘 연구는 소수에 불과하다. 이들 연구는 두 부류로 나눌 수 있으니, 그 하나는 필자가 '상상된 공동체'라고 지칭하는 연구 경향이고 다른 하나는 '정치 경쟁'의 연구 경향이다.

'상상된 공동체' 연구 경향은 모두 Anderson 이론의 영향을 받은 것이다. 일본학자 와카바야시 마사히로[若林正丈][24]는 가장 먼저 이러한 관점에서 타이완 민족주의를 탐구한 개척자라 할 수 있다. 일본의 식민 통치 시기 '타이완 민족' 개념의 형성 및 1980년대 중반 이후 타이완 사회 내부의 타이완 독립운동의 급속한 발전 현상을 해석하기 위해, 이 경향의 연구는 주로 두 가지 요소를 강조하였다. 첫째, 타이완 최초의 근대적 국가기구로서 일본 식민 당국은 교통 운수·통신·행정 체계 및 교육 근대화를 적극적으로 추진함으로써 전통적인 지방 사회집단에 침투했다. 이러한 근대화는 한인 내부의 복료인과 객가인의 경계를 일정 정도 모호하게 하였다. 이 때문에 지방적이고 족군적인 사회 집단은 모두 (타이완)섬 전체를 하나의 범위로 하는 이제 막 싹트기 시작한 '상상된 정치 사회집

---

24   역자 주: 와카바야시 마사히로(1949~)는 일본 나가노[長野] 출신의 정치학자로 도쿄대학 교수를 지냈고 현재는 와세다대학 교수로 있다. 오랫동안 타이완의 정치와 타이완 근대사를 연구하여 많은 관련 저술을 펴냈다. 이 주제와 관련된 대표적인 저작으로『台湾の政治; 中華民国台湾化の戦後史』(東京大学出版会, 2008、증보판 2021)이 있다.

단'에 융합되었다는 것이다.[25] 와카바야시의 논점에 따르면, 또 다른 중요한 요소는 1920년대 초 일본에서 유학하던 타이완 학생들이 조직하기 시작한 반식민 운동이었다. 그들의 조직이 발행한 간행물은 타이완 '인쇄 자본주의'의 선봉이 되었다. 와카바야시는 이러한 간행물의 선전과 1920년대 많은 반식민 항쟁은 전통적 한인 민족의식을 정치화시켰다고 강조하였다. 이에 따라 전통적 한인의 민족의식은 식민자에 대립하는 일종의 타이완인으로서의 일체감으로 전환되었고, 타이완의 한인은 타이완인의 '상상된 공동체'로의 귀속을 체험하게 되었다는 것이다(吳密察·若林正丈 1989: 186~187 ; 若林正丈 1994: 50, 52, 55).

'상상된 공동체' 연구로서 타이완 민족 정체성의 출현을 해석하는 두 번째 요소는 전후 국민당의 통치이다. 이러한 연구는 타이완 민중이 중국 정체성에 저항하고 타이완인의 정체성을 형성하는 과정에서 국민당의 통치가 상당히 중요한 역할을 했다고 강조한다. 1980년대 말까지 국민당 정부는 '조합주의적 권위주의'(corporatist authoritarian) 방식으로 여러 사회 역량을 통제함으로써 타이완에 발을 붙이고 중화인민공화국과 투쟁할 수가 있었다. 1987년 타이완 정부가 민중들의 중국 방문을 허용하기 이전, 정부 당국은 해협 양안 인민의 접촉을 금지하였다. 와카바야시는 실제로 국민당 정부가 '중국 민족주의', 즉 Anderson의 분류에 따르면 일종의 '공인된 민족주의'(official nationalism)를 끊임없이 선전하였음에도 불구하고, 타이완이 하나의 독립 자족적 정치 사회집단이라는 일제 식민지시기 형성된 관념이 국민당 통치하에서 더욱 진일보한 발전을 거

---

25 1960년대 초에 이미 미국 학자 Maurice Meisner도 일본의 통치가 근대 타이완 민족주의의 출현을 위한 사회·경제적 기본 선결 조건을 준비하였다고 보았다. Meisner(1964: 151~153).

두었다고 보았다(若林正丈 1994: 55~56). 그 외에도 와카바야시는 Anderson 의 '성지 순례' 개념을 응용하여 타이완 민족주의의 흥기를 해석하였다. 그는 일본의 식민 통치 및 중화민국과 중화인민공화국의 대립은 모두 타이완을 범위로 하는 성지 구역, 즉 타이완 민족주의가 형성될 수 있는 사회 모체母體가 만들어지는 데 일조했다고 보았다.

　'상상된 공동체' 연구의 장점은 민중이 타이완을 독립적 정치체로 보는 광범위한 일체감이 발전할 때 타이완이 처한 경제·사회·정치 맥락에 대해 아주 좋은 설명을 제공한다는 점이다.[26] 하지만 John Breuilly가 일찍이 지적했듯이, "민족주의 신조信條와 민족주의 정치는 항상 그 대다수 민중이 어떤 강렬하거나 독특한 민족 정체성이 없는 사회와 지역에서 나타난다." 약간의 사례를 찾을 수도 있는데, "그들 지역에 설령 보편적으로 공유하는 민족 정서가 있더라도, 민족주의 신조의 충분한 발전 혹은 중요한 민족주의 정치운동의 출현과는 별 관계가 없다"(Breuilly 1996[1994]: 147~148). 민족주의 신조와 민족주의 정치운동의 발전은 보통 문화 지식인과 정치운동가의 동원 및 동원된 특정 정치의 추이에 따라 정해진다. 다시 말해 '상상된 공동체' 연구 경향이 지적하는 부상浮現하는 국족 정체성은 하나의 철판 조각처럼 너무나 단일한 정체로 보이지만, 그것을 뒷받침하는 사회 능동성(social agency)이 대체 무엇인지는 매우 모호한 것 같다. 타이완 민족주의는 민족의 노래를 부르는 단일한 소

26　1987년『원견잡지遠見雜誌』는 거의 최초로 타이완 전역의 민중을 대상으로 타이완의 국족 정체성 문제에 대한 조사를 진행하였다. 1,175명의 응답자 중 본성인이 75%, 외성인이 25%였다. 비록 이 표본이 타이완 인구의 성적省籍 구성을 대략 반영하고는 있지만, 외성인 응답자의 비율이 너무 높았다(당시 외성인은 타이완 총인구의 14%를 점하였음). 그 외 "당신 자신을 어디 사람이라고 생각하는가?"라는 질문에 대해 응답자 54%가 타이완인, 35%가 중국인이라고 답하였다. 그러나 정확하게 말해 당시 이들 응답자가 답한 '중국인'과 '타이완인'이 무엇을 가리키는 것인지는 여전히 논쟁의 여지가 있다.

리로 여겨진다. "이것이 누구의 타이완 민족주의인가"라는 문제에 관하여 '상상된 공동체' 연구는 매우 제한적인 답안을 줄 수 있을 뿐이다. 이에 반해 '정치 경쟁'의 관점에서 타이완 민족주의를 검토하면, 민족주의 발전의 사회 능동성 문제에 대해 더 많은 만족할 만한 해석을 제공한다.

'정치 경쟁' 연구의 전형典型 중 하나는 왕푸창[王甫昌](1996)의 걸출한 연구이다. 그는 1979년 메이리다오 사건 발생 이전, 타이완의 반정부 운동의 가장 중요한 목표는 중화민국이라는 정치 구조 하에서 정치 민주화를 추구하는 것이었음을 지적하였다. 그러나 뜻밖에도 1980년대 초, 반정부 운동은 민족주의를 지향하는 방향으로 발전하기 시작하였다. 왕푸창은 이 중대한 전환이 일어난 원인을 해석하고, 또 반정부 운동가들이 어떻게 민족주의에 호소하여 그것을 대안적인 정치 전술로 삼았는지도 설명하였다. 그는 본성인과 외성인 간의 성적 평등[省籍平等]이 정치 자유화를 추구하는 반정부 운동가들의 핵심 의제였으나, 메이리다오 사건은 바로 이러한 추구가 크게 좌절하였음을 대표한다고 지적하였다. 반정부 운동가들의 강렬한 좌절감과 1980년대 전반 국민당 정부의 엄격한 탄압은, 반정부 운동의 정치 이데올로기와 동원 전술을 더욱 급진적으로 변화시켰다. 타이완의 반정부 운동가들은 국민당 통치의 기초가 바로 정부 당국이 선전하는 상당히 쇼비니즘적 색채를 띤 중국 의식임을 인식하였다. 그들은 이러한 정부 당국의 중국 민족주의가 기존의 사회 정치 형태를 정당화함으로써, 외성인과 본성인의 불평등을 초래한다고 생각한 것이다. 반정부 운동가들은 이러한 이데올로기에 도전하기 위해 일련의 타이완 민족주의 논술을 발전시키기 시작하였다. 그 외 왕푸창은 또 1986년 이후 새로 성립된 민진당에 결집한 반정부 운동가들이 많은 군중집회와 가두시위를 발기함으로써 사회적 지지를 동원하였다고 지적하였다. 이런 과정에서 타이완 민족주의는 사회동원의 중요한 호소력訴求力을 확보하였고, 나아가 민진당에 대한 지지도 역시 현저히 높아졌다(王甫昌 1996).

타이완 민족주의의 발전은 확실히 국민당 정부와 타이완 반정부 운동 간 장기간 대항의 결과였다. '정치 경쟁' 연구의 장점은 바로 민족 정체성이 결코 당연한 일이 아니라 점진적으로 부상하여 형성된 것이고, 정치 투쟁은 늘 족군성(ethnicity)을 민족성(nationality)으로 탈바꿈시키는 촉매제였음을 보여주는 데 있다. 이러한 연구는 정치 충돌에 초점을 맞추기 때문에 특정한 정치 행동가들이 어떻게 타이완 민족 정체성을 구성하여 민중의 지지를 동원하고 새로운 국가의 건립을 추구하는지를 뚜렷하게 보여준다. 또 이 연구는 억압 받는 족군으로서 타이완인이 어떻게 민족주의를 운용하여 그들을 지배하는 국가에 도전하였는지를 분명히 드러낸다. 따라서 아래에서는 억압 받는 족군 및 그 지식인과 민족주의와의 관계를 토론할 필요가 있다.

3. 억압 받는 족군, 민족주의 그리고 인문 지식인

본서에서 말하는 민족주의는 Ernest Gellner의 "민족주의는 주로 일종의 정치 원칙으로, 정치 단위의 경계선과 민족 단위의 경계선이 일치해야 한다고 주장한다"는 정의를 차용한 것이다. 이러한 정의 하에서 민족주의 감정은 "이 원칙의 위배가 불러온 분노의 감정이거나", "이 원칙의 달성이 수반하는 만족감"이며, 민족주의 운동은 이러한 감정에 촉발된 운동을 말한다(Gellner 1983: 1). Eric Hobsbawm은 Gellner의 정의를 보충하여, 이 원칙은 동시에 민족을 대표하는 정체 혹은 국가에 대한 민족 구성원으로서의 정치적 의무를 의미하며, 다른 모든 공공적 책임을 능가하는 것이라고 설명하였다. Hobsbawm은 이 지상 명령과 같은 부분이 바로 '근대 민족주의'(modern nationalism)를, 요구가 비교적 덜 엄격한 민족이나 단체의 정체성과 구별시킨다는 점을 강조하였다(Hobsbawm 1990: 9).

Gellner도 민족주의 원칙에 어긋나서 민족주의자들이 특히 참을 수 없는, 즉 "민족 구역이 대제국에 편입되거나", "자기 민족 구역 내에서 이 민족의 통제를 받거나", "정치 단위의 통치자와 인구 대다수인 피통치자가 각기 다른 민족에 속하는" 일종의 특수한 상태를 지적하였다(Gellner 1983: 1). 타이완 민족주의자의 관점에서 보면, 전후 타이완의 사회 정치적 발전은 정당한 정치 원칙으로서의 민족주의를 위배함으로써 더 이상 받아들일 수 없게 된 것이라고 할 수 있다. 이들 민족주의자는 중화민국 정치체제 및 타이완에 대한 주권을 공언하는 중화인민공화국에 도전하는 것은 바로 타이완 해협 양안의 두 통치 기구가 대표하는 중국 민족주의에 대항하고, 나아가 외성인/중국인의 지배에 저항하는 것이라고 여겼다. 타이완 민족주의의 핵심은 바로 족군/민족적 경계선(타이완인)과 정치 경계선(하나의 독립된 타이완 국가)의 일치를 추구하는 데 있었던 것이다.

역사적 개별 사례와 비교하면 타이완 민족주의는 다른 피지배적 족군이 발동한 민족주의운동, 예컨대 19세기 혹은 20세기 초 중유럽과 동유럽 및 20세기 피식민지의 민족주의 운동과 서로 참조가 될 수 있다. 타이완 문화 민족주의 발전의 탐구 및 이러한 발전 과정에서 문화 엘리트인 인문 지식인의 역할에 대한 연구라는 점에서 보면, 동구 및 중유럽의 피지배 족군의 민족주의 운동 및 국족 창건 과정은 역사적으로 비교할 수 있는 상관성을 갖고 있다. 상대적으로 대다수 서구 국가에서 근대 국족이 형성되는 일반적 경로는 중유럽·동유럽 국가의 경우와는 상당히 달랐다. 서유럽의 국족 형성 경로는 중유럽·동유럽과 상당히 다른 사회 정치 상황에서 나왔다. 체코의 역사학자 Miroslav는 이런 현저한 차이를 다음과 같이 묘사하였다.

영국·프랑스·스페인·포르투갈·스웨덴·네덜란드 같은 대부분의 서구 국가, 그리고 동쪽의 폴란드 등 초기 근대 국가는 전제專制 체제를 채택하거나 신분等級별 대표 의회 제도를 채택하였지만, 모두 단일한 족군 문화의 지배하에 발전하였다. 대다수 국가는 개혁 혹은 혁명을 추진함으로써, 기왕의 봉건적 정치체제를 근대적 시민사회로 전환시켰고, 동시에 평등한 시민들이 조직하여 만든 사회 집단으로서 민족 국가도 건립하였다. 이와 반대로 대다수 중유럽과 동유럽의 족군은 대부분 '외부에서 온' 통치 계급의 지배를 받았고, 이들 현지의 족군은 명확하게 비교적 작은 구역에 모여 살았지만 '그들 자신에 속하는' 귀족이나 정치 조직, 혹은 예부터 이어져 오는 서면書面 문자의 전통은 없었다. (Hroch 1996[1993]: 80)

외성인과 본성인 사이의 차이와 불평등은 전후 타이완 사회의 정치 발전에 심각한 영향을 끼쳤다. 중유럽과 동유럽처럼 족군 간의 차이와 불평등은 타이완 민족주의의 정치 동원을 위한 준비된 무대였던 것이다.

Hroch가 지적한 대로, 서로 다른 족군과 사회 정치적 조건은 유럽 근대 국족 발전의 두 가지 주요한 경로로 귀결되었다. 서로 다른 사회 정치 기초는 국족 발전의 형식과 메커니즘을 형성하였다. 이러한 차이는 국족 창건 운동 과정에서 국가와 사회단체의 역할뿐 아니라, 민족 문화의 성격과 내용에도 영향을 끼쳤다(Smith 1996[1989]: 124~125). 이 문제에 대해

Anthony Smith는 한 걸음 더 나아가 더욱 분명하고 상세한 설명을 제공하였다. 1970년대 초부터 Smith는 이미 민족주의와 민족 문제에 관한 연구와 저술을 시작하였다. 그는 장기간에 걸친 일련의 연구에서 '가로형 족군집단'(lateral ethnie) 또는 '귀족형 족군집단'(aristocratic ethnie), '세로형 족군집단'(vertical ethnie) 혹은 '민중형 족군 집단'(demotic ethnie)의 차이를 묘사함으로써, 유럽 근대 국족 형성의 두 가지 주요 경로를 분명하게 정리하였다. Smith는 영국·프랑스·스페인 등 초기 근대 국가의 발전은 '세로형' 족군 사회집단 혹은 상층 귀족계급으로 구성된 '족군의 핵심'을 바탕으로 한다고 밝혔다. 이러한 국가에서는 행정체계·조세 시스템·국내 전쟁에서의 동원 등을 포함한 '국가 관료 통치의 흡수 능력'(bureaucratic incorporation) 체계에 의해 비교적 낮은 사회 계층이나 외진 지역이 점차 이 국가 통치에 통합되었다는 것이다. Smith는 바로 이러한 체계를 통해 귀족 족군의 핵심은 그들이 공유하는 족군의 기원 신앙을 낮은 계층의 인민과 외진 지역으로 확산·전파할 수 있었다고 강조하였다. 이러한 족군 개념은 곧 공동의 조상을 가지고 동일한 귀속감을 갖는 것이었다. 이러한 동질감은 조상 및 문화 원류와 연관된 하나의 세트인 신화·상징·기억·가치를 통해 드러날 수 있으니, 이러한 감정을 지탱하고 유지시키는 것들이다. 이러한 확장 과정은 광범하면서도 대체로 동질적인 문화 정체성의 발전을 촉성하기 때문에 민족이라는 새로운 개념도 점차 형성되었다. 상대적으로 중유럽·동유럽을 제외한 중동과 동남아 지역은 일부 아프리카 지역과 마찬가지로 근대 민족의 발전은 '세로형' 혹은 민중 족군[俗民族], 즉 대제국에 의해 통치를 받거나 식민 지배를 받는 현지의 족군 사회 집단을 기초로 한 것이었다. 서구의 국가와 달리 이들 피지배 족군의 경우, 국가는 문화적으로 다른 이민족 통치자로서 통상 공격받는 대상이었다. 이들 지역에서는 교화敎化 작업을 맡은 지식인들이 민족 정체성을 발전시키는 데 불가결한 문화의 틀을 제공함으로써 정치적 전환의 원동력을 제공한다. 이들 교화 작업을 맡은 지식인들은 주로 해당 족군의 과거를 '새롭게 발견'하는 등 기왕의 문화 요소를 민족의 문화 전통적 요소로 변화시킴으로써 집단행동을 위한 도덕적 지침을 제공한다. 그들은 또 소위 민족정신에 '진정으로' 부합하는 행위 모범을 칭송할 뿐 아니라, 민족 구성원의 도덕적 향상과 정화를 제창한다. Smith가 지적한 바와 같이 이러한 노력을 통해 교화 작업을 맡은 지식인들은 민족의 성격, 기원의 계보 및 목표를 확정하고, 이로써 나의 '역사적이고 운명적인 공동체'를 창조하는 것이다(Smith 1986 ; 1996[1989] ; 1991).

Smith의 이론은 통치자와 피통치자가 족군을 경계로 나누어지는 지역에서, 피지배 족군이 민족으로 발전하는 과정에서 교화 작업을 수행하는 지식인의 역할을 깊이 있게 검토한 것이었다. 이 점은 당대 타이완의 문화 민족주의를 이해하는 데 특히 시사점이 있다.

일반적으로 민족주의와 족군성(ethnicity)을 완벽히 구분하는 것은 결코 쉽지 않다.[27] 앞서 서술했듯이 족군 간의 차이와 불평등은 정치적 독립

---

27 민족의 '근대성'을 연구하는, 즉 Smith가 '근대주의자'(modernists)라고 부르는 대다수 학자들이 수행한 주요 임무 중 하나는, 기존에 존재하던 족군성으로써 민족주의를 해석할 수 있다는 논리를 논박하는 데 있었다. Hobsbawm(1990: 제2장)이 바로 그러한 예이다. 반대로 Smith는 민족에 대한 족군성의 중요성을 강조하는 입장이다. Smith(1986; 1991)를 참고. 그는 많은 민족의 내부에 모두 약간씩 전근대적 족군 요소가 존재한다고 보았지만, 동시에 민족은 분명 근대의 현상이며 원초적 혹은 자연적 실체가 아니라는 데도 동의하였다. 어떤 의미에서 Smith는 민족주의 기원에 대한 일반적 해석을 제시하려고 하였지만, 그의 가장 중요한 공헌은 튼튼한 논거의 해석을 제공하여 왜 민족주의가 사람들에게 이처럼 강대한 흡인력을 가지는지, 바꾸어 말하면 "민족 구성 및 민족주의 신화의 세계관 중 폭발적인 힘과 고집스럽게 견지하는 비이성적 성분"의 근원이 어디에 있는지 설명하였다는 데 있다(Smith 1996[1989]: 125). Smith가 볼 때 민족주의의 놀라운 힘은 주로 족군, 즉 민족

과 자주를 추구하는 민족주의 운동을 위해 기성旣成의 사회적 지지 기반을 제공한다. 민족주의를 제창하는 지식인과 정치 인물들도 족군의 역사에서 유전流傳되어 온 신화와 상징을 확실히 흡수하여, 민족 정체성을 추동하는 여러 논술 속에 용해함으로써 그들의 민족에 대한 호소를 정당화시킨다(Breuilly 1996[1994]: 151). 그러나 민족주의를 족군성의 연속으로 간단하게 해석하는 것은 분명히 부적절하다. 민족과 족군성 이 두 종류의 집단 정체성 간의 가장 큰 차이는 그들과 국가와의 관계에 있다. 민족은 항상 일종의 정치적 사회집단으로서 통치 주권의 근거로 여겨지지만, 족군성의 정의에서는 주요한 부분이 아니다(Calhoun 1993: 235). 민족주의자는 정치 경계선과 민족 경계선의 합치를 강조한다(Gellner 1983: 1). 그러나 많은 족군 집단은 국가의 장악을 전혀 요구하지 않는다. 이 때문에 민족주의의 행동 계획은 논술상의 비약이 필요하다. 족군 자체의 특수성에 기초하여 평등한 공민권을 추구하는 데서부터, 독특한 민족 문화에 바탕을 둔 새로운 국가 건설의 시도로 비약하는 것이다. 타이완에서 본성인은 오랫동안 외래자에 의해 종족과 문화적인 측면에서 '중국인'으로 간주되었고, 다수의 본성인도 스스로 그렇다고 생각했다. 따라서 타이완 민족 문화의 특수성 구축은 타이완 민족주의의 발전에 있어 매우 중요하였다. 아래의 각 장의 분석에서 보여주겠지만, 민족주의 문화 이데올로기의 구축은 주로 타이완 독립을 주장하는 인문 지식인의 문화

의 '문화적 – 심리적' 요소에서 비롯된 것이었다. Smith(1991: vii, 69)를 참조. 필자는 이러한 Smith의 관점에 동의하지만, 정치적 요구와 정치 행동의 정당화에 대한 족군성과 민족주의의 서로 다른 효과를 반드시 구분하는 것도 중요하다고 생각한다. 정치적 요구와 정치 행동을 정당화할 때, 족군 요소가 일단 민족주의 논술 안에 통합되면 이전의 역할·작용과 다른 새로운 역할·작용이 있을 수 있다. Smith의 연구 방향에 대한 Breuilly의 비평을 참고할 수 있다(Breuilly 1996[1994]: 150~153). Breuilly는 민족 현상의 가장 주목되는 점은 바로 전근대의 족군성과 근대의 민족 정체성 간의 불연속이라고 보았다.

활동에 힘입은 것이었다.

작가·예술가·역사학자·언어학자 등 인문 지식인은 민족주의운동 발전 과정에서 불가결한 역할을 수행하였다. 현재 민족주의 현상을 연구한 학술성과는 매우 많지만, 민족의 구축 과정에서 인문 지식인이 수행한 역할을 계통적으로 분석한 연구는 오히려 드문 실정이다.[28] 반정부 운동 지도자가 창조한 수사修辭와 상징에 기댄 것 외에, 타이완 민족주의를 지지하는 인문 지식인이 수행했던 문화 활동은 타이완인들의 국민당 통치에 대한 반대 운동이 원래 본성인과 외성인의 지위 평등을 요구하는 족군 행동으로부터, 독립 국가를 추구하는 민족주의 계획으로 변화하는 데 큰 영향을 미쳤다. 문학·언어·역사 영역에서 발전한 타이완 문화 민족주의는 모두 1980년대 초, 국민당 통치에 도전했던 반정부 운동에서 자극을 받았다. 하나의 문학 전통의 창조, 주요한 본토 언어의 부흥, 역사에 대한 새로운 이해의 제시 등, 이들 인문 지식인이 주도했던 문화 활동들은 모두 독특한 타이완 민족의식 발전 및 민족주의 운동을 추진하는 데 상당히 많은 공헌을 했다고 할 수 있다. 오늘날 타이완 민족주의를 탐구하는 대다수의 연구, 특히 '정치 경쟁' 연구라 할 수 있는 연구들은 모두 정당 정치에 관심을 두고 있다. 그러나 본서는 연구의 중점을 민족주의를 지지하는 문화 엘리트의 활동에 두기 때문에 기존 연구와 차이가 있다. 본서의 연구 초점은 '문화 특수성'의 이데올로기가 어떻게 발전하였고, 이러한 이데올로기가 정치 변화 속에서 무슨 역할을 하였는지를 검토하는 데 있다. '정치' 민족주의('political' nationalism)와 '문화' 민족주의('cultural' nationalism)에 대한 구분은 지금 토론하려는 주제

---

28 이 의제에 관심을 가진 연구로 Hutchinson 1987 ; Yoshino 1992 ; Royce 1993 ; Hann 1995 ; Aberbach 1997 등을 들 수 있다.

를 깊이 이해하는 데 도움이 될 것이다. 아래 절에서 필자는 주로 John Hutchinson의 아일랜드 문화 민족주의에 관한 연구를 원용하여 민족주의 내부의 차이를 설명하고자 한다.

4. 문화 민족주의와 정치 민족주의

본서가 이해하는 문화 민족주의는 아래와 같이 설명할 수 있다. 문화 민족주의의 핵심 이념은 민족 문화를 어떻게 정의하든지 간에, 민족의 공공 생활은 반드시 민족의 독특한 문화를 관철시키거나 구현할 수 있어야 한다고 생각한다. 정치 민족주의와 마찬가지로 문화 민족주의가 하나의 독립 자주 국가를 요구할 때, 그 목적은 결코 그것에 그치지 않는다. 명시적이든 묵시적이든 문화 민족주의의 최종 목적은 민족 구성원으로 생각되는 사람들에게 일련의 독특한 문화 체계를 주입함으로써 '새로운 사람'을 창조하는 것이다. 문화 민족주의자의 입장에서 하나의 독립된 국가는 주요한 목표라기보다는 전술한 최종 목적을 달성하는 가장 효과적인 수단이니, 이는 특히 국가를 근대적인 정규 교육을 합법적으로 추진할 수 있는 주체로 생각한 까닭이다. 문화 민족주의자들은 민족 정체성은 주로 의식意識의 문제이고, 그 기초는 민족 특유의 역사와 지리가 만든 특수한 생활 방식을 내면화한 데 있는 것이지, 현 국가 통치하의 사회 정치과정에 참여하는 것만은 아니라고 생각한다. 이 때문에 문화 민족주의자는 항상 민족 문화의 특수한 점을 보존·발굴하고 '창조'하고자 힘쓰며, 이러한 문화 특수성이야말로 민족 정체성의 기초라고 생각한다. 그러나 상대적으로 정치 민족주의자는 자주 독립 국가의 건립을 가장 중요한 신조로 여긴다. 그들은 대표성을 가진 나아가 인민에게 책임질 수 있는 국가를 건립함으로써 사회 성원의 시민권을 확보하고자 한다. 정치 민족주의자 자신도 민족 문화의 특수성을 언급할 수 있지만, 이 문제는 결코 그들의 주된 고려 사항은 아니다.

John Hutchinson은 아일랜드의 사례를 연구하면서 정치 민족주의자는 통상 '법리적 – 이성적'(legal – rational) 조직 노선을 취해 권력을 집중하는 기구를 만듦으로써, 서로 다른 사회집단을 동원하여 현유의 국가에 저항한다고 지적하였다. 따라서 정치 민족주의는 때때로 군중 운동으로 발전한다. 상대적으로 문화 민족주의 옹호자는 통상 정치적인 인물이 아니라 역사학자·예술가·작가·언어학자와 같은 인문 지식인이다. 그들은 늘 비공식적이고 권력 분산형의 문화 단체 혹은 학술 단체와 간행물을 조직하여 민족의 일원이라고 생각되는 사람들의 민족애를 자극한다. 그들의 방식은 통상 모두가 공유하는 독특한 민족 문화의 전통을 인식할 수 있도록 교육하는 것이다. 일반적으로 문화 민족주의는 소규모 운동에 국한되며 교육받은 계층의 범주를 넘어서지 못한다(Hutchinson 1987: 12~17).

앞서 언급한 정치 민족주의와 문화 민족주의는 기본적으로 일종의 이념형의 차이로 볼 수 있을 뿐이다. 현실 상황에서는 하나의 민족주의운동 안에 이 두 유형의 인물이 항상 혼합될 수 밖에 없기 때문에 양자를 분명하게 구분하기는 어렵다. 적지 않은 민족주의 운동 과정에서, 특히 민족주의적 동원의 초기 단계에서 문화 민족주의자는 모두 정치 지도자로 변신한다(Hann 1995: 106). 즉 이 두 유형의 인물은 모두 민족을 국가 주권의 소재로 여길 뿐 아니라 민족의 이름으로 국가권력을 획득하고자 하는 점에서, 설령 그들이 민족에 대한 견해가 다르다 하더라도 모두 민족주의자라고 할 수 있다(Hutchinson 1987: 12~13). 그러나 민족주의의 이 두 가지 경향성을 구별하는 것은 특정한 민족주의 운동 속에서 문화 엘리트와 정치 엘리트가 수행하는 서로 다른 역할을 밝히는 데 도움이 될 수 있다.

민족주의 운동에서 인문 지식인의 역할을 논한 또 다른 중요한 연구는 Miroslav Hroch가 1960년대 말 프라하에서 출판한 저서이다.[29] 그의 저서는 유럽 특히 중유럽과 동유럽의 피지배 상태의 약소 족군이 민족으로 변화 발전하는 과정을 검토한 것으로, 지금까지도 여전히 중요한 역사와 사회학적 비교 연구이다. Hroch는 민족주의 운동에서 적극 활약한 사회단체의 성격과 역할 및 족군 사회 집단 내 민족의식의 대체적인 발전 정도에 근거하여 기왕의 모든 민족주의 운동도 세 개의 구조적 단계로 나눌 수 있다고 보았다.[30] Hroch는 다음과 같이 민족주의 운동의 세 단계를 서술하였다.

가장 초기 단계를 A 단계라고 부르는데, 활동가들이 비통치[非宰制] 족군 집단의 언

---

29 Hroch의 두 저서에서 이 문제와 관련된 주요 부분은 모두 이미 영문으로 번역되어 한 권의 책으로 출판되었다. Hroch(1985)를 참조.

30 여기서 주의할 것은 Hroch는 19세기와 20세기 초 중유럽과 동유럽에서 억압 받던 약소 족군의 민족 형성 과정을 '민족주의(nationalism)'가 아니라 '민족운동(national movement)'으로 지칭했다는 점이다. 이 과정은 민족 문화를 발전시키고 시민권과 정치적 자치를 쟁취하며, 그들 자신에 속한 통치 계급과 완전한 사회 계급 구조 등을 창조하는 일련의 행동을 포함한다. Hroch는 자신이 '민족주의'가 아니라 '민족운동'을 사용한 이유에 대해, 이러한 민족운동에서 모든 지사(志士)가 독립 국가 건립을 요구하는 것도 아니고, 그것은 오히려 '민족주의'라는 단어의 내포된 의미이기 때문이라고 강조하였다. Hroch(1996[1993]: 80~81)를 참조. 그러나 필자가 분석하려는 목적에서 보면 Hroch의 연구가 강조한 '민족운동'과 '민족주의'의 차이는 상대적인 것으로 그리 중요한 것은 아니다. 그가 연구한 일부 '민족운동' 중에 자신의 국가 건설을 목표로 하는 사례가 있기 때문이다.

어·문화·사회 및 혹은 역사의 특징을 연구 조사하고, 그에 대한 이해와 인식을 유포하며 선양하는데 특별한 정력을 투입하지만, 전체적으로 그들은 결코 민족에 호소하여 결함을 보완하려 하지 않는다(심지어 일부는 자신의 족군이 하나의 민족으로 발전할 수 있다고 믿지 않는다). B 단계 또는 두 번째 단계에서는 새로운 유형의 활동가들이 등장하는데, 그들은 바로 각종 애국적 행동을 통해 사람들의 민족의식을 '환기'시킴으로써, 자신의 족군 집단 중 최대한 많은 구성원을 쟁취하여 미래 새로운 민족의 창조 계획을 지지하게 한다. …… 일단 대다수 사람이 그들의 민족 정체성을 중시하기 시작하면 군중 운동도 당연히 형성되는데, 나는 이것을 C단계라고 한다. (Hroch 1996[1993]: 81)[31]

Hroch의 독창적 견해, 즉 민족주의 운동의 세 가지 기본 단계에 관한 이론은 하나의 민족주의 운동은 기본적으로 지식인이 미래에 형성될 수 있는 민족 문화의 특징을 상세히 설명하는 단계에서 시작하여, 많은 활동가들의 소 단체가 조직력을 갖춘 정치 행동을 하는 단계를 거쳐 다시 군중 동원이 흥기하는 단계에 도달한다는 것이다. 이 중요한 이론은 이미 많은 학자들에게 수용되어 중유럽·동유럽 외의 적지 않은 사례의 민족 건설에 대한 연구에 적용되었다(예컨대 Gross 1981 ; Hobsbawm 1990: 12, 104 ; Kellas 1992 ; Eley and Suny 1996: 16~18 ; Woolf 1996: 23).

Hroch는 민족의 구축 과정은 결코 미리 정해지거나 불가역적인 것은 아니며, 중단되거나 일시 침체하였다가 다시 나타날 수 있다고 분명히 지적하였다. 그는 또 세 단계 중 각 단계의 발전 강도와 지속 시간은 모두 사례별로 다를 수 있다고 언급하였다(Hroch 1985: 178 ; 1996[1993]: 79).

---

31   Hroch(1985: 22~24)도 참고할 수 있다.

Hroch는 19세기와 20세기 초 중유럽과 동유럽에서 피지배의 8개 약소 족군(노르웨이인·체코인·폴란드인·에스토니아인·리투아니아인·슬로바키아인·벨기에플랑 드르인[Flemish]·유틀란트반도 Schleswig 지역의 덴마크인)의 민족주의 운동을 체 계적으로 비교한 후, 근대 민족 형성과정의 단초는 피지배 족군의 문화· 언어·역사에 대한 지식인들의 열렬한 관심이었다고 결론지었다. Hroch 는 비록 A 단계에서 열정 가득한 지식인이 족군의 존재를 '발견'하고 후 속할 '민족 정체성' 형성을 위한 기초를 닦지만, 상대적으로 그들의 지식 활동은 조직화되고 구체적으로 '민족'에 호소하는 사회 정치운동과는 차 이가 매우 크다고 말했다(Hroch 1985: 22~23 ; 1996[1993]: 84~85). Hroch와 마 찬가지로 Hutchinson 역시 "근대 세계에서 민족의 존재를 위해 분투한 운동은 어디서든지 모두 점진적으로 부상한 문화 민족주의 운동이 앞장 섰으며," 이들 문화 민족주의 운동은 역사 문화를 부흥시키는 방식으로 진행되었다고 보았다(Hutchinson 1987: 2). 예를 들면 차르 통치하의 러시아 에서, 일군의 유대인 작가들이 1881년에서 1917년 사이에 히브리 문학 의 문화를 창조함으로써 유대 민족의 국가 재건 운동과 이스라엘 건국 을 촉진하였다. 히브리 문학도 근대 유대 민족주의가 흥기할 수 있었던 주된 문화적 촉진제가 되었다. 비슷한 문화 민족주의의 사례로는 합스 부르크 왕가 치하의 슬로바키아인, 오스만제국 치하의 그리스인, 대영제 국 치하의 아일랜드인도 포함된다(Aberbach 1997). Hutchinson의 연구가 보여주는 바와 같이 아일랜드에서는 정치 민족주의자가 아니라 바로 문 화 민족주의자가 근대 민족국가를 건립하였다(Hutchinson 1987).

하지만 타이완의 상황은 오히려 다소 다른 점이 있다. 정치적 반대 의 견을 가진 본성 출신 문화 엘리트가 문화 민족주의 운동에 투신한 시 기는 반정부 운동가들에 비해 늦었다. 타이완 민족주의는 발전 단계상

Hroch가 제시한 모델과 순서가 다소 차이가 있었던 것이다. 이는 주로 1980년대 전반 타이완의 반정부 운동가들이 민족주의를 앞세워 국민당 정부에 도전한 뒤에야 비로소 문학 작가·문학 평론가·역사 연구자·언어 부흥 운동가들의 문화 민족주의가 촉발되었기 때문이다. 적극적인 정치 활동가들이 인문 지식인에 앞서 민족주의 운동의 주요 추진자가 되었던 사실은, 타이완 민족주의가 세계 민족주의 역사 발전 중 지체된 '후래자 [晩進者]'로서의 특수성을 가졌음을 충분히 보여준다(상세한 내용은 제7장을 참조). 그 외 문화 엘리트의 참여가 비교적 늦었던 것은 또한 그들의 타이완 민족 정체성이 결코 이들 문화 엘리트가 늘 주장하고 많은 학자가 생각하는 것과 같이, 마치 진흙 속의 씨앗이 때를 기다려 성숙하는 것, 즉 발아하여 자라는 것과 같은 이미 장기간 존재했던 인지認知 요소가 아니라는 것을 대표한다. 반면 이러한 정체성은 1980년대 초 이후 타이완의 사회 정치적 맥락 중 정치 변천이 촉발한 의식으로 보아야 한다. 타이완 민족주의의 이러한 발전 순서는, 본서에서 검토할 문화 엘리트 권역 내에서 중국 민족 정체성이 장기간 패권적 지위를 갖고 있었음을 반영하기도 한다.

5. 문화 특수성의 정치

민족주의의 사상적 출발점은 어떤 특수한 문화의 집단 정체성의 중요성을 강조할 뿐 아니라 민족주의를 정치 주장과 행동의 기초로 간주하는 데 있다. 예컨대 일본학자 Kosaku Yoshino가 아래에서 지적한 바와 같다.

사람들이 언급하는 것이 민족주의의 어떤 측면이든지 민족주의가 어떤 모습을 취하든지, 민족주의의 공통점은 일군의 사람들 마음속에 모두 그들이 색다른 특색을 가진 하나의 독특한 사회집단임을 믿는 신념이 있고, 동시에 하나의 독립 자주의 국가로써 이런 종류의 특수성을 유지 강화하고자 하는 강렬한 의지에 있다. (Yoshino 1992: 6)

바꿔 말하면 일군의 사람들이 그들의 영토주권과 자결권을 공언하기 위해서는 통상 그들이 확실히 일군의 독특한 특색을 갖춘 인민임을 필수적으로 증명해야 한다. 문화와 관련된 많은 개념, 특히 문화를 하나의 특정한 생활 방식으로 간주하는 것은 각 지방이 자신의 자결권을 수호하는 데 있어서 매우 중요하다. 따라서 문화는 어떤 특수한 군중의 존재를 확인하는 데 이용되고, 이 군중은 당연히 그들 자신의 정치적 앞날을 계획할 권리를 갖는 것이다. 이러한 연유로 특수한 생활 방식으로서의 문화는 권력을 획득하는 수단이 되는 것이다(Penrose 1995). 민족주의자들은 정치적인 일과 문화적인 일은 분리할 수 없으며, 어떤 문화라도 주권 국가의 보장이 없으면 결국 살아남을 수 없다고 본다. 민족주의 정치에서 예술·문학·언어와 관련된 일은 늘 격렬한 논쟁으로 발전하는 의제이고, 또 민족주의적 항쟁의 무기로도 사용된다(Kedourie 1993[1960]: 112). 이 역시 타이완 문화 민족주의의 사례에서도 보이는 것이다. 따라서 문화 영역은 정치 질서와 관련하여서도 상당히 중요한 많은 과정을 포함한다. 하나의 독특한 문화가 확실히 존재한다고 공언하려는 것은 주로 집단 상징의 창출 및 역사 기억과 문화 전통의 '재현'(representation)과 관련된다. Pierre Bourdieu가 말한 대로 정치 투쟁은 기본적으로 '사회 세계의 재현'에 관한 것이고, 이러한 재현은 "각종 다른 방식으로 표현 혹은 건립될 수 있다"(Bourdieu 1985: 723, 726). Prasenjit Duara는 1920년대 초 중국의 연성자치론聯省自治論 중의 중화민족 개념의 변화를 연구하면서, 민족주의란 '문화에 관한 정치'(a politics of culture)라고 지적한 바 있다 (Duara 1993a). 필자는 민족주의란 더욱 정확하게 말하면 '문화 특수성에 관한 정치'(a politics of cultural uniqueness)라고 본다. 또 Elie Kedourie가 수십 년 전에 이미 말한 바와 같이, 민족주의자는 역사·종교·언어·정치 전통 등에 호소하여 민족이 명백하고도 자연스러운 군중 분류 방법임을 증명하고자 하지만, 사실 이 세상은 민족주의가 인류를 인식하는 것보다 훨씬 복잡하다. 설령 민족주의가 아무리 웅변하여도 같은 언어를 말하거나 공동의 역사 경험을 갖는 사람들이라면, 왜 하나의 독립 국가를 가질 권리가 있다는 것인지에 대해서는 여전히 설득력 있는 이유가 부족하다. Kedourie는 다음과 같이 말했다.

> 이러한 공언[즉 민족주의 – 필자]이 설득력을 얻기 위해서는 어떤 한 측면의 유사성이 나머지 측면의 차이를 완전히 능가할 수 있음을 동시에 증명할 필요가 있다. 이러한 신조信條의 또 다른 한 부분은, 사람들이 차이의 내용이 무엇이든 그것이 상상 혹은 진실이든 중요하든 중요하지 않던 간에 그들과 다른 사람의 차이를 견지할 권리가 있으며, 동시에 이들 차이를 그들의 가장 중요한 정치 원칙으로 변화시킬 권리가 있다고 여기는 것이다. (Kedourie 1993[1960]: 74)

우리는 사람과 사람 간의 차이를 견지하고, 더 나아가 이들 차이를 정치적 주장의 토대로 변화시키는 것이 바로 민족주의의 '문화 특수성 정치'의 핵심이라고 할 수 있다.

문화 특수성과 관련된 민족주의 정치에서 사람들은 자각적으로 그들이 일련의 문화를 소유하고 있다고 의식한다. 그들에게 있어 문화는 일종의 권리이다. Gellner가 일찍이 묘사한 대로 과거 "농민에게 그들 자신의 문화를 사랑하는지 질문하는 것은 전혀 의미가 없었다. 왜냐하면 그들은 자신의 문화를 마치 매일 호흡하는 공기처럼 당연한 것으로 보아서, 둘 중 어느 하나의 존재도 의식하지 않기 때문이다"(Gellner 1983: 61). 그러나 민족주의자가 회복하고자 하는 그러한 문화 전통은 그들 조상이 그 속에서 생활하던 문화와는 다른 내용과 기능이 있으니, 그들 조상은 문화를 자신의 생활과 분리된 객체로 본 적이 없기 때문이다. 이러한 민족주의의 문화정치에서는 무지무사無知無邪한 문화의 순진성은 소실된다(Eriksen 1992: 10). Eric Hobsbawm은 양자兩者의 차이를, '전통'(traditional) 사회에 영향을 미치던 '습속'(custom)과 이에 상대되는 '(발명된) 전통'([invented] tradition), 예컨대 민족주의자가 새롭게 발굴하여 찬양하는 문화 전통을 구별하여 설명하였다. Hobsbawm은 이런 의미의 문화 전통은 통상 일맥상통하고 군건하여 불변하는 모습으로 건립된다고 보았다(Hobsbawm 1983: 1). 따라서 민족주의자의 문화 특수성에 대한 논술은 흘러간 역사와 기존 문화를 더욱 정형으로 확립하는 과정과 관련되며, 이를 통해 민족 간의 차이도 확인하는 것이라고 할 수 있다.

논술 혹은 언어적 진술과 운용은 타이완의 문화 민족주의의 족군성 또는 민족성의 건립을 이해하는 데 매우 중요하다. 일종의 의미를 창조, 복제하는 사회 과정과 논술의 운용은 그들 자신의 지식 대상을 건립하고 그들 자신의 인지 주체를 창조하며, 더 나아가 무엇이 이성적이고 정확하며 진실한 것인지를 결정한다(Foucault 1972). 타이완 문화 민족주의에 관한 본서의 연구는 논술 혹은 언어의 운용·전달·순환 반복이 타이완의 민족 정체성 구축에서 상당히 중요하게 작용하였음을 보여줄 것이다.

바로 Denis-Constant Martin이 말한 바와 같다.

> 정체성에 관한 서사(identity narrative)는 정치 감정을 끌어내고, 그것은 여러 행위를
> 촉발하여 권력 분배를 바꾸게 할 수 있다. 정체성 서사는 과거와 현재에 대한 사람
> 들의 정서를 바꾸고, 군중의 조직 방식을 바꾸며 동시에 새로운 군중을 창조한다.
> 그것은 어떤 특징을 강조하고, 나아가 그 의미와 논리를 뒤바꿈으로써 문화를 변
> 화시킨다. 정체성 서사는 세계에 대한 새로운 해석을 창조하고 세계를 변화시킨다.
> (Martin 1995: 13)

타이완의 독립을 주장하는 인문 지식인의 문학·언어·역사 등에 대한
논술을 분석해 보면, 정체성 논술은 서로가 공유하는 같은 출발점이 아
니라 항상 의미에 관한 전쟁터임을 발견할 수 있다. 족군성과 민족성을
이해하는 가장 적절한 방식은 그것들을 일종의 논쟁이 충만한 영역에서
진행되는 동태적 사회 과정으로 간주하는 것이다. 이러한 영역에서 세
상을 해석하는 서로 다른 목소리는 그 영향력의 크기가 꼭 같지는 않다.
족군성과 민족성은 결코 모든 족군과 민족의 구성원이 공유하는 정태적
情態的이고 물리적인 동질적 현상이 아니다. 그렇지만 논술을 분석하는
가장 중요한 목적은 논술 이면의 어떤 객관적이고 경험상 검증할 수 있
는 사실을 밝히는 데 있는 것이 아니라, 의미가 어떻게 제시되고 승인되
며 소위 '사실'과 '진리' 혹은 지식이 권력과 어떤 관련이 있는지를 이해
하려는 데 있다(Croucher 1996: 355).

만약 정치운동 과정에서 모종의 정체성을 주장하거나 정체성의 공언
을 정치적 주장의 일부로 삼고자 한다면, 가장 통상적인 방법은 차이를
정의하여 진행하는, 즉 '우리'와 '그들'을 선을 그어 구별하는 것이다. 사

람들 간의 같음과 다름은 한편으로는 상징적으로 '재현'이라는 행위로 표시되며, 다른 한편으로 사회적으로 어떤 사람을 받아들이거나 배척함으로써 구별된다(Woodward 1997a: 4). 문화적 특수성의 건립과 서술은 바로 '우리'와 '그들'을 구별하는 데 이용될 수 있으니, 예컨대 타이완 민족주의의 사례에서 나타나는 '우리 타이완인'과 '그들 외성인/중국인'이 그것이다. 정체성 정치는 주로 사람들이 자신을 배제되거나 억압 받는 집단의 구성원이라 공언하고, 더 나아가 이러한 신분 혹은 정체성을 정치 행동의 도덕적 정당화 이유로 삼는 것과 관계있다. 문화 특수성에 관한 논술의 중점은 항상 어떤 사람들이 겪고 있는 특수한 박해를 폭로하거나 이 사람들이 어울리는 주위의 나머지 사람들과 비교했을 때 드러나는 차이와 독특성을 칭송하는 데 있다. 본서의 이어지는 몇 장의 분석에서 보여주는 것처럼 독특한 타이완(본성)인의 역사 경험 – 특히 타이완(본성)인이 서로 다른 외래 정권으로부터 받은 식민 통치, 그리고 그에 대한 저항의 역사 – 을 건립하고 서술하는 것은 타이완 민족주의 논술의 중요한 부분이다.

더욱 중요한 것은 역사에 대한 이해는 일종의 문화적 행위이고, 역사에 대한 상상 또한 인류가 타고난 중요한 능력이라는 것이다. 역사학자 Hans Kellner가 말한 것처럼, 만약 우리가 역사를 이해하고자 하면 그 중의 '창조' 혹은 '제작'(making) 부분을 강조해야만 하는데, 역사의 근원이 인류의 가장 기본인 언어적 응대[言語辭令]의 운용과 웅변을 포함하기 때문이다. 이야기 속 여러 수사적 웅변의 발명과 창조는 인류의 자아自我 이해와 자아 창조 과정에서 가장 중요한 부분이다(Kellner 1989: xi). 사회 행동가의 집단 정체성에 대한 의사 표현과 명백한 논술은 '재현'의 산물이고, 재현은 일종의 문화·사회 조직이 변화·발전해 가는 과정이니, 그 결과는 의도적으로 '발명'된 것과 저절로 구성된 것을 다 포함한다. 모든 인류 사회에서 상징을 건립하는 활동은 대체로 무의식에서 나올 뿐 아니라 일종의 계속 진행 상태일 수 있으나, 발명은 사람들의 창조력을 강조하고 더욱이 어느 정도 문화에 대한 의식적 성찰을 의미한다(Linnekin 1992: 252). 사회 행동가의 집단 정체성 재현은 저절로 구성된 것만이 아니라 의도적인 발명을 포함한 것임을 이해할 수 있을 때, 정체성에 대해 본질주의(essentialism)에서 시작하여 '진실/허구'의 이원론에 기반한 잘못된 이해를 피할 수 있다. 이른바 진실성(authenticity)이란 개념은 정체성을 고정된·본질적·통일된 것으로 간주하기 때문에 사람들의 자아 성찰과 상상의 가능성을 부인한다(제7장의 논의를 참고).

본서는 문화 민족주의를 주로 정치가 촉발한 현상으로 본다. 필자의 연구는 민족주의를 촉발하는 데 있어서 정치항쟁이 매우 중요하다는 점을 명확히 제기한다. 앞서 언급한 '정치 경쟁' 연구에서 타이완 민족주의를 분석한 결과 역시 정치가 타이완 민족주의의 발전을 추동하는 데 지극히 중요한 역할을 했다고 하였는데, 본서도 이 논점에 동의한다. 본서의 목적은 일반적인 타이완의 민족 감정 혹은 타이완 민족주의 운동의 기원을 대충 묘사하려는 것이 아니라, 타이완 민족주의의 특수한 주요 텍스트 혹은 추세에 주목하는 데 있다. 그리고 이 타이완 민족주의 텍스트 중에서 문화 특수성을 거쳐 얻은 행동 에너지 혹은 능력부여(empowerment)가 핵심 주제이다. 본서의 분석 포인트는 타이완의 특수한 역사 발전의 맥락 속에서 타이완의 문화 특수성에 관한 이데올로기가 어떻게 명백히 논술되고, 또 각종 사회 정치 경험이 어떻게 일관되게 연결되느냐(articulate)에 있다. 본서에서 이데올로기는 결코 사회 혹은 역사 현실의 '반영'만이 아니라 일종의 현실 해석과 현실 재현을 쟁탈하는 도구로 간주된다. 이러한 쟁탈 과정에서 타이완 문화에 대한 각종 다른 견해가 서로 충돌하고, 서로 다른 민족 정체성이 부상하여 형성될 뿐 아니라 서로 경쟁함으로써 사회적 승인을 얻게 되는 것이다.

6. 근대화 이데올로기와 문화 민족주의

문화 민족주의는 보통 근대화에 대한 일종의 '위축된[退縮式]' 반응, 또는 일시적인 현상으로서 사회의 전면적 근대화에 따라 소멸될 수밖에 없는 것으로 여겨진다(Hutchinson 1987: 8~9). 하지만 문화 민족주의와 근대화 이데올로기의 관계, 특히 비서구 지역에서 발생한 상황에 대해서는 좀 더 깊이 있게 검토해 볼 필요가 있다. Anderson은 일찍이 민족 관념이 일단 창조되면 그와 관련된 현상은 마치 '표준 모듈'처럼 변해서, 각양각색의 사회에 이식되어 다양한 정치 형태 및 이데올로기와 결합할 수 있다고 지적하였다. 모두 특허권 없는 창조적 발명인 셈이다(Anderson 1983: 4, 67). 비서방 국가에서 민족주의는 보통 근대화에 대한 갈망과 뒤섞여 그들의 전통문화를 근대화해야만 서방 '선진' 문명사회와 경쟁할 수 있다고 기대한다. 이러한 갈망 속에서 국가는 왕왕 근대화 계획의 유일한 지도자로 생각된다. 이런 견해는 민족 사회 집단의 본토 문화가 서방의 인정을 받을 정도의 근대화 단계까지 진보시킬 만한 필요한 원소를 제공할 수 없다는 구성원들의 인식에서 생겨났다. 또 이런 견해는 비서방의 민족주의자들이 자신의 문화유산을 해석할 때 애증이 교차하는 심각한 모순을 초래한다(Chatterjee 1986: 2). 비서구 지역에서 문화 민족주의자들이 그 문화의 독특성을 설명할 때, 보통 자신들이 계승한 문화 요소가 어떻게 그들 민족 사회집단을 다른 국가, 특히 서방 민족보다 낙후시켰는지 비판할 뿐만 아니라, 근대화와 병행할 수 있고 그들 민족이 다른 사람과 경쟁할 수 있는 문화 요소를 발굴하고 재발견하는 데 더욱 전념한다. 이러한 경향은 왕왕 본토 문화유산과 근대화 사이의 관계에 관한 일종의 논술 전통을 만들어 냈다. 이런 애증이 교차하는 문화 논술은 자신의 민족성에 대한 해당 지역 사람들의 시각을 형성하였다.

타이완의 문화 엘리트가 본토 문화의 특색 및 이들 특색과 근대화의 관계를 생각하기 시작한 것은 일본의 통치를 받던 1920년대(제2장의 논의를 참고)로 거슬러 올라갈 수 있다. 타이완인의 반식민 의식이 부상함에 따라 사회 다원주의(social Darwinism)와 세계적인 민족주의 풍조가 타이완의 문화 엘리트들이 추진하던 문화적 각성 운동, 예컨대 근대 중국의 국어로 글을 쓰자는 신문학 운동 및 타이완어(복료화) 글쓰기 체계를 창제하자는 '타이완화문台灣話文' 운동에 큰 영향을 미쳤다. 타이완인 문화 엘리트들은 '낙후'한 타이완의 문화를 개혁함으로써 타이완인을 '문명적'이고 건전한 민족으로 변화시키고, '적자생존'의 경쟁에서 살아남을 수 있게 하고자 하였다. 그 외 이들 문화 엘리트들은 개혁 이후의 타이완 문화가 세계 문명에 가치 있는 공헌을 할 것이라고도 여겼다. 자신의 문화 전통과 서방 문명(근대화된 일본이 흡수하고 전개한 것과 같은 그러한 서방 문명)을 서로 비교하는 이들 운동 모두 자신의 문화 전통에 대한 애증이 교차하는 태도를 감추고 있었다.

상술한 상황과 닮은 것이 국민당 통치하의 1980년대 초 타이완 문화 민족주의가 드러내기 시작한 중요한 특징, 즉 본토 문화의 '충분한' 근대화의 진전이 지나치게 완만한 데 대한 실망감이었다. 그러나 타이완 문화 민족주의에서 근대화 이데올로기는 비교적 특수한 방식으로 운영되었다. 타이완 독립을 주장하는 인문 지식인들은 중국 문화가 타이완의 다양한 문화적 기원의 하나에 불과하다고 공언하는 것 외에, 타이완의 정치적 탄압, 사회적 병폐·도덕적 몰락 등 여러 문제를 모두 '사악한' 중국 문화 영향의 탓으로 돌렸다. 그리고 일련의 이분법을 만들어 중국 문화와 타이완 문화의 현저한 차이를 부각시켰다. 중국 문화는 경직되고 봉건·반동·압제적이며 토지에 뿌리를 둔 것이지만, 타이완 문화는 융통성 있고 근대·진보·민주적이며 해양지향적이라는 것이었다. 비록 상술한 형용사들은 그 의미가 분명하게 정의된 것은 아니었지만, 타이완 민족 정체성에 관한 인문 지식인들의 논술은 이러한 구별 방식으로 가득했다. 이들은 전근대와 근대의 대립으로서 이 두 문화를 표현하고, 양자의 차이를 본질적인 것으로 보았다. 이에 따라 타이완 민족주의와 결합한 근대화 이데올로기는 '우리'와 '그들'을 구분하는 데 활용되었다. 타이완의 독립을 주장하는 인문 지식인들이 중국 문화의 오염을 깨끗이 제거해야 한다고 고집한 것은 결국 그들이 근대화의 가치를 받아들였음을 보여준다.

전후 타이완의 타이완어 부흥 운동가들은 이 본토 언어 전용 표준 글쓰기 체계를 창제하고자 시도하였으니, 이러한 노력은 상술한 근대화 이데올로기를 더욱 드러내었다. 이 언어부흥 운동가들은 타이완어가 근대 과학 기술·상업 무역·사회과학 등 각 영역을 처리할 수 있는 당대 집단생활의 언어 도구가 되기 위해서는 일련의 표준 타이완어 문자 체계[를 만드는 것이-역자]가 매우 중요하다고 생각했다. 이들 언어부흥 운동가들의 목표는 타이완어의 생존 유지만이 아니라, 타이완어를 정부 당국이 '국어'로 지정한 '북경어'의 패권적 지위에 도전할 수 있게 하는 데 있었다. 그중에서 완전히 로마병음羅馬倂音으로 타이완어를 표기하자고 주장하는 사람들에게 전통 중국식 한자는 시대에 뒤떨어진 건강하지 않은 '봉건주의'를 대표하고, 로마병음은 상대적으로 근대성을 상징하였다. 그들은 병음자모로 타이완어를 표기하면 타이완의 복료인들이 마음속의 생각을 충분히 표현할 수 있을 뿐 아니라, 교육을 덜 받은 사람도 더욱 쉽게 여러 근대 지식을 얻을 수 있다고 믿었다. 따라서 근대성을 추구한다는 점에서 타이완어 부흥 운동가들의 목표는 기타 민족주의 언어부흥 운동, 예컨대 스페인 바스크인(Basque)의 언어부흥 운동과 상당히 유사하다(Urla 1993).

간단히 말해 문화 민족주의자들은 역사 기억과 집단 상징에 호소하여 민족 문화의 특수성을 구축하고 그것을 민족 정체성의 기초로 삼지만, 이러한 호소를 단순히 근대화에 대한 위축된 반응으로는 볼 수 없다. 반대로 문화유산에 대한 그들의 애증이 교차하는 복잡한 태도는 많은 현상을 반영하였다. 이는 그들의 민족 문화를 업그레이드하여 근대 문명 사회와 서로 경쟁할 수 있는 수준에 도달하게 하려는 일종의 갈망을 내포한 것이었다. 문화 민족주의자의 입장에서는 근대성을 추구해야 한다는 것은 민족 전통을 포용해야 한다는 것보다 더욱 염두에 두는 일일지도 모른다. 만약 역사 경험이 하나의 저장고와 같아서 이 민족이라는 상상된 공동체의 여러 상징을 저장하고 있다면, 문화 민족주의자들에게 있어서 똑같이 중요한 것은 그것이 동시에 반드시 도망쳐야 할 외양간이기도 하다는 점이다(Urla 1993: 101).

7. 확산의 경로

　문헌 자료를 이용하여 지식 엘리트의 활동을 탐구하는 사회학 연구는
모두 "그들이 말하는 것을 듣는 사람이 있나?"라는 문제 제기를 받을 수
있다. 이는 지식인의 논술과 사회 대중 간의 일반적인 관계의 문제이지
만 이 연구에서는 거의 다루지 않는다. 본서가 확실하게 다룬 중요한 문
제는 지식 엘리트의 논술 혹은 이데올로기가 어떻게 사회 대중의 주체
성 혹은 의식을 형성하느냐 하는 것이다. Walker Connor는 민족의식은
주로 사회 대중적 현상으로서 엘리트 계층에게만 속하는 것은 아니라
고 보았다. 따라서 그는 민족주의를 연구하는 많은 학자들이 소수 역사
인물의 언론 기록에 지나치게 기대어 시대정신과 사조를 묘사하고 있
다고 비판하였다. Connor는 엘리트 계층 사이에서 생겨난 민족의식이
사회 대중에게 확산되기까지 항상 상당한 시간이 걸린다고 지적하였다
(Connor 1990). 그러나 설령 그러하더라도 타이완 민족주의에 대한 타이완
사회 대중의 반응이라는 문제와 관련하여 필자가 따른 것은 Katherne
Verdery가 사회주의 체제하의 루마니아 민족의식 형태를 탐구할 때 취
했던 연구 방식, 즉 공중公衆 논술에 관한 모든 연구는 반드시 사회 전체
를 대상으로 처리할 필요는 없다는 것이었다. 그러므로 문화 생산자 역
할을 하는 지식인 단체가 어떻게 정치에 발을 들여놓는지를 분석할 때,
일반인이 대체 이를 어떻게 바라보는지를 동시에 탐구하지 않는 것도
매우 합리적이다. 지식 엘리트의 이데올로기 구성 작업이 어떻게 사회
대중에게 영향을 미쳤는지는 하나의 독립된 연구 과제가 될 수 있기 때
문이다(Verdery 1991: 6).

　그러나 필자는 연구 과정에서 결코 이 문제를 완전히 피하지는 않았

다. 필자는 1995년 여름부터 1996년 봄까지 타이완 독립 입장을 가진 많은 작가·문학 평론가·역사학자·언어 운동가·지하 방송국 조직자·대학 동아리 지도자를 방문 취재하였다. 필자는 이 방문 취재를 통해 그들의 활동 및 그들 상호 관계를 더욱 잘 이해하게 되었을 뿐 아니라, 그들의 민족주의 이념도 더욱 깊이 파악할 수 있었다. 비록 본서에서 이 문화 민족주의자의 이념이 대중에 미친 영향의 효과를 평가할 수 없지만, 방문 취재는 그들의 이념이 확산되는 경로를 이해하는 데 특히 도움이 되었다. 문화 민족주의자들은 빈번한 군중집회와 길거리 항의 시위를 이용하여 그들의 사상을 주장하는 데 뛰어났다. 더욱 중요한 전파 방법은 그들이 개최한 다양한 강연·토론회·여름 캠프·겨울 캠프·워크숍 등이니, 여기에는 일반 민중·대학생 심지어 중고등학생도 참가하였다. 이들 활동은 1990년대에 대규모로 전개되었고, 이 기간에 작가·문학 비평가·역사 연구자·본토 언어부흥 운동가들 서로 간에는 물론 많은 대학 동아리 학생들과 긴밀한 관계를 맺었다.

문화 민족주의자가 이념을 선양하는 여러 경로 중 대학의 학생동아리는 매우 중요한 역할을 하였다. 적지 않은 문화 민족주의자가 이들 학생 동아리 결성에 협력하였고 더욱이 지도 교사를 맡았다. 이 때문에 대학 동아리는 마치 일종의 '비공식 교육기관'처럼 젊은 세대 엘리트 사이에 타이완 문화 민족주의를 퍼트렸다. 1994년부터 지하 방송국도 타이완 문화 민족주의를 제창하는 데 일정한 역할을 하였다. 타이완 독립을 지지하는 중요한 작가·역사 연구자와 타이완어 부흥 운동가들 다수가 이들 방송국에서 프로그램 진행을 맡았다. 이러한 프로그램은 거의 모두 대화 형식의 토크쇼 혹은 시청자 참여(call-in) 쇼였다. 그러나 이들 프로그램이 대중에 대한 영향을 평가하는 일은 앞서 말한 바와 같이 상당히 곤란하다. 많은 다른 문화 민족주의자(예컨대 아일랜드의 문화 민족주의자)와 마찬가지로 타이완 문화 민족주의도 전형적인 소규모에 속하는 데다, 그 스스로 표방한 웅대한 포부 역시 현재까지 진전에 여전히 한계가 있기 때문이다. 그렇지만 그것의 중대한 영향 중 하나는 기존 사회와 맞지 않는 '저항 문화'(counter-culture)를 창출하여, 다양한 조직과 활동을 통해 남다른 방식으로 일군의 엘리트를 교화함으로써 그들이 민족주의의 이상에 투신하게 한 것이었다(Hutchinson 1987: 252). 문화 민족주의의 중요성은 먼저 미래의 정치 투쟁을 위해 비교적 '전투적'인 민족주의자를 준비하였다는 점인데, 그들은 정체성 정치에서도 비교적 쉽게 타협하지 않았다. 그 외 문화 민족주의의 중요성은 학교 교육 및 정부 당국의 문화정책을 통해 문화 민족주의자가 그들의 문화가 독특하다는 이념을 상당히 성공적으로 제도화할 수 있었다는 데 있다. 이 점은 통치자인 국민당이 현저한 '타이완화'를 거친 이후 더욱 그러하였다(제4장의 분석을 참고). 이 또한 말하자면, 문화 민족주의자들이 그들의 이념을 정부 당국 정책에 성공적으로 침투시켰다는 것이니, 이런 의미에서 그들은 성공하였고 영향력이 있었다고 할 수 있다.

8. 본서의 구성

본서는 1980년대 초부터 발전하기 시작한 타이완의 문화 민족주의에 관한 연구이다. 본서는 담론 분석(discourse analysis) 방법을 이용하여 타이완 독립을 주장하는 인문 지식인, 예컨대 작가·문학 비평가·타이완어 부흥 운동가·아마추어와 전문 역사 연구자들이 담론을 통해 어떻게 '타이완 민족' 개념을 구축하고 창조했는지 탐구할 것이다. 본서는 그들이 어떻게 하나의 독특한 문학 유산·언어 전통 및 역사 발전을 구성함으로써 타이완 문화의 독특한 점을 상세히 논증하고 이를 통해 민족주의의 정치 행동을 정당화하였는지를 분석하는 데 초점을 맞출 것이다. 동시에 본서는 Hroch의 민족주의 운동에 관한 세 단계 발전론에 비춰 인문 지식인과 반정부 운동가의 역할도 비교 검토할 것이다.

최근의 현상을 분석하기 전 먼저 일본 식민 통치 시기와 전후 초기에 나타난 일련의 문학과 언어 논쟁을 살펴볼 필요가 있다. 우선 제2장에서는 일본 식민 통치 시기 타이완의 문화 엘리트들이 제창한 문학과 언어 개혁 운동을 논의하였다. 1920년대 중국 백화문으로 글을 쓰자는 신문학 운동, 1930년대의 '향토문학'과 '타이완화문'의 제창은 일군의 타이완 지식인을 중심으로 전개된 것이었는데, 그 중점은 모두 그들이 식민지 타이완을 어떻게 보고 타이완과 그 문화의 원천으로서 중국과의 관계를 어떻게 보는가에 있었다. 그들은 타이완 현지 문학의 특징 및 그것과 중국 문학의 관련성에 대해 논쟁하였다. 논쟁의 초점은 중국의 국어 혹은 타이완화(기본적으로 복료화를 가리킴) 중 어느 언어가 타이완 사회의 특수성을 적절하게 표현할 수 있는 좋은 도구인가?에 있었다. 향토문학은 하나의 문학 유형으로서 식민 통치하의 생활 현실과 일반 타이완 민중의 감정을 처리함으로써 어떻게 사회 대중의 계몽에 도움이 되고, 나아가 타이완인의 정체성을 통합할 수 있을까? 이러한 문제에 대한 타이완 지식인의 논쟁은 일본 식민 통치하에서 그들이 처한 진퇴양난의 정체성 곤경을 반영한다. 대체로 향토문학과 타이완화문 제창자 모두 기본적으로 타이완이 식민지로부터 해방될 기회는 매우 희박하며, 더욱이 중국과 다시 긴밀한 관계를 맺는 것은 논의의 여지가 더욱 없다고 여겼다. 따라서 현지 문화의 독특성에 관한 그들의 관심은 타이완을 범위로 하는 새로운 정체성이 점점 부상하고 있음을 뚜렷이 보여주었다.

제3장의 내용은 전후 30년 전부를 포함한다. 먼저 제2차 세계대전이 종결되고 타이완이 중화민국의 한 성이 된 이후, 중국 대륙에서 온 외성인과 타이완 본성인의 초기 접촉과 왕래 및 언어 문제를 살펴볼 것이다. (국민정부의-역자) 경직되고 독존獨尊적인 국어의 '단일 언어주의'(monolingualism)는 종래 일본어로 정보를 받아들이는 데 익숙했던 타이완 지식인들에게 심각한 타격을 입혔다. 이 때문에 많은 타이완 작가가 문학계를 떠나야만 했다. 1947년 2·28 사건 이후, 타이완성 행정장관공서의 단일 언어주의는 더욱 가혹하게 변화하였다. 다음으로는 1947년부터 1949년까지 대륙에서 온 좌익 지식인과 타이완의 문화 엘리트 사이에서 전개된 타이완 문학 발전에 관한 격렬한 논쟁에 대해 논의할 것이다. 이 논쟁은 참여자가 타이완 문학의 특수성을 어떻게 보는지, 나아가 타이완 문화의 특수성을 어떻게 이해하였는지가 언급됨으로써 포스트콜로니얼 사회에서 민족의식과 지방의식 사이의 긴장 관계를 반영하고 있다. 그 외에 1950·60년대 타이완 문학의 변화, 특히 현대문학의 발전 상황을 간단히 살펴볼 것이다. 반항문학을 위한 모더니즘은 1970년대 '향토문학' 조류를 출현시켰다. 비록 향토문학 작가와 지지자들 모두 강렬한 중국 민족주의의 자극을 받았지만, 뒤이은 타이완 민족주의자들은 도리어 전후 향토문학의 발전을 찬양하였고, 이러한 찬양은 그들의 타이완 문학 담론에 있어서 중요한 부분이 되었다.

제4장에서 제7장까지 부분은 본서의 핵심이다. 제4장은 문학 영역에서의 타이완 문화 민족주의 발전을 검토할 것이다. 1980년대 후반 타이완의 민족주의 정치가 급속히 일어남에 따라, 타이완 독립 입장을 가진

작가와 문학 비평가들은 타이완 문학의 특수성에 주목하면서 점점 하나의 '타이완 민족 문학'을 세우길 희망했다. '타이완 의식'과 '중국 의식' 역시 상호 대립하고 병존할 수 없는 것으로 생각되었다. 따라서 본 장에서는 민족주의 작가와 문학 비평가들의 담론에서 '타이완 민족 문학' 전통이 어떻게 구성되었는지 그 과정을 분석할 것이다. 1964년에 성립된 『대만문예』와 『립』 시간詩刊 잡지를 중심으로 활동한 본성 출신 작가와 비평가들은 문학의 이데올로기가 급진화하는 과정에서 결정적인 역할을 하였다. 본 장에서는 또 1979년의 메이리다오 사건이 이들 작가와 비평가의 민족 정체성 및 자신의 문학 생애에 대한 인식에 상당히 중대한 영향을 끼쳤음을 강조할 것이다.

제5장은 타이완어(복료화) 부흥 운동을 다룰 것이다. 언어의 사용은 타이완에서 오랫동안 지속된 정치적 의제였다. 이들 타이완어 부흥에 애썼던 타이완 민족주의자들은 유일한 합법적 정부 당국 언어로서 북경화를 기반으로 한 '국어'의 지위에 끊임없이 도전하였고, 나아가 본토언어 특히 타이완어를 부흥시키고자 하였다. 타이완어 부흥 운동의 주요한 목표인 타이완어 쓰기 체제의 창조는 타이완인의 머릿속에서 '중국 문화의 독소'를 제거하고 '진정한' 타이완의 문화를 구현하는 효과적인 도구로 여겨졌다. 이들 민족주의자는 또 타이완어를 타이완 문화·타이완 민족 및 독립된 타이완 국가의 주요한 본토 언어로 간주하였다. 그 외 타이완어로 글을 쓰는 실험은 민족주의 작가와 문학 비평가의 타이완 문학에 대한 시각에도 영향을 끼쳤다. 그러나 복료화를 사용하는 민족주의자가 언어의 관점에서 타이완 문학을 새롭게 정의하는 행위는 도리어 객가어를 사용하는 민족주의자의 불만을 낳았다. 타이완 민족주의자들 사이에 언어와 문학 의제로 인해 조성된 복료인과 객가인의 긴장 관

계는 근대 민족국가(nation-state) 개념이 일깨운 민족 건립 과정에 포함된 내재적 어려움, 즉 민족 정체성과 족군 평등을 어떻게 균형 있게 조정할 것인지에 대한 난제를 보여준다.

상술한 본서 앞부분 몇 장의 분석을 통해, 타이완의 언어 문제와 문학 발전에 관한 서로 다른 관점은 모두 타이완 역사를 이해하는 방식의 차이와 밀접한 관련이 있음을 보여준다. 제6장에서 필자는 과거 정부 당국의 역사 서사에서 배제되고 억압되었던 타이완의 집단 기억이 어떻게 드러나게 되었는지 탐구할 것이다. 즉 타이완 민족주의자들이 어떻게 '타이완 사관'을 제창함으로써 이 섬의 과거 역사에 관한 주류의 주장에 도전하고, 나아가 타이완인의 민족 정체성을 재정립하였는지를 논의할 것이다. 본성 출신의 정치적 반대자들은 메이리다오 사건 이후 수난受難과 반항이라는 타이완인의 집단 기억을 구축하였고, 이는 그 후 약 10년간 반정부 운동의 수사와 상징의 기본적 경향이 되었다. 이러한 집단 기억의 구축은 1980년대 중반 이후 타이완 민족주의가 신속하게 발전하는 데에도 중요한 작용을 하였다. 타이완 독립을 주장하는 역사 연구자는 '하층 관점의 타이완 역사', 즉 '민중 관점의 타이완 역사' 쓰기를 열심히 제창하였다. 이러한 이념은 2·28 사건의 진상 규명 과정에서 구체적으로 실천되었고, 그것은 이미 타이완인의 '국족 트라우마'(national trauma)로 자리매김하게 되었다. 그 외에 원래 거의 흔적도 없이 사라진 '평포족平埔族'의 역사와 문화가 다시금 빛을 보게 된, 사람을 매료시키는 이 재발견의 경과도 본 장에서 논의한 주제이다. 갈수록 많은 타이완 민중들이 원래 사라졌다고 생각한 부락(部落)들을 인정하고 스스로를 평포족 사람과 동일시하는 것도 다족군·다문화의 타이완이라는 민족 상상을 촉진하였다.

타이완 문화 민족주의의 발흥은 반정부 운동가들이 민족주의를 동원한 결과였다. 결론인 이 장에서 필자는 이 중요한 사실의 의의를 논의할 것이다. 전 세계 민족주의 발전의 관점에서 보면, 타이완 민족주의는 역사적으로 '지각한 자[遲來者]'이고, 이러한 성격은 우리에게 깊이 생각할 만한 점이 매우 많음을 알려준다. 그 외 본 장에서는 타이완의 문화 민족주의의 발전과 성격을 이해하는 두 가지 주요 관점에 대해서도 비판할 것이다. 두 관점 중 하나는 타이완의 문화 민족주의를 '가짜 정체성'이라고 보는 것이고, 다른 한 관점은 타이완 민족주의가 발아하여 성장하길 기다리는 '땅속에 묻혀있는 씨앗'이라 여기는 것이다. 필자는 정체성 형성에 관한 이 두 견해 모두 성립될 수 없는 본질주의에 기반한 가설이라는 점을 비판할 것이다.

제2장

일본 식민 통치와
문학·언어 문제

타이완 지식인들의 타이완 문화의 특수성에 대한 명백한 설명은 제2 차 세계대전 이전 일본 식민 통치 시기로 거슬러 올라갈 수 있다. 일본 식민 당국은 타이완인에 대해 중국과의 관계를 끊고 동화시키고자 하였 다. 바로 이러한 이민족의 통치는 타이완인들로 하여금 자신의 문화 특 수성에 대해 진지하게 성찰하게 하였다. 타이완 문화의 독특한 점에 관 한 관심은 문화 엘리트들이 언어와 문학 개혁을 구상하는, 특히 '향토문 학'과 '타이완화문' 운동을 제창하는 기초가 되었다.

이번 장의 초점은 1920년대 초반과 1930년대 초반에 각각 시도한 두 단계의 언어와 문학 개혁 추진 운동이다. 그중에서도 이 두 차례 개혁의 제창자들이 식민지 타이완과 중국의 관계를 어떻게 보았느냐를 집중적 으로 검토할 것이다. 그들의 관점은 사회와 정치 변화로 인해 만들어진 문화 정체성을 내포하고 있다. 이번 장에서는 타이완인의 반식민 운동 부터 논의할 것이다. '개량주의적'인 운동과 '급진적' 저항 운동이 차례 로 실패함에 따라, 타이완에서는 식민지 생활의 진실한 모습을 파고들 것을 제창하는 문학 조류 및 타이완의 주요 언어(복료화)로 작품 활동을 할 것을 제창하는 풍조가 출현하였다. 이 장에서는 반식민 정치 운동에 종사한 사람들의 민족 정체성을 검토하고, 동시에 언어와 문학 논쟁에 뛰어든 문화 엘리트들의 민족 정체성과 서로 비교할 것이다. 일반적으로 향토문학과 타이완화문 제창자들은 대체로 타이완이 식민 통치에서 벗어날 기회가 거의 없고, 중국과 다시 긴밀한 관계를 맺는 것은 더더욱 불가능하다고 여겼다. 현지 문화의 독특성에 관한 그들의 관심은 이 섬 (타이완)을 범위로 하는 새로운 정체성이 점차 부상하고 있음을 보여준다.

1. 1920년대 일본의 식민 통치와 타이완인의 저항 운동

일본의 타이완 통치는 1895년 시작되어 1945년에 끝났다. 식민 통치 초기 20년가량은 일본의 군사적 진압이 끊임없이 타이완인의 무력 반항을 불러일으켰다. 그러나 1915년 8월 타이완 남부에서 발생한 마지막 대규모 반항이 진압된 후 무장 항쟁 운동도 막바지에 접어들었다. 1920년 근대 정치 이데올로기의 영향을 받은 서로 다른 형식의 반항 운동이 출현하였으니, 1920년대는 비무장 반식민 운동이 왕성했던 시기라고도 하겠다. 신식교육을 받은 젊은 세대는 이러한 운동 과정에 중요한 역할을 하였다.[32] 타이완에서 교육받았거나 해외에 유학한 (주로 일본 또는 중국

---

32 일부 학자들은 타이완의 비무장 반항 활동의 기원을 1914년 말 '대만동화회台灣同化會'의 성립까지 소급한다. 이 단체가 내건 목표는 종족 평등의 관념에 기초하여, 일본인과 타이완인의 화목한 관계를 촉진하자는 것이었다. 그 외에도 일본과 중국이 협력하여 백인종의 압제에 저항해야 하는데, 만약 타이완인이 '완전히 동화'된다면 협력에 유리할 것이라고 제창하였다. 이 조직은 일본의 자유파 정치인 이타가키 다이스케[板垣退助]가 발기한 것이지만, 전체 회원 3,178명 중 일본인은 44명뿐이었다. 게다가 이 조직을 지지한 타이완인은 극소수의 회원을 제외하면, 모두 전통 교육을 받은 사신仕紳들이었다. 1915년 1월 동화회

으로 감) 타이완의 젊은이들은, 처음으로 서구의 정치·사회와 문화 사조의 영향을 받은 타이완의 엘리트였는데, 많은 반식민 운동의 지도자와 추종자들이 모두 그들 중에서 나왔다(若林正丈 1987: 40). 일반적으로 우리는 그들의 서로 다른 정치 이데올로기와 운동 전술에 근거해 이 10년가량의 반식민 운동을 두 가지 유형, 즉 이른바 '개량주의'자와 '급진주의'자로 구분한다. 본서의 연구 목적에 맞추어 필자는 그들의 타이완 정체성 및 그와 연관된 이념에 특히 주목할 것이다.

이 두 그룹의 운동가들은 모두 도쿄[東京]에서 그들의 저항운동을 시작하였다.[33] 제1차 세계대전이 종결되기 이전, 도쿄에 있던 타이완 학생들은 사회·정치 문제에 그다지 관심이 없었고 스스로 일본 문화에 적응하고자 노력하였다. 그러나 일본 국내의 민주 사상·자유주의·사회주의의 발전, 일본 정부의 혁신, 미국 대통령 윌슨(Woodrow Wilson)이 제창한 민족자결 및 중국과 한국에서 발생한 민족주의 투쟁 등 하나하나가 모두 타이완 학생들의 반식민 의식을 각성시켰다(Chen 1972: 481).

(1) 개량주의적 반식민 운동

위에서 언급한 요소의 영향으로 일본에 있던 타이완 유학생들은 점

는 식민당국의 압력을 받아 해산되었다. 台灣總督府警察沿革誌(1989a[1939]: 2~17); 蔡培火 等(1971: 15~35) 참조.

33 일본이 타이완을 통치한 지 얼마 지나지 않아서부터, 중상층 타이완인 가정에서는 그들의 자제를 일본의 대도시, 특히 도쿄로 보내 공부시키기 시작했다. 1915년 약 300명의 타이완인이 도쿄에서 유학하였는데, 1922년 무렵에는 2,400명까지 늘었으며 그중 절반 이상이 전문학교 혹은 대학에 다녔다. 台灣總督府警察沿革誌(1989a[1939]: 2~17); Chen Ching~chih(1988: 35) 참조.

차 "타이완은 타이완인의 타이완이어야 한다"는 이념을 갖게 되었고, 아울러 1920년 초 '신민회新民會'가 성립되었다. 신민회는 린셴탕[林獻堂][34]·차이후이루[蔡惠如][35] 등의 자금 지원을 받은 가운데, 일군의 도쿄 타이완 유학생이 발기하여 조직하였다. 신민회는 세 가지 임무를 제시하였다. 첫째, 정치운동을 추진하여 타이완에서 개혁을 추동한다. 둘째, 기관지를 발행하여 이념을 선양하고 타이완인을 계몽한다. 셋째, 중국 친구들과 긴밀히 연계한다(台灣總督府警察沿革誌 1989a[1939]: 20~24 ; 蔡培火等 1971: 81~82). 그중 세 번째 임무가 가장 중요한 목표였으니, 바로 당시 광저우[廣州]를 기반으로 한 국민당의 지지를 구하는 것이었다. 그러나 신민회는 이와 관련해서는 거의 아무런 성과를 얻지 못했다(Chen 1972: 482). 신민회가 창간한 기관지 『대만청년台灣靑年』은 이후 『대만台灣』으로 개명하였다. 『대만』 잡지사 멤버들이 나중에 또 창간한 『대만민보台灣民報』는 1927년 8월 타이완에서 발행 허가를 받았다(1929년 『대만신민보台灣新民報』로 개명함). 이들은 줄곧 피식민자의 고통을 대신 토로하는 주요 매체가 되었다.

신민회가 이끄는 정치 활동은 1920년대 타이완 사회의 반식민 운동의 선봉이 되었다. 그들은 먼저 타이완인을 차별하는 법률적 근원인 '육삼법六三法'[36]의 철폐를 요구하였다. 아울러 그들은 일본 헌법하에서 타이

---

34 역자 주: 린셴탕(1881~1956)의 본명은 차오천[朝琛]이고 호는 관위안[灌園]이며 셴탕은 그의 자字이다. 타이완 우펑[霧峰] 임가林家 출신의 대표적 정치운동가로 일제시기 각종 사회 정치운동의 지도자로 중요한 역할을 하였다. 전후 중화민국 정부의 여러 정책에 반대했다는 이유로 압력을 받고 칩거 후, 일본으로 건너가 지내다 사망했다.

35 역자 주: 차이후이루(1881~1929)는 타이중[台中] 출신의 정치운동가이자 사업가로 일제시기 타이완 자치운동을 지지했던 주요 인물 중 한 명이다.

36 역자 주: 정식 명칭은 「台湾ニ施行スヘキ法令ニ關スル法律」로 1896년 3월 일본 제국의회가 제63호 법률로 발표하였기에 '육삼법'으로 줄여 부른다. 이 법률은 타이완총독에게 율

완인 역시 평등한 공민권을 마땅히 누려야 한다고 요구하였다. 그러나 일본 제국의회가 육삼법을 소폭 수정하여 계속 시행하기로 분명하게 밝히자 신민회는 방향을 바꾸어 타이완 의회 설립을 요구하였다. 그들은 이 타이완 의회는 공개적인 선거를 통해 선출된 의원으로 구성되어야 하며 입법과 예산 심의에 참여할 권력을 가져야만 한다고 요구하였다(蔡培火等 1971: 107~109 ; Chen 1972: 482~483 ; Tsurumi 1977: 180~187). 신민회의 식민지 입법 기관의 설립 추진은 반식민 운동이 자치운동으로 발전하였음을 상징하며, 이는 이후 15년가량 개량주의적 반식민 운동 진영의 기조가 되었다.[37] 1921년부터 1934년까지 개량주의자들은 일본 제국의회에 타이완 의회 설립 청원서를 총 15차례 제출하였지만, 아무런 효과가 없었다.

개량주의자들의 정치적 정체성, 즉 그들이 반식민 운동 과정에서 궁극적으로 무엇을 추구하였는지에 대해서는 여전히 논쟁의 여지가 있다. 일부 자치운동의 핵심 지도자들은 근 반세기 이후 그들이 일본 통치하에서 벌인 정치 활동을, "자산계급과 지식인이 지도한" 타이완 근대 민

령 제정권을 특별히 부여하여 그 관할 내에서 법률 효력을 지닌 명령을 반포할 수 있게 하였다. 이 때문에 타이완은 일본내지와 다른 법률적 지배를 받는 근거가 되었다. 원래 3년 기한이었으나 연장되다 1906년 '삼일법三一法'으로 수정되지만, 타이완총독의 '율령제정권'은 유지되었다.

37 '대만의회설치청원운동台灣議會設置請願運動'은 맨 처음 신민회가 창도하였으나 나중에는 다음과 같은 조직들이 영도하였다. 1927년 이전에는 '대만문화협회台灣文化協會'(1921년 타이완에서 성립)와 일본에 총본부를 둔 '대만의회기성동맹회台灣議會期成同盟會'(1923년 성립), 1928년 이후에는 '대만민중당台灣民衆黨'(1927년 타이완에서 성립)과 '대만지방자치연맹台灣地方自治聯盟(1930년 타이완에서 성립)이다. 이들 조직의 회원은 많이 겹치고, 또 대부분 린셴탕·차이페이휘[蔡培火]와 그 추종자들이 영도하였기 때문에, 모두 신민회와 일맥상통하는 계승자로 볼 수가 있다. 蔡培火等(1971: 196~199) ; 史明(1980[1962]: 487~492) 참조.

족주의 운동'의 주류라고 정의함으로써 1927년 이후 좌익 급진적 반식민 운동의 중요성을 약화(淡化)시켰다. 또 그들은 "타이완 민족운동의 목적은 일본의 속박에서 벗어나는 데 있었고, 조국의 품으로 돌아가길 다 같이 고대한 점은 거의 논의의 여지가 없다"라고도 하였다(蔡培火等 1971: 1). 그러나 어떤 사람들의 입장에서는 이러한 회고식 논조는 단지 당시 그들의 온건한 반식민 노선을 변명하는 구실일 뿐이었다. 예컨대 패트리샤 쓰루미(E. Patricia Tsurumi)는 자치운동의 지도자들이 여전히 일본 제국이 타이완을 계속 통치하길 바랐을 뿐 아니라, 타이완인 역시 일본 국민으로 충분히 받아들여질 수 있길 기대하였다고 보았다(Tsurumi 1980: 9). 쓰루미는 개량주의자들이 일본과 벌인 상업적 사업, 기타 관계 및 그들이 일본 교육을 흔쾌히 받아들인 점 모두가 그들이 제한된 개혁만을 요구한 것이지, 정치·경제 혹은 사회 현상을 전면 전복하려는 게 아니었음을 보여준다고 지적하였다(Tsurumi 1977: 193~195 ; 1980: 4~5).

타이완 민족운동에 대한 와카바야시 마사히로의 분류는 자주 인용되는데, 그는 이들 개량주의자를 '개량-통일'파로 귀속시켰다. 와카바야시는 개량주의자들의 궁극적인 목표는 "조국으로 회귀"이며, 그들은 식민 정권에 대한 장기적이고 온건한 반항 투쟁 과정에서 "좋은 기회를 기다리고" 있었다고 보았다(若林正丈 1987: 41~46). 당연하지만 우리가 일본 경찰의 엄중한 감시하에서 개량주의자들이 변함없이 타이완과 중국의 재결합을 추구하는 어떤 시도를 보였어야한다고 생각한다면, 아마도 정치에 대해 너무나 천진하고 무지하다고 해야 할 것이다. 그러나 급진 좌경적 반식민 운동에 비해 미래의 중국과 해방 후의 타이완이라는 양자

관계에 대한 개량주의자의 전망은 여전히 매우 불분명하였다.[38] 이 때문에 "시기를 기다리는" 개량주의자들의 경향이 타이완과 중국 관계에 대한 모호한 태도로 보인 근본 원인이라는 견해는 비교적 타당할 것이다.

개량주의자들이 제시한 "타이완은 타이완인의 타이완이어야 한다"는 이념은 근대 이데올로기의 사조, 특히 윌슨의 자유민주와 자결에 관한 이상주의 및 '생존 경쟁' 속에서 "적자만이 생존한다"는 생물진화 관념의 영향을 받은 것이었다. 이들 사조의 영향으로 그들은 타이완인을 '한민족漢民族' 중 낙후된 한 갈래로서, 격렬한 종족 경쟁 중에 살아남을 수 없을 것이라고 생각하였다. 19세기 말 이래 종족의 등급 차이와 적자생존에 관한 관념은 이미 전 세계 각지에서 유행하고 있었다(Bowler 1993: 59). 윌슨의 이념의 영향을 받아 어느 정도 정치의식이 생긴 도쿄의 타이완 유학생은 타이완의 분명한 '낙후'성을 자각하면서 초조감을 느끼기 시작하였다. 개량주의자의 입장에서는, 한민족의 원래 고향인 중국은 일찍

---

38 다음에 인용하는 일본 경찰의 타이완 의회 설립 청원 운동자의 정치적 입장에 대한 보고서는 개량주의자들의 "시기를 기다리는" 태도를 설명하는 데 사용될 수 있다.

"현재 이 운동에 종사하는 사람 중 간부로 볼 수 있는 자는 비교적 온건해 본도本島의 즉각적인 독립과 중국[支那]으로의 복귀를 기도하지는 않지만, 지금의 총독 통치에 대한 불만이 있다. 그 근본적인 개선은 본도인 스스로가 아니면 기대할 수 없다고 여기고 있으니, 최소한 식민지 자치를 요구하는 점에서는 서로가 같다. 다만 여기서 주의해야 할 것은 그들 중 다수가 중국에 대한 관념을 행동의 중추로 삼지만, 그 견해 차이에 따라 사상과 운동 경향에 차이가 있다는 점이다. …… 그중 하나는 중국의 장래에 대해 매우 큰 기대를 하고 있다. 중국이 머지않아 국정을 회복하고 동시에 세계로 웅비하게 되면 반드시 타이완을 회수할 수 있을 것으로 생각한다. 이런 견해에 기반하여 이 시기가 오기 전까지 민족적 특성을 잃어서는 안 되고, 실력을 배양하여 이 시기의 도래를 기다려야 한다고 고집한다. …… 상대적으로 다른 하나는 중국의 장래에 대한 기대가 별로 없이 본도인의 독립과 생존을 중시하여, 설령 중국에 복귀하더라도 만약 지금보다 더 가혹한 통치를 받으면 얻을 게 없다고 생각한다. …… 하지만 이들도 단지 중국의 현상에 실망해 이러한 생각을 품고 있지만, 언젠가 중국이 융성해지면 틀림없이 전자와 같은 견해로 돌아갈 거라는 점은 상상하기 어렵지 않다."(台灣總督府警察沿革誌 1989b[1939]: 13~14)

이 1912년 쑨원이 만주족의 청나라를 전복시킨 국민혁명을 영도하면서 정치와 문화적 곤경이라는 도전과 진지하게 마주하였다. 그리고 1919년 5·4운동 때는 대학생과 지식인들이 국가의 전통적 도덕과 사회질서를 규탄하고 '과학'과 '민주'의 새로운 문화 건립을 호소하였다.[39] 이 때문에 개량주의자들은 대체로 한민족의 하나인 타이완인은 문화적으로 여전히 '진보'적인 중국인보다 낙후되었다고 생각했다. 따라서 '문화 계몽'이 피식민자의 정치의식을 제고시키고 민중을 동원하여 자치운동을 지지하게 하는 가장 효과적인 방법이라고 여겨졌다. 개량주의자들은 사회 대중의 계몽을 목표로 연설과 토론회, 영화 상영, 아주 많은 부녀 동아리와 청년 동아리 등 다양한 민중 활동을 기획하였다. 개량주의자의 관점에서 보면 타이완 문화의 특수한 점은 바로 자체의 '낙후'성에 있었고, 이는 중국의 문화 발전과 비교했을 때 더욱 명백하였다.

(2) 급진적 반식민 운동

20세기 초 사회주의가 세계를 휩쓸었다. 이 때문에 식민지 타이완의 급진·좌파적 반식민운동자들 역시 정도의 차이는 있지만 모두 사회주의의 영향을 받았다고 할 수 있다. 앞서 설명한 개량주의자들의 주요 관심은 한민족의 한 갈래에 속하지만, 도리어 일본의 통치를 받는 "계몽되지 않은" 타이완인이 자치를 획득할 수 있느냐에 있었다. 이에 반해 급진적 반식민 운동자들은 피식민지인들에 대한 사회주의의 전형적인 논평을 원용하여 타이완인을 '약소민족'의 하나로 간주하면서, 식민 통치로부터

---

39   5·4운동의 성격에 대한 간단한 논의는 본서 제3장의 각주 11을 참조.

타이완인의 완전한 해방을 기도하였다. 그들은 자치운동에 반대하면서 이런 비굴한 행위는 엄격한 식민 정권하에서 공연한 헛수고일 뿐이라고 비판하였다. 이 때문에 대체로 타이완의 정치적 독립을 추구하는 것이 급진적 반식민 운동의 가장 중요한 목표가 되었다.

급진 단체의 정치 행동은 기본적으로 개량주의자의 활동보다 더욱 추적하기가 어렵다. 일본 경찰의 탄압을 피하고자 급진파 사람들은 반드시 비밀리에 행동해야 했기 때문이다. 일찍이 1920년대 초 사회주의는 일부 도쿄의 타이완 유학생을 끌어들였다. 그러나 좌파의 조직 활동은 1927년에 와서야 활발해지기 시작하였다. 당시 일군의 젊은 운동가들은 '대만청년회' 안에 사회과학연구부를 조직하였는데, 이 대만청년회는 신민회 창건 직후 성립된 신민회의 부속 단체였다. 레닌의 세계 공산주의 혁명과 식민지 반제국주의 투쟁에 관한 이념의 영향을 받아, 도쿄에 있던 타이완 좌파 운동가들은 반식민 운동을 '전 세계 피압박 민족의 해방운동'의 일환이라고 여겼고, 이 때문에 압박 받는 민족은 제국주의에 저항하는 '통일된 공동전선'을 결성해야 한다고 굳게 믿었다(台灣總督府警察沿革誌 1989a[1939]: 45). 사회과학연구회는 "중국 국민당 및 조선인 무산계급과의 연락"을 시도하였지만, 개량주의인 신민회와 마찬가지로 성과는 거의 없었다(台灣總督府警察沿革誌 1989b[1939]: 40).

이 시기 중국의 지식계와 정치계에서는 중국 현지에 유학중이던 타이완 학생들을 격려하는 분위기가 나타났다. 러시아의 볼셰비키 혁명은 도덕 타락·정치 동요·경제 악화에 고뇌하던 중국의 젊은 급진적 지식인들에게 상당한 자극을 주었다. 1919년 획기적인 5·4운동이 발생하기 전부터 일부 신문과 잡지에서는 이미 마르크스주의를 소개하기 시작했을 뿐 아니라, 러시아의 볼셰비키 혁명을 보도하고 있었다. 1921년 중국

공산당이 창당되고 1924년 국민당과 공산당의 합작이 이루어짐으로써 1924년부터 1927년경까지 도시 지식인 사이에서 마르크스주의가 급속하게 퍼져나갔다. 레닌주의의 제국주의에 대한 이해와 서방 세계에 대한 견해는 점차 중국 공산당과 가까운 사람들에게 널리 수용되었을 뿐 아니라, 심지어 국민당에 우호적인 지식인과 정치인들도 보편적으로 수용하였다(Schwartz 1983: 445~446).

바로 상술한 1919년 이후 중국 지식계와 정치계의 분위기는 중국에 있던 타이완 유학생들이 반식민 운동을 추동하는 데 영향과 자극을 주었다.[40] 1922년부터 베이징[北京]·난징[南京]·상하이[上海]·샤먼[廈門]·광저우 등지에서 적지 않은 반일 타이완 학생 조직이 생겨났다. 이들 조직의 모든 성원들이 공산주의를 믿었다고 단언하기는 어렵지만, 레닌주의의 세계 공산혁명과 식민지 반제 투쟁에 관한 신조는 중국 국민혁명과 타이완의 반식민 운동 간의 관계에 대한 학생들의 인식에 강력한 영향을 미쳤다.

전술한 이들 운동 단체들의 가장 주요한 공동 목표는 중국의 도움, 특히 광둥 국민당 정부의 지원을 얻는 것이었다. 일반적으로 그들은 타이완의 자치운동을 반대하고, 타이완 의회설치청원운동台灣議會設置請願運動은 식민 통치하에서 타이완인이 처한 열악한 상태를 잠시 완화하는 미봉책에 불과한 것이라고 생각하였다. 이러한 급진적 학생들은 약소민족으로서 타이완인은 반드시 일본의 압제로부터 완전히 해방되어야 한다

---

40 1919년 이후, 중국에서 우후죽순처럼 생겨난 새로운 학교와 대학은 비교적 학비가 저렴하고 입학 절차가 상대적으로 쉬웠기 때문에, 해외 유학을 희망하는 타이완인을 많이 끌어들였다. 대만총독부 자료에 따르면 1919년 9명에 불과했던 중국 유학 타이완인은 1921년에 벌써 273명으로 증가하였다고 한다. Tsurumi(1980: 6) 참조.

고 생각했다. 이 목표를 실현하기 위해서 두 가지 측면에서 중국의 지지는 특히 중요하게 보였다. 첫째, 일본이 1894~1895년 갑오전쟁에서 청 제국을 패퇴시킨 이래 끊임없이 중국의 영토를 침략하였기 때문에, 일본은 타이완과 중국의 공동의 적이라는 점이다. 타이완 유학생들이 조직한 반식민 단체는 중국 내의 강렬한 반일 정서를 잘 이용하여 원조를 얻고자 하였다. 이런 생각은 강대한 중국이 타이완인을 압박에서 벗어나게 도울 수 있을 것이라는 가설을 전제로 한 것이었다.

반식민의 타이완인이 중국의 협조를 호소한 두 번째 이유는 민족 정체성과 관련이 있었다. 그들은 한편으로 타이완인을 현재 식민지배에 고통 받으며 해방을 갈망하는 한민족 혹은 '중화 민족'의 일원으로 묘사하였다. 다른 한편 그들은 또 '타이완 민족'과 중화 민족을 함께 거론하면서 타이완 민족을 동방의 식민 지배를 받는 인민, 예컨대 조선인·필리핀인·인도인과 같은 부류로 분류하였다. 그래서 타이완인은 중국인과서로 같은 혈연과 문화 배경을 공유하지만, 마치 두 개의 다른 민족인 것처럼 되었다. 하지만 이는 이해하기 어렵지 않으니, 급진적 반식민 운동가들이 자신의 한민족 혹은 중화 민족 신분으로 중국의 지지를 쟁취하려 함과 동시에 타이완 민족을 중국 민족과 병렬하는 방식은, 레닌의 마르크스주의와 윌슨의 자결 이념의 영향을 받았음을 뚜렷하게 보여준다. 일반적으로 타이완 유학생이 중국에서 조직한 반식민단체들에서는 타이완인과 중국인을 두 개의 다른 '민족'으로 여기는 사례를 흔히 볼 수 있다. 대다수 단체들은 반식민 운동에 대한 중국의 지지를 호소하면서도, 장래 타이완의 정치적 자주권도 어느 정도 강조하였던 것이다.[41]

---

41 난징의 '중대동지회中台同志會'가 1926년 발행한 소책자는, 장래 타이완과 중국 관계에 대한 타이완 학생의 반식민 단체의 견해를 잘 대변한다고 할 수 있다. 이 소책자에는 다음과

사실 급진 운동가들이 타이완인을 독특한 민족이라 여기는 견해와 민족 해방운동에 대한 그들의 인식은, 중국국민당과 중국공산당이 피식민 '약소민족'을 대하는 방식 및 조선과 타이완에 대한 양당의 정책적 주장과 충돌 없이 일치하는 것이었다. Hsiao와 Sullivan의 연구에 따르면, 1943년 카이로 회담 이후에야 중국 공산당은 타이완을 중국 영토에서 분리할 수 없는 일부로 여기기 시작했고, 이 때문에 타이완 인민이 조금

같이 적혀있다.

"타이완은 유사 이래 자기도 모르는 사이에 중국 대륙과 밀접한 관계를 맺어왔기 때문에, 두 지역의 경제·정치·문화는 모두 자연스럽게 하나의 계통을 형성하였다. 이런 까닭으로 두 지역은 이제 분리할 수 없는 형세가 되었다. 이것이 바로 타이완과 중국의 자연스런 관계이다.

장래 중국과 타이완의 관계에 대해 우리는 한 가지 원칙만 확정하면 된다. 즉 "중국은 장래 타이완을 식민지로 삼는 제국주의 정책을 채택하지 않는다"는 것이다. 이 원칙에 근거하여 중국과 타이완의 미래 관계를 정할 수 있다. 타이완 해방 성공 이후, 타이완이 얻을 권리 중 하나가 바로 자결권이다.

자결권의 의미는 바로 타이완을 경제적·정치적 측면에서 하나의 독립된 자유로운 나라로 만든다는 것이다. 바꾸어 말하면 사실상 타이완의 독립과 같은 것이다. 만약 기타 여러 가지 원인으로 양 지역의 민중이 중국과 타이완의 연방 구성이 적절하다고 판단하거나 또는 합병할 가능성이 있다고 여길 때, 그 취사 선택은 타이완 전체 민중의 자유로운 결정에 따라 정해져야 한다. 이 원칙은 장차 우리가 변함없이 지켜야 할 것이다.

타이완 해방운동의 과정에서, 중국은 그 처한 지위 때문에 타이완에 충분한 원조를 해야 한다. 이와 동시에 타이완 민중은 타이완의 자유와 광명을 추구하기 위해 반드시 타이완의 자결을 요구해야 한다. 다만 그것은 반드시 타이완 자신의 자발적인 요구에서 나온 것이어야 한다. 다시 말해 중국이 비록 타이완 해방운동의 후원자가 되더라도, 타이완 민중은 완전히 의지하는 마음을 버려야 한다. 먼저 자발적이고 광대한 운동이 필요하며, 동시에 중국의 국민혁명에 주목해야 한다. 그것이 직간접적으로 동아시아 여러 약소민족의 해방에 적지 않은 영향을 미치기 때문이다. 따라서 타이완 민중은 중국의 국민혁명을 중국의 국내 문제로만 여기지 말고, 우리와 매우 밀접한 관계가 있는 조건으로 대하길 희망한다. 이를 위해, 중국 국민혁명 과정에서 타이완 민중이 마땅히 각 방면에서 있는 힘을 다해 협조하길 희망한다."(台灣總督府警察沿革誌 1989a[1939]: 150)

이와 다른 정치적 입장을 가진 조직으로서 '광동대만혁명청년회廣東台灣革命靑年會'가 있었는데, 그들은 쑨중산의 삼민주의를 옹호하면서 "타이완 민족은 중국 민족이고, 타이완의 토지는 중국의 토지다!"라고 선양하였다. 아울러 조국의 '타이완 수복'을 요구하였다. 台灣總督府警察沿革誌(1989a[1939]: 163, 167) 참조.

이라도 가능한 정치적 주권을 갖는 것을 부정하였다. 카이로 회담에서 중국은 타이완과 둥베이[東北] 4개성의 중국 반환 및 '적당한 시기' 조선의 독립을 요구하였고, 미국 대통령 루스벨트와 영국 수상 처칠은 이에 동의하였다.[42] Hsiao와 Sullivan은 1943년 이전 중국 공산당 지도자는 줄곧 타이완인을 특수한 '민족'으로 인식했음을 지적하였다. 또한 중국 공산당 지도자는 타이완의 민족 해방운동은 중국 혁명과는 다른 '약소민족'의 투쟁이며, 미래에 그들 자신의 정치적 주권을 가질 수 있을 것이라고도 생각하였다. 그 외 1943년 이전에는 쑨중산과 장제스조차도 타이완은 중국의 일개 변경에 불과하고 문화와 정치면에서 중국의 다른 지역과 다르기 때문에, 마땅히 모종의 정치적 독립성을 지녀야 한다고 생각하였다(Hsiao and Sullivan 1979: 446, 462~464).

타이완의 정치적 독립과 자주를 제창하는 데 특히 애썼던 급진적 반식민 단체인 타이완 공산당은 1928년 4월 상하이에서 일군의 지식인에 의해 성립되었다. 타이완 공산당은 코민테른의 명령에 따라 '일본 공산당 (타이완) 민족 지부' 명의로 설립되었고 중국 공산당의 지지를 받았다. 그들이 1928년 당의 '정치 강령[大綱]'에서 제시한 "일본 제국주의를 타도하자!", "타이완 공화국을 건립하자!", "타이완 민중의 독립 만세!" 등과 같은 구호는 모두 그들의 정치적 목표를 분명하게 표명하고 있다 (Hsiao and Sullivan 1979: 455 ; 1983: 270~271 ; 盧修一 1989: 67~70 ; 台灣總督府警察沿革誌 1989c[1939]: 35).

간단히 말해 민족 정체성이란 점에서 개량주의자들은 타이완인을 한 민족의 일부라고 생각하였다. 그들의 입장에서 타이완 문화 중 한漢/중

---

42 본서 제1장의 각주 7)을 참조.

국 문화와 다른 부분은 그 자체의 '낙후성'에서 기인한 것이었다. 타이완 문화가 지방 특색을 띠고 있다 할지라도 한/중국 문화와 본질적으로 전혀 차이가 없다고 보았다. 반면, 절대다수의 급진적 반식민 운동가들은 타이완을 중화민족과 다른 약소민족이라고 여겼다. 물론 개량주의자들과 급진 반식민 운동가들은 다소 다른 점이 있다 할지라도, 양자는 모두 타이완 문화의 독특한 점을 언급하지 않았을 뿐 아니라 문화의 특수성을 내세워 그들의 정치 행동을 정당화하지도 않았다. 그러나 타이완 문화의 특수성은 1930년대 초 문학 발전과 언어 개혁에 관한 논쟁의 주요한 초점이 되었으니, 당시는 타이완에서 반식민 저항이 이미 식민당국에 의해 거의 다 진압된 상황이었다. 문학 발전과 언어 개혁에 관한 두 논쟁은 사실 동전의 양면이었다. 그중 하나는 중요한 지식 활동인 문학이 어떻게 타이완 문화의 특수성을 드러낼 수 있느냐에 대한 것이었고, 다른 논쟁의 초점은 타이완 문화의 특수성을 표현할 문학 창작에 대체 어떤 언어 도구를 사용해야 하느냐는 것이었다. 이 두 논쟁은 모두 타이완 문화 엘리트들이 외래 정권의 통치를 받으며 생산해 낸 정체성의 곤경을 반영한 것이었다. 이 두 논쟁을 깊이 있게 검토하기 위해서는 먼저 식민지 시기 타이완인들이 처했던 일반적인 언어 상황을 이해할 필요가 있다.

2. 일본의 식민지 언어 동화

식민 통치의 동화정책에서 교육은 핵심적인 역할을 하였다. 식민 당국의 입장에서 교육은 '국어'인 일본어 과정課程을 통해 피식민자를 일본화하는 것을 의미하였다. 식민 당국은 일어 사용을 동화의 기초로 여겼다. 일본이 타이완을 점령한 지 3년째인 1898년, 이미 16곳의 국어전습소國語傳習所(일본어 학교)와 36곳의 분교장分敎場이 운영되고 있었다. 그러나 곧 타이완 아동들만 수용하는 정규 초등학교, 즉 '공학교公學校'가 이들 기구를 대체하였다. 1898년 공포된 '대만공학교규칙' 제1조는 이 체제의 양대 목표를 첫째, 타이완 아동들이 국어에 정통할 수 있게 하고, 둘째, 도덕과 실용 학문을 가르쳐 일본 국민의 소질을 배양한다고 설명하였다. 실제 일어로 수업하는 시간이 총 수업 시수 중 70%를 차지하였기 때문에 공학교는 일어 보급을 위한 가장 중요한 제도였다(Tsurumi 1977: 18 ; 吳文星 1992: 310).

그렇지만 식민 당국이 집행한 언어 정책의 성과는 기대에 미치지 못하였다. 심각한 무단결석 문제 외에도 타이완 학령인구의 취학률이 장기간 매우 낮은 수준에 머물렀기 때문이다. 1919년 공학교 교육을 마친 사람은 전체 인구의 겨우 1.51%에 불과했다(吳文星 1992: 317). 1920년에도 2.86%의 타이완인만이 일상생활에서 일어를 이해하고 말할 수 있었다(周婉窈 1995: 119). 1910년대부터 1920년대까지 식민 당국은 타이완인들이 민간에서 각종 일어 보급회를 조직할 것을 독려했지만 언어의 동화 정도는 여전히 제한적이었다(吳文星 1992: 323~330).

1920년대 말 식민 당국은 일어 교육을 적극적으로 추진하기 시작하였다. 이는 타이완 내외의 정치적 변화와 밀접한 관계가 있었다. 한편으로 비록 일본 제국 내부에서 자유주의 성향의 개혁이 식민지에 대한 지배를 다소 느슨하게 하였지만, 이는 단지 1920년대뿐이었다. 1930년대에 접어들면서 일본 국내의 사회·경제적 상황이 혼란해지고 국외 정세도 동요하였는데, 특히 동아시아가 더욱 그러하였다. 이러한 상황이 모두 일본 및 그 식민지가 권위주의 독재체제로 나아가게 하였고, 군인이 정책에 영향을 미칠 수 있는 권력을 다시 장악하게 하였다(Peattie 1984: 21~22).

다른 한편 군국주의의 부흥으로 타이완 내부의 반식민 운동, 특히 급진 좌익노선도 1931년 말쯤이면 거의 모두 진압되고 말았다. 1920년대 초부터 타이완의 일부 젊은 지식인들은 일본과 중국의 공산주의와 무정부주의의 영향을 받아 공산주의자 혹은 무정부주의자가 되었다. 1920년대 후반에는 일부 급진적 반식민 단체가 나타나기 시작했지만, 1931년 말 이러한 단체는 모두 와해되고 말았다.[43] 반면 개량주의자들이 영도하는 '대만지방자치연맹台灣地方自治聯盟'은 중일전쟁이 발발한 1937년까지 계속 활동하였다. 하지만 이 연맹은 타이완 의회의 설치와 지방 자치체제 개혁을 추진하는 데에만 애썼고, 그들이 취한 합법적인 수단은 매우 무기력하였다(Chen 1972: 493).

1920년대 말 이후 엄격한 통제 정책의 일환으로 식민 당국은 더욱 적극적으로 일어 교육 사업을 추진하였다. 식민 당국의 지방 정부는 여러 형태의 국어보급회를 설립하고 각종 일어 학습 운동을 전개하였다. 이외에도 당국은 규정을 반포하여 정부 기관·은행·회사 등 공공장소에서

---

43 1927년 일군의 젊은 공산주의자들은 애초 개량주의적 반식민 운동가들이 창설하고 이끌던 대만문화협회의 주도권을 획득하였다. 동시에 공산주의자들은 한창 성장 중이던 농민운동·노동운동과 긴밀한 연계를 맺고, 또 이들 운동 관련 조직을 주도하였다. 그러나 1929년 초 이후 저항운동에 대한 일제의 탄압이 갈수록 가혹해졌다. 이해 2월 전 타이완의 농민조직, 즉 '농민조합'의 회원 수백 명이 체포되었다(台灣總督府警察沿革誌 1989c[1939]: 279). 1931년 2월에는 식민 당국은 급진 노선으로 전환한 대만민중당의 해산을 명령했다(台灣總督府警察沿革誌 1989b[1939]: 262~263). 같은 해 6월 이후 대만공산당의 거의 모든 당원도 체포·수감되었다(台灣總督府警察沿革誌(1989c[1939]: 192~195). 이에 따라 대만공산당과 관계가 밀접하였던 대만문화협회도 와해되고 말았다. 台灣總督府警察沿革誌(1989a[1939]: 392~393) 참조.

타이완어의 사용을 금지하고, 또 이런 기구에서는 일어에 능통한 사람만을 고용할 수 있도록 하였다. 더욱 중요한 것은 1931년 식민 당국이 각종 지방 행정 단위마다 국어강습소國語講習所의 설립을 정식으로 명령하였다는 점이다. 이러한 정규 학교의 보조 기구는 12세에서 25세 사이의 미취학 민중을 대상으로 하였다.[44] 식민 당국의 공식 기재에 따르면, 1937년 일어를 '이해'할 수 있는 타이완인이 이미 1,934,000명, 혹은 총인구의 37.86%에 달했다(吳文星 1992: 353~359).[45] 1920년 일상 생활에서 일어를 이해하거나 사용하는 인구 비율(20%)과 비교하면 그 성장 폭은 확실히 뚜렷하였다. 이러한 변화는 주로 1931년 이후 많이 설립된 국어강습소 때문이었다.

하지만 주의할 것은 일어 교육의 성과를 높게 평가할 수는 없다는 점이다. 먼저 일어를 '이해'할 수 있는 범주에 포함된 많은 타이완인, 특히 국어강습소를 다녔던 사람들이 실제로는 여전히 일어를 구사하지 못했다(周婉窈 1994: 131 ; 1995: 121). 다른 한편 일어가 결코 타이완어를 대신해 일상 생활에서 소통하는 주요 수단이 된 적이 없었다. 피식민자에게 일어는 줄곧 주로 공공 영역의 언어였을 뿐이다. 황민화 운동 이전의 식민지 언어 교육은 기껏해야 일부 타이완인을 이중 언어 사용자로 만들었을 뿐이었다(周婉窈 1995: 122~124).

---

44 이 연령층의 타이완 젊은이들은 강습소에서 무료로 일어를 배울 수 있었는데, 학습 기간은 1년에서 4년까지 같지 않았다. 식민 당국이 급진적인 일본화 운동, 즉 중일전쟁 기간 전시 동원의 핵심 부분이었던 '황민화 운동'을 가일층 추진하기 이전인 1937년 4월 총 2,812 개의 국어강습소와 185,590명의 학생이 있었다. 그 외에도 연령 제한이 없고 학습 기간도 대폭 단축된 간이 강습소 1,555개소에 77,781명의 타이완인이 다니고 있었다. 吳文星 (1992: 353~359).

45 이는 타이완인 가운데 공학교 교육을 받았거나 국어강습소에서 배웠던 사람 및 공학교와 강습소에 다니고 있는 학생들을 포함한 수치이다.

3. 식민지 타이완의 문학과 언어 개혁

1930년대 초 타이완의 문화 엘리트 사회에 문학의 발전과 언어 개혁에 관한 논쟁이 벌어졌는데, 당시는 마침 일본인이 식민지에 대한 통제를 더욱 강화하던 시기였다. 개량주의 또는 급진주의를 막론하고 반식민 운동의 앞날은 매우 암담한 상황이었다. 동시에 식민 당국은 이전에 비해 더 적극적으로 타이완인에게 일어를 주입하였다. 이 때문에 개량주의자들의 "기회를 기다린다"는 생각으로 상징되는 한민족 정체성도 심각한 위협을 받았다. 한때 흡인력을 가졌던 '진보적' 중국은 갈수록 아득히 멀어져 갔다. 공산주의자들이 탄압을 받으면서 '타이완 민족'의 이념도 점차 사라졌다. 이러한 상황 속에서 여전히 반식민 의식을 품고 문학 발전과 언어 개혁 논쟁에 참여한 타이완 지식인의 입장에서는 타이완의 특수한 사회·정치·문화 현실의 모습은 오히려 이전보다 더욱 뚜렷하게 떠올랐다. 고압적인 정치 분위기 속에서 타이완 문화의 특수성, 특히 타이완 문화를 중국 문화생활과 비교했을 때의 독특한 점에 대한 그들의 진지한 관심이 대두하기 시작하였다. 이러한 관심이 상징하는 모종의 독특한 정체성은 1930년대 초반의 이 두 방면의 논쟁을 1920년대 초반의 타이완 문학과 언어 개혁에 관한 토론과 매우 다르게 만들었다.

(1) 1920년대: 백화문학과 중국 국어

일찍이 도쿄에서 반식민의 정치운동을 전개할 때부터 타이완 지식인들은 언어와 문학 문제에 관심을 갖기 시작했다. 신민회의 기관지『대만청년』 창간호에는 천신[陳炘](1893~1947)[46]이 쓴 「문학과 임무[文學與職務]」 (1920)라는 글이 게재되었다.[47] 그 논점은 아래와 같이 요약할 수 있다. 첫째, 문학은 '문화의 선구'이며 문학의 발전은 민족 흥망의 지표이다. 문학의 임무는 "문화를 계발하고 민족을 흥성하게 하는", 즉 "문명 사상을 전파하여 우매함을 각성시키고 인도적 감정을 고취하여 사회 혁신을 촉진하는 것을 자기 임무로 삼는"데 있다. 둘째, 현재 심오하여 이해하기 어려운 고전 문언문으로 쓰인 문학 작품은 진작에 그 신성한 문학 정신과 기능을 상실하였다. 셋째, 타이완의 작가도 마땅히 중국의 백화문학 운동과 마찬가지로 '어문일치', 즉 서면어와 구어의 일치성을 추구해야 한다. 문학이 가져야 하는 기능에 대한 천신의 관념은, 개량주의자들이 타이완인은 한민족 중 식민 통치를 받는 '낙후'한 한 갈래라고 생각하는 견해와 상당히 일치한다. 그는 문학을 더 정확히 말하면 백화문학을 대중의 계몽과 사회 개혁을 실현하는 수단으로 간주하였는데, 이러한 이념 또한 개량주의자들이 타이완 문화를 향상시키려는 생각과도 매우 유사하였다.

46　역자 주: 천신은 타이중 출신으로 1922년 게이오[慶應]대학을 졸업하고 1925년 컬럼비아 대학에서 경제학 박사를 받았다. 일제시대와 전후 초기 금융업에 종사하여 타이완의 민족 자본을 대변하였고, 현대 금융 체계의 기초를 닦은 인물로 평가된다. 2·28 사건 당시 반란 수괴라는 죄명으로 처형당했다.

47　천신의 전기에 관해서는 李筱峰(1996)을 참조.

<그림 2-1> 천신이 『대만청년』 창간호에 발표한 「문학과 임무」 (원서 91쪽)

그 외 천신이 고전 문언문으로 쓰인 문학을 비난하고 백화문학을 제창한 까닭은 중국 신문학 운동의 자극을 받았기 때문이었다. 1917년 초 후스[胡適](1891~1962)와 천두슈[陳獨秀](1879~1942)를 대표로 하는 중국의 새로운 세대의 지식인 영도자들은 한차례의 '문학혁명'을 추동하였다. 그들의 가장 중요한 목표는 바로 문언문의 글쓰기 방식을 버리고 북경말을 기반으로 하는 백화문으로 대체하는 데 있었으니, 당시 북경말은 이미 중국의 '국어'로 점차 받아들여지고 있었다. 후스는 더욱이 고전적인 '문언 문학'은 이미 죽었다고 공개적으로 선언하며 '국어의 문학, 문학의 국어'를 촉구하였다. 1919년 5·4운동 이후 신문학 운동은 더욱 신속하고 광범위하게 전파되어 중국 전역에서 백화문이 더욱 일반화되었다. 이 때문에 1921년 전후 교육부는 앞으로 초등학교 교과서는 백화를 사용할 것을 명령하였고, 이 정책은 또한 많은 중등학교와 고등학부에서 채택되었다. 그래서 백화문은 정부 당국과 민간에서 광범위하게 인

정받는 '국어'가 되었다(Chow 1960: 271~279). 중국 신문학 운동의 성과는 천신에게 깊은 인상을 주었다. 하지만 천신은 글쓰기와 구어를 일치시 킨다는 원칙과 관련하여 타이완이 갖고 있는 어려움, 즉 타이완의 주요 현지 언어인 타이완어는 자체 글쓰기 체계가 없을 뿐 아니라 전통 한자 로 완전히 표기할 방법도 없다는 점을 지적하였다.

종합하면 천신의 논점은 1920년대 초반 타이완에서 공개적으로 논 의할 문학 개혁의 방향을 미리 보여주었다. 그러나 그의 이 개척성 문 장은 그다지 주목받지 못했다. 이 시기 진행된 논의의 초점은 모두 언 어 문제를 둘러싼 것들이었다. 논의에 참여한 사람들로서는 문학 개혁 은 주로 문학을 표현하는 언어 수단의 개조를 의미하였다. 즉 백화문을 사용하여 대중을 계몽하는 것이 타이완 사회 혁신의 중요 과제였다. 그 러나 천신이 타이완어 글쓰기의 곤란함을 지적했던 대로 논쟁에 참여 한 인사들도 "어떤 백화문으로 글을 써야만 하는지"와 "어떻게 써야 하 는지" 등의 문제에 봉착하였다. 이에 관해 개량주의 경향의 황청충[黃呈 聰](1886~1963)[48]과 황차오친[黃朝琴](1897~1972)[49] 같은 지식인은 타이완의 언어가 아니라면 중국의 백화문이 가장 적합한 선택이라고 생각하였다. 하지만 그들도 현지 언어의 성분을 수용한 '절충'적 중국 백화문을 받아 들이고자 하였다(黃朝琴 1979[1923] ; 黃呈聰 1979[1923]). 이러한 관점은 한문

---

48 역자 주: 황청충은 장화[彰化] 출신의 와세다대학을 졸업한 사회운동가로 『대만민보』와 『대만신민보』에서 근무하였다.

49 역자 주: 황차오친은 자이[嘉義] 출신으로 와세다대학 재학 중 『대만민보』를 창간하였고, 이후 미국에서 국제법을 공부한 뒤 난징 국민정부 외교부에서 근무한 대표적인 '반산半 山'(일제시대 중국 대륙에 건너가 살다가 전후 타이완에 돌아온 타이완인을 말하는데 그중 많은 이가 국민당 당원임) 정치인이다. 전후 초기 타이완성 의회의 의장을 20년 가까이 지 내기도 했다.

화/중국 문화에 대한 그들의 강렬한 정체성과 일어로의 동화 현상에 대한 저항을 충분히 반영하고 있다. 개량주의자들이 펴낸 『대만민보』는 1923년 창간 이후 문언문이나 일어가 아닌 중국 백화문을 바로 사용하였는데, 이는 타이완의 언어 개혁과 대중 계몽에 대한 그들의 생각을 잘 보여준다. 피식민자를 대신해 속마음을 토로하는 유일한 매체로서 이 간행물은 문학과 언어 변혁을 추진하는 토론의 장으로 빠르게 변하였다.

백화문 제창은 장워쥔[張我軍](1902~1955)[50]이 타이완의 문학 개혁을 고취할 때 최고조에 달했다. 1924년 4월 베이징에서 공부하고 있던 장워쥔은 문언으로 작성된 타이완의 고전 문학, 특히 시 작품에 대한 일련의 비판을 발표하였다. 이 22세의 후스 숭배자는 『대만민보』에 일련의 글을 실어 후스의 문학 개혁 관념을 소개하고, 중국 백화문 운동이 거둔 찬탄할 만한 성과들을 열거하였다. 장워쥔이 생각하기에, 타이완 문학은 중국 문학의 한 지류이므로 반드시 중국 문학의 발전 방향을 따라 나아가야 하는 것이었다. 장워쥔은 중국의 신문학과 비교했을 때 타이완 문학은 중국 전통 문학의 "시든 풀숲 속 낡은 궁전[敗草欄中的破舊殿堂]"이라고 보았다. 후스의 "국어의 문학, 문학의 국어" 구호에서 시사를 받은 장워쥔은 "백화 문학의 건설과 타이완 언어의 개조"라는 타이완 신문학 운동의 두 가지 임무를 제출하였다. 그는 '백화문'이란 바로 중국의 국어 문장이라고 분명히 지적하였다. 그는 "각지의 방언 조직과 국어는 차이가 크지 않기" 때문에 교육을 받은 보통 사람이라면, 설혹 중국 국어를 말할

---

50 역자 주: 본명은 장칭룽[張淸榮]이다. 타이베이 출신으로 베이징에서 공부하고 타이완에 돌아와 『대만민보』 편집을 잠시 맡았다. 그 후 다시 베이징에 가서 북경사범대학을 졸업하고 북경대학에서 일어 강사를 지냈으며 중일전쟁 시기에는 북경대학 문학원文學院 교수로 근무했다. 유명한 고고학자인 장광즈[張光直]의 아버지이기도 하다.

수는 없을지라도 중국 국어는 쉽게 읽고 쓸 수 있을 것이라고 믿었다. 장위쥔은 자신의 언어 개조에 관한 생각을 다음과 같이 설명하였다.

> 또 일부 스스로 철저하다고 생각하는 사람들은 "고문古文은 사실상 쓸모가 없으니 반드시 백화를 사용해야 하고, 반드시 우리가 일상에서 사용하는 타이완말을 사용해야만 옳다"라고 말한다. …… 정말이지 우리가 일상에서 사용하는 말은 거의 90% 정도 거기에 맞는 문자가 없다. 그것은 우리 말이 사투리[土語]이고 문자가 없는 하급下級 말이며 불합리한 말이 대다수를 차지하기 때문이다. 이 때문에 (우리 말이-역자) 문학적 가치가 없다는 점은 이미 의심할 여지가 없다. 그러므로 우리의 신문학 운동은 타이완 언어를 개조할 사명을 띠고 있다. 우리는 우리 사투리를 문자에 합치되는 언어로 바꾸고자 한다. 우리는 중국의 국어에 의지하여 타이완 사투리를 개조하고자 한다. 바꿔 말해 우리는 타이완인의 말을 중국어에 통일시키고자 한다. …… 만약 이렇게 된다면 우리 문화는 중국 문화와 분리되지 않을 수 있고, 백화문학의 기초도 확립될 수 있으며 타이완 언어도 합리적으로 개조할 수 있을 것이다. …… (張我軍 1979[1925]: 102~103)

장위쥔의 신문학 운동 이념은 타이완 전통 문인들의 반발을 샀다. 그들은 이런 문학 개혁은 문언문이 대표하는 전통 한문화에 위해가 될 수 있다고 믿었기 때문이었다. 그러나 상대적으로 반대 세력은 매우 미약했다. 반면 젊은 지식인들은 중국 국어를 기반으로 하는 백화문을 사용하여 갈수록 많은 문학 작품을 씀으로써 문학 개혁에 대한 지지를 드러내었지만, 그들의 문구에 본토 언어적 요소가 포함되는 것은 피할 수 없었다. 일본 통치하에서 장위쥔과 문학 개혁을 제창한 다른 주요 인물들은 모두 한문화/중국 문화에 대한 자신들의 열렬한 정체성을 전혀 감추지 않았다. 타이완 문학혁명에 대한 그들의 열정은 1919년 5·4운동이 상징하는 중국 진보 문화 조류의 자극 외에도, 1920년대 초 비교적 자유로웠던 식민지 정치 분위기의 고무를 받은 것이었다. 대체로 말해 문학 개혁을 지지한 타이완 지식인들은 대부분 이러한 문화 정체성을 갖고 있었다.

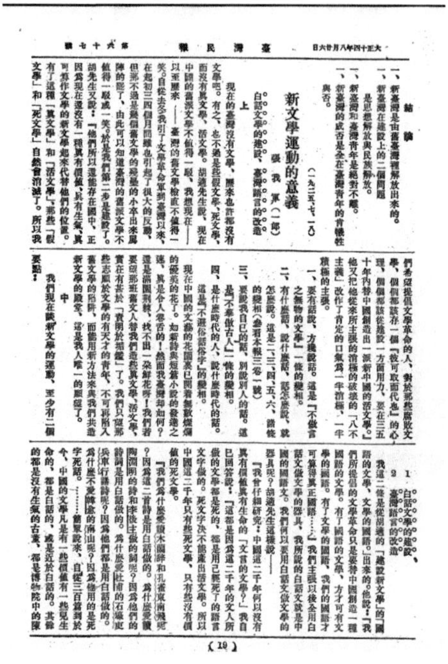
大正十四年八月廿六日　臺灣民報　第六十七號

結論

一、新臺灣是由舊臺灣裡解放出來的。
一、新臺灣在建設上的二個問題是思想解放與民族解放。
一、新臺灣和臺灣青年是絕對不離。
一、新臺灣的成否是全在臺灣青年的肯犧牲與否。

新文學運動的意義 （一九二五、七、一八）

張我軍（一郎）

白話文學的建設、臺灣語言的改造

上

現在的臺灣沒有文學、歷來也許都沒有文學吧。有之、也不過是些假文學、死文學、而沒有眞文學、活文學。胡適先生說、現在中國的舊派文學不值得一駁、我想現在——以至歷來——臺灣的舊文學檢直不值得一笑。自從去歲我引了文學革命軍到臺灣以來、在起初三四個月間雖也引起了很大的反動、但那不過是幾個舊文學的殘壘的小卒出來屬陣的罷了、由此可以知道臺灣的舊派文學不值得一駁或一笑。於是我們第二步是建設了。胡先生又說：「他們所以還能存在國中、正因爲現在還沒有一種眞有價値、眞有生氣、眞可算作文學的新文學起來代替他們的位置。有了這種「眞文學」和「活文學」、那些「假文學」和「死文學」自然會消滅了。所以我們希望提倡文學革命的人、對於那些腐敗文學、個個都該存一個「彼可取而代也」的心理、個個都該從建設一方面用力、要在三五十年內替中國創造出一派新中國的活文學。」他又把他從來所主張的消極的破壞的「八不主義」改作了肯定的口氣爲一半消極、一半積極的主張。

一、要有話說、方纔說話。這是「不做言之無物的文學」一條的變相。
二、有什麼話、說什麼話、話怎麼說、就怎麼說。這是二、三、四、五、六、諸條的變相（參看本報三卷一號）
三、要說我自己的話、別說別人的話。這是「不摹倣古人」一條的變相。
四、是什麼時代的人、說什麼時代的話。這是「不避俗話俗字」的變相。

現在中國的文藝的花園裏已開着無數爛熳的優美的花了。如新詩與短篇小說的發達之速、眞是令人眷舌的！然而我臺灣却如何？還是滿園荊棘、找不出一朵鮮花呀！我們若要望那班舊文人替我們造些眞文學、活文學、實在有甚於「責明於瑞盲」了。我們只望那些志願於文學的有天才的青年、不可再陷入舊文學的陷阱、而能用新方法來與我們共造新文學的殿堂、這是我人唯一的願望了。

中

我們現在談新文學的運動、至少有二個要點：

1 白話文學的建設、
2 臺灣語言的改造

我這二條是從胡適的「建設新文學」的「國語的文學、文學的國語。」出來的。他說：「我們所提倡的文學革命只是要替中國創造一種國語的文學。有了國語的文學、方才可有文學的國語。有了文學的國語、我們的國語才可算得眞正國語……」我們主張以後全用白話文做文學的器具、我所說的白話文就是中國的國語文。我們何以要用白話文做文學的器具呢？胡適先生這樣說——

「我曾仔細研究：中國這二千年何以沒有眞有價値眞有生命的「文言的文學？」」我自已回答說：「這都是因爲這二千年的文人所做的文學都是死的、都是用已經死了的語言文字做的。死文字決不能產出活文學。所以中國這二千年只有些死文學、只有些沒有價値的死文學。

「我們爲什麼愛讀木蘭辭和孔雀東南飛呢？因爲這二首詩是用白話做的。爲什麼愛讀陶淵明的詩和李後主的詞呢？因爲他們的詩詞是用白話做的。爲什麼愛杜甫的石壕吏兵車行諸詩呢？因爲他們都是用白話做的。爲什麼不愛韓愈的南山呢？因爲他用的是死字死話。……簡單說來、自從三百篇到於今、中國的文學凡是有一些價値有一些兒生命的、都是白話的、或是近於白話的。其餘的都是沒有生氣的古董、都是博物院中的陳

（19）

<그림 2-2> 장워쥔이 『대만민보』에 발표한 「신문학 운동의 의의[新文學運動的意義]」(원서 94쪽)

(2) 1930년대: 향토문학과 타이완화문[台灣話文]

중국 국어를 포용했던 1920년대 초반에 비해 1930년대 초반 출현한 '향토문학'과 '타이완화문'(즉 타이완화의 표기 계통)에 대한 제창은 더욱 억압적인 정치 상황에서 생겨났다. 앞서 말한 대로 이 시기 식민지에 대한 일본인의 통제는 갈수록 가혹해졌다. 1931년 말 대만지방자치연맹을 제외한 각종 반식민 운동은 모두 와해되었다. 식민지 동화정책의 주요 요소였던 일어 교육도 이 시기에 더욱 강력하게 진행되고 있었다. 이러한 상황에서 타이완의 많은 젊은 지식인들은 정치를 포기하고 문화 활동, 특히 문학으로 전향하였다. 그 외 반식민 운동이 전면적인 압제를 받았지만 문학에 대한 사회주의 사상의 영향은 여전히 컸다. 1927년 이후 반식민 운동이 급속히 발전함에 따라 문학계에서 사회주의 사상이 한때 성행하였다. 범세계적 '프롤레타리아 문학' 개념은 많은 젊은 지식인들을 자극하여 노동 대중의 처지에 특별한 관심을 갖게 하였다(黃琪椿 1995: 56~57).

향토문학과 타이완화문 논쟁은 2년 동안 계속되었는데, 논쟁의 포문을 연 것은 황스후이[黃石輝](1900~1945)[51]의 「왜 향토문학을 제창하지 않는가?[怎樣不提唱鄕土文學?]」라는 글이었다. 개량주의자들이 창립한 대만문화협회台灣文化協會가 급진 노선으로 돌아선 후, 황스후이는 그 주요 지도자였다(台灣總督府警察沿革誌 1989a[1939]: 337, 422). 1930년 8월 황스후이는 이 글에서 다음과 같이 적었다.

당신은 타이완인, 타이완의 하늘을 이고 있고 타이완 땅을 밟고 있다. 눈으로 보는 것은 타이완의 상황이고 귀로 듣는 것은 타이완의 소식이다. 지나간 시간도 타이완의 경험이고 입으로 말하는 것도 타이완의 언어이다. 그러므로 당신의 훌륭한 문장, 아름다운 필치도 타이완을 묘사하는 문학이 되어야만 한다.

......

---

[51] 역자 주: 황스후이는 가오슝 출신으로 대만흑색청년연맹台灣黑色青年聯盟과 대만민중당에서 활동한 좌익운동 지지자이다.

당신은 많은 군중을 감동 자극할 수 있는 문예 작품을 쓰고 싶은가? 당신은 많은 군중의 마음에 당신과 같은 감정을 느끼게 하고 싶은가? 원치 않는다고? 그렇다면 더할 말이 없다. 만약 원한다면, 당신이 지배계급의 대변자이든 노동 군중의 지도자이든 간에 당신은 어쨌든 노동 군중을 대상으로 문학 작품을 써야 하고, 일어서서 향토문학을 제창해야 하며 향토문학을 건설해야만 한다.[52]

<그림 2-3> 『남음南音』에 게재된 향토문학을 제창하는 논설 (원서 95쪽)

정확히 말하면 황스후이가 특별히 노동 대중을 목표로 한 일종의 대중 문학을 제창한 것은 완전히 새로운 생각이 아니었다. 1920년대 초반 타이완 지식인들이 백화문학과 중국 국어를 고취하기 시작한 이래, 내용과 형식 모두 더욱 평이하고 사회 현실에 가까운 신문학을 창작하여 대중을 계몽하려는 시도는 줄곧 젊은 지식인들의 주된 관심이었다. 그

---

52 廖毓文(1979[1954, 1955]: 488~489)에서 인용.

러나 사회주의 무산계급 문학 이념의 영향으로, 황스후이는 더욱 급진적인 문학의 '재지화在地化' 혹은 '본토화本土化'를 호소한 것이었다. 한편으로 문학의 주제는 반드시 타이완의 현실 생활 상황을 묘사해야만 했다. 그는 생활 현실을 나타내는 문학만이 노동 대중의 흥미를 끌 수 있다고 생각했다. 그러나 다른 한편 문학 보급에 영향을 미치는 것은 문학의 내용만이 아니라 문학의 도구, 즉 작가가 쓰는 언어도 포함되었다. 황스후이는 문언문과 현대 중국 국어 모두 타이완화를 모어로 하는 노동 대중들이 이해하기 어렵다고 지적하였다. 황스후이는 중국 국어로 쓰인 백화문학은 중국에서는 환영받을 수도 있겠지만, 타이완에서는 여전히 소수 지식 엘리트만이 발전시키고 감상하는 '귀족' 문학에 불과하다고 생각했다. 따라서 그는 "타이완화로 글을 쓰고 타이완화로 시를 짓고 타이완화로 소설을 쓰며 타이완화로 가요를 지어 타이완의 사물을 묘사하는" 향토문학을 추동해야 한다고 생각하였다.[53]

향토문학 논쟁은 황스후이가 글을 발표한 지 1년 후인 1931년 7월에서야 격렬해지기 시작하였다. 이 변화의 발단은 궈츄성[郭秋生](1904~1980)[54]의 「'타이완화문' 건설을 위한 한 가지 제안[建設'台灣話文'一提案]」과 황스후이의 「향토문학을 다시 말한다[再談鄕土文學]」라는 두 편의 글이 등장하면서였다. 궈츄성은 글에서 "…… 식민지의 동화정책에 대해 어느 것 하나 최후의 승리를 거둔 것이 없으니 ……"라고 명백히 강조하였다. 그는 기시歧視를 동반한 차별 교육과 옛날식 서당에 대한 규

---

53 廖毓文(1979[1954, 1955]: 488)에서 인용.

54 역자 주: 궈츄성은 타이베이 출신의 작가로 1930년 성립된 대만문예협회台灣文藝協會 간사장을 맡았고, 1932년 『남음』 잡지를 공동 창간하여 타이완화의 문자화文字化에 노력하였다.

제가 이미 타이완인의 엄중한 문맹 문제를 초래했다고 지적하였다. 1년 전 발표된 황스후이의 글에서와 마찬가지로 궈츄성 역시 타이완인에게는 문언문만이 아니라, 중국 국어로 쓰인 작품이라 할지라도 어문일치의 원칙에 반하는 것이니, 일어를 사용한 것은 더 말할 필요도 없다는 점을 제기하였다. 만약 이들 언어를 능란하게 구사하려면 극도의 노력을 해야만 하기 때문에, 결국 일문과 중국 국어를 읽을 수 없는 대다수 타이완인들은 근대 지식과 멀어질 수 밖에 없다는 것이었다. 이 때문에 궈츄성은 타이완화문이 이러한 문맹 문제를 해결할 수 있는 가장 효과적인 수단이라고 믿었다.[55] 그 외, 황스후이의 새 글은 그가 쓴 이전 글에 비해 향토문학의 언어적 수단만을 오로지 검토하였다. 그는 논점을 거듭 천명하면서 바로 향토 "문학이 말[說話]을 대표하며 지방마다 지방의 말이 있기에 향토문학을 제창해야 한다"라고 생각하였다. 황스후이 역시 "타이완화로 타이완의 사물을 묘사해야 하며", "우리가 쓰는 글은 우리와 가장 가까운 사람들에게 보여주려는 것이지 특별히 멀리 있는 사람에게 보여주려는 것이 아니기 때문이다"라고 재차 강조하였다.[56]

---

55 廖毓文(1979[1954, 1955]: 490)에서 인용.

56 廖毓文(1979[1954, 1955]: 489)에서 인용.

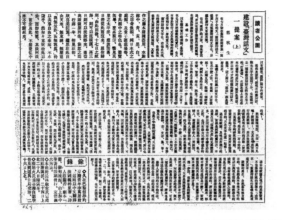

<그림 2-4> 궈츄성이 『대만신민보』에 발표한 「'타이완화문' 건설을 위한 한 가지 제안」과 『남음』에 발표한 타이완화문으로 창작한 작품 (원서 98쪽)

　　궈츄성과 황스후이의 글은 향토문학과 타이완화문에 대한 타이완의 문화 엘리트들의 열렬한 토론을 야기하였다. 이 시기의 향토문학은 타이완화문 문학과 동일시되었다. 이번 향토문학 논쟁의 초점은 1920년대 초반의 문학 개혁 논쟁과 마찬가지로 모두 언어 차원에 맞춰져 있었다. 양자의 차이는 1920년대 초반의 충돌이 주로 중국 국어로 백화문학을 창작하자고 제안한 젊은 지식인과 문언문으로 창작하기를 고수하는 전통 문인 사이에서 발생하였던 데 반해, 1930년대 초반의 의견 충돌은 주로 젊은 지식인 사이에 타이완화로 문학을 창작하자는 일파와 중국 국어로 창작하기를 지지하는 다른 일파 사이에서 발생했다는 데 있다. 일반적으로 말하면 논쟁 쌍방 모두가 타이완의 현실을 반영할 수 있는 문학을 개척할 필요가 있다는 데는 찬성하였지만, 현실을 묘사하는 데 필요한 언어 수단에 있어서 의견이 달랐다고 하겠다. 사실 그들의 논쟁은 문학의 범주에만 국한되지 않았고, 무엇이 대중 교육을 효과적으로 촉진할 수 있는 문자 서사 체계인지의 문제로 파급되었다.

타이완화문을 반대하는 사람들의 논점은 장워쥔으로 대표되는 1920년대 초반 중국 국어로 글 쓸 것을 제창한 사람들의 견해와 사실상 큰 차이가 없었다. 그들의 논점은 다음과 같이 종합할 수 있다. 첫째, 타이완화는 저속[粗俗] 유치幼稚하며, 완전하게 발전하지 못해서 문학의 도구로 삼기에는 부족하다. 둘째, 타이완에는 여전히 복료화와 객가화 등 '방언'이 있을 뿐 아니라 복료화도 취안저우와 장저우 어투로 나눌 수 있으니, 이는 타이완화가 아직 통일된 표준이 형성되지 않았음을 상징한다. 복료화로 쓰인 문학은 객가화를 하는 사람들이 이해할 수 없을 가능성이 매우 높다. 셋째, 중국인 대부분은 타이완화문을 이해하지 못할 것이기 때문에 타이완은 중국과 소원해지고 단절되게 될 것이다(廖毓文 1979[1954, 1955]: 493~494). 이들 논쟁 참가자는 1920년대 초반의 선배들과 마찬가지로 타이완과 중국의 연대를 유지하기 위해 중국 국어로 말하고 쓸 것을 제창하였다. 이들 타이완화문 반대자의 관점은 한/중국 문화에 대한 그들의 선명한 정체성을 분명하게 반영하였다.

(3) 식민 통치와 타이완 문화의 특수성

어떤 의미에서 보면 타이완화로 창작하는 백화문학에 반대한 인사들은 문제를 완전히 회피하지 않았다 할지라도, 최소한 (타이완화문의-역자) 제창자들이 제기하는 논점을 충분히 파악한 것 같지는 않다. 타이완화문 제창자들의 입장에서 타이완화 문자 체계 발명이 절실히 필요했던 이유는 식민 통치를 받는 타이완의 특수한 사정 때문이었다. 타이완화문의 주요 제창자였던 궈츄성은 다음과 같이 말했다.

나는 중국 백화문을 너무 사랑하노니, 실제 어찌 중국 백화문과 하루라도 떨어져 본 적 있으랴, 그렇지만 중국 백화문에 만족할 수도 없으니, 또한 시대가 중국 백화 문의 충분한 사용을 허락하지 않음에랴! 중국 백화문이 타이완에서 완전히 퍼졌는 가? 기왕 어문일치가 백화문의 이상일진대 자연히 지방 문학의 방언적 특색을 거 부하지 않을 것이다. 중국 백화문 체계 내에서 타이완 문학의 지위는 이론상으로는 마땅히 중국 한 지방의 지위와 같아야겠지만, 그러나 실질적으로 현재의 타이완이 중국의 한 지방이 되려는 것처럼 백화문 체계 내에서 방언의 지위를 이룰 수 있을 까? (郭秋生 1931: 11)

귀츄성은 초등학교[公學校]시절, 사숙의 선생님으로부터 중국 문언문 을 배우기도 했다. 이후 그는 중국으로 가서, 샤먼에서 중등 교육을 받으 며(黃武忠 1980: 62) 중국 국어를 배워 유창하게 구사할 수 있게 되었다. 그 는 타이완이 이미 식민 통치에 깊이 빠졌기 때문에 타이완화문 제창에 힘써야 한다고 생각했다. 이 시기의 타이완은 더 이상 이민족의 (식민-역 자)통치에서 벗어날 가능성이 없는 듯했다. 반식민 운동의 전성기도 이 미 지나서 식민 정권에 대한 모든 도전도 그저 헛수고일 뿐임을 증명하 는 듯했다. 타이완과 중국의 재통일을 추구하려는 생각은 당시로서는 환상과 다를 바 없었다. 타이완 공산당이 한때 품었던 이상, 즉 하나의 독립 국가 건설도, 이때 보면 중국과의 통일에 대한 바람만큼이나 비현 실적인 것처럼 보였다. 따라서 타이완화 향토문학론에 반대한 사람들은 향토문학론이 강조하는 중점, 즉 타이완이 사실상 하나의 독특한 피식 민지라는 현실을 무시했다고 할 수 있다. 중국 국어를 제창하는 사람들 로서는 타이완은 여전히 한민족 세계의 일부이고, 영원히 중국과의 연 결을 끊을 수 없는 존재일 뿐이었다. 그들은 타이완화문으로 일련의 특수한 문화를 발전시키려는 생각에 대해 초조함과 불안함을 느꼈다(廖毓文 1979[1954, 1955]: 495). 그러나 궈츄성과 같이 향토문학과 타이완화문을 지지하는 사람들의 입장에서 당장 가장 중요한 임무는 바로 타이완의 정체성을 확보하는 일이었다. 황스후이의 논설은 이런 견해를 명백하게 표시하였다.

> 타이완은 하나의 별천지로서 정치적 관계에서는 중국말로 지배할 수 없고, 민족적
> 관계에서(역사 경험에 기반하여)는 일본의 표준말로 지배할 수가 없다. 그러므로 타이완
> 의 실제 생활에 적합한 타이완의 독립적 문화를 건설할 것을 주장한다.[57]

이러한 제창자들은 독특한 문화를 발전시킬 수 있는 가장 효과적이고 근본적인 방법은 바로 타이완화문을 보급하는 일이라고 생각했다. 그들의 입장에서는 타이완 문화의 특수성만이 피식민자의 신분과 정체성을 대표할 뿐 아니라, 일본의 동화정책에도 저항할 수 있는 것이었다. 이러한 타이완의 독특한 현실에 대한 깊은 관심은 타이완에 대한 새로운 정체성 의식이 이미 점차 형성되고 있음을 반영한다.

이러한 제창자의 입장에서, 향토문학은 특수한 사회 현실을 드러내는 데 있어 중요한 역할을 하였다. 먼저 부단하게 시도하는 작가들의 타이완화문 창작 경험은 타이완화문의 개량에 도움이 될 것이었다. 궈츄성은 타이완화 창작을 제창하는 것은 꼭 타이완화문을 만들어내기 위해서만이 아니라고 생각했다. 이미 10년 동안 중국 백화문을 추진했던 장워쥔과 비슷하게, 궈츄성도 후스의 구호에 자극 받아 타이완화 창작을 추

---

57 廖毓文(1979[1954, 1955]: 495)에서 인용.

진하는 진정한 목적은 '타이완화의 문학'만이 아니라 '문학적 타이완화'를 건립하기 위한 것이라고 생각했다(郭秋生 1932: 25). 바꿔 말하면 향토문학이 타이완화문 개량에 중요한 공헌을 할 수 있으며, 타이완화문이 향토의 현실을 표현할 수 있는 가장 좋은 언어 수단이라는 것이었다.

문학 격월간 잡지 『남음』의 편집장 예룽중[葉榮鐘](1900~1978)[58]은 일찍이 타이완의 독특한 현실의 성격을 명백하게 논한 적이 있는데, 그의 논조는 그 무렵 매우 전형적인 것이었다. 예룽중은 하나의 '사회집단'으로서 타이완인은 특수한 종족種族·역사·지리·풍속 등의 조건으로 인해서 이미 모종의 공통된 특징을 발전시켰다고 보았다. 이런 공유하는 특징은 주로 두 가지 요소에 의해 형성된 것이었다. 예룽중은 다음과 같이 설명하였다.

> 첫째는 바로 타이완의 특수한 문화이다. …… 타이완은 한민족 4천 년의 문화적 유산을 상속받아 타이완의 특수한 상황에서 배양되었다고 말하지만, 일본 문화의 세례도 함께 받았다. (따라서) 우리 타이완에 틀림없이 우리 타이완만의 특수한 문화가 있다고 당연히 믿는다. 이 운명은 선천적으로 정해진 것이어서, 우리는 이 길을 따라 달릴 수밖에 없다. 이래야 만이 우리 자신의 사명에 충실했다고 할 수 있고, 세계 문화에 공헌하는 바도 있을 것이다. 둘째는 바로 우리 사회의 상황이다. 우리가 겪은 특수한 정치·경제·사회 등 여러 생활과 우리가 받은 특수한 교육·교화 등은 우리의 특수한 사회 상태를 형성하고 우리의 사회의식을 구성하기에 족하지 않음이 없다. (葉榮鐘 1932a: 卷頭言)

---

58 역자 주: 예룽중은 장화[彰化] 출신의 작가·시인·기자·사회운동가로, 『남음』 잡지 창간자 중 한 명이며 많은 저작을 남겼다.

예롱중은 타이완인을 중국 한인과 구별시키는 공통된 특징은 주로 식민 통치에서 오는 것이라고 생각했다. 귀츄성·황스후이와 마찬가지로 그 역시 타이완은 식민 통치의 속박에 어려움을 겪고 있으며, 해방될 희망이 거의 없다고 생각했다. 그러나 예롱중이 이 글을 쓴 주된 목적은 무산계급 문학의 개념을 비판하는 데 있었으니, 황스후이와 같은 젊은 지식인들이 무산계급 문학 이념의 자극을 받아 타이완화문으로 향토문학을 창작하자고 적극 제창하고 있었기 때문이다. 예롱중은 타이완인의 집체적 특성은 특수한 문화와 사회 조건에서 형성되었을 뿐 아니라 사회 각계각층의 구성원 속에 내장되어 있고, 또 이런 공통의 특징은 계급의식보다 훨씬 중요한 것이라고 강조하였다. 따라서 예롱중은 '제3의 문학'을 제창함으로써 '귀족 문학'과 '프롤레타리아 문학'을 대체하고자 하였다. 그는 미래의 '타이완 문학'은 집체적 특성을 기초로 하는 제3의 문학이어야 하며, 제3의 문학은 반드시 타이완인의 일상생활·감정·요구 및 해방에 대한 갈망도 처리해야 한다고 생각했다(葉榮鐘 1932b: 卷頭言). 무산계급 문학에 대한 예롱중의 비판은 결국 그와 황스후이의 향토 문학에 대한 입장이 결코 완전히 충돌하는 것이 아님을 보여준다. 타이완의 현실을 드러내는 데에 관한 관심으로 말하면, 예롱중의 제3의 문학 구상과 황스후이의 향토문학 이념은 서로 비슷한 점이 많았다. 예롱중은 타이완인이라는 집체가 무엇을 공유하는지를 상세히 해석하고, 이들 공통된 특징이 역사적으로 어떻게 형성되었는지를 설명하는 과정에서 일종의 독특한 문화와 의식을 그려내었다. 간단히 말해 예롱중은 이미 중국성(Chineseness)과 다른 일종의 타이완성(Taiwaneseness) 개념을 발전시켰던 것이다(Fix 1993: 264).

실제로 예릉중이 책임 편집한 잡지 『남음』은 그야말로 타이완화 창작
문학을 촉진하는 중요한 간행물이었다. 이 잡지는 1932년 1월 창간 이후
지식인들에게 타이완화 문학 창작을 변론할 수 있는 지면을 제공하였고,
'타이완화문 시험란[嘗試欄]'을 개설하기도 했다. 『남음』은 원고 모집을
하면서 문언문이나 백화문으로 쓴 소설·희곡·시가·시련[時聯] 등도 환영하
지만, 특별히 "한자로 된 타이완화문이면 더욱 좋다"라고 분명하게 밝혔
다. 그 외에도 이 잡지는 작가들에게 향토의 역사·풍속과 사회생활을 주
제로 타이완의 대중문학을 창작해 줄 것을 끊임없이 호소하였다.[59]

<그림 2-5> 『남음』에 실린 문언문·백화문 혹은 타이완화문으로 타이완 사회와 문
화를 묘사한 작품을 모집하는 광고 (원서 102쪽)

---

59 『남음』은 식민지 시기 타이완의 다른 문학잡지보다 상대적으로 긴 9개월이라는 발행 기
간 때문에 주목을 받았다. 그렇지만 3천부라는 발행량도 그 전에 발행량이 가장 많았던 잡
지와 비슷하였다. Fix(1993: 259)를 참고. 사실 일부 연구자들은 이미 이 잡지의 출판이 식
민지 시기 타이완 현대문학의 높은 발전상을 반영한다고 지적하였다. 黃得時 1979[1954,
1955]: 299~304), 王詩琅(1978: 5~6), 葉石濤(1987: 38)를 참고. 廖祺正(1990: 88)도 참조할
수 있다.

(4) 한민족 문화 정체성의 연속

그러나 타이완화 백화문학 창작을 제창한 사람들의 한문화/중국 문화에 대한 정체성도 여전히 무시할 수 없다. 그들이 특정한 타이완화의 형태소(morpheme)를 기술할 때 어떤 것이 '정확'하거나 '바람직한' 글자 사용인지를 둘러싸고 서로 의견이 다를 수 있었겠지만, 1930년대 초반 타이완화문 제안자들 모두 거의 예외 없이 한자로 타이완화를 쓸 것을 주장하였다. 동시에 그들은 새로운 글자를 만들어 특정한 형태소를 표기하자고도 하였다. 이런 기술적인 의제는 중요한 관심 대상이 되어 많은 토론을 불러일으켰다. 그렇지만 거의 모든 타이완화문 제창자는 한자로 구성된 일종의 문자 체계를 주장함으로써, 타이완과 중국·한문화의 연계를 유지하길 희망하였다. 그들은 중국인도 이런 타이완화문을 쉽게 읽고 이해할 수 있어야 한다고 생각했다. 예를 들어 궈츄성은 비록 타이완화가 계속 발전하면 중국 국어 내 방언의 지위를 벗어날 가능성이 높다고 생각하면서도, 그 역시 이런 쓰기 형식은 "한자 체계 내에서 방언의 지방색이 비교적 선명할 뿐인 문자"에 불과하기 때문에, 문언문 혹은 중국 국어에 익숙한 사람에게 타이완화문은 당연히 이해하기 어렵지 않을 것이라고 보았다.[60] 다른 주요 제창자였던 황스후이·푸런[負人](莊垂勝)(1897~1962)[61]·황춘청[黃春成](1906~?)·리셴장[李獻璋](1904~1999)[62] 등도 궈츄

---

60   廖毓文(1979[1954, 1955]: 491)에서 인용.

61   역자 주: 좡추이성[莊垂勝]은 장화 출신의 작가 겸 사회운동가로 푸런은 그의 호이다. 일제 시대 대만문화협회에 참가하였고 전후에 국립중국台中도서관 초대 관장을 지냈다.

62   역자 주: 리셴장(1914~1999)은 타오위안 출신의 민속학자·언어학자로 1936년 22세 때 민간의 가요와 이야기 등을 수록한 『대만민간문학집台灣民間文學集』을 출판하기도 했다.

성의 관점과 비슷하였다.[63]

바로 이러한 한문화 정체성으로 말미암아 타이완화문 제창자들은 대만화의 병음화拼音化, 특히 개량주의 반식민 운동가인 차이페이휘[蔡培火](1899~1983)[64]가 제창한 로마자 병음 방안에 반대하였다. 19세기 말 영국과 캐나다 국적의 장로교회 선교사들은 병음자모로 글을 쓰는 방안을 타이완에 도입하였다.[65] 그들은 로마 병음으로 타이완화를 기록하였을 뿐 아니라 타이완화로 된 성경을 출판하기도 했다. 기독교도였던 차이페이휘는 젊었을 때 바로 로마자로 타이완화를 표기하는 법을 배워서 익혔다. 그는 원래 한자로 타이완화를 표기할 수도 있었으나, 일본의 통치로 인해 일찌감치 피식민자와 한자는 상당히 소원해졌다고 여겼다. 그는 24개 자모로 구성된 병음 표기 체계가 민중의 식자율을 높이고 대중을 계몽하는 데 가장 효과적인 도구라고 믿었다. 1914년부터 차이페이휘는 로마자 병음 체계를 고취하는 데 힘썼다. 그는 강습회와 연구회를 열어 일련의 문장을 발표하고 아울러 교재를 편찬하였을 뿐 아니라, 타이완 전역과 도쿄를 순회하면서 타이완과 일본 엘리트들의 지지를 얻고자 하였다. 대만문화협회가 일찍이 병음 서사 보급 사업을 문화 계몽 계획의 일부로 삼았지만, 실제 성과는 매우 제한적이었다. 차이페이휘의 제안에 대해 흥미를 보인 타이완 지식인은 매우 적었고, 많은 사람들은

---

63 『南音』1(1): 13 ; 1(4): 15 ; 1(5): 8~9(1932) 참고. 松永正義(1989: 80)도 참조할 수 있다.

64 역자 주: 차이페이휘는 윈린[雲林] 출신의 일제시대 사회운동가로 일본 유학 중 '신민회'에 가입하고 『대만청년』 편집 겸 발행인을 맡았다. 1921년 대만문화협회에 가입하여 대만의 회설치청원운동을 추진하였다. 1927년 장웨이수이[蔣渭水]와 함께 문회협회를 탈퇴하고 대만민중당을 조직하였다가, 내부 불화로 1930년 린셴탕 등과 따로 대만지방자치연맹을 결성하였다.

65 負人(1932: 13), 廖毓文(1979[1954, 1955]: 491) 참조.

이 글쓰기 방안의 외국 색채를 받아들일 수 없었다. 그 외 식민 당국도 타이완화의 로마자 병음 방안의 보급이 언어 동화정책에 해를 끼칠 것이라고 믿었기 때문에 차이페이휘의 활동을 억압하였다. 이로써 1935년에 이르면 로마자 병음 방안의 제창 역시 마침표를 찍었다.[66]

중국 한자를 기반으로 한 타이완화문 운동을 제창한 사람들은 식민 당국의 방해를 거의 받지 않았지만, 그들이 원래 생각했던 이상, 즉 타이완화 문학의 창조, 민중의 식자율 증진, 대중 계몽 등과 관련해서 거둔 성과는 차이페이휘에 비해 조금 많았을 뿐이었다. 타이완화에 일련의 표준화된 문자가 부족했기 때문에 대다수 작가도 걸음을 멈췄다. 타이완화로 글을 쓰기 위해 작가는 항상 적합한 한자를 찾거나, 심지어 새로운 글자를 따로 만들어야만 했다. 하지만 온갖 심력心力을 다하더라도 독자들이 이러한 글자를 받아들이고 뜻을 이해할 수 있을지 보장할 수 없었다. 이런 차원의 걸림돌은 걸출한 작가였던 라이허[賴和](1894~1943)[67]와 양쿠이[楊逵](1905~1985)[68]와 같은 사람들조차 타이완화로 글 쓰는 실험을 포기하게 하였다. 1933년 전후 타이완화로 문학을 창작하려는 의향은 마침내 잠잠해졌다.

---

66 廖毓文(1979[1954, 1955]: 470~482); 廖祺正(1990: 32~39) 참조.

67 역자 주 : 라이허는 장화 출신의 의사로 작가 겸 사회운동가이다. 1930년대 타이완 문학계의 대표적 인물로『대만민보』문예란을 창설하고 편집장을 맡아 많은 유명 작가를 길러냈다. '타이완 소설계의 보모', '타이완의 루쉰'이라고도 불린다.

68 역자 주 : 양쿠이의 본명은 양구이[楊貴]로 타이난 출신의 작가 겸 사회운동가이다. 일본 유학 중 좌익 사회운동에 참가하였고 대만농민조합台灣農民組合, 대만문화협회, 대만문예연맹台灣文藝聯盟 등에서 활동하다 10차례 투옥되었으며, 전후에도 2차례 감옥살이를 하였다. 1932년 일어로 쓴 중편소설「신문 배달부」가 1934년 도쿄『문학평론』잡지 현상 공모에서 (일등이 없는) 이등 상을 받았다. 또 전후 옥중에서 쓴 소설「꺾이지 않는 장미[壓不扁的玫瑰花]」는 중학교 국어 교과서에 실리기도 했다.

1924년 장위췐이 문언문으로 된 전통 문학을 격렬히 비판하면서 중국 국어 사용을 제창한 이래, 타이완의 많은 현대문학 작가는 농후한 지방색을 띤 중국 백화문으로 글을 쓰고 있었다. 그러나 1930년대 초반부터는 일문으로 글을 쓰는 젊은 작가가 갈수록 많아졌고 문단에 진출[立足]하기 시작했다. 이미 일본이 타이완을 통치한 지 30년이 지난 시기였다. 이들 젊은 작가는 모두 식민 당국의 교

<그림 2-6> 라이허·궈츄성·황스후이가 타이완 화문의 새 글자 문제를 토론한 『남음』지면 (원서 106쪽)

육과 식민 모국 일본에서 교육 받은 결과물[産物]이었다(葉石濤 1987: 50 ; Fix 1993: 292). 1937년 급진적 일본화 운동인 황민화 운동이 시작되면서 중국 백화문을 도구로 하는 작가들은 글쓰기를 중지당했다(葉石濤 1987: 65). 황민화 운동은 중일전쟁(1937~1945) 기간 동원 체제의 일부가 되었으니, 그 주요 임무 중 하나가 타이완을 하나의 단일언어 사회로 바꾸는 것이었다. 공학교의 전통 한문 과목은 1922년부터 부차적인 선택 과목으로 강등된 후, 1937년 4월 마침내 정식으로 폐지되었다. 이어서 식민 당국은 모든 타이완 현지의 이중 언어 신문인 한문판도 1937년 6월 전까지 반드시 폐지하도록 명령했다. 비록 식민 당국이 사용을 전면 금지한 적은 없지만 타이완 현지 언어, 특히 타이완화(복료화)의 사용도 이전보다 더욱 억압을 받았다. 이처럼 맹렬하게 일어 운동을 추진한 결과, 1943년 일어를 '이해'할 수 있는 타이완인이 이미 총인구의 80%에 달하게 되었다. 이 정부 측 통계 수치는 적지 않게 과장된 것 같지만 능숙하게 일어를 구사할 수 있는 사람, 특히 젊은 세대의 숫자는 확실히 점차 증가하였다. 이는 주로 학교 기본 교육의 향상 때문이었다. 1944년 타이완의 학령인구 중 취학률은 이미 71.3%에 달했다(周婉窈 1995: 124~125, 134, 140).[69] 이로써 일어는 주류主流의 언어가 되었으며, 공공장소에서는 더욱 그러하였다.

---

69 전시 분위기가 농후하던 1942년 식민지의 공학교 및 일본 국적 아동들만이 다니던 '소학교'는 모두 '국민학교'로 개명되어 일본 국내의 초등학교와 같아졌다. 그러나 이들 학교는 기본적으로 여전히 이중 체제를 유지하였으니, 일부는 일본인과 소수의 타이완인이 다녔고, 다른 일부는 타이완 아동들만 취학하였다. 타이완인이 원래의 소학교에 진학하기는 여전히 어려웠다. Tsurumi(1977: 112~113) 참고.

4. 결어

종합적으로 말하자면, '대중 계몽'은 타이완의 반식민적 지식인들의 공통된 주요 관심 사항이었다. 일본의 식민 통치 시기에 타이완인들은 처음으로 근대 국가 기구의 통치를 경험하였다. 그들의 입장에서는 식민지 행정 관리 및 식민자와 피식민자 사이의 충돌이 가져온 사회적 통합은, 상당 정도 전통적인 족군 정체성의 쇠퇴와 함께 '타이완인'으로서의 정체성 형성을 촉진하였다. 식민 지배에 반대하는 지식인들의 입장에서 계몽의 가장 중요한 의미는 바로 피식민자들의 정치 의식을 자극하여 일본의 동화에 저항하는 의지와 결심을 강화하는 데 있었다. 계몽은 예컨대, 전통 풍속 습관을 시정하고 민중의 공공 사무 참여를 격려하며, 민중을 향해 근대 지식을 전파하는 등이 '문화 혁신'을 포함하였다. 그들에게 있어서 반식민 운동의 성공 여부는 타이완인이 계몽된 민족이되어 종족 간의 '생존 경쟁'에서 다른 민족(일본인을 포함)과 경쟁할 수 있느냐에 달린 것이었다. 1920년대 이후 문화 혁신에 관한 관심과 반식민의식은 언어와 문학 개혁 요구를 촉발하였다. 피식민자의 보편적 문맹문제가 대중의 계몽을 엄중하게 저해하였기 때문에 언어 개혁은 중요한의제가 되었다. 이 의제의 논쟁 초점은 도대체 어떤 언어를 글쓰기의 도구로 삼아야만 타이완인에게 근대 지식을 전파하는 데 도움이 되고, 또일본의 언어 동화정책에 대항하는 효과적인 수단이 될 수 있느냐에 있었다. 1920년대 초반 선구적인 문학 개혁 운동의 초점은 바로 언어 혁신에 있었으며, 동시에 당시 문언문의 전통 문학이 사회와 정치 현실에 전혀 관심이 없고 특히 피식민자들이 받는 고난을 등한히 하고 있다고도 공격하였다. 그 시기부터 문학은 반식민 지식인들에게 타이완의 현실을 반영하고 피식민자의 고통스러운 속마음을 토로하며, 아울러 대중의 계몽을 실현할 중요한 무기가 되었다. 따라서 그들 마음속의 신문학은 '사회현실주의' 혹은 '사회사실주의'(social realism)의 특징이 가득했다.

그러나 언어 개혁은 단순한 기술적인 문제만이 아니었으니, 그것은 타이완 지식인들의 문화 정체성에까지 파급되었고, 이러한 문화 정체성은 사회·정치적 조건의 영향을 받아 끊임없이 형성되고 재형성되었다. 반식민의 정치적 저항운동에 비해 언어 개혁의 구상, 특히 1930년대 초 타이완화문을 제창한 것은 타이완 엘리트들이 마주한 문화 정체성의 곤경을 더욱 분명하게 반영한 것이었다. 당시 일군의 젊은 지식인들은 이 민족 정권(=일제, 역자)의 통치에서 벗어날 기회가 망막하고 중국과의 밀접한 관계를 회복하는 것도 그다지 가능하지 않다고 생각되었을 때, 그들은 시야를 돌려 이 섬과 일체감을 느끼고 나아가 타이완화문을 제안하였다. 이에 따라 식민지의 특수한 상황을 충분히 구현할 수 있을 것으로 생각하는 향토문학 개념도 출현하였다. 이런 새로운 정체성의 핵심은 식민 통치가 형성한 향토 문화의 독특성에 대한 깊고 충만한 관심이었다. 분명한 것은 주로 식민 통치는 타이완을 중국과 단절시켰고, 마침내 새로운 정체성의 형성에 이르렀다는 것이다. 그밖에 1920년대 초반 중국 국어의 제창 및 1930년대 초반 타이완화문의 추진은 둘 다 근대 민족국가 이데올로기 형태 중의 핵심 요소인 국어라는 관념이 촉발한 것이었다. 이러한 관념에서는 하나의 보편적인 공통의 언어 도구가 국가 민족의 집단생활에서 불가결한 것으로 생각되었다.

그러나 이러한 정체성의 전환을 흑백이 분명한 이분법으로 가볍게 다루어서는 안 된다. 타이완화문 제창자들이 타이완화의 한자 표기를 견지한 것은 그들의 한문화 정체성을 반영하고 있다. 그러나 사실 전통 사숙私塾이 쇠퇴하고 공학교의 고전 한문 과목도 폐지되자 타이완인이 한자를 학습할 수 있는 기회는 갈수록 적어졌고, 따라서 한문으로 글을 쓸 수 있는 환경도 매우 곤란해졌다. 그 외 식민당국은 타이완인의 중국 대륙 여행을 관리 통제함으로써 타이완인과 중국의 연결을 차단하려고 하였다. 마찬가지로 중국인이 타이완에 오는 것도 권장되지 않았다(史明 1980[1962]: 336~337 ; 戴國煇 1985: 250~255). 그럼에도 불구하고 타이완화문 제창자들은 타이완의 특수한 현실을 소재로 작품을 써야 한다고 주장하면서, 여전히 중국 한자를 사용함으로써 타이완과 중국의 문화 관계를 유지하고자 했다. 바로 이러한 한문화/중국 문화 정체성은, 제2차 세계대전 종전 후 대부분의 타이완 지식인들로 하여금 타이완이 중국 통치로 회귀하는 것을 환영하게 했던 것이다. 식민지 시기 출현한 언어와 문학 개혁 활동은 우리가 전후에 발생한 유사한 논쟁을 더 잘 이해하는 데 도움을 주는데, 이는 바로 다음 장에서 중점적으로 다룰 내용이다.

제3장

전후戰後 언어 문제와
문학의 발전

　이번 장에서는 먼저 제2차 세계대전이 끝나고 중국이 타이완을 접수한 후, 본성인과 외성인의 처음 접촉과 그로부터 발생한 언어 문제부터 논의를 시작하고자 한다. 중국은 타이완 접수 후 얼마 지나지 않아 곧바로 국어운동을 추진하였는데, 이는 국민당이 최대한 빨리 타이완을 '탈일본화', '중국화'하고자 결심했음을 보여준다. '타이완 행정장관공서'의 엄격한 단일 언어주의(mono-lingualism) 정책은, 그동안 일어를 통해 정보를 얻고 지식을 습득하는 데 익숙했던 타이완 지식인들에게 심각한 타격을 주었다. 이 때문에 타이완 작가 대부분은 문단에서 퇴출당하였다. 1947년 2·28 사건 이후 단일 언어주의 정책은 더욱 가혹하게 실행되었다.

　다음으로 타이완 문학의 발전을 둘러싼 일련의 격렬한 논쟁에 대해 토의하고자 한다. 1947년 2·28 사건의 정치적 혼란을 거친 후, 사회 현실주의(혹은 사회 사실주의) 문학 사상을 갖고 있던 외성 출신의 좌익 지식인들은 타이완의 현지 문학계의 활력을 회복시키려 하였다. 논쟁 과정에서 타이완 문학의 특수성과 광범위한 타이완 문화의 특수성에 대해 외성인과 본성인이 보여준 관심은 포스트 콜로니얼 사회의 민족의식과 지방의식의 긴장 관계를 반영하고 있다.

　그다음으로는 1950, 60년대 타이완 문학의 발전에 대해서도 간단하게 검토하고자 한다. 전후 친서구적 현대주의 문학이 성행한 것은 당시 타이완이 경제와 정치 업무뿐 아니라 문화 영역에서도 외국 세력, 특히 미국에 의존했음을 분명하게 보여준다. 끝으로 1970년대에 현대주의 문학을 대체하는 또 다른 하나의 출구로 여겨졌던 향토문학 풍조에 초점을 맞추고자 한다. 아울러 이러한 새로운 문학 풍조에서 기인한 논쟁도 검토해 보고자 한다. 비록 향토문학이 구현하는 반제국주의·좌경·지역 경향성은 국민당을 불안하게 하였지만, 이러한 문학 창작 추세는 여전히 점차 광범위하게 수용되었다. 의외인 것은 1970년대 향토문학 작가와 제창자들이 사실상 모두 중국 민족주의의 자극을 받았지만, 향토문학의 발전은 나중에 오히려 타이완 민족주의자들의 문학 논술 중의 중요한 부분이 되었다는 점이다.

1. 외성인과 본성인의 초기 왕래와 언어 문제

　1944년 4월 중국 국민당 정부는 항일전쟁 승리를 예견하고, '대만조사위원회台灣調査委員會'를 조직하여 타이완 접수와 관련된 사무를 기획하기 시작하였다. 국민당 고위층은 식민 통치하에서 근대화 건설을 통해 이룬 타이완의 경제 발전과 생활수준이 모두 중국 대륙보다 높아서, 타이완을 접수하는 일은 하나의 도전이 될 것으로 이해하였다.

　일본어 동화주의의 영향과 효과는 머지않아 타이완을 통치하게 될 중국 정부에게 특히 잠재적인 위협이었다. 2장에서 언급했듯이 1944년

71.31%의 타이완 학령 아동이 초등학교에 입학해 6년 동안 무상 의무교육을 받았다. 지나치게 과장된 것이겠지만, 같은 시기 정부 당국의 기록에 따르면 이미 80% 이상의 타이완인이 일어를 '이해'할 수 있었다. 그 외 1942년 620만 명의 타이완인 중 150만 명 이상, 혹은 총인구의 25% 정도가 이미 초등교육 이상을 받아 일어를 읽고 쓰는 능력을 갖추었다는 통계자료도 있다(吳文星 1992: 360).[70] 국민당 정부가 타이완을 접수한 7개월 후인 1946년 5월, 타이완 출신의 언어학자 우서우리[吳守禮][71]는 반세기에 걸친 식민 통치가 가져온 언어 전환을 다음과 같이 묘사하였다.

> 나이에 따라 타이완인의 언어는 노년·중년·소년 세 계층으로 나눌 수 있다. 노년층 …… 지식인들이 사용하는 말은 대부분 타이완말이고 생활 언어도 타이완말이지만, 그 어휘 속에 이미 적지 않은 일본말과 어법이 스며들어 있다. 중년층의 경우 일본말에 익숙하지 않은 일부를 제외하고는 대부분 일본말을 구사하고 일본 책을 보며 일본 글을 쓸 수 있다. 더욱이 일본 교육을 받았기에 사고하거나 생각할 때 모두 일본어 어법을 사용한다. 이 층위의 사람 중에 여전히 아주 능숙하게 모어를 구사하는 사람도 있지만, 모어가 이미 사회에서 퇴출당해 집 안 한구석으로 밀려났기

---

70 식민지 시기 타이완인 중 극소수만이 중등 이상의 교육을 받았다. 일본이 타이완인의 중등 이상 학교 진학 기회를 최대한 제한했기 때문이다. 식민 통치가 막을 내리기 2년 전인 1943년 타이완인 가운데 중등학교(중고등학교와 직업학교 포함) 졸업생은 23,325명, 고등학부(농업·상업·공업 전문학교와 사범학교 및 대학 1곳 포함) 졸업생은 9,822명이었다. 합계해 보면 1943년 중등학교 이상의 교육을 받은 사람은 총인구(6,133,867명)의 0.54%에 불과했다. 吳文星(1992: 101, 114) 참조.

71 역자 주: 우서우리(1909~2005)는 타이난 출신으로 대북제국대학 문학과를 졸업한 언어학자이다. 전후 국립대만대학 문학과 중국문학 전공 부교수로 초빙되어 최초의 타이완 출신 문학과 교수가 되었다. 타이완성국어추행위원회와 교육부 국어교육보도위원회國語教育輔導委員會 위원을 지냈다. 2000년 500만 자에 달하는 『국어·대만어 대조 활용 사전[國台對照活用辭典]』을 편찬하여 22년 만에 출판하기도 했다.

때문에 어쩔 수 없이 일어로 사물을 생각할 수밖에 없다. 모어의 근간은 비록 동요되지 않았지만, 지엽적인 작용은 이미 변하였다. 소년층, 이 계층은 일본어를 배워서 할 수 있을 뿐 아니라 타이완말을 전혀 하지 못하는 이들도 있다.[72]

우셔우리의 분류에서 이른바 중년층과 소년층은 주로 종전 당시 30세 이하의 사람들을 가리킨다. 이들 중에는 타인과 소통할 때 읽고 쓰기를 막론하고 자신의 모어가 아니라 일어가 주된 수단인 경우가 많았으니, 이러한 현상은 도시 지역에서 더욱 심하였다. 30세 이상의 타이완인 중에서도 중국어를 읽고 쓸 수 있는 사람은 많아야 2%에 불과했다(許雪姬 1991: 158). 전반적으로 말해 종전 무렵 피식민자의 주요 언어는 일어와 타이완말이었다.

그러나 어떤 언어를 배워서 할 수 있는 것과 특정한 문화 정체성을 발전시키는 것 사이에는 필연적인 관계가 없다. 일어에 능숙하다는 것이 반드시 식민자에게 공동체 의식을 갖는다는 의미는 전혀 아니다. 동시에 타이완인의 동화 정도가 대체 어느 정도였는지도 확실히 알기 매우 어렵다. 전쟁 기간(1937~1945) 급진적 '일본화' 혹은 '제국화'를 위한 황민화 운동의 결과는 타이완인을 신속하게 제국 신민으로 개조한다는 원래 식민자의 예정 목표와 격차가 매우 컸다. 하지만 이 급진적 동화 운동의 일환이었던 '국어운동'은 확실히 어느 정도 성공적이었다. 그것은 대다수 타이완인이 일어를 '통달'할 수 있도록 교육하여, 식민자의 언어를 주요 소통 수단으로 하는 젊은 세대를 창출하였기 때문이다.(周婉窈 1994: 136, 153).[73]

---

72 吳守禮, 「臺灣人語言意識的側面觀」, 『臺灣新生報』 '國語'週刊, 第1期, 1946年 5月 21日. 吳守禮 (1955: 72)에서 재인용.

73 황민화운동은 4가지 주요 운동을 포함한다. 국어운동 외 나머지 3가지 운동을 살펴보면

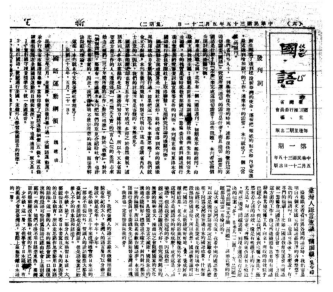

<그림 3-1> 『대만신생보台灣新生報』 '국어國語' 주간 제1기와 우서우리의 「옆에서 본 대만인 언어 의식[台灣人語言意識的側面觀]」 (원서 115쪽)

그 외 1937년 쯤이 되면, 타이완은 이미 수십 년의 사회 안정과 경제 번영을 거쳤다. 이 해 타이완 도내島內의 생산 총액은 이미 2.6배 증가하였고, 개인의 평균소득도 중국 대륙에 비해 2배 이상 높아졌다. 타이완의 기초 공공 건설, 예컨대 도로·철도·항만·전신 설비·공공위생·교육기관 등의 수량도 중국 대륙을 훨씬 능가했다. 농업 발전에 따른 양식 공급은 계속 늘어나서 이미 인구 증가 속도를 초과하였다. 사람들은 집안에 없어도 문을 잠그지 않은 것을 걱정하지 않았다. 범죄자는 보통 금세 체포되어 심판받았다. 대다수 타이완인은 일본 식민 통치의 경제 성과와 행정 효율을 좋아했을 뿐 아니라, 정부 관원과 군인의 능력과 품행에 대

종교와 사회 풍속 개혁은 수용도가 가장 낮았고, 성명개조[改姓名]운동은 전혀 보급되지 못했으며, 지원병제도는 많은 타이완 청년의 열렬한 호응을 끌어냈다. 周婉窈(1994)를 참조.

해 주저 없이 칭찬하였다(Lai, et al. 1991: 26, 45).

게다가 똑같이 황민화 운동을 겪은 조선인에 비해 타이완인은 분명 비교적 순종적이었고 반항의 정도도 낮았다(周婉窈 1994: 153). 사실 전쟁 기간 갈수록 많은 사람의 복장과 행동거지가 일본인처럼 변해갔다. 열 몇 살에서 스무 살 남짓한 사람들은 일본인의 모든 것에 대해, 칭찬이라 고까지 말할 수는 없지만 상당히 존경하였다고 말할 수도 있다. 일반적 으로 말해 반세기의 식민 통치를 거치면서 많은 (대다수는 아닐지라도) 타이 완 출신 엘리트들은 중국의 전통 예교禮敎를 여전히 당연하게 여기면서 도 이미 일본인의 세계관을 상당히 받아들이고 있었다. 엘리트나 일반 평민을 불문하고 많은 타이완인에게 일본인은 존중받고 칭찬받을 만한 객관적인 이유가 충분히 있었으니, 예컨대 개인의 품행·행정 효율·경제 성과·사회 안정 등에 있어서 매우 명백하였다. 하지만 타이완인들은 자 신들이 받는 차별 대우에 대해 대부분은 변함없는 분노를 느끼고 있었 다(Lai, et al. 1991: 41, 44~45).

1944년 5월 당시 타이완 조사위원회 주임 위원이었고 이후 국민당 정 부의 초대 타이완성 행정장관을 맡았던 천이[陳儀](1883~1950)[74]는, 타이완 에서 일본의 성공적인 동화 조치에 대한 우려를 다음과 같이 말하였다.

(일본[敵人])은 (타이완인의) 사상을 노예화했을 뿐 아니라 (중국의) 국문과 국어 사용을 금지하고 일어와 일문 교육을 널리 강제했으며, …… 그래서 타이완의 50세 이하

---

74 역자 주: 천이는 저장성 샤오싱[紹興] 출신으로, 일본 육군대학을 졸업하고 중화민국 육군 상장上將을 지냈다. 국민당내 파벌인 정학계政學系 멤버로서 활약하였다. 전후 타이완성 행정장관으로 재임하였으나, 2·28 사건으로 물러났다. 1948년 저장성 정부 주석에 취임하 였으나 곧 공산당과 내통했다는 혐의로 체포되어, 1950년 타이베이에서 총살당했다.

사람들은 중국 문화 및 삼민주의에 대해 이해할 기회가 거의 없었으니 당연히 무지
[茫然]합니다. 이는 정말로 매우 위험한 상황입니다. …… 수복 이후 가장 어려운 업
무는 교육입니다. 타이완의 (식민) 교육은 매우 발달하여 …… 타이완은 인구가 600
여만 명에 불과한데 이렇게 많은 학교가 있는 것은 (중국의) 다른 성이 미치지 못하는
바입니다. 수복 이후 필수적인 사업에 대해서는 반드시 유지하여 중단되지 않게 함
으로써, 타이완인들이 (우리의) 혁명 효과[功效]를 이해하게 하여 적에게 구실을 주지
않도록 해야 합니다. (陳鳴鐘·陳興唐 1989: 58~59)

천이의 관점은 바로 타이완에 파견된 국민당 정부 관원과 교사들이
가지고 있던 전형적인 심리상태였다. 그들로서는 이 접수된 섬에 온 주
된 임무는 "일본 어문 및 일본 사상과 전투를 벌이는" 것이었다(許雪姬
1991: 173). 그래서 교육은 타이완인을 새롭게 개조하는 가장 유력한 수단
이 되었다. 천이는 중국의 국어·국문과 역사를 가르치는 일이 이러한 교
육계획에서 중요한 역할을 할 것이라고 강조하였다(陳鳴鐘·陳興唐 1989:
59). 이 때문에 1945년 3월 타이완 조사위원회가 제출한 「대만접관계획
강요台灣接管計劃綱要」에서 "접수 후의 문화 시책은 마땅히 민족의식을
강화하고 노예화 사상을 일소해야 한다"라고 명확히 밝히면서 다음과
같은 방침을 세우고 있다.

국어 보급계획을 확정하여 기한 내 점진적으로 실시하도록 한다. 중등학교와 초등
학교에서는 국어를 필수 과목으로 하고, 공무원과 교사들이 먼저 국어를 준용遵用
하도록 한다. 각지에 설치된 일어강습소는 즉시 국어강습소로 바꾸어서 국어 교사
를 먼저 훈련시키도록 한다. (陳鳴鐘·陳興唐 1989: 54)

간단히 말해 국민당 정부가 설정한 중대한 임무는 타이완인을 '탈일본화'시키는 한편, 그들을 '중국화'하는 것이었다. 중국 국어를 제창하고 국어를 보급하는 것이 바로 '중국화' 계획 중의 기본 업무가 되었다.

1945년 10월 25일 일본이 타이완을 중국에 이양함으로써 타이완은 정식으로 중화민국의 일부가 되었다. 이 역사적 중대한 전환에 따라 타이완에서는 '외성인'과 '본성인'이라는 새로운 사회집단 분류 방식이 출현하였다. 문자 그대로 '외성인'은 "중국의 다른 성에서 온 사람"이지만, 실제로는 중국이 타이완을 접수한 뒤에 타이완에 온 중국 대륙 사람과 그 자녀를 지칭할 때 사용되었다. 대다수의 외성인은 공무원과 군인이었다. 상대적으로 일본 식민지시기 출현한 타이완 섬의 한인을 지칭하는 '타이완인'이라는 호칭은 그대로 계속 사용되었다. 그렇지만 타이완의 현지 주민과 새로 들어온 외성인을 구분하기 위해 '본성인'이란 단어가 출현하였다. 이러한 분류와 구별은 한족이 아닌 원주민을 전혀 포함하지 않았다. 대부분의 경우 '본성인'은 인구의 다수를 차지하는 복료인만을 지칭하는 데 사용되었고 객가인도 포함되지 않았다. '타이완어' 혹은 '타이완화'의 개념도 아주 유사해서 보통 주요 현지 언어인 복료화를 가리킬 때만 사용되었으니, 식민지 시기와 같은 사용 방식이었다.

국민당 정부가 타이완을 접수한 지 6개월 후, '대만성국어추행위원회台灣省國語推行委員會'가 성립되어 '국어운동'이 정식으로 전개되었다. 이 위원회의 목표는 '탈일본화'와 '중국화'란 속내를 구체적으로 구현한 것이었으니, "타이완어를 복원하여 방언과의 비교를 통해 국어를 학습하고", "일어의 구법句法을 일소하고 국음國音으로 직접 글을 읽음으로써 문장의 원상회복을 달성한다"라는 것이었다(張博宇 1974: 51 ; Tse 1986: 25~26). 이들 목표 특히 그 중의 '타이완어 복원'을 주장한 점에서 보면, 타이완성 행정장관공서의 언어 정책이 마치 '다중 언어주의(multi-lingualism)'인 것처럼 보인다.

하지만 실제 상술한 정책은 오히려 엄격한 단일 언어주의로, 국어만이 정부 당국이 유일하게 인가한 언어였다. 당시 타이완성 행정장관 천이는 공개적으로 국어 교육은 "강력히 추진해야 하고 조금도 느슨해서는 안 된다"라고 선포하였으니, 어떠한 유연성과 조정의 여지없이 엄격하고 신속하게 시행해야 한다는 뜻이었다(許雪姬 1991: 163). 천이는 일어를 유창하게 구사할 수 있었으나 타이완에 도착하자마자 반 마디의 일어도 사용하지 않겠다고 맹세하였다(Lai, et al. 1991: 95). 천이 정부는 언어 문제가 확실히 장애임을 잘 알았기 때문에 타이완 접수 후 1년 동안은 일본어 출판물의 발행과 유통을 허용하였다. 그러나 1946년 말 정부는 일어를 점진적으로 폐기할 것을 요구하였다(Lai, et al. 1991: 95). 같은 해 학교 수업에서 국어를 사용하기 시작하였다. 이해 10월 24일, 즉 타이완 접수 1년이 되는 날 중국어 신문과 잡지에 남아있던 일문 지면[日文版]도 금지하였다(陳鳴鐘·陳興唐 1989: 235, 412).

'국어 독존獨尊' 정책은 타이완의 지식인들, 특히 지금까지 일어로 지식과 정보를 얻는 데 익숙한 젊은 세대에게 심각한 타격이었다. 1930년대 초부터 순전히 일어로 글쓰기를 하였을 뿐 아니라 이미 명성을 누리고 있던 작가들도 이때 모두 문단에서 퇴출당하였다. 그들이 작품을 쓸 때 사용하는 문학 언어가 공공 영역에서 금지된 것이었다. 일본의 식민 정책과 비교하면 국민당 정부의 정책 결정은 더욱 가혹했다. 일본 식민 정부는 타이완을 통치한 지 42년 후(즉 1937년)에야 비로소 정식으로 이중언어 신문의 한문 지면[漢文欄](2장을 참조)을 금지하였다. 어떤 의미에서 이전에 일어 교육을 받고 성장한 한 세대가 조국의 통치하에 갑자기 '문맹'이 되고 만 셈이었다.

상황을 더욱 악화시킨 것은 능숙하게 국어를 구사할 수 있는 능력이 정부 관직에 들어가는 요건이 되었다는 점이다. 일본 식민 당국의 관료 체계에 비해 국민당 타이완성 행정장관공서의 행정체계는 그 규모가 대폭 축소되었다. 이 때문에 실직한 많은 타이완 공무원은 불만이 매우 컸다. 그 밖에 행정장관공서의 거의 모든 고위직을 외성인이 차지하였다. 절대적인 수량이나 상대적인 비율을 막론하고, 본성인이 얻은 정부 직위의 수는 모두 일본 통치 시기보다 훨씬 적었다.[75] 요행히 정부 기관에서 일할 수 있었던 본성인들도 보통 보잘 것 없는 직위에 지나지 않았다. 행정장관공서는 다수의 본성인이 아직 국어를 능숙하게 구사하지 못하는 점을 그 임용 정책의 정당한 이유로 삼았다(許雪姬 1991: 166~167 ; Lai, et al. 1991: 65~67, 70). 중화민국 헌법이 1947년 12월 25일부터 발효될 예정이었지만, 1946년 1월 천이는 1949년 12월 이전에는 현장縣長과 시장市長의 직접 선거를 거행할 수 없다고 선포하였다. 천이는 많은 본성인이 여전히 일어를 사용하고 있음을 지적하며, "중국의 타이완을 건설하기 위해서는 먼저 본성인이 국어와 국문을 학습해야 한다. 지금 현장과 시장의 민선民選을 실시하면 실행에 따르는 위험이 매우 커서, (본 섬이) 타이완의 타이완으로 변할 수도 있다"[76]고 강조하였다. 그 외 외성 출신 관원

75　일본 식민지 행정 관료 총 84,559명 중 타이완인은 46,955명으로 56%를 차지하였다. 그러나 새 정부하 총 44,451명의 공무원 중 타이완인은 겨우 9,951명으로 22%에 불과했다. 이 때문에 1946년 약 36,000명의 타이완 출신 전직 공무원들이 실직하였다. 더욱 고약한 것은 타이완 행정장관공서가 1945년과 1946년에 현장·시장 및 향진장鄕鎭長을 임명하면서 거의 전부 외성인으로 채웠다는 점이다. 예컨대 8명의 현장 가운데 2명만이 본성인이었다. Lai, et al.(1991: 65~66)을 참조.

76　허설희(1991: 174)에서 재인용. 陳鳴鐘·陳興唐(1989: 571~572)에도 나온다. 1946년 4월 행정장관공서는 정말로 선거를 시행하여 성·현·시·향진의 참의회 의원을 선출하였다. 이 때

들은 국어 능력을 국민 신분의 기준과 애국정신의 상징으로 여겼기 때문에, 국어를 능숙하게 구사하지 못하는 본성인을 여전히 일본 통치의 '노예화'에서 벗어나지 못했다고 지적하였다. 반면 본성인은 외성 출신 관원들이 국어 외에 아는 것이 전혀 없다고 늘 원망하였다(許雪姬 1991: 167~168). 이러한 상태가 발전되면서 언어 장애는 급속히 정치 문제로 변하였고, 본성인과 외성인이 서로 미워하는 주된 원인 중 하나가 되었다.

2. 국민당 통치 초기와 2·28 사건

언어 문제는 외성인과 본성인이 접촉했던 초기의 상황을 잘 보여주는 지표이다. 본성인은 일본인이 그들을 대하는 방식을 몹시 미워했지만, 동시에 일본인의 많은 행위와 품격 및 일본 통치가 가져온 물질적 조건 향상을 좋아하였다. 전쟁이 끝났을 때 본성인들은 너무 기쁜 나머지 일순간 이런 모순된 정서를 씻어버렸다. 본성인들은 중국 대륙이 그들의 조국이고 문화의 근원이며 조상의 고향이라고 여겼다. 그들은 타이완을 다시 중국의 일부로 다시 편입하는 것에 대해 열렬하게 흔쾌히 받아들였다(Clough 1991: 817 ; Lai, et al. 1991: 47). 많은 본성인은 '타이완 광복' 후 첫 몇 개월 동안 자발적으로 국어를 학습하였다. 비록 그중에는 새로운 정치 환경에서 이익을 취하려는 기회주의자들도 분명히 있었지만, 이는 많은 본성인이 여전히 광복에 대한 열정이 충만했음을 반영한다(何容

문에 각급 정부 안의 타이완 출신 민의 대표 수는 일본 통치 시기보다 많아졌다. 당시 중국 다른 성의 민중에 비해 타이완인은 지방과 성 단위 차원에서 더 많은 발언 통로가 있었다. Lai, et al.(1991: 68)을 참조.

等 1948: 10~11). 그러나 국어에 대한 본성인의 열정은 천이 정부가 취임한 지 1년 만에 급속히 식고 말았다. 그들 자신이 일본의 영향을 받아 노예화되었다는 모욕과 질책에 대해 본성인들은 분노하였고 심한 정치적 차별을 원망도 하였지만, 이러한 것들은 열정이 사라지게 된 부분적 원인에 불과했다.

사실상 본성인이 해방자로 칭송했던 국민당 중앙정부는 비록 중국의 대일 항전을 승리로 이끌었을 뿐 아니라 세계 4강[强權]의 하나로 공인받았지만, 그 탐욕과 부패·무능은 오랫동안 외국 관계자의 비판을 계속 받아왔고 자국민들도 지적했던 문제였다(Pepper 1986: 738). 더구나 전쟁으로 인한 손실과 파괴로 이미 고통을 겪을 대로 겪고 있던 국민당 정부는 얼마 있지 않아 공산당의 군사 도발이라는 골치 아픈 일에 봉착했다. 이 때문에 국민당 정부가 일본 식민지 시기보다 더 나은 정치·경제 환경을 곧 창출해 낼 수 있을 거라는 본성인들의 기대는 전혀 현실과 동떨어진 것이었다. 불행한 것은 많은 본성인이 이러한 희망을 품고 있었다는 것이다.『남음』의 편집장 예룽중은 중국에 대한 자기 세대의 관점을 다음과 같이 묘사하였다.

> 우리는 타이완 할양 이후에 태어나 조국 땅을 밟아보지 못했고 조국의 산천을 보지 못했으며, 대륙에 아무런 혈족이나 인척도 없다. 문자와 역사 그리고 전통문화를 제외하면 어떤 연계도 찾을 수가 없으니, 조국은 단지 관념상의 산물일 뿐 경험적으로 실감한 것은 아니었다.

그래서 대다수 타이완인이 국민당에 대해 실망하게 된 것은 전혀 놀라운 일이 아니었다.

사태를 더욱 악화시킨 것은 국민당 통치하의 행정체계와 경제 정책에 대한 본성인의 불만이 매우 높아서, 이러한 체계와 정책은 급속한 사회 혼란을 초래했다는 점이다. 일본이 항복한 후에 타이완성 행정장관공서를 설치한 것은 타이완을 하나의 특수한 성으로 보아 대륙의 다른 성과 다른 규범의 통치를 받아야 한다는 것을 의미하였다. 천이는 타이완성 행정장관으로 임명되었을 뿐 아니라 경비총사령警備總司令도 겸하였다. 군사와 민정 모든 권력을 천이 한 사람이 장악하게 된 것이다. 그 외 입법과 사법 사무도 행정 계통에서 직접 관할함으로써 행정장관의 감독을 받았다. 다른 대륙 각성의 성장이 민정만을 관리하고 성 정부 위원회의 결의를 집행하는 것에 비해 천이는 더욱 많은 권력을 독점하였다. 그의 권력은 이전의 일본 총독과 막상막하였다. 타이완성 행정장관공서와 지방 정부의 조직 구조는 거의 일본 식민 관료 계통의 판박이였다. 많은 본성인은 이 때문에 행정장관공서가 일본 식민 당국의 부활이나 다름이 없다고 여겼다. 본성인들은 보통 행정장관공서를 '새로운 총독부'라 불렀고, 그것이 일군의 새로운 통치자로 교체된 데 불과하다고 생각하였다(鄭梓 1991).

경제의 무질서는 정치 현황의 불공평에 대한 본성인의 분노를 더욱 자극하였다. 행정장관공서는 일본인 소유의 공공 재산과 다수의 개인 재산을 전리품으로 보고 몰수하였지만, 많은 타이완인은 그 재산이 마땅히 그들의 것이어야 한다고 생각했다. 또 정부는 지나치게 많은 돈이 시장에 유통되게 방임하고 국가주의 정책을 채택해 자유시장을 억압하였다. 1946년 초에는 통화 팽창·실업·물품 부족 현상이 급격히 악화하여 생활수준이 심각하게 떨어졌다. 일본 재산의 몰수와 국가주의 정책의 주된 목적은 타이완의 경제 자원을 효과적으로 동원하여 국민당이 대륙에서 공산당과 벌리고 있던 투쟁을 지원하려는 데 있었다. 이런 행태는 더욱 타이완인의 분노에 불을 질렀다(鄭梓 1991: 258 ; Lai, et al. 1991: 72~73, 80~89).

행정 관료 부족에 따른 효율 결여, 탐오貪汚 사건의 빈발, 군대 기강의 붕괴, 대륙에서 계속 밀려드는 난민 등을 포함한 여러 다른 요소들도 본성인과 외성인 사이의 긴장을 증폭시켰다. 1947년 봄 타이베이 길거리에서 발생한 한차례 소동은 섬 전체의 잇따른 반항 사건을 촉발하였다. 2월 27일 저녁 무렵 한 무리의 단속 관원이 본성인 아낙네가 팔던 밀수 담배를 몰수하려 할 때, 관원과 아낙네 사이에 벌어진 실랑이를 사람들이 둘러싸서 보고 있었다. 혼란스러운 가운데 관원 한 명이 총을 발사하여 본성인 남성 한 명을 다치게 한 뒤 현장을 빠져나갔고, 그 남자는 다음날 결국 사망하고 말았다(일설에는 현장에서 사망했다고도 함). 이 소동은 급속도로 통치 당국에 대한 본성인의 격렬한 도전을 불러일으켰고 섬 전체로 확대되어 2주간 계속되었다. 많은 도시 민중이 그 와중에 휩쓸려들어갔다. 군중들은 외성인을 공격하였고 그중 적지 않은 사람이 살해당하였다. 소동에 참가한 본성인들은 정부 관청과 라디오 방송국을 점거하고 경찰국을 공격하여 총기를 탈취하기도 했다.

혼란이 진행되는 동안 일부 타이완 출신 엘리트들은 몇몇 단체를 조직하여 군중을 이끌고, 행정장관공서와 담판하여 정치 개혁과 자유화 및 비극적 사태에 대한 정부의 사과를 요구하였다. 이들 조직 중에서 도시 안의 '처리위원회'가 가장 중요하였다. 천이가 타협적 태도를 보이며 타이완인들의 기대에 부응하겠다고 답하자, 급진화 한 일부 민중들은 군대의 무장을 해제하고 처리위원회에 무기를 맡길 것과 타이완인의 자치를 허용하는 입법을 요구하였다. 그러나 대륙에서 증파된 지원군이 타이완에 도착하면서 본성인들은 대량 학살을 당하였다. 3월 말에 이르러 저항 운동은 이미 완전히 진압되고 사회는 평정과 질서를 회복하였지만, 정치적 견해가 다른 사람을 제거하는 숙청 작업은 여러 해 동안 계속되었다. 이 공개적인 반항이 바로 '2·28 사건'이었다.[77] 이 사건은 이후 타이완의 정치에 수십 년간 막대한 영향을 끼쳤으니, 가장 분명한 사실은 오랜 세월 동안 본성인과 외성인 간의 상호 적대 의식을 조성하였다는 점이다. 게다가 사건 발생 후 일군의 반정부 인사들이 성공적으로 타이완에서 탈출함으로써 해외에서의 타이완 독립운동을 전개하기 시작했다.

언어 문제의 측면에서 2·28 사건 이후 행정장관공서의 단일언어 정책은 더욱 가혹하게 변화하였다. 앞서 언급한 대로 2·28 사건이 발발하기 이전부터 천이의 부당한 통치로 인해 본성인의 국어 학습 열정은 이미 퇴조하고 있었다. 사건이 전개되는 동안 저항에 참여한 본성인들은 일상적으로 외성인에게 현지 언어, 특히 복료화를 말할 수 있는지를 캐물었다. 만약 심문받은 사람이 현지 언어로 답하지 못하면 — 사실 이는 매우 흔한 일이었지만, 그 사람은 죽임을 당하지 않더라도 실컷 두들겨 맞았다. 그 외 반항자들은 라디오 방송국을 점거하여 복료화 혹은 일어로 방송하였고, 그들의 표어·전단·포고 역시 거의 예외 없이 일어를 사용하였다(許雪姬 1991: 175~176). 본성인이 그들에게 익숙한 언어로 분노를 표출한 것은 더할 나위 없이 자연스러운 일이었지만, 이는 도리어 외성인들이 본성인의 정신에 일본이 끼친 해독이 원래 생각했던 것보다 엄

---

77 2·28 사건에 대한 자세한 서술은 Lai, et al.(1991) ; 陳翠蓮(1995)을 참고할 수 있다. 대학살 중 목숨을 잃은 타이완인의 수는 수백 명에서 10만 명까지 각가지 추정이 다 있다. Lai 등의 연구에 따르면 약 1만 명 전후라고 한다. Lai, et al.(1991: 159)를 참고.

중하다고 믿게 되는 빌미가 되었다. 사실 행정장관공서가 사후 제출한 2·28 사건 보고서에서 "일본인의 노예화 교육이 남긴 해독"을 바로 반항 발생의 주요 요소 중 하나로 지적하고 있다.[78] 본성인의 반항을 성공적으로 진압한 지 얼마 후 천이는 다음과 같이 발표하였다.

> 사건[事變]의 발생은 일본인이 51년간 해독을 끼친[毒化] 선전이 사람들로 하여금 정부에 반대하게 한 데에서 연유한 것이다. ······ 일본인과 똑같은 생각을 갖고 우리를 반대하는 사람은 35세 이하의 청년들로, 그 대부분은 중국을 알지 못하고 중국을 업신여길 줄만 안다. 중국의 문화와 제도를 하찮은 것[糞土]으로 보고 무엇이든 일본만큼 좋지 못하다고 여기니, 이들은 자기의 조상이 중국인이라는 점을 완전히 잊고 있다.[79]

이 때문에 사건 이후 일어 음반, 일문 서적과 간행물, 일본 국기 등과 같은 일본과 관계있는 개인 물품은 모두 몰수되었다. 일어 또한 사용이 금지되었으며, 공무원들과 공공장소에 대해서는 더욱 그러하였다(許雪姬 1991: 178~179). 그리고 유창한 국어의 구사는 정부에서 근무할 수 있는 조건이 되었다. 국어를 제창하고 일어를 엄금하며 타이완 현지 언어를 억압하는 것이 바로 2·28 사건 이후 정부 당국의 언어 정책이 되었다.

---

78 台灣省行政長官公署, 「關於台灣'二·二八'暴動事件報告」(1947年 3月 30日). 陳鳴鐘·陳興唐 (1989: 598~622)을 참고.

79 『台灣新生報』, 1947年 4月 1日, 1쪽. Lai, et al.(1991: 139)에서 재인용.

3. 1947~1949년의 문학 토론

(1) 국민당 통치 초기 타이완 작가의 처지

일반적으로 말하면 대다수 본성인과 마찬가지로 본성 출신 문학 작가들도 타이완의 광복을 환영하였다. 그들은 일본의 황민화 정책 하에서 갈수록 엄격해진 심사 제도로부터 마침내 해방된 것에 대해 날 듯한 기쁨을 느꼈다. 앞장에서 말했듯이 중국 백화문이 아니라 일어로 창작활동을 했던 젊은 작가들은 1930년대 초반 이미 문단에 자리를 잡았다. 식민지 시기에 태어나고 성장한 작가들, 예컨대 우쭤류[吳濁流](1900~1976)[80] · 양쿠이(1905~1985) · 장원환[張文環](1909~1978)[81] · 룽잉중[龍瑛宗](1911~1999)[82] · 뤼허뤄[呂赫若](1914~1950)[83] 등은 모두 전쟁 시기 타이완 문단의 중견이

80　역자 주: 우쭤류의 본명은 우젠톈[吳建田]이고 현 신주현[新竹縣] 출신의 교사·시인·기자·문학가이다. 1937년 처녀작 「수월水月」을 발표하였고, 이후 자전적 장편소설인 『아시아의 고아[亞細亞的孤兒]』·『무화과無花果』·『대만 개나리[台灣連翹]』 3부작을 쓴 작가로 유명하다. 반공 문학이 유행하던 1964년 『대만문예台灣文藝』를 창간하여 많은 향토문학 작가를 배출하는 등 타이완 문학계에 큰 발자취를 남겼다.

81　역자 주: 장원환은 자이현 출신으로 일본 유학 후 1933년 동료들과 순수 문학 잡지 『포모사[福爾摩沙]』를 발행하였다. 1941년에는 일본 작가와 함께 『대만문학台灣文學』을 창간하여 전시戰時 타이완 문단에 상당한 영향력을 발휘하였지만, 전후 정치 환경으로 인해 작품활동을 중단했다.

82　역자 주: 룽잉중의 본명은 류룽중[劉榮宗]이고 신주[新竹] 출신이다. 1937년 그의 일어 소설 「파파야가 있는 거리[パパイヤのある街]」가 저명한 종합잡지 『개조改造』의 소설 현상 공모에서 가작으로 입선하였다. 전후 정치 및 언어 환경의 변화로 작품활동에 타격을 받았으나, 1980년대 이후 『장안의 두보[杜甫在長安]』를 발표하며 활발한 문학 활동을 재개하였다.

83　역자 주: 본명은 뤼스두이[呂石堆]이다. 일제시대와 전후 초기에 활약한 객가 출신의 작가 겸 성악가이다. 1947년 2·28 사건 후 중국공산당 당원이 되어 『광명보光明報』를 책임 편집하였으나, 1950년 발생한 '녹굴기지안鹿窟基地案' 이후 실종 사망한 것으로 알려져 있다.

되었는데, 당시 중국 국어를 기반으로 하는 백화문 사용이 이미 금지되어 원래 중국 백화문으로 글을 쓰던 작가들이 문학계에서 퇴출당하였기 때문이다. 전쟁 기간 문단에서 명성을 누리며 한 자리를 차지하고 있던 많은 작가들은 식민 통치의 종결에 고무되어 모두 새로운 신문과 잡지의 편집 활동에 투신하였다. 국민당이 발행한 주요 신문인 『중화일보中華日報』에 게재된 적지 않은 원고가 이들 작가에 의해 쓰인 것이었다. 이 신문의 일문판 안의 작은 '문예文藝' 코너는 일어 문학 작품을 발표하는 주된 공간이 되었다(葉六仁 1986: 104~108 ; 彭瑞金 1991a: 35~41).

하지만 타이완 광복 이후 1년도 되지 않아 정부는 중문 신문과 잡지 안의 일문판 금지를 선포하였다. 일문으로 글을 발표하던 작가들은 일본 통치하에서 침묵할 수밖에 없었던 중국 백화문 작가들과 같이, 자신들은 조국 정부에 의해 입을 닫게 되었음을 알게 되었다. 1924년 타이난에서 태어난 왕위더[王育德][84]는 전후 대남일중台南一中 교사로 있으면서 타이완의 신 희극 운동에 종사하다가, 나중에 일본에 망명하여 해외 타이완 독립[台獨]운동의 중요한 지도자 중 한 명이 되었다. 일문판 철폐 명령이 있기 2달 전, 그는 필명으로 다음과 같은 글을 발표하였다.

…… 타이완이 광복되었다. 그들(작가들)은 일제 강점기 자신이 다루지 못했던 주제를 흥미진진하게 제대로 한번 써보려고 하였다. 그러나 흥분과 감격은 잠깐 피었다가 시들어버렸으니, 애써 힘들게 배운 일문은 결국 공개적으로 사용할 수 없게 되었다. 그들은 다시 국어강습회의 일 학년 학생이 되고 말았다. ……

현재 우리들 사이에는 일종의 낙관적인 이론이 힘을 얻고 있다. 그것은 바로 우리

---

84 역자 주: 왕위더(1924~1985)는 타이난 출신의 작가·언어학자·정치운동가로 전후 타이완 독립운동 1세대의 대표적 인물이다.

정부는 일본 정부와는 달리 매우 민주적이기 때문에 언론 출판의 자유를 존중할 것이라는 견해이다. 그렇지 않다면, 타이완 문학의 앞날은 두 가지 장애(즉 언어 장애와 정치 장애)에 가로막힐 것이다. 그렇다면 현재 타이완에는 어떤 문학이 존재하는가? 억지로 찾자면 '아산阿山 문학'을 들 수 있다. 그 본질은 기껏해야 타이완의 외성인을 대상으로 본국의 단편소설을 피상적으로 소개한 것에 불과하다. 대다수 타이완인이 국어 문장을 충분히 읽을 수 없는 현재, 대중과 유리된 이러한 문학은 결코 어떤 가치도 가질 수 없다. (王莫愁 1984[1946]: 108~109)[85]

매우 불행하게도 정국의 혼란은 언어 문제를 더욱 악화시켰다. 2·28 사건과 그에 따른 진압은 가일층 많은 일문 작가를 문학계에서 축출하였다. 진압 기간 행정장관공서는 많은 신문과 잡지의 발행도 금지하였다. 무수히 많은 본성 출신의 작가·기자·학자·예술가가 체포되거나 살해당하였다. 2·28 사건 이후 문단의 생태는 크게 변하여, 각종 신문과 잡지 대부분이 외성인에 의해 장악되었다.

(2) 문학 논쟁: 식민 통치와 타이완 언어문화의 독특성

그러나 전후에 타이완 문학의 발전이 좌절되었다고 이해한 일군의 외성인 문화 지식인들은 타이완에 처음 도착하자마자, 타이완 문단을 진흥시키고자 하는 의지를 표명함으로써 본성인 작가에 대한 선의를 표시하였다. 2·28 사건 얼마 후, 행정장관공서가 발행하던 『대만신생보』「문

---

[85] 인용문 중의 '아산'(산의 저쪽 편에서 온 사람)은 외성인을 가리킨다. 본성인들은 이런 칭호로써 경멸의 뜻을 나타냈다.

예」부간의 외성인 편집장 허신[何欣](1922~1998)과 거레이[歌雷](史習枚)[86] 두 사람은 타이완 문학의 발전 및 본성과 외성 작가의 협력에 관심을 두기 시작했다. 그들이 편집장을 맡던 기간, 이「문예」부간은 어떻게 문학을 발전시켜야 하는지를 논하는 본성과 외성 작가 또는 평론가들이 쓴 글을 많이 실었다(본성 작가가 쓴 글은 보통 일문을 중문으로 번역하여 게재하였다). 1947년 8월 이후에는 거레이가 편집장이었던「교橋」부간이 가장 주요한 논쟁의 무대가 되었다. 이들 논쟁은「교」부간이 폐지된 1949년 4월까지 20개월이나 지속되었다. 대체로 외성인의 선의는 – 만약 완전 무지하지 않았다면 – 식민지 시기 타이완인의 문학적 관심과 성과를 무시하면서, 중국 5·4운동 이후 주류 문학의 관점을 열렬히 선양하려 한 데서 나온 것이었다. 그밖에 논의에 참여한 외성인들은 늘 타이완 문학의 특색에 대해 불안감을 표시하면서 현지의 전통을 중국 문학의 범주로 통합하고자 하는 강한 욕망을 드러냈다. 상대적으로 논쟁에 참여한 본성인들은 일본 통치하에서 이룬 타이완 신문학의 성과는 존중받고 인정되어야 한다고 요구하였지만, 동시에 타이완 문학이 전체 중국 문학의 일부가 될 수 있다는 점도 부인하지 않았다. 그들은 외성인에게 타이완 문학의 '독특성'을 즐거이 받아들이고, 나아가 타이완 문학이 중국 문학의 미래 발전에 공헌할 수 있는 가능성을 중시해 주길 호소하였다.

---

86 역자 주: 거레이(?~1994)는 장시성 출신으로 복단대학復旦大學을 졸업했고 전후 타이완에 와서「교」부간을 창간하였다. 1949년 '4·6사건'으로 체포되었다 석방된 이후 타이완 문단에서 완전히 사라졌다.

<그림 3-2> 1947년 『대만신생보』 부간 「문예文藝」에 실린 타이완 문예에 관한 외
성인 작가 장모류[江黙流]의 글 (원서 127쪽)

이 논전을 추동한 외성인 작가와 평론가들의 배경에 관해 우리는 아
는 것이 많지 않다. 하지만 확인할 수 있는 것은 그들은 거의 모두 좌경
적인, 1930년대 중국 문학 주류 사조의 신도信徒(彭瑞金 1984: 3)라는 점
이다. 그들의 눈에 타이완은 '문학의 사막' 혹은 '문예의 처녀지'(江黙流
1984[1947]: 258 ; 田兵 1985[1948]: 178 ; 阿瑞 1985[1948]: 198)였기 때문에, 그들은
5·4운동 후 중국 작가들이 광범위하게 받아들인 문학의 사회 사실주의
를 고취하였다. '인민'·'혁명'·'해방'·'반봉건'·'반제국' 등이 유행하던 용
어였다.[87] 이들 외성 출신 지식인들에게는 타이완 문학은 중국 문학의

---

87 1919년 5·4운동 이후 중국의 지식 조류와 정치 발전의 주요 추세는, 서방 자유 민주국가
를 본받아 중국의 사회 정치 문제를 해결하려는 개량주의와 실용 노선에서 점차 소련이 촉
발한 급진 노선으로 대체되었다. 이러한 조류의 변화는 중국 문학의 발전에도 영향을 미
쳤다. 1928년에서 1937년까지 10년간, 즉 국민당이 영도하는 국민정부 하에 전 중국이 통
일된 때부터 중일전쟁이 발발할 때까지, 중국공산당은 비록 정치적 압박과 군사적 좌절을
겪었지만, 문화계에서 공산당원들의 영향은 도리어 점차 커졌다. 1930년 3월 문학사 연구
자들이 현대 중국의 가장 우수한 작가로 공인하는 루쉰[魯迅](1881~1936)과 또 다른 중요
한 작가 마오둔[茅盾](1896~1981)의 지지 하에 40여 명의 작가들이 상하이에서 '중국좌익

일부로서 중국 문학의 주류를 따라 전진해야만 했다. 그들은 새로운 타이완 문학은 새로운 사실 문학이어야 하므로, 작가들은 "사회 속으로 깊이 들어가 인민과 가까이서 함께 호흡하고 한 목소리로 외치며 민족 해방혁명의 전통을 계승함으로써, '오사' 신문학 운동이 이루지 못한 주제인 '민주와 과학'을 완성해야 한다"고 생각했다(歐陽明 1984[1947]: 275).[88]

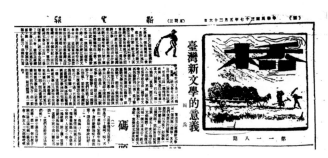

<그림 3-3> 1948년 외성 출신의 작가 톈빙[田兵]이 『대만신생보』 부간 「교橋」에서 타이완 신문학을 논한 지면 (원서 129쪽)

작가연맹'을 창립하였다. 발기인 대부분은 그 얼마 전 불법으로 지목된 공산주의 문학 조직의 회원들이었다. Hsia(1971: 117~119, 124) 참고. 이 연맹은 회원들에게 "무산계급 해방투쟁의 전선에 서서" "무산계급 예술의 탄생을 도울 뿐 아니라 종사하길" 요구하였다. 그 외에도 문학은 "반드시 간단명료하여 이해하기 쉬워야 하고 노동자와 농민이 알아들을 수 있으며, 접근할 수 있는 언어 문자를 사용해야 하며 필요할 경우 방언을 사용할 수도 있다"라고 공언하였다. 이 좌익 연합 전선은 이후 1930년대 중국 문단을 주도하였다. Lee(1986: 429).

88 넓은 의미에서 5·4운동은 1919년 중국의 학생과 지식인이 베이징 군벌 정부의 외교 실패에 대해 전개한 사회·정치적 항의 시위뿐 아니라, 나중에 '신문화 운동'이라고 하는 1917년 시작된 신문학 혁명과 신사상운동도 포함한다. Chow(1960: 2~5) 참고. 본서 제2장의 「1920년대: 백화문학과 중국 국어」 절도 참고. 이 지식 운동은 전통 도덕과 사회 질서를 매섭게 비판함으로써 하나의 전반적인 '신문화'를 추구하는 데 노력하였으니, 이런 정신의 본 모습은 1919년 5·4 시위행진 중에 구체적으로 드러났다. 신문화 운동의 지도자는 당시 근대화된 지 겨우 얼마 되지 않은 중국의 학교와 대학 출신들이었다. 반제국주의 외에 이 운동의 또 다른 목표는 하나의 과학과 민주의 '신문화'를 건립함으로써 이 오래된 국가의 봉건 역사의 속박에서 벗어나는 것이었다. Furth(1983: 322) 참고.

타이완의 문학 활동을 다시 진작시키려는 이러한 외성 출신 지식인들의 선의와 열정은 대체로 긍정적 평가와 칭찬을 받았다. 특히 그들의 반제국주의와 인도주의적 관심은 많은 본성 출신 토론자의 지지를 얻었다. 앞 장에서 언급하였듯이, 1930년대 타이완에서는 사회주의 '무산계급 문학' 이념의 영향으로 타이완화문 글쓰기를 제창하는 '향토문학' 운동이 출현하였다. 일찍이 이 문학 운동에 직접 참여했던 사람들에게 외성 출신 인사들이 논하는 사회주의 색채의 사회 사실주의는 조금도 낯설지 않았다. 토론에 참여한 일부 본성인, 예컨대 유명 작가인 양쿠이와 예스타오[葉石濤](1925~2008),[89] 평론가 랴오한천[廖漢臣](廖毓文, 1912~1980)[90] 등은 외성인의 관점에 호응하였을 뿐 아니라 '진보적인 인민 문학'의 타이완 도입을 환영하였다. 그들은 외성과 본성 작가들이 "성 내외의 장벽을 허물고 중국 신문학 운동의 일환으로서 타이완 신문학의 건설을 위해" 서로 협력할 것을 호소하였다(毓文 1984[1947]: 268 ; 楊逵 1984[1948]: 281~282 ; 葉石濤 1984[1948]: 291). 하지만 본성 출신 토론자들은 전후 사회 정치 질서의 파괴로 이미 많은 현지 작가가 글쓰기를 포기하였음을 암시하기도 했다. 그들은 외성인이 식민지 시기 타이완 현대문학의 역사에 주목할 수 있도록 환기시키면서, 1920년대 초 황청충과 황차오친이 문학과 언어 개혁을 제창한 이래 타이완 작가들이 이미 풍성한 성과를

---

89 역자 주: 예스타오는 타이난 출신의 문학 작가로 1940년대부터 2000년대까지 100종이 넘는 작품을 출판하였는데, 타이완인이 쓴 최초의 타이완 문학사인 『대만문학사강台灣文學史綱』(1987년)의 저자로도 유명하다.

90 역자 주: 랴오한천은 타이베이 출신으로 위원[毓文]은 그의 필명이다. 기자 생활을 하다 1933년 궈쥐성과 대만문예협회를 창설하고 『선봉부대先發部隊』를 발행하였다. 1948년 대만성문헌회台灣省文獻會에 들어가 타이완의 문헌을 연구하여 여러 편찬 사업에 참여하였다.

<그림 3-4> 『대만신생보』「교」 부간에 실린 예스타오의 외성 출신 작가에 대한 응
답 (원서 130쪽)

거두었음을 강조하였다(毓文 1984[1947]: 266~267 ; 楊逵 1984[1948]: 280 ; 王錦江
1984[1947]).

　이번 문학 논쟁 과정에서 문학에 대한 2·28 사건의 영향을 분명하게
볼 수가 있다. 앞서 언급한 대로 외성인의 관점에서 보면 일본의 교화와
주입은 이 동란의 부분적 원인이었다. 본성인의 자치 요구는 일본인의
'해독[毒害]'을 입은 증상으로 비난받았다. 2·28 사건은 식민 통치의 영향
이라는 더욱 엄중한 오명을 뒤집어썼다. 토론 중에 본성인이 현지 작가
의 성과를 강조한 것은 외성 출신 비평가들의 의심을 야기하였다. 외성
출신 토론자는 식민 통치의 유서遺緖에 불쾌감을 느꼈고, 지방의 문학
전통은 '민족'의 문학 전통에 통합되어야 할 것을 호소하였다. 그들은 식
민지 시기 본성 작가들이 비록 조국의 문학 조류와 격리되어 있었지만,
타이완 문학을 어떻게 발전시킬 것인가라는 문제는 구체적으로 말해 어
떻게 조국 문학과 분리될 수 없는 일부로서 발전할 수 있느냐의 문제라
고 믿었다. 또한 타이완 신문학의 성장을 촉진하는 것은 바로 중국 신문
학 중 하나의 중요한 부분의 발전을 촉진하는 것이라고 생각했다(歐陽明

1984[1947]: 274~275).

사실 『대만신생보』 문예 부간의 20개월에 걸친 토론의 주된 초점은 모두 타이완 문학과 더 광범위한 타이완 문화의 '특수성'을 둘러싼 것들이었다. 한 외성 인사는 신랄한 어조로 타이완 문학 전통의 특수한 점을 다음과 같이 강렬하게 비판하였다.

장장 51년에 걸친 일제의 타이완 통치가 사상 면에서 우리에게 남긴 것은 '자본 제국주의의 식민지 봉건 문화'이다. 타이완 광복 이후 이러한 문화 위에 '관료 성격'과 '매판 성격'을 띤 반半 노예 문화가 더해졌다. 이 두 문화가 서로 합쳐진 것이 바로 '원초적 기생[妓女] 문화'이다. 이러한 '원초적 기생 문화'는 타이완이라는 '특수성'을 기초로 만들어진 것이다. 이러한 기생적이고 낙후되고 부패한 '원초적 기생 문화'는 타이완 신문화의 철천지원수[死敵]일 뿐이다.

현 단계의 타이완 신문학 운동을 만약 타이완 문학의 '특수성'이란 점에서 보면, 그 의미는 바로 타이완의 진보적 문예 사업이 단결하여 이 '원초적 기생 문화'를 함께 제거하는 하나의 운동일 뿐이다. …… 대외적으로는 국내의 '전투적 민주주의 문학의 우군友軍'과 밀접한 연계를 갖고 보조步調를 맞추도록 노력하는 신현실주의 문학 운동이다. …… 이러한 농후한 색채를 띤 타이완 특수성의 '원초적 기생 문화'가 타이완 사상 측면에서 모습을 드러낸 몇 가지 구체적 증거를 제시해보면, 바로 '타이완 독립'과 '신탁 통치' 등과 같은 잘못된 사상이다. …… (吳阿文 1984[1949]: 298~300)[91]

이 글쓴이가 사용하는 격한 단어는 타이완 문화의 독특성 및 그와 관

---

[91] 2·28 사건 이후 일부 본성 출신 반대파 인사와 미국 정치인 중에 타이완을 미국 혹은 유엔의 신탁 통치를 받는 영토로 삼을 것을 제안한 사람들이 있었다. 陳翠蓮(1995: 408~423) 참고.

련된 분리주의에 대한 그의 혐오를 분명하게 드러낸다. 부간의 편집장 거레이 역시 타이완 문학은 중국 대륙의 어떤 '변경[邊疆] 문학'과도 다를 바가 없으니, 그 특수한 점은 바로 4가지 요소, 즉 간단한 서사敍事 기교, 일어 어휘 및 독특한 타이완 속어와 구어의 습관적 사용, 일본 작가의 영향, 모종의 반식민 의식에 있다고 주장하였다.[92] 거레이와 다른 외성 출신 비평가들의 입장에서 보면 이러한 특수한 요소는 주로 식민 통치의 산물이며, 또한 현지의 문학 전통을 중국의 민족 문학에 편입시키는 데 장애가 될 것이었다. 그들은 이러한 장애를 극복하기 위해서 본성 작가들은 반드시 국어를 학습해야 하며, 본성 작가들이 마땅히 조국 문학계의 주류인 사회 사실주의를 활용하여 인민을 위한 '인민의 문학'을 창작하는 것도 똑같이 중요하다고 생각했다. 이들 외성 출신 비평가들은 타이완 문화가 보편적으로 "특수성이 없는 상태를 만들어서 …… 타이완 문화와 국내 문화가 방법은 달라도 한 곳으로 돌아가야 한다"고 강조하였다.[93]

타이완 문학과 문화의 특수성은 식민 통치의 잔재라는 것이 외성 출신 비평가들의 거의 일반적인 견해였다. 그러나 일부 본성 출신 토론자들은 타이완의 실제 모습을 무시한 외성인들의 논점을 반박하였다. 예컨대 펑민[彭敏]은 타이완의 어떤 불합리한 사정을 해석할 때마다 식민지 경험은 편리한 이유로 변화한다고 지적하였다. "이는 일본의 영향이다"라는 말은 외성인들이 언제나 특히 사회의 병폐를 언급할 때 준비한 결론이었다. 펑민은 이러한 관점은 이미 타이완 사회에 대한 판에 박힌

---

92 彭瑞金(1984: 10)에서 인용.

93 彭瑞金(1984: 11)에서 인용.

듯한 인상을 만들었다고 지적하였다(彭敏 1985[1948]: 194~195).[94] 라이난런 [瀨南人]이란 필명의 또 다른 본성 출신 토론자도 같은 내용의 비판 글을 발표하였다. 그는 외성 출신의 작가 천다위[陳大禹]가 쓴 글의 논점을 다음과 같이 반박하였다.

그는 "타이완의 상황이 국내와 분명히 다른 특수한 색채를 띠게 된 까닭은 일찍이 50여 년간 일본인의 통치에 점령되어 있었기 때문이다." 또 그는 "이것만으로도 충분히 중국에서 가장 두드러진 타이완의 특수성을 구성할 수 있다"라고 생각했다. 앞에서도 말했지만 타이완의 특수함은 이것만이 아니기 때문에, 이 점을 너무 강조해서는 안 된다. 타이완의 지리적 위치, 지형과 지질, 기후와 물산 등 자연환경이 만들 수도 있고, 스페인·네덜란드의 불법 점거와 일본에 점령당했던 역사 과정, 게다가 이러한 역사 과정이 다시 자연환경과 상호작용함으로써 타이완의 특수성을 창조해 낸 것이니, 이러한 특수함이 타이완에서 새로운 신문학 건립의 필요성을 부여하는 것이다. ……

나는 타이완이 중국 변경의 하나라는 점을 결코 부인하지 않는다. 하지만 타이완 문학의 목표가 변경 문학을 건립하는 데 있는 것은 아니라고 생각한다. 더욱이 지명을 덧씌워 문학 작품의 가치를 떨어뜨리고, 끝내 변경 문학이 되고 마는 것은 더욱 인정하기 어렵다. 요컨대 타이완의 자연 혹은 인문 환경에 적응하기 위해 타이완 신문학운동을 추진할 필요가 있지만, 그 목표를 변경 문학의 건립에 두어서는 안 된다. 우리의 목표는 중국 문학을 구성하는 한 요소가 되어, 중국 문학의 내용을 더욱 다채롭게 할 수 있고, 또한 세계 문학의 수준에 도달하게 하는 데 두어야만 하는 것이다. (瀨南人 1985[1948]: 189~190)

---

94 펑민은 펑밍민[彭明敏]의 필명이다. 그는 1923년생으로 이 글을 발표할 당시 25세였다.

라이난런의 관점은 일본 식민지 시기인 1932년 예룽중이 제시한 '제3의 문학' 이념을 상기시킨다. 예룽중은 '사회집단'으로서 타이완인의 특수성에 기초한 문학의 건립을 제창하였다. 그는 타이완인의 특수성은 주로 식민 통치의 경험과 타이완 문화의 원류인 중국 대륙과 단절에서 오는 것이라고 생각했다. 예룽중은 이러한 특수성은 이미 타이완인을 대륙의 중국 한인과 구별시켰다고 생각했다. 이미 일본의 통치는 공고해져서 해방될 날을 거의 기약할 수도 없다는 것을 승인하는 이런 생각이, 황스후이가 '향토문학'을 제창하고 궈츄성이 타이완화문을 창의하며 예룽중이 '제3의 문학' 구상을 제시하게 된 배경이었다. 그들에게 식민통치는 타이완의 특수성을 만든 가장 중요한 근원이었기 때문에 엄숙하게 다루어야 했다. 피식민자의 민족 정체성을 확보하기 위해서, 그들은 모두 타이완의 '독특한 문화' 혹은 '독립된 문화'의 발전이 매우 필요하며 타이완화로 쓴 문학은 그 기본적인 부분이라는 유사한 결론을 내렸다. 그러나 상대적으로 외성인에 의해 식민지 경험이 사회적 병태病態와 정치 문제의 주요 근원으로 여겨지게 되자, 평민이나 라이난런 같은 본성 출신 지식인들은 식민지 경험이 특수한 문화 형성에 미친 중요성을 가볍게 처리하고자 시도하였다. 라이난런은 새로운 타이완 문학을 발전시키는 목적은 중국 문학의 일부가 되게 하는 데 있다고 분명하게 밝혔다. 그럼에도 그는 타이완의 특수성을 정확하게 대해줄 것을 요구하면서 타이완의 정체성의 연속성 여부에 상당한 관심을 드러냈다. 따라서 이런 측면에서 라이난런을 대표로 하는 본성 출신 토론자의 관점은 황스후이·궈츄성·예룽중을 대표로 하는 일본 식민지 시기 지식인의 견해와 매우 유사하였다. 그들의 태도는 타이완 문학과 타이완 문화가 반드시 '특수성이 없는' 경지에 도달해야 한다는 외성 출신 비평가들의 일반

<그림 3-5> 『신생보』「교」부간에 실린 쳰거찬[錢歌川]·천다위에 대한 라이난런의
반박 글 (원서 134쪽)

적인 견해와 비교해 선명하게 대비된다.

외성 출신 지식인들이 선의를 표하며 타이완 문단의 활기를 다시 진
작시키고자 하였음에도, 20개월에 걸친 타이완 문학의 성격과 미래 발
전에 대한 논쟁은 1949년 4월 『대만신생보』의 「교」부간의 폐지와 함께
갑자기 중지되고 말았다. 편집장 거레이가 경찰에 항의하는 학생 운동
'4·6 사건'에 연루되었다는 혐의로 체포되면서 부간도 폐지되었던 것이
다. 「교」부간의 폐지는 1920년대 초반 출발한 타이완의 현대문학이 일
단락되고, 또 다른 새로운 문학 시기가 곧 시작될 것을 상징하였다(彭瑞
金 1991a: 62). 이번 논쟁이 비록 이후 타이완 문학 발전에 미친 영향은 미
약했지만 그 역사적 의의는 중시할 만하다. 이번 논의의 주축은 타이완
문학과 타이완 문화의 '특수성'을 둘러싼 것이었는데, 이는 식민 통치의
문화 잔재를 어떻게 대면하고 처리하느냐는 난제와 관련된 것이었다.
중국 대륙에서 일본 침략의 고통을 겪은 외성 출신 토론자들(과 국민정부)

에게 이들 잔재는 민족의 적이 남긴 독소임에 틀림이 없었다. 그러나 본성 출신 토론자들에게 식민 통치의 경험은 독특한 집단 정체성을 형성하는 중요한 요소였다. 따라서 어떤 의미에서 식민 통치의 문화 잔재를 모멸하는 것은 바로 본성인을 모멸하는 것과 같은 것이었다. 국민당의 통치가 계속되는 수십 년간 이들 문화 잔재는 폄하되고 배척되었다. 1970년대 초반에 이르러서야 식민지 시기 타이완인의 정치와 문화 활동이 겨우 사회 대중과 학계의 흥미를 다시 불러일으켰다. 그리고 1980년대 초부터 일본 식민 통치하의 반식민 저항과 문학 활동에 관한 서사가 점차 타이완 민족주의 역사 논술의 주요 부분이 되기 시작했다(제4장과 제6장의 분석을 참고).

4. 1950~1960년대 국민당의 통치

1949년 12월 「교」 부간이 폐지된 지 8개월 후, 국민당이 집권한 중화민국 정부는 중국 공산당과의 내전에서 패하여 타이완으로 철퇴하였다. 사실 1946년 이후 이미 100만 명 이상의 난민이 대륙에서 타이완으로 피난해 와 있었다. 1950년 초 장제스가 타이베이에서 총통으로 복직했을 때, 중화민국의 운명은 존망이 걸린 상황에 처해 있었다. 그러나 1950년 6월 소련이 지지하는 한국전쟁이 발발하자, 미국 정부는 타이완이 중국 공산당 군대에 점령당하면 태평양 지역의 안전을 위협할 수 있다고 판단하고 제7 함대에 타이완의 보호를 명령하였다. 1954년 말 미국과 중화민국은 공동방위조약을 체결하여 장기적인 경제·군사 원조를 계획하는 공식적 틀을 수립하였다. 1950년대에서 1960년대까지 타이완에 대한 미국의 보호는 타이완의 안전을 보장함으로써, 타이완이 정치적 안정과 지속적인 경제발전을 유지할 수 있게 하였다(彭懷恩 1987: 69~71). 동시에 미국은 또 그 영향력을 발휘하여 중화민국이 유엔 상임이사국의 지위를 보유하게 하였을 뿐 아니라 중화인민공화국의 가입을 저지하였다.

국민당은 과거 중국 대륙에서의 정부 체제를 타이완으로 옮겨 왔으니, 그것은 1946년 난징에서 정식으로 통과된 헌법에 따라 세워진 것이었다. 세 개의 민의기구(국민대회·입법원·감찰원) 구성원은 모두 1947년과 1948년 대륙에서 선출된 사람들이었다. 그들의 임기는 연장되어 세 기구의 기능을 유지하였지만, 타이완에는 그들이 실제로 대표하는 선거구와 선거인이 없었고 민중의 감독이라는 압력도 없었다. 실제로 이 세 민의 대표기구는 모두 국민당이 장악하고 있었다(Tien 1989: 140). 장제스는 국민당 주석, 국가 원수 및 삼군 총사령관을 맡아 많은 중대한 정책을 결정할 수 있는 최고 주도권을 쥐었다. 국민당 정부와 함께 타이완으로 물러난 2개의 작은 정당은 사실상 영향력이 없었다. 새로운 정당을 조직하려는 어떤 활동도 모두 금지되었다. 국민당이 통제하는 정치체제는 기본적으로 레닌의 당국체제를 모방하여 세워진 일당 독재 체계였다.

비록 성과 지방 단위의 선거는 본성인이 정치에 참여할 수 있는 중요한 경로를 제공하였지만, 외성인이 주도하는 국민당은 지방 수장을 선택할 권력을 갖고 있었다. 당국체제 내의 중요한 직위는 거의 모두 외성인이 차지하였다. 당국黨國 권력의 위계가 높은 곳일수록 본성인의 자취는 더욱 적었다(Chang 1994: 114). 따라서 지방 정치에서 실행하는 민주 선거는 전혀 국민당 정부의 권위주의 통치가 갖는 근본적인 성질을 바꿀 수 없었다. 그 외 각종 규정의 제한, 특히 '동원감란시기임시조관動員戡亂

時期臨時條款'과 계엄의 통제 하에서 시민권은 곳곳에서 제약받았다. 전자는 총통이 헌법에서 부여한 범위 이상의 권력을 누릴 수 있게 하였다. 그리고 1949년 계엄령 반포 이후 실행된 계엄은 타이완을 중국 내전 중의 교전 구역으로 설정함으로써, 반란 혐의로 고발되면 누구라도 군사 법정에서 비밀리에 재판할 수 있게 하였다(Tien 1989: 108~110).

전후 20년간 타이완의 정치체제는 기본적으로 아무 변화가 없었다. 1960년대 말 국민당 당원은 이미 100만 명에 육박했다. 이들 당원은 정부 기관을 장악한 것 외에도 각종 인민단체와 학교를 통제함으로써 정치적 안정을 유지하는 데 핵심적인 역할을 하였다. 반정부 운동은 성공적으로 억제되었다.[95] 타이완의 독립운동은 주로 일본과 미국에서 발전하고 추진되었지만, 그 규모는 크지 않았고 항상 계파 간 다툼으로 견제되어 타이완 내부의 정치 발전에 미친 영향은 미미하였다.[96]

정치적 안정은 1960, 70년대 타이완의 경제가 고속 발전할 수 있던 주된 조건이었다.[97] 농업 생산의 감소와 공업의 왕성한 발전은 급속한 도

95　예컨대 이 20년간에 있었던 두 가지 중요한 반정부 운동은 모두 실패로 끝났다. 정치평론 잡지 『자유중국自由中國』의 외성 출신 편집장 레이전[雷震]은 외성인과 본성인을 포함하는 야당의 건립을 시도했지만, 결국 1960년 10년형을 판결받고 감옥에 갇혔다. 『자유중국』 사건의 상세한 경위에 대해서는 Mendel(1970: 114~117), 李筱峰(1987: 55~84)을 참고할 수 있다. 그 외 국립 대만대학 정치학과 학과장이던 펑밍민과 그의 두 제자는 몰래 '대만인민자구운동선언台灣人民自救運動宣言'을 기초하여, '장제스 정권'에 대한 민중의 저항을 호소하였지만, 1964년 체포되었다. 그러나 펑밍민은 이후 몰래 도망쳐 출국하였다. 펑의 자서전 *A Taste of Freedom: Memoirs of A Formosan Independence Leader*(1972)와 이 책의 중역본 彭明敏(1984[1972]), (1988[1972])을 참고할 수 있다. '대만인민자구운동선언'의 영역본은 Mendel(1970: 249~260)을 참고할 수 있다.

96　해외에서의 타이완 독립운동에 관한 관련 자료는 陳銘城(1992)와 陳佳宏(1998)을 참고할 수 있다.

97　1949년 시작한 토지 개혁은 농업생산과 공업화에 중대한 공헌을 하였을 뿐 아니라, 이어진 고도의 경제성장을 위한 기초를 닦았다. 1960년대 급속한 경제 발전으로 1인당 평균 국

시화와 노동계급의 현저한 증가를 동반하였다.[98] 주목할 만한 경제적 고도성장과 도시화 및 노동력 구조의 변화는 1960년대 부의 분배 불균등, 농촌의 쇠퇴, 노사 관계 등 점점 심각한 사회문제를 야기하였다. 이러한 사회 경제적 변화는 바로 1960년대 말 1970년대 초의 새로운 문학 창작 추세, 즉 전후 '향토문학'이 출현하게 된 배경이었고, 향토문학은 그 후 타이완 민족주의 문학 논술의 발전에 극히 중요한 역할을 하였다. 그런데 향토문학을 분석하기 이전에 먼저 전후 20년간 문학의 변화 발전을 간단히 검토할 필요가 있다.

5. 1950~1960년대의 전투 문예와 국민당 이데올로기 그리고 현대주의 문학

전통의 상실失落은 1949년 이후 타이완 문단의 기본적인 특징이었다.

민소득 연간 증가율은 1950년대의 2.7%에서 1960년대에는 5.8%로 높아졌다. 수출 상품의 급격한 증가는 높은 경제 성장률의 주된 원인이었고 경제의 기본 구조를 변화시키기도 했다. 농업 생산 가치가 국내 생산 순액[淨額]에서 차지하는 비율은 1960년 33%에서 1970년 18%로 감소하였고, 같은 시기 공업 생산 가치의 비율은 25%에서 35%로 늘어났다. Clough(1991: 836~849) ; 彭懷恩(1987: 75~78) 참조.

98 1960년대 대도시 인구는 87%, 향진鄕鎭 인구는 73% 증가하였지만, 타이완 총인구는 35% 상승에 불과했다. 그 외 1960년대 농업·어업·임업의 노동 인구는 16%밖에 증가하지 않은 데 비해, 상업·제조업·서비스업에 종사하는 노동 인구는 각각 43%, 82%, 115% 상승하였다. Clough(1991: 842, 848~849) 참조. 주의해야 할 것은 주요 대자본가 중에는 외성인도 있고 본성인도 있었지만, 중소기업은 대부분 본성인 소유였으며 경제성장을 추동하는 주요 동력이었다는 점이다. 게다가 본성인과 외성인의 사회 유동 통로가 달랐으니, 일반적으로 본성인은 개인 기업에 집중되었고, 이들 영역에서의 일상 사무는 주로 그들의 모어, 특히 복료화를 통해 이루어졌다. 상대적으로 외성인은 국민당·정부 기관·군대·기타 국영 기업을 포함한 공공 부분에서 일자리를 구하였다. Chang(1994: 118~120) 참조.

한편에서 언어 문제로 식민지 시기부터 활약했던 본성 출신 작가들은 창작 능력을 잃었다. 2·28 사건에 따른 탄압은 더욱 작가들을 문학계에서 축출하였다. 그들의 퇴출은 타이완의 문학 발전에 중대한 단절을 초래하였고, 식민지 시기 타이완 문학의 유산도 계승할 수 없게 하였다(Mei 1963: 73 ; 呂正惠 1995: 11~14). 다른 한편, 당대 중국 문학의 중요한 작가들 거의 모두가 중국 대륙에 남았다. 대다수 1930년대의 중요한 작가, 예컨대 루쉰[魯迅]·라오서[老舍]·바진[巴金] 등의 작품들은 그들이 공산주의를 지지했다는 이유로 전면 금지되었다. 5·4운동의 영향을 받은 1930년대 작가의 작품 중 읽을 수 있는 것은 쉬즈모[徐志摩]·주쯔칭[朱自淸] 등이 쓴 서정적인 것들뿐이었다(Chen 1963: 78 ; Lau 1973: 623). 거레이가 체포되고 「교」 부간이 폐지된 이후 5·4운동 이래 중국 현대문학 발전의 특색, 특히 사회 현실을 있는 그대로 묘사하는 좌익적 전통은 타이완에서 종적을 감추었다. 정치적 통제는 본성과 외성 작가 모두를 위협하였다. 정부가 지지하고 외성 출신 작가들이 창작한 '전투 문예'가 당시의 정치 분위기를 대표하며 1950년대 초반 아주 유행하였다. 강렬한 반공 선전과 반공 투쟁만을 묘사하는 것이 그 주요 특색이었다. 배경은 거의 모두 중국 대륙이었고, 향수鄕愁가 주요한 감정 기조였다(Chen 1963: 78).

<그림 3-6> 전투 문예에 관한 1955년 8월 29일자 『연합보聯合報』 보도 (원서 139쪽)

'전투 문예'는 국민당의 이데올로기를 반영하였다. 국민당은 중화민국이 전 중국의 유일한 합법정부임을 재삼 표방하면서 대륙의 잃어버린 땅[失土]의 수복을 다짐하였다. 국민당 정부는 자신이 중국 전통문화의 수호자임을 부단히 강조하기도 했다(Chun 1994: 55). 전통 중국 문화의 가치·상징적 부호·역사·예술·공예·국어·대륙 강산江山의 경치 등은 정부 당국의 추앙과 찬양을 받았지만, 타이완 현지의 산물은 상대적으로 경시되고 폄하되었다. 1966년 장제스는 당시 중화인민공화국의 '무산계급 문화대혁명'에 대항하기 위해 '중화문화 부흥 운동'을 발기하였다. 이 운동의 선언문은 중국 역사와 문화 전통 중의 위대한 도통道統은 중국 대륙에서 버려지고 짓밟히고 있기 때문에, 우리는 '문화 부흥' 운동에 힘써 민족의 문화 전통이 존속될 수 있도록 지켜낼 필요가 있다고 강조하였다. 또 이 선언은 쑨중산의 『삼민주의』가 중국 문화 전통의 정수[精華]이자 반공 전쟁의 지도 원칙으로서 민족 전통을 보위하기 위해 불가결한 것이라고 강조하였다(Tozer 1970: 82~83). 학교 교육·대중 매체·군대 훈련 및 각종 명의의 인민단체조직은 모두 이러한 이데올로기를 주입하는 중

요한 도구였으며, 이들 사회화社會化 기구는 외성인들이 통제하는 것이 보통이었다.

정치적 압제와 문화적 봉쇄라는 큰 환경을 배경으로 1956년 창간된 샤지안[夏濟安] 교수와 그의 대만대학 동료들이 함께 편집한『문학잡지文學雜誌』는 노골적인 정치 선전이 없는 최초의 진지한 문학 간행물이었다. 그것은 또 일군의 외성 출신 지식인들이 모종의 '유랑 혹은 방황의 심리상태'를 지양하고, 나아가 과도기적 도피주의를 배제하려는 의지를 대표하였다(Chen 1963: 80 ; Lau 1973: 624). 이 잡지는 '현실을 도피'하지 말 것을 강조하면서 작가들에게 "그의 시대를 반영하고 그의 시대적 정신을 표현하며", "진실을 말할" 것을 호소하였다. 그러나 이 간행물도 결국 1960년 정간됨으로써 기대했던 목표를 실현할 수 없었다(Lau 1973: 625).

비록 이 잡지가 자신의 문학 이념을 널리 보급하는 면에서 성과는 크지 않았지만, 샤지안은 일군의 천부적 재능을 지닌 젊은 작가들을 길러낼 수 있었으니, 모두 그가 대만대학 외국문학과에 재직하던 시절의 학생들이었다. 아이러니한 것은 이 작가들은 그들의 스승과 달리 사회 정치적 현실 상황을 묘사하는 데 그다지 흥미가 없었다는 점이다(Lee 1980: 9). 타이완에서 성장한 외성 출신 2세대로서 그들은 개인의 내적 경험을 탐색하는 것을 선호하여, 감각 기관·잠재 의식·꿈속의 개인 세계에 몰두하였다. 이러한 심리 경험을 묘사할 때 이 작가들은 여러 '현대주의' 문학 작품 중에 자주 보이는 투영[影射] 기교를 활용하였다(Lau 1973: 626). 그들이 창간한『현대문학現代文學』은 20세기 서구 현대주의 문학을 체계적으로 소개하는 데 노력하였다. 이 잡지가 설정한 임무는 "새로운 예술 형식과 풍격을 시험試驗·모색·창조하며" 중국인의 전통에 대해 '파괴적 건설 작업'을 하는 것이었다.[99] 『현대문학』이 가져온 주제와 기교의 혁신은 1960년대 타이완 문학에 중대한 영향을 미쳤다. 외부에서 도입한 문학 이념과 기교는 당시 대다수 젊은 작가들에게 모범으로 받아들여졌다.

『현대문학』이 실험한 중점은 소설이었다. 그러나 사실 타이완의 현대주의 문학을 개척한 선구[先鋒]는 시작詩作이었다. 일찍이 1953년 외성 출신의 시인 지셴[紀弦](1913~　)[100]이 『현대시現代詩』 잡지를 창간하였고, 1956년 성립한 '현대' 시사詩社에는 80명의 시인이 가입하였다. 시사의 가장 중요한 임무는 타이완의 시를 전면 서구화하는 것이었다고 할 수 있다. 지셴은 신시新詩는 서방에서 직접 이식한 현대주의 전통에 의존해야지, 중국 고전 시에서 양분을 섭취하는 게 아니라고 주장하였다. 『현대시』는 1953년부터 발행되어 1963년 종간되었다. 이 잡지의 제창으로 전통과 다른, 심지어 황당하고 난해한 이미지와 상징으로 가득한 대량의 현대시가 타이완에서 성행하여 풍조를 이루었다. 1954년에 성립된 2개의 중요한 시사인 '남성藍星'과 '창세기創世紀' 모두 지셴과 비슷하게 "시단[詩界]의 또 한차례 혁명을 이끌어 신시의 현대화를 추동한다"라는 이념에 따라 타이완의 시가詩歌와 문학에 중대한 영향을 미치고 공헌을 하였다.[101]

소설과 시작에서의 문학 현대주의는 1950년대 중반 이후 타이완의 비교적 개명한 자유파에 속하는 지식인 사이에 성행한 현대화 의식을 반

99　Lee(1980: 14~15)에서 인용.

100　역자 주: 지셴(1913~2013)의 본명은 루위[路逾]이고 산시성[陝西省] 출신이다. 저명한 시인으로 "타이완 현대시現代詩의 점화자點火者"로 불린다.

101　Lee(1980: 11)에서 인용.

영하였다.[102] '현대' 시사와 『현대문학』의 회원들은 항상 두루 포용할 것 [兼容並蓄]을 제창하면서, 작가들에게 동서양의 문학과 예술 전통의 정수를 흡수하여 '중국'과 '현대'의 특징을 두루 갖춘 작품을 창작할 것을 호소하였다. 그들이 이처럼 하나의 격식에 구애되지 않는 절충 이념을 공언하였지만, 1950년대 중반부터 '향토문학 논쟁'이 출현한 1970년대 중반까지의 소설과 시작의 가장 현저한 특징은 바로 서구화 경향이었으며 형식과 기교면에서 더욱 그러하였다. 이 20년은 타이완 문학사에서 현대주의 시기라고 말할 수가 있다(呂正惠 1995: 3~4).

6. 향토문학 논쟁

(1) 1970년대 초의 정치 변화와 '향토 회귀' 문화 조류

20년의 정치적 안정과 경제적 번영을 거친 뒤, 1970년대 초 타이완은 일련의 외교적 좌절에 부닥쳤다. 국민당 정부가 가장 먼저 마주한 중대한 외교적 도전은 타이완 동북방에 있는 댜오위타이[釣魚台] 열도의 주권 분쟁이었다. 타이완과 일본 모두 이들 섬에 대한 영유권을 공언하고 있었는데, 미국이 관할하고 있던 오키나와와 댜오위타이 열도를 일본에 반환한다고 선포함으로써 주권 분쟁을 촉발하였다. 1971년 봄, 해외와 타이완의 대학생과 교수들은 '댜오위타이 보위保衛 운동'의 조직 활동을 발기하였다. 그러나 이 주권 분쟁 사건에 대한 국민당 정부의 태도는 상

---

102 본서의 연구 목적에서 보면, 또 다른 문학 형식인 산문과 희극은 그 역사적 중요성이 소설과 시에 비해 월등히 떨어지기 때문에 이 두 부분을 따로 다루지 않았다.

당히 무기력하고 소극적이었다(Huang 1976: 5~12).

그밖에 타이완의 가장 중요한 지지자였던 미국도 자신의 국제 정치 전략을 바꾸기 시작하였다. 베트남 전쟁 문제를 효과적으로 해결하고 소련과의 담판에서 보다 많은 카드를 쥐기 위해 미국은 중화인민공화국과 우호 관계 수립을 시도하였다. 국민당 정부가 댜오위타이 주권 분쟁의 도전에 한참 골몰해 있을 때, 1971년 7월 미국 대통령 닉슨은 베이징을 방문하여 양국 관계 정상화 모색을 선포하였다. 이와 동시에 미국은 유엔에서 타이완이 보유하고 있는 (상임이사국 – 역자) 지위에 대한 지지도 점차 철회하고자 하였다. 1971년 10월 유엔 회원국은 마침내 투표로써 중화인민공화국의 가입을 승인하고 타이완을 배척하였다. 타이완이 전 중국의 합법적 대표권을 얻기 위한 노력에서 미국의 배후 지원을 잃자, 갈수록 많은 국가들은 타이완과 단교하고 중화인민공화국을 승인하였다.[103] 이후 거의 매년 새로운 단교 사건이 발생하였다(Tien 1989: 221~222).

일련의 외교적 실패는 정치 개혁을 요구하는 여론을 불러일으켰다. 그중에서 『대학잡지大學雜誌』는 개혁적 열정을 촉발하는 핵심적 역할을 하였으니, 그 50여 명의 창간 회원에는 본성과 외성 출신의 젊은 학자와 기업가들이 포함되어 있었다. 이 잡지는 광범위한 정치 개혁 방안을 제기하였는데, 각종 정치·사회·경제 의제를 포함하였다. 그러나 1973년 1월경 『대학잡지』 구성원들은 국민당의 압력을 받아 분열되었고, 그중 일

---

103 1971년 타이완은 여전히 68개 국가와 외교 관계를 맺고 있었고, 53개 국가만이 중화인민공화국을 승인하였다. 유엔이 타이완의 배척을 결정하기 이전에도 일부 국가들은 타이완과 단교하고, 중화인민공화국이 중국의 유일한 합법정부임을 승인하였다. 하지만 타이완이 유엔에서 축출된 이후 상황은 더욱 악화하였다. 1971년 총 12개 국가가 타이완과 단교하였고, 1972년 미국 대통령 닉슨의 방중 이후에는 또 다른 15개 국가가 베이징 정부를 승인하였다. 게다가 미국 외에 타이완의 가장 중요한 무역 파트너였던 일본과의 단교는 더욱 큰 타격이었다. Tien(1989: 221~222).

부는 국민당 정책 결정 계층에 초빙되어 들어가면서 정치 개혁의 목소리는 금세 가라앉고 말았다(李筱峰 1987: 91~107).

그러나 『대학잡지』 구성원의 정치 개혁안이 보여준 두 가지 특색은 1970년대를 가로지르는 한바탕의 신문화 조류가 곧 도래할 것임을 예시하였다. 먼저 황모[黃黙]가 지적한 대로 '현실 중시'라는 말이 족히 이들 구성원의 전체 이념을 적절히 묘사하고 있으니, 즉 그들은 타이완은 더 이상 당장 실현할 수 없는 목표를 위해 너무 많은 힘을 소모해서는 안 된다고 생각했다. 그들은 중국과의 통일이 최종 정치 목표이지만, 지금 가장 중요한 임무는 타이완을 잘 경영하는 것이라고 주장하였다. 다음으로 이들은 사회 하층 민중, 특히 경제적 번영의 성과를 나누어 갖지 못한 농민과 노동자들의 복지를 중시하였다(Huang 1976: 23~24, 59). 『대학잡지』의 주장과 구성원은 대학생들의 지지를 끌어냈지만 사회 전반에 끼친 영향은 크지 않았다. (『대학잡지』의-역자) 격려와 성원을 받은 대학생들은 사회적 의제에 관여하기 시작했다. 그들은 농촌·어촌·광산으로 들어가 하층 사회를 이해하고자 했다. 그들이 제출한 보고서는 하층 민중의 힘든 생활상을 폭로하였다. 이러한 정치 사회 분위기 속에 "향토로 돌아가자"라는 특수한 조류가 부상하였다. 사회 하층 민중의 현실 생활 및 향토 문화자산에 대한 문화 엘리트들의 강렬한 흥미는 이 조류의 중요한 특색이었다. 일반적으로 1970년대의 문화적 분위기는 이전 20년과 전혀 달랐으며 문학은 이 신문화 조류를 추동하는 데 중요한 역할을 하였다.

(2) 향토문학과 논쟁: 반제국주의와 좌경 그리고 지방색

다른 유형의 문화 활동에 비해 문학은 새로운 시대의 흐름[脈動]을 제일 먼저 느끼고 사회 경제 변천이 일으킨 관련 문제를 다룬다. 1977년 '향토문학 논쟁'이 발생하기 이전, 타이완의 현대시는 '인생을 위한 예술'을 주장하는 평론가들의 잇단 공격을 받았다. 타이완 현대시는 어의 語義의 모호함, 서구 이미지와 구법句法의 과도한 사용, 개인적 정감의 탐닉, 당면 사회 현실로부터의 도피 등을 포함하여 형식과 내용면에서 호된 질책을 받았다.[104]

현대시에 대한 공격은 문학 현대주의의 주도적 지위에 대한 공개적인 반항이었다. 1970년대 초반의 사회 정치 변화는 이러한 신흥 문학 조류를 촉발하였다. 외성 출신의 위톈충[尉天驄][105]과 그의 동료들은『문계文季』잡지의 편집인이었는데, 바로 이 잡지는 타이완 현대시에 대한 비평을 게재하고, 동시에 타이완의 현대주의 소설을 겨냥한 일련의 혹독한 평론을 실었다.『문계』는 타이완의 문학 현대주의를 가장 먼저 공개 비판하고 사회 사실주의를 제창하면서 이를 잡지의 신조로 삼았다. 실제로『문계』와 그 전신인『문학계간文學季刊』(1966~1970)과『문학쌍월간文學雙月刊』(1971)은 천잉전[陳映眞](1936~)[106]·황춘밍[黃春明](1939~)[107]·왕전허

---

104 이 일련의 호된 비판은 주로 해외 화교 후손[華裔]인 영국 문학 교수 관제밍[關傑明]과 타이베이에서 객좌 수학 교수를 맡고 있던 탕원뱌오[唐文標] 두 학자로부터 나왔다. 관제밍과 탕원뱌오는 1972년 2월과 1973년 8월 각각 비평 글을 발표하였다. Kwan-Terry(1972) ; 唐文標(1976[1973]) 참조.

105 역자 주: 위톈충(1935~2019)은 장쑤성 출신의 작가 겸 문학평론가이다.『필회筆匯』월간,『문학계간』,『중국논단中國論壇』등의 편집장을 맡았다.

106 역자 주: 천잉전(1937~2016)의 본명은 천융산[陳永善]이고 현 먀오리 출신의 문학 작가이다. 향토문학파의 대표적 인물이며『인간人間』잡지를 창간한 타이완 보도 문학의 선구자이다.

107 역자 주: 황춘밍(1935~)은 이란현[宜蘭縣] 출신의 향토문학 작가로 소설·산문·시·아동문학·희극 등의 작품이 있으며 일본어·한국어·영어·불어·독어 등으로 번역되었다.

[王禎和](1940~1990)[108] 등과 같은 주요 향토문학 작가를 배출하였는데, 그들은 모두 본성인이었다.

1974년 8월 『문계』가 정간되었을 때 문학적 분위기는 이미 분명하게 전환되어 있었다. '향토'와 '사실寫實'이 문학 토론에서 유행하는 용어가 되었다. 1977년 향토문학 논쟁이 발생하기 이전 몇 년간 각종 잡지와 신문에는 향토문학을 지지하는 글들이 대량으로 실렸다. 이 시기 왕퉈[王拓](1944~)[109]와 양칭추[楊靑矗](1940~)[110]도 저명한 주요 향토문학 작가로 등장하였다(呂正惠 1995: 57). 또 왕퉈·위톈충·천잉전은 향토문학 이념을 명확히 설명하는 주요 인물이 되었다.

향토문학은 기본적으로 소설 작품을 위주로 하였는데, 향토문학이 독자적인 깃발을 들게 한 것은 바로 현실에 개입하는 세속적인[入世] 정신이었다. 전형적인 향토문학 작품은 보통 시골 사람과 작은 마을[小鎭] 주민들이 경제적 곤궁 속에서 힘들게 살아가는 모습을 묘사하였다. 향토문학의 이야기 배경은 보통 공장·농촌·어촌 혹은 날로 쇠락해 가는 도시[城鎭]였고, 거의 모든 주인공은 출신이 비천하였다. 또 이들 작품은 보통 사회 하층 민중의 대화를 활용하였으나, 이들 대화는 '국어화'된 복료화로 진술되었다. 더욱이 향토문학 작가와 제창자들은 타이완은 농민과 노동자의 희생을 대가로 고도 경제성장을 이루었지만, 일본과 미국의 투자에 과도하게 의지함으로써 '경제 식민지'로 전락했다고 생각하였다

---

108 역자 주: 왕전허는 화련현[花蓮縣] 출신의 작가로 총 200편의 장편 단편소설 창작을 비롯해 많은 글을 썼다.

109 역자 주: 왕퉈(1944~2016)의 본명은 왕훙쥬[王紘久]이고 지룽시[基隆市] 출신의 향토문학 작가 겸 재야 민주운동가로 이후 국회의원을 지내기도 했다.

110 역자 주: 양칭추의 본명은 양허슝[楊和雄]이고 타이난 출신의 향토문학 작가로 '노동 문학 작가'라고 불린다.

(陳映眞 1977: 68 ; 王拓 1978[1977]: 109). 류사오밍[劉紹銘]의 견해에 따르면, 당시 유행했던 향토 소설의 주제는 다음과 같이 정리할 수 있다.

(1) 각 방면, 특히 문화와 경제적인 측면에서 일본과 미국의 '제국주의'에 저항한 것, (2) 사회 복지의 개혁과 부의 공평한 분배를 요구한 것, (3) 소 도시와 시골의 '하찮은 사람'의 주요한 미덕을 찬미한 것, (4) '추악한 미국인'과 '탐욕스러운 일본인'의 오만무례傲慢無禮함과 저속하고 상스러움을 마주하고 민족자존을 견지하고자 한 것. (Lau 1983: 147)

상술한 반제국주의 관점에서 보면, 타이완에 도입된 문학 현대주의는 몰락한 서방 자본주의가 만들고 '문화 매판'들이 판매한 잡동사니처럼 보였으니, 이는 바로 『현대문학』 잡지가 대표하는 것이었다. 타이완의 문학 현대주의는 19세기 말에 출현한 불건전한 서구 세계 관점의 모조품이었다. 타이완의 현대주의 문학은 극도의 엘리트주의·도피주의·개인주의와 '문예를 위한 문예' 중심의 사상 때문에 지탄을 받았다(蔣勳 1977: 2 ; 王拓 1978[1977]: 112 ; 許南村 1976: 77~78).

이에 비해 향토문학 작가와 제창자들은 "생활 현실에 뿌리를 내리고 민중과 같은 위치에 서서 사회의 고통과 기쁨을 품는 데 관심을 기울이는" 인민 혹은 민족 문학을 창조하자고 호소하였다(王拓 1978[1977]: 114). 이런 사실寫實적 품격, 세속적인 정신, 인도人道적 관심이라는 점에서 향토문학은 중국 현대소설의 전통, 특히 1930년대부터 널리 전해 내려온 작품들과 상당히 비슷하였다(Lee 1980: 21).

사실 국민당 정부와 많은 강렬한 반공 작가·평론가(대체로 외성 출신)의 입장에서 보면, 이 발전하는 향토문학은 과거 중국 대륙 시절 이데올로

기 전선에서 국민당을 패배시켰던 좌익적인 사회 사실寫實 문학의 새로
운 출현을 의미하였다.[111] 1977년 8월 외성 출신으로 국민당과 관계가
밀접했던 평론가 평거[彭歌](1926~)[112]는 가장 먼저 공개적으로 향토문학
을 공격하였다. 그는 신문에 일련의 글을 실어 왕퉈·천잉전·위톈충의 반
제국주의와 계급 분석을 비평하였다. 평거는 반제국주의의 목적은 반드
시 공산주의자의 제국주의에 대항하는 데 있어야 하는 것이니, 중국 공
산당이야말로 이런 제국주의의 원흉이지 타이완에 투자한 일본과 미국
자본주의가 아니라고 생각하였다. 그 외 평거는 만약 왕퉈·천잉전·위톈
충의 방식대로 계급 개념으로 사회 의제를 처리하려 하면, 더 많은 사회
충돌을 불러일으킬 뿐이라고도 생각했다. 그는 공산주의만이 이러한 방
식으로 사회 변천을 해석한다고 강조함으로써 넌지시 왕퉈·천잉전·위
톈충이 좌익 이단 분자라고 암시하였다(彭歌 1977).

---

111 이번 장 각주 10)을 참고.

112 역자 주: 평거의 본명은 야오펑[姚朋]이고 톈진[天津] 출신으로 『대만신생보』 부사장 겸 총
편집, 『중앙일보中央日報』 사장 등을 맡았다. 산문·소설·역서 등 70여 종의 저작이 있다.

<그림 3-7>『연합보』에 실린 펑거의 향토문학에 대한 공격 (원서 147쪽)

    펑거의 비판에 이어 남성시사 회원 중 걸출한 외성 출신의 시인으로
『현대문학』 편집을 맡았던 위광중[余光中][113]은 더욱 혹독한 비난을 제기
하였다. 위광중은 향토문학은 1942년 마오쩌둥[毛澤東]이 '연안[延安] 문예

---

113 역자 주: 위광중(1928~2017)은 난징[南京] 태생의 시인 겸 작가로 홍콩과 타이완의 여러 대
    학 교수를 지냈다. 현대시 논쟁에도 참여하였고, 향토문학 논쟁 때는 「이리가 왔다[狼來了]」
    라는 글을 발표하여 주목을 받기도 했다.

좌담회'에서 제창한 '공농병工農兵 문예'와 같은 것이라고 주장하였다(余光中 1977). 펑거와 위광중의 논점에 호응하는 숱한 글들이 국민당과 정부가 지원하는 여러 신문과 잡지에 잇달아 출현하였다. 1977년 가을 비판의 물결이 분출한 이후, 향토문학 지지자들도 자신을 변호하지 않을 수 없었다.

<그림 3-8> 『연합보』에 실린 위광중의 향토문학에 대한 비판 글 (원서 148쪽)

얼마 후 국민당은 전국 '문예 회담'을 열어 향토문학이 독자에게 전복성顚覆性 사상, 즉 문예에 관한 공산주의의 이단사설異端私說을 주입하여 사회를 파괴하고 있다고 규탄하였다.[114] 그 외에도 향토문학 작가들이 타이완의 사회 경제 현실만을 부각했다는 이유로 '지역주의', 심지어 '분리주의'를 제창한 것이라고 의심하였다. 문예 회담에서의 강경한 언사는

---

114 이번 회담에는 당·정·군 내 문예 업무를 책임진 관료, 민간 문예 사회단체 책임자, 신문 문예 부간과 문예잡지의 편집자, 라디오와 텔레비전의 문예 프로그램 진행자, 대학·전문대학·단과대학의 문학과 학과장 및 국내외 작가 등을 포함한 270여 명이 소집되어 참여하였다. 향토문학을 공격한 관련 언론은 Wang(1980: 45~46)에서 인용한 「전국문예회담선언」을 참조.

향토문학의 발전을 탄압하려는 국민당의 결심을 뚜렷이 보여주었다.[115] 종합하면 국민당 정부가 향토문학을 용납할 수 없었던 까닭은 주로 그 것의 좌경 특색, 마오쩌둥이 말한 '공농병 문학'과의 명백한 유사성, 농후한 지역주의 색채 때문이었다.

<그림 3-9> 1977년 8월 29일~31일 국민당이 소집한 '문예 회담' 관련 신문 보도
(원서 149쪽)

---

115 1977년 8월 29일자 『연합보』 사설은 바로 향토문학 작가가 지역주의를 제창했다고 의심한 사례 중 하나이다. 彭品光編(1977: 286~287) 참조.

이러한 비난을 반박하기 위해 위톈충은 "공농병 문학은 전혀 어떤 나쁠 것도 없으니", 문학이란 본래 이런 사람들을 대신해 말해야 하기 때문이라고 지적하였다.[116] 그 외 왕퉈도 향토문학은 '향촌鄕村 문학'이 아닐 뿐 아니라 '향수鄕愁 문학'도 아니라고 설명하였다. 왕퉈는 향토문학 토론에서 다음과 같이 썼다.

> ……소위 '향토' …… 가 가리키는 것은 당연히 타이완, 이 광대한 사회 환경과 이 환경에서 살고 있는 사람들의 생활 현실이다. 그것은 향촌을 포함하지만, 동시에 도시를 배척하지 않는다. 이런 의미의 '향토'가 키워낸 '향토문학'은 바로 타이완이라는 이 현실사회의 대지에 뿌리를 내려, 사회 현실을 반영하고 사람들의 생활과 심리적 바람을 반영하는 문학이다. …… 무릇 이 사회에서 생겨난 어떤 사람, 어떤 사물, 어떤 현상도 모두 이런 문학이 반영하고 묘사해야 하는 것이고, 이런 문학 작가가 이해하고 관심을 가져야 하는 것이다. 나는 이러한 문학을 '현실주의' 문학이라 불러야 하지 '향토문학'은 아니라고 생각한다. (王拓 1978[1977]: 118~119)

왕퉈의 생각으로는 향토 문학의 소재는 노동자 혹은 농민에 국한되어서는 안 되었다. 작가들은 반드시 서로 다른 사회 의제를 그려내야 할 뿐 아니라, 각종 사회 집단의 심리상태를 다루어야 했다. 작가는 마땅히 사회 전체의 현실에 관심을 가져야만 했다. 사실 향토문학의 주요 작가들 모두 타이완에서 태어나 성장하였기 때문에 타이완은 그들에게 유일하게 익숙한 사회 환경이었다. 왕퉈가 말한 대로 '향토'가 가리키는 것은 바로 타이완이었고, 작가가 당면한 가장 중요한 임무는 바로 사회 사실

---

116 明鳳英編(1979[1977]: 29) 참조.

주의의 기법으로 향토의 현실을 묘사하는 것이었다. 천잉전·황춘밍·양 칭추와 같은 지도적 지위를 가진 향토문학 작가 및 위톈충 등 향토문학 의 주요 제창자들도 모두 유사한 견해를 갖고 있었다(陳映眞 1977: 76 ; 楊青 矗 1978[1977]: 297).[117]

타이완에서 정치적 반대 의견을 가진 인사들은 1980년대 초반이 되 어서야 공개적으로 국민당 통치에 대한 민족주의적 도전을 하기 시작하 였다(王甫昌 1994). 대체로 이 시기는 Hroch의 민족주의운동 3단계 이론 중 '단계 B'에 해당한다고 할 수 있을 것이다. 1980년대 전반에는 국민 당에 반대하는 반정부 운동가들이 타이완 민족주의를 추동하였을 뿐 아 니라 갈수록 많은 민중들의 지지를 받았음을 확실히 볼 수가 있다. 따라 서 어떤 사람들에게 있어서 1970년대 '향토 회귀'의 문화 조류는 어쩌면 Hroch 이론 체계 중 '단계 A'의 역할을 적절하게 수행한 셈이었으니, 그 의미는 당시 타이완 지식인들이 타이완의 문화와 사회 특징을 간절히 탐색하고 적극적으로 고취하여 타이완의 특색에 대해 사람들을 각성시 킴으로써 1980년대 발전 상황의 기초를 다졌다는 것이다. 그러나 만약 향토 회귀 문화 조류를 이끌었던 문학의 주요 동기와 이데올로기를 근 거로 말한다면, 1970년대의 문화 활동 및 그 영향을 타이완 민족주의 운 동의 '단계 A'라고 단순히 규정하는 것은 오해의 소지가 있다.

그 중요한 이유는 향토문학 작가들의 지역주의를 과도하게 강조해서 는 안 되며, 중국 민족주의와 대립하는 분리주의로 보아서도 안 되기 때 문이다. 앞서 언급하였듯이 2·28 사건 이후 해외에서 진행된 타이완 독 립운동은 타이완의 정치에 거의 영향을 미치지 못했다. 전후 국민당 통

---

117 황춘밍의 견해는 尉天驄等(1978[1977]: 777)을 참고할 수 있고, 위톈충의 관점은 明鳳英編 (1979[1977]: 31)을 참고할 수 있다.

치 아래에서 학교 교육을 받은 첫 세대의 구성원으로서, 향토문학의 주요 작가들은 모두 중국의식을 품고 있었다. 향토문학이 지나치게 편협하여 중국 문제를 반영하기 부족하다는 비판을 반박하기 위해, 황춘밍은 타이완이 중국의 일부이므로 타이완의 문제도 바로 중국의 문제라고 지적하였다. 그는 타이완의 사회 생활과 어려움을 묘사하는 것은 곧 중국의 민족 문학을 창작하는 것이기도 하다고 강조하였다.[118] 또 다른 중요한 작가였던 양칭추는 지역주의 심지어 분리주의라는 비난에 대해 다음과 같이 논박하였다.

> 무릇 중국의 어떤 지역을 배경으로 그 사회에서 발생한 현실에 대해 쓰면 모두 중국의 향토문학인데, 구태여 지역 관념이 있다고 과민하게 말할 필요가 있을까? 타이완의 향토를 대상으로 글을 쓰는 사람은 그가 이곳에서 태어났다는 한계 때문에, 그가 살아가는 사회 상황만을 이해하였고 자신의 향토에서 발생한 사랑과 원망을 써야 한다는 약간의 책임감을 가졌을 뿐이다. 그는 …… 밤낮으로 꿈꾸던 대륙에서 일정 시간 머물면서 이 거대한 향토가 처한 고난을 느끼며, 이 세대의 중국인을 위해 증언한다는 것이 불가능하기 때문에, 그저 자신이 살고 있는 향토를 묘사함으로써 미약하나마 책임을 다하고자 하는 것인데, 전혀 잘못된 것이 아니다. 근래 일부 지식인들이 향토에 대한 글쓰기를 고취하는 것은, 작가들이 서구인의 뒤꽁무니를 쫓아 자신을 잃어버리지 말고 자기 사회를 위해 자기 것을 창조하자는 것에 다름 아니다. 제창한 사람 중에는 외성인도 있고 본성인도 있으니, 이는 사회적 요구로서 모두 편협한 지역 관념은 없다고 믿는다. (楊靑矗 1978[1977]: 297~298)

---

118 尉天驄等(1978[1977]: 777) 참조.

양칭추는 향토문학 제창자의 가장 중요한 목표가 바로 현대주의 문학이 대표하는 친서구와 개인주의의 거대한 조류에 대한 저항이자, 작가들에게 사회 문제와 향토 문화에 대한 관심을 요구하는 것이라는 점을 분명하게 지적하였다.

본질적으로 향토문학의 추동은 전후 타이완이 정치 경제적으로 외국 강권強權, 특히 미국에 의존하는 것에 대한 일종의 반항이었다. 비록 국민당의 통제로 이들 작가와 비평가들이 정치 문제를 건드리지 못했지만, 그것은 문화의 서구화에 대한 항거이기도 했다. 댜오위타이 주권 분쟁과 그 후 일련의 외교적 좌절과 실패는 광범위한 '향토 회귀' 문화 조류를 촉발시켰는데, 문학의 발전도 사실상 이 문화 조류의 일부분이었다. 왕퉈가 명백히 지적한 대로 그와 같은 세대의 지식인들은 "모두 이(댜오위타이 보위) 운동 과정에서 교육받은 사람이었다"(王拓 1978[1977]: 102). 왕퉈와 다른 지식인들이 주장한 반제국주의는 5·4 시기의 그 세대 지식인이 창도했던 이념과 매우 비슷하였다. 양자 모두 중국이 외국 강권에 능욕당한 데에 대한 도덕적 분노에서 출발하였다. 실제로 '댜오위타이 보위' 시위행진 중 대학생들은 1919년 5·4 운동 때의 반제국주의 표어를 사용함으로써 눈앞의 정치 상황을 반세기 이전의 경우와 서로 대비시켰다. 향토문학 작가와 제창자들에게 있어, 전후 타이완이 '경제와 문화 식민지'로 전락한 것과 1970년대 초반 일련의 외교적 실패는 모두(근대이래-역자) 중국이 외국 강권의 통제와 착취를 받았던 상황의 연장이었다. 따라서 그들은 중국 '백년국치百年國恥'의 역사적 맥락에서 이러한 경험을 이해하고자 한 것이다.

향토문학 작가와 제창자들의 중국 민족주의라는 점에서 보면, 향토문학은 지역주의적이고 심지어 분리주의적이라고 여기는 국민당과 비非정부 당국 비평자들의 비난은 매우 근거 없는 것이었다.

이러한 비난자들을 정말 불안하게 한 것은 향토문학의 지역주의라기 보다는 기존 사회 경제 체제에 대한 이들 작품의 비판이었다. 국민당 정 부에게 이러한 비판은 1930년대 중국 좌익작가의 비평과 마찬가지로 유해한 것이었다. 그 이유는 특히 국민당 정부와 중화인민공화국이 대치하고 있는 시점에서 국민당의 통치 권위에 도전하는 것이었기 때문이었다. 천잉전은 왕퉈의 첫 번째 소설집의 서문을 쓰면서 많은 향토문학 작가와 제창자의 마음속에 있는 전형적인 중국 민족주의 신념을 다음과 같이 명백하게 말하였다.

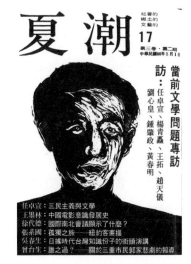

<그림 3-10> 향토문학을 특집으로 한『하조夏潮』 1977년 8월호 (원서 152쪽)

20세기 중국은 침략과 반침략, 혁명과 반혁명이 교차하는 중국이었다. 국가의 근 대화를 위해 국가의 독립과 민족의 자유를 위해 무수한 고난을 겪었고, 멀고 먼 험 한 길을 넘어야 했다. 이러한 중국 현대사에서 양심 있는 중국 작가라면 서구의 퇴 폐적이고 도피적인 문학의 쓰레기를 주워서 자기기만을 할 수 없었고 닮아서도 안 되었다. 이 때문에 중국 현대 문학사 전체 국면에서 보면, 강렬한 문제의식과 혁신 의식을 가진 현실주의가 중국 문학의 주류였다. 이 관점에서 보면 타이완 사회에 관심을 두고 대담하게 현실의 문제점을 가까이 가서 본 왕퉈와 많은 젊은 작가는 이 억압할 수 없는 사명을 이미 장엄하게 계승하였다. …… 밝고 행복한 중국과 세

계를 만들기 위해 합당한 노력을 제공한 것이다. (許南村 1976: 34~35)

천잉전의 시각은 타이완에서 20년의 문학 현대주의의 유행을 거친 뒤, 20세기 전반 중국의 문학 의식 특유의 '중국에 대한 집념'이 또 다시 세차게 일어났음을 대표한다.[119] 그 과정의 심각한 중국 민족주의의 도덕적 책임의식, 비등하는 애국 열정 등은 모두 마치 수십 년 전 중국 대륙에서 나타난 것과 같았다.

향토문학 논쟁은 약 1년간 지속되다가 1978년 초 점차 가라앉았다. 다소 의외인 것은 향토문학은 정부 당국의 탄압을 전혀 받지 않았다는 점이니, 지금까지도 국민당의 정책과정은 여전히 알 수가 없다(呂正惠 1995: 58). 논쟁이 끝난 후 향토문학은 널리 받아들여졌다. 갈수록 많은 작가가 공공 의제를 다루었고, 문학 작품도 이전에 비해 더 자주 사회 경제적 현실을 주시하였다.

---

119 저명한 중국 현대 문학사가 샤즈칭[夏志淸]은 1917년 문학혁명에서 시작되어 1949년 중화인민공화국 수립으로 끝난 중국 문학의 현대 시기의 특징은, 어떤 '도덕적 책임감', 즉 "중국이 하나의 민족으로서 어떻게 정신적 병폐의 고통을 받았고, 따라서 어떻게 중국이 자립 자강할 수 없게 만들었거나 혹은 인도人道를 중시하지 않는 사회의 고질적 습관을 바꾸기 어려운가 하는 문제에 고집스럽게 관심을 두었기 때문에", 소설가·극작가·시인·산문 작가를 막론하고 이 시기의 중요한 작가들은 일반적으로 애국적 정서가 넘쳐났다고 지적하였다. 그러나 이러한 애국정신은 도리어 어떤 '애국적 편협주의'를 조장하여, 중국의 상황은 중국인 특유의 것이어서 다른 나라와 같이 논할 수 없다고 여겼다(Hsia 1971: 533~534, 536). 국가의 재난에 대한 근심이 마음속에 깊이 자리를 잡았기 때문에 이들 근대 중국 작가는 자기 국가의 사회 정치 혼란상을 이해할 때, 문학의 형식에 대한 흥미보다 문학의 내용에 관한 관심이 훨씬 컸을 뿐 아니라 사회 사실주의로 기울어지게 되었다(Lee 1983: 451).

7. 결어

식민지 시기에 신문학을 제창했던 것과 비교하면, 1947년 혹은 1977년에 발생한 전후 문학 논쟁은 거의 언어 문제를 제기하지 않았다. 이미 북경말을 기초로 한 국어사용을 당연한 것으로 수용했기 때문이었다. 1947년에서 1949년까지 사이의 논쟁은 일군의 일본 통치하에서 살았던 타이완 지식인과 일부 타이완에 처음 온, 좌익 사회 사실주의를 열렬히 신봉하던 외성 지식인 사이의 논쟁이었다. 이와 달리 1977년과 1978년에 걸쳐 갑자기 논쟁이 폭발한 원인은 주로 국민당 정부가 일군의 젊은 본성 출신 작가의 소설 작품이 좌파 사상과 분리주의를 선동하고 있다고 의심하였기 때문이다.

전체적으로 이 두 문학 논쟁은 모두 민족 정체성과 지방 정체성의 충돌과 관련되었다. 이 두 차례의 논쟁에 참여한 본성 출신 작가들로서는 그들의 지방 정체성이 꼭 중국 민족 정체성과 병존할 수 없는 것이 아니었다. 1948년 라이난런이 하나의 새로운 문학 운동을 추진하여 문학이 타이완의 자연과 사회 환경에 상응하도록 할 필요가 있다고 강조했을 때, 그는 동시에 운동의 궁극적 목표는 타이완 문학을 중국 문학의 한 줄기가 되게 하는 데 있다고 공언하기도 했다. 1970년대 향토문학을 추동한 작가와 제창자들의 논술 속에는 이와 비슷한 경향이 더욱 뚜렷하였다. 실제로 향토문학을 옹호한 사람들은 대체로 모두 상당히 강렬한 중국의식을 품고 있었고, 중국 민족의 고난과 운명에 간절한 관심을 보이고 있었다.

그러나 국민당과 중국 공산당의 투쟁으로 인해 전후 타이완은 사실상 중국 대륙과 모든 연결을 끊었다. 일본 식민지 시기와 마찬가지로 타이완 사회는 그 문화의 원류이자 조상의 고향과 단절되었다. 왕퉈가 인정한 대로 소위 '향토'는 주로 타이완을 의미하였다. 비록 그들은 중국 민족주의의 열정이 있었지만, 전후 국민당 교육을 받은 1세대로서 그들 눈앞에서 익숙한 현실 환경은 바로 타이완 사회였다. 이런 점에서 1970년대 향토문학 작가가 처한 사정은 식민지 시기 향토문학과 타이완화문 제창자들이 마주했던 처지와 매우 비슷하였다. 이 점은 1947년에서 1949년의 논쟁 중 본성인이 마주쳤던 상황과도 유사하지만, 1940년대 이들 본성 출신의 논쟁 참여자들은 상대적으로 타이완 사회의 '특수성'을 덜 강조하였다.

1970년대 향토문학이 광범위하게 받아들여진 후, '현실'·'인민' 등은 문학 토론에서 유행하는 용어가 되었다. 이 시기 작가들이 인식한 타이완은 현재의 '향토'였다는 점에서, 향토문학은 타이완 민족주의 문학 논술 발전을 위한 기초를 닦았다고 생각될 수도 있다. 그러나 설령 그렇다고 할지라도 만약 1970년대를 단순히 '단계 A'로 간주한다면, 즉 이 시기를 타이완 민족주의 도래를 예시하는 것으로 생각한다면, 이 역시 오해의 소지가 있을 것이다. 이 시기 타이완 사회생활과 문화자산에 대한 문화 엘리트들의 강렬한 흥미와 열정적인 탐색을 확실히 볼 수 있지만, 이러한 관심과 심정은 명확한 정치 개념을 가진 '타이완 의식'과 거리가 매우 먼 것이었다. 필자가 제4장에서 분석할 것처럼, 문학 작가와 평론가 사이에 부상한 타이완 민족주의와 그들의 민족주의 문학 논술의 발전은 모두 1980년대 초반의 특수한 정치 상황과 조건에 달려있었다. 그러나 1980년대 이래 향토문학 논전은 오히려 타이완 민족주의자들에 의해 타이완 민족정체성과 중국 민족 정체성의 충돌로 새롭게 해석되었다. 1970년대 향토문학의 전개는 '건국의 문학'으로 나아가는 큰 걸음으로 칭송되었다. 따라서 이 시기의 향토문학은 '타이완 민족 문학' 역사상 중요한 한 페이지로 여겨졌다. 하지만 향토문학 제창자의 마음속에 품고 있던 중국 민족주의를 고려하면 이러한 발전은 상당히 의외로 보이는데, 이것이 바로 다음 장에서 토론하고자 하는 주제이다.

제4장

민족 문학의 확립

2, 3장의 논의는 본성 출신 문학 작가와 평론가들이 일본 식민지시기부터 줄곧 타이완 문학의 특수성에 관심을 두고 있었음을 보여준다. 식민지시기와 전후 단계에서 수많은 문학 작가와 평론가가 이 의제를 논급했다. 이러한 관심은 타이완 역사와 문화의 독특함을 중시하였을 뿐 아니라 문학의 역할에 상당한 관심을 기울이고 있었으며, 문학이 이들 특성을 표현하는 가장 좋은 도구가 될 수 있다고 생각했음을 반영한다. 전전과 전후 타이완 문학의 특성과 발전에 관한 토론과 논쟁은, 본성 문학 작가와 평론가들이 대개 마음속으로 타이완 본토에 속하는 특별한 정체성을 가지고 있음을 보여준다. 이들 작가와 평론가는 비교적 실용적인 시각으로 문학을 바라보는 경향이 있었으며, 문학이 독자들의 타이완 정체성을 유지하고 강화하는 효과적인 방법이라고 생각하였다. 그러나 그들에게는 타이완의 지방 정체성과 한/중국의 국족 정체성이 반드시 상충하는 것은 아니었다. 그들 자신도 한/중화 민족의식을 드러내었다. 이 점은 1970년대 향토문학 작가와 제창자들도 마찬가지였다.

그러나 1980년대 후반 타이완 민족주의적 정치 활동이 급속히 발전하면서, 타이완 문학의 특수성에 대한 지속적인 관심은 '타이완 민족 문학'을 수립하려는 시도로 분명하게 바뀌었다. 이 때문에 '타이완 의식'과 '중국 의식'은 서로 양립할 수 없게 되었다. 본 장의 목적은 '타이완 민족 문학'의 전통이 어떻게 논의되고 구성되었는지 분석하는 데 있다. 1964년 창간된 『대만문예』 잡지와 『립』을 중심으로 결집 된 본성 출신 작가와 평론가들은 문학 이념의 급진화 과정에서 핵심적인 역할을 담당하였다. 본 장에서는 먼저 『립』과 『대만문예』 작가군의 초기 역사를 고찰할 것이다. 1977년 향토문학 논쟁이 일어나기 전까지 이 두 무리의 작가, 특히 『립』 시인들의 주된 관심사는 어떻게 하면 '중국적이면서도 현대적인' 작품을 쓸 수 있을지였다. 다음으로 본 장에서는 1970년대 타이완 반정부 운동의 부흥에 대해 자세히 살펴볼 것이다. 1979년 메이리다오 사건 이후, 반정부 운동은 민족주의적 성격을 뚜렷하게 드러냈고, 『립』과 『대만문예』 작가군도 반정부 운동 인사들과 연계되기 시작하였다. 그들의 문학 활동과 작품은 상당히 정치화되었다.

본 장의 세 번째 부분은 1980년대 전반 『립』과 『대만문예』 작가들이 추진하기 시작했던 타이완 문학의 '탈중국화'에 초점을 맞추었다. 1970년대 향토문학 작가들은 중국의식이 있었지만, 1980년대 초부터는 '타이완 의식' 지지자와 '중국의식' 지지자들이 서로 논쟁하고 대립하였다. 정치적 반대 입장과 타이완 의식을 가진 비판자들은 전후의 향토문학과 반정부 운동을 함께 논했으며, 양자를 타이완 의식이 발전한 결과로 재현하기 시작하였다. 이들 비판자도 타이완 문학의 역사를 재해석하는 데 힘을 쏟았다. 『립』과 『대만문예』 작가에게 문제의 초점은 타이완 문학이 중국 문학과는 별개로 하나의 문학 전통으로 인정받을 수 있느냐에 있었다. 마지막으로 본 장에서는 1986년 이후의 정치적 변화, 특히 타이완 민족주의의 발전에 대해 논할 것이다. 타이완 민족주의 문화

논술의 주요 부분인 문학논술은 그동안 '타이완 민족 문학'이라는 과제에 초점이 맞춰져 있었다. 따라서 복료 중심주의 색채가 비교적 없고 더욱 다문화적인 특색을 가진 '타이완 민족 문학' 전통의 개념이 이때 이미 형태를 갖추게 되었다.

1. 1950년대의 본성 출신 문학 작가

1950년대 본성 출신 작가들은 인원수와 인지도 면에서 문단 내 상당히 변두리에 처해 있었다. 앞 장에서 언급한 것처럼 1949년 이후 타이완 문학계의 중요한 특징은 전통의 상실이었다. 일제 식민지시기에 발전했던 타이완 문학의 유산은 전승되지 않았다. 또한 현대(5·4 이후) 중국 문학의 전통, 특히 좌파의 사회적 사실주의 문학도 억압을 받았다. 1950년대에 유행했던 문학은 향수를 불러일으키거나 정치 선전적 '전투 문예'였으며, 절대다수는 외성 작가들에 의해 창작되었다. 일제 식민지시기 말기 어느 정도 명성을 쌓은 본성 출신 소설가들, 예를 들어 우쭤류, 양쿠이, 장원환, 룽잉중, 뤼허뤄 등은 이미 서로 다른 이유로 문단을 떠났다.[120]

이 10년 동안, 지금까지 '전후 1세대 타이완 소설가'로 불리는 10여 명만이 집필을 고수했다.[121] 2차 세계대전이 끝날 무렵 이들의 평균 연령

---

120 50년대 당시 우쭤류는 그의 일본어 작품과 중국 고전 시만을 출판했다. 張良澤(1977: 7~8) 참고. 양쿠이는 타이완의 정치개혁을 호소하는 선언문을 작성했다는 이유로 1949년 실형을 선고받고 투옥되었다. 장원환과 룽잉중은 모두 글쓰기를 중단했다. 뤼허뤄는 1950년 세상을 떠났다. 葉石濤(1987: 91) 참고.

121 소설가들로는 천훠취안[陳火泉](1908~1999), 리룽춘[李榮春](1914~1994), 중리허[鍾理和]

은 20세였고 모두 식민지 시절 교육을 받아 일본어에 능통했으며, 전후에는 독학으로 중국어를 배웠다. 일반적으로 이들은 식민지시기에는 저작 경험이 거의 없었으며 전후 1950년대 초에 이르러서야 문학 생활을 시작하였다.[122] 이 소설가들은 식민지시기 타이완인들이 발전시킨 문학 전통과는 단절되었고, 중국 대륙의 5·4 시대 이후의 문학 발전에 대해서도 거의 알지 못했다. 그들은 스스로 익힌 중국어로 글을 쓰며 오로지 익숙한 생활 주변의 소재에 몰두하여 소박하고 담백한 작품 스타일을 발전시켰으나, 문학적 혹은 사회정치적 이데올로기에 대한 특별한 관심은 거의 없었다(葉石濤 1984: 139). 일례로 이들 소설가 사이에서 발간된 『문우통신文友通訊』(1957년 4월~1958년 9월)에 실린 짧은 토론들은 '방언문학'에 대한 관심이 별로 없었다는 것을 보여준다. 그들은 국어의 사용을 당연시했으며, '타이완 방언'으로 글을 쓸 필요가 없다고 생각하였다.[123]

위의 소설가들과 비교해 볼 때 1950년대 당시 본성 출신의 시인들은 외성 출신의 작가들과 왕래가 잦았다. 식민지시기부터 글을 쓰기 시작한 본성 출신 시인들은 동년배의 소설가와 마찬가지로 거의 이미 문단에서 물러났다. 그러나 '전후 1세대 타이완인 소설가'와 비슷한 교육 배경을 가진 세 명의 본성 출신 시인 우잉타오[吳瀛濤](1916~1971), 린헝타이[林亨泰](1924~), 진롄[錦連]은 지셴이 이끄는 '현대 시사'에 합류하였다.

(1915~1960), 스추이펑[施翠峰](1925~), 중자오정[鍾肇政](1925~), 정환[鄭煥](1925~), 랴오칭슈[廖淸秀](1927~), 쉬빙청[許炳成](文心, 1930~1987)과 린중롱[林鍾隆](1930~2008)을 포함한다.

122 두 가지 예외는 천훠취안과 중리허이다. 전자는 전쟁 중에 글을 써서 일본 아쿠타가와[芥川] 문학상 후보에 올랐고, 후자는 중국으로 건너가 1944년 중국어로 글을 쓰기 시작했다.

123 그중 오직 중자오정만이 '방언문학'에 대해 긍정적인 태도를 가지고 있었으며, 방언의 사용은 타이완 문학의 특색에서 중요한 부분이 되어야 한다고 주장했다. 『文學界』 第5期(春季, 1983): 135~136 참고.

또한 국민당 치하에서 성장하고 교육받은 보다 젊은 세대의 본성 출신 시인, 예를 들어 린쭝위안[林宗源](1935~)·바이츄[白萩](1937~)·리쿠이셴[李魁賢](1937~)·황허성[黃荷生](1938~)·셰바이구[薛柏谷](1935~)도 현대 시사詩社 간행물인 『현대시現代詩』에 투고했다. 린헝타이·진롄·바이츄도 나중에 외성 출신 시인들이 주축이 된 '창세기創世記' 시사에 가입하였다. 일반적으로 1950년대, 위에 언급한 본성 출신 시인들은 대다수 외성 출신 시인들과 마찬가지로 모두 지셴이 제창한 '중국시의 현대화'를 추구하고 있었다.

2. 초기의 『대만문예台灣文藝』와 『립笠』

1964년 4월 우쮀류는 우융푸[巫永福]·천첸우[陳千武]·장옌쉰[張彦勳]·예스타오·중자오정 등 본성 출신 작가들의 지지를 받아 『대만문예』(1964~)를 창간하였다. 같은 해 3월 우잉타오·천첸우·린헝타이·진롄·바이츄·황허성·자오톈이[趙天儀](1935~) 등 12명의 본성 출신 시인들은 '립 시사'를 조직하고 6월부터 『립』 시간詩刊(1964~)을 발간하기 시작하였다. 이때부터 『대만문예』과 『립』 이 두 간행물에는 식민지시기 성장한 자와 전후 세대 등 본성 출신 작가들이 다수 모여들었다. 1980년대 후반부터 이 두 문예지의 작가와 문학비평가들은 타이완의 문화민족주의를 추동하는 주역이 되었다. 1980년대 후반 이후, 이 두 간행물의 탄생은 더욱 1950년대 '전투문예'의 지배하에 있던 타이완 문학이 부흥한 일로 형용되었다. 그들의 문학논술에서 이 두 간행물의 창간은 본성 출신 작가들 사이에서 타이완 민족의식이 크게 발전했음을 상징하였다. 이 두 간행물은, 특히 전전과 전후

세대의 본성 출신 작가들 사이의 단절을 봉합함으로써 타이완 '민족 문학'
에서 중요한 역할을 발휘한 것으로 여겨졌다. 타이완 문화민족주의자의
타이완 문학에 관한 논술에서 이 두 간행물이 차지하는 중요성 때문에 그
들의 초기 역사, 특히『립』의 발전에 대해 논의할 필요가 있다.

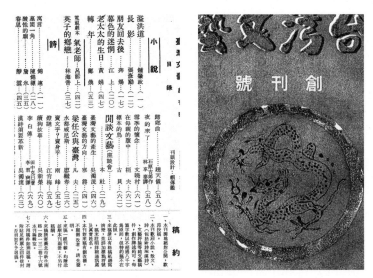

<그림 4-1>『대만문예』창간호 표지와 목차 (원서 162쪽)

(1) 우쭤류와『대만문예』그리고 중국문화

『대만문예』창간호에서 가장 눈에 띄는 점은, 우쭤류가 1950·1960년
대에 유행했던 문학적 현대주의와 대조되는 한시-즉 중국 고전 시-의
창작을 제창했다는 점이다(吳濁流 1964a). 우쭤류는 일본 식민지시기에 성
장한 많은 본성 출신 지식인과 마찬가지로 식민 당국의 정식 교육을 받
았을 뿐 아니라 사숙에서 한문도 공부하였다. 그는 일본어로 소설을 연

습하는 것 말고도 중국의 고전 시를 썼다.『대만문예』창간호에 실은 글에서 우쥐류는, 지나치게 백화 시문을 편드는 후스[胡適]가 고전 시를 고집하는 사람에 대해 적의敵意를 나타냈던 것에 불만을 표하였다. 동시에 그는 당시 타이완의 현대시가 외국 문화의 영향을 받아, 특히 서양의 문장 구성과 형식을 모방·사용하는 것을 비판하였다. 그는 중국 고전 시가 한/중국 민족 문화의 정수이며 "민족과 함께 번영할 수 있다"라고 생각하였다. 따라서 현대인들이 쉽게 습작할 수 있도록 일부 격율格律의 제한을 완화하는 등 창작 기교에 대한 개혁을 제창하였다. 우쥐류는 또 현대시 작가들에게 서양 작품의 형식과 기교에 대한 의존을 버리고 "중국 문화의 격식을 갖춘 백화 시를 창조하라"고 촉구하였다. 사실 우쥐류가 『대만문예』를 위해 설정한 주요 임무는 작가들에게 "중국 문화의 격식을 갖춘 문예를 건설"하고 "중국 문화의 발전을 위해 함께 노력하자"는 것이었다.[124] 우쥐류는 중국 문화의 현대화에 대해 절충적인 조화론을 갖고 있었는데, 이는 1960년대 타이완에서 사회문화적 개혁 성향을 지닌 지식인들의 일반적인 관점을 반영한 것이었다. 따라서 그는 중국 고유 문화의 장점, 예를 들어 중국의 고전 시와 외래문화의 장점을 모두 취합하여 "시대에 맞는 우리 중국의 시"를 창조해야 한다고 강조하였다(吳濁流 1971: 14). 우쥐류는 작가가 타이완의 특수한 환경을 인식해야 하며, 작품은 이러한 특수성, 즉 "타이완의 문예는 타이완의 특수한 환경에 따라 하나의 개성을 가져야 한다"라고 주장했지만, 그는 "이러한 개성 또한 중국의 보편성과 일치해야 하며, 동시에 세계적인 보편성을 갖추어야 가치가 있다"라고 생각하였다(吳濁流 1964b).

---

124 『台灣文藝』1964年 10月, 5: 1 참조.

우쭤류는 '향토문학 논쟁'이 일어나기 약 10개월 전인 1976년 10월에 사망하였다. 그가 사망할 때까지 『대만문예』에는 특집코너[專欄]를 두어, 중국의 고전 시가를 게재하였다. 우쭤류가 편집장일 때 『대만문예』에 실린 작품은 립 시사의 시인을 포함하여 주로 본성 출신 작가들의 것이었다. 이 간행물은 본성 출신의 시인·소설가·수필가 및 문학비평가가 작품을 발표하는 주요 공간이 되었다. 우쭤류는 개인적으로 강한 문학 신념을 가지고 있었지만, 『대만문예』의 작가군이 공통적인 특별한 관심이 있었다고 말하기는 어렵다. 7월 초 '향토 회귀'의 유행도 간행물에 별다른 영향을 미치지 못했지만, 우쭤류가 세상을 떠난 후 중자오정이 새 편집장이 되면서 『대만문예』는 비로소 황춘밍과 양칭추 등 주요 '향토 소설가'의 작품을 평론하는 데 주력하였다.

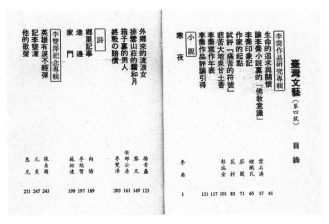

<그림 4-2> 리챠오[李喬] 작품 연구를 특집으로 한 『대만문예』 1977년 제57호 (원서 164쪽)

양쿠이·장원환·룽잉중·우융푸·예스타오 등 본성 출신 작가들이 식민지시기에 쓴 소설도 재등재되었다. 또한 중자오정이 주필을 맡은 『대만

문예』에서도 중리허·정칭원[鄭淸文](1932~)·리챠오(1934~)와 중자오정 본인 등 중요한 본성 출신 작가에 대한 특집과 토론이 나타나기 시작하였다.『대만문예』는 독자들에게 이러한 본성 출신 작가와 작품을 소개함으로써 '향토문학'에 대한 지지를 표명하였다.

(2)『립』의 시인과 중국 현대시의 창작

『대만문예』와 유사하게『립』은 본성 시인들이 많이 모이는 무대가 되었다. 1960년대 말 립 시사 회원은 이미 30명이 넘었다. 한둘을 제외하고 그들은 모두 본성 출신이었다.『대만문예』작가군에 비해 그들은 시에 대해 비교적 일치된 견해를 가지고 있었다. 이들이 시사를 결성하게 된 동기는 "현재 시단은 …… 창작 원고 선정이 인정人情에 기울고 …… 일방적 찬양이나 질펀한 욕설이 정당한 비판을 대신하고 있다"고 생각했기 때문이다. 그래서 그들은 "그 병폐를 겨냥하여 수준 있고 신중한 시 잡지[詩誌]를 출판하여 현재 시단의 퇴폐한 상황을 구제하고자 하였다"(陳明台 1969: 21). 이들 동기는 상당히 온화한 것이었다고 할 수 있다. 『립』은 창간호에서 다음과 같이 독자들에게 명백히 알렸다.

5·4는 우리에게 더 이상 어떤 것도 의미하지 않는다. 우리가 마치 당송唐宋을 과거로 보는 것처럼, 5·4 역시 이미 지나간 것으로 간주할 수 있다. 이는 우리가 감히 단언할 수 있는 것으로, 우리는 이미 이전 시대와 완전히 다른 시적인 동기[原故]를 갖고 있기 때문이다. 시의 '장場'에서 이 시대는 자신도 모르는 사이에 '격절隔絶' 현상을 형성했는데, 이 '격절'은 비록 이전 시대의 시에 대한 통렬한 수정이나 더 나아가 부정을 의미하지만, 이러한 이유로 인해 젊은 세대의 왕성하고 활발한 창작력

이 더욱 두드러진다. 어찌 됐든 이 세대에 드디어 이 시대만의 시를 갖게 되었으니, 그 어떤 일보다 축하할 일이며 더 이상 설명이 필요 없을 것이다![125]

따라서 립사 회원들은 1980년대 이후 『립』의 창설이 『대만문예』의 출현과 마찬가지로 일종의 '중국의식'과 대립하는 자주적인 '타이완 의식'에 바탕을 둔 것이었다고 공언했지만(陳千武 1989: 2, 白萩 1989: 6),[126] 실정은 꼭 그렇지 않았다. 이 간행물은 "민족 문화를 보존하고 독자의 감상을 돕기 위해", '이 시대의 중국 시'를 창작하고 신중하게 평가할 것을 촉구하였다.

<그림 4-3> 1964년 시詩 간행물 『립』의 창간호 표지와 목차 (원서 166쪽)

---

125 『笠』1964年 6月 1: 5 참고.

126 그 외 리민용[李敏勇]의 주장은 郭成義(1982: 175)를 참고할 수 있다.

심지어 립 시사의 설립이 타이완 현대시의 심각한 '서구화'에 저항하기 위한 결의에서 비롯되었다고 말하기도 어렵다.[127] 1950년대 말, 10년 동안 지셴의 영도 하에 신시新詩 서구화의 본거지가 되었던 '현대 시사' 회원들은 거의 해체되었다. 그러나 '창세기' 시인은 이후 급부상하여 서구에 치우친 문학 현대주의 이념의 주요 제창자가 되었다. 그들은 편협한 지역주의를 버리고 시의 세계성, 초현실주의, 독창성과 순수성을 강조해야 한다고 생각하였다(張漢良·蕭蕭 1979). 창세기 회원들이 전위적인 문학 형식을 시도하고 개인의 세계 속에서 '순연한 체험'을 탐구하는 데 힘을 쏟았던 것은 시단에 큰 영향을 미쳤다. 1959년부터 1969년까지 10년 정도가 이 시사의 전성기였다고 할 수 있다. 이 기간 립 시사가 저항을 구체적으로 표현한 경우는 거의 없었다. 심지어 『립』은 그들의 독자에게 『창세기』라는 시 잡지를 정식으로 추천할 정도였다.[128]

립 시사 회원들은 1970년대 초 타이완 현대시에 대한 비판에 거의 참여하지 않았는데, 이는 그들이 서구화된 문학 현대주의에 대한 구체적인 반대 행동의 지표가 거의 없었다는 의미로 볼 수 있다. 이 기간 각종 비평은 주로 창세기 시인을 직접 겨냥한 것이었으니, 예를 들어 서구적 이미지와 구문의 남용, 지나친 개인 정서에 대한 탐닉, 당면한 사회 현실에서의 도피, 모호한 어투 등이었다. 1970년대 중반 향토문학 논쟁 시기 경력이 풍부한 회원들이 인정했듯이 립 시사는 논쟁에서 별다른 역할을 하지 못했고, 논쟁이 그들의 창작에 미치는 영향도 적었다.[129]

---

127 리민용의 관점은 하나의 예이다. 郭成義(1982: 175) 참고.

128 『笠』1966年 6月, 13: 10 참고.

129 이는 자오톈이[趙天儀]와 리쿠이셴[李魁賢]이 당시의 토론에서 지적한 것으로, 『笠』1978年 10月, 87: 42~43 참고. 白萩의 견해는 『文學界』1982年 겨울, 4: 182를 참고.

요약하자면 립 시사의 설립과 『립』의 창간은 『대만문예』의 탄생과 마찬가지로 정치적으로 지역적 경향의 발전과 거의 무관했으며, 타이완 민족주의에서 비롯되었다고는 더더욱 말할 수 없다. 상대적으로 그 두 간행물은 각기 다른 방식으로 뚜렷한 중국의식을 보여주었다. 립 시사는 유행하던 서구적 문학 현대주의 경향에 대해서도 굳이 저항하지 않았다. 전후 20년 동안 다른 중요한 시인들이 그랬던 것처럼, 당시 유행했던 '현대화' 의식하에 립 시사의 관심은 어떻게 시를 현대화하여 '중국 현대시'를 창조할 것인가에 있었다. 한편 이 시기 외성이나 본성 출신의 타이완 시인들은 대부분 이미 중국 고전 시의 한계(특히 성운격률聲韻格律 문제)와 문언문의 글쓰기 방식을 버리고 백화문 창작으로 바꾸었다. 그외 그들이 비록 중국의식을 가지고 있었다 해도, 이 시기의 소설가들처럼 그들은 일반적으로 중국의 5·4 시대 이후의 문학 전통과 단절되어 있었다. 또한 1949년 이전의 중국 현대시를 거의 읽을 수 없었으며, 5·4 이후의 문학 전통에 대한 경의敬意도 거의 없었다. 한편 중국 시의 '현대화'를 실현하기 위해 타이완 시인들은 느슨하게 '현대주의'로 분류될 수 있는 서양 문학적 기법을 많이 도입하였다. 중국 시의 '현대화'에 대한 이러한 열정으로 보면, 립 시인들은 1960년대 주로 외성인으로 구성된 다른 중요한 시사들과 별로 다르지 않았다.

(3) 『립』과 『대만문예』 그리고 향토문학

립 시사가 다른 중요한 시사와 다른 점은, 주로 그 회원들이 비교적 소박하고 명랑한 글쓰기 스타일과 일상생활의 소재를 다루는 것에 관심이 있다는 데 있었다. 이런 측면에서 그들은 현대주의의 전위적인 글쓰기 기교를 시도하는 데 급급한 다른 시인들과는 달리 어의가 모호한 것과 서구적인 이미지의 과도한 사용은 애써 피하였다. 식민지시기에 성장하여 전후 독학으로만 중국어를 배운 세대들은 창작에 있어서 특히 그러했다. 비교적 익숙하고 꾸밈없는 글쓰기 방식은 아마도 그들의 생각을 명확하게 표현하고 독자들이 쉽게 이해할 수 있게 하는 신뢰할만한 방법이었을 것이다. 한편 당시의 내적 경험에 집착하고 있던 대다수 시인과 비교하면 립 시사 회원들은 일상생활 속의 소재를 중시하였다. 이러한 소재는 그들의 소박하고 명랑한 작풍作風처럼, 그들의 작품을 현대주의 기법으로 가득한 시들보다 현실감 있고 쉽게 다가갈 수 있게 하였다. 이러한 이유로『립』이 향토문학 발전에 중요한 역할을 하지 않았음에도 불구하고, 향토문학이 유행할 때『립』이 향토 정신을 지녔다는 평가를 받기도 하였다(陳千武 1975).『대만문예』의 경우에는, 중요한 중견 소설가이자 문학평론가인 예스타오가 이미 1968년 "향토적인 색채를 가지고 있다"라고 특별히 추천한 바 있었다(葉石濤 1968: 37). 립 시사의 두 중요 회원이 당시 지적했듯이『립』의 양식과 향토문학의 현실적인 경향은 "교묘하게 딱 맞아떨어졌으며", "관념이 통하고 견해가 일치하였다." 즉 문화 흐름이 바뀌는 과정에서 양자의 합치는 '우연'이었다. 아울러 그들은 그 동인 시의 '향토 정신'이 사회·정치적 함의를 결여하고 있어서, 1960년대 말 이후 중시되었던 향토 소설의 향토 정신과 결코 같지 않다는 점을 지적하였다.[130]

그러나 이전 장에서 언급한 바와 같이 1970년대에 중시되었던 향토문학의 주요 작가는 본성 출신의 천잉전·황춘밍·왕전허·왕퉈·양칭추였다.

---

130 이는 리쿠이셴과 리민용의 발언으로『笠』1978年 10月, 87: 43 참조.

외성 출신의 웨이톈충[尉天驄]과 그 동인들이 편집한『문학계간』과『문계
文季』잡지는 천잉전·황춘밍·왕전허를 배출하여 향토문학의 중요한 원
동력이 되었다. 국민당 정부가 공격하여 논쟁을 일으킨 대상은 바로 이
작가들과 비평가, 그들의 사실적인 작품이었다. 나중에 예스타오가 지적
했듯이, 이 젊은 작가들은 우줘류를 비롯한 본성 출신의 기성세대 작가
들과 거의 접촉하지 않았으며, 그들의 작품도 일제 식민지시기 타이완
작가들의 '한물간' 향토문학과 거의 관련이 없었다. 요컨대『대만문예』
든『립』이든 모두 1960년대 말과 1970년대 초 향토문학의 발전에 뚜렷
한 영향을 미치지 않았다. 그것들은 향토 회귀라는 흐름 속에서 상당히
주변적 역할을 했을 뿐이었다.[131]

(4)『립』과 향토 정신 그리고 중국 현대시

향토문학의 발달이 립 시사 창작에 미친 영향은 적었지만, 향토문학
이 점차 중시되면서, 회원들이 자기 조직과 간행물의 역사적 의의를 재
평가할 수 있는 계기를 제공했고, 1970년대 확연히 달라진 문화환경에
서 이전보다 더 중요한 역할을 할 수 있을 것이라는 기대를 낳았다. 7월
초 타이완 외교의 좌절로 촉발된 고향으로의 회귀 물결 속에서 립 시사
가 점점 '현실주의' 경향을 강조하게 되면서, '창세기'와 '남성藍星' 두 주
요 시사와 거리가 멀어졌다. 1970년대 초 타이완의 현대시가 점차 혹독

---

131 이 두 간행물의 판매량을 보면 그들이 향토문학 발전에 미친 영향이 적었다는 사실은 더욱
분명해진다. 향토문학 논쟁 기간 립 시사의 중요한 회원인 리쿠이셴은 "『립』시간의 발행
범위가 너무 좁아 외부 세계에 긍정적인 자극과 영향을 주지 못한다"라고 지적했다.『笠』
1978年 10月, 87: 43 참조.『대만문예』는 창간 이후 우줘류가 사망할 때까지 국내 구독자가
없었고 무료로 후원자와 국외 기관에만 송부되었다.『出版家』1976年 10月, 52: 71 참조.

한 비판을 받을 때, 립 시사는 창세기 시사의 '초현실주의'와 남성 시사의 최신 '고전 정서' 경향에 대한 불만을 분명히 표현하였다. 1973년 4월과 10월 발간된 『립』의 '권두언'에서는 대다수 시인이 일반적으로 현실에 무관심하다고 비판하고, 이어서 삶과 사회 현실에 관한 관심과 '이 시대의 이 세대의 시'를 만들려는 열정을 거듭 표명하였다.[132]

이때부터 『립』은 식민지시기 본성 출신 시인들의 현대시를 소개하면서 '전통의 재인식'을 통해 "시 학계가 잃어버린 방향"을 수정해야 한다고 호소하기 시작하였다.[133] 한편 1972년 10월부터 『립』에 비정기적인 칼럼을 추가하여 왕바이위안[王白淵](1902~1965)·우신롱[吳新榮](1907~1967)·궈수이탄[郭水潭](1908~1995)·우용푸의 현대시를 소개하고 토론함으로써 독자들이 식민지시기 본성 출신 시인들의 성취에 주목할 수 있도록 하였다. 한편 립 시사는 전후 타이완 현대시의 발전을 촉진하는 데 있어 식민지시기의 문학 유산의 중요성을 점점 더 강조하였다. 지셴은 그 자신이 일찍이 중국 본토에서 타이완으로 현대시의 '불씨'를 들여왔으며, 타이완 현대시의 선구자라고 공언하였다.[134] 그러나 상대적으로 립 시사는, 식민지시기 본성 출신의 시인들이 일본인에게서 현대주의·상징주의·초현실주의에서 유래한 많은 서양 현대시의 기교를 배웠기 때문에 이미 독특한 시적 전통을 세웠다고 강조하였다. 타이완 현대시 발전에 대

---

132 『笠』1973年 4月, 54: 1, 1973年 10月, 57: 5 참조.

133 『笠』1973年 10月, 57: 5 참조.

134 지셴[紀弦]을 예로 들 수 있다.(1966: 4) 1929년 중국 본토에서 시를 쓰기 시작한 지셴은 얼마 지나지 않아 프랑스 상징주의의 영향을 받은 30년대 중요 시인 리진파[李金髮]와 따이왕수[戴望舒]의 숭배자가 되었다. 따이왕수는 『現代』의 주요 작가로, 지셴도 이 간행물에 투고했으며 따이왕수가 대표하는 『現代』 단체의 일원으로 간주되었다. 紀弦(1996: 3); 古繼堂(1989: 124~125) 참조.

한 지셴의 현저한 공헌을 부인하지는 않았지만, 립 시사는 린헝타이를 비롯한 본성 출신의 시인들이 식민지시기의 시 예술을 지셴이 주도하는 현대 시사에 들여왔다고 주장하였다. 그들은 식민지시기 본성 출신 시인들이 이미 서양 현대시의 예술과 기교에 익숙했지만, 식민지시기의 시 전통에서 가장 중요한 특징은 삶과 사회 현실에 대한 시인들의 지속적이고 일관된 관심이라고 강조하였다.[135]

립 시사는 전전과 전후 세대의 시인으로 구성된 단체로서 점차 자신을 식민지시기 이후 발전해 온 타이완 현대시 전통의 수호자임을 드러냈다. 더욱이 향토문학이 유행하는 추세 속에서 립 시사는 갈수록 검소하고 꾸밈이 없는 작문 스타일, 생활과 사회 현실에 관한 관심을 바꾸지 않았으며, 이러한 품격과 관심을 타이완 현대시 전통의 본질이라고 형용하였다. 그들에게 이러한 본질은 바로 '향토 정신'의 핵심이며, 그들의 간행물 『립』은 다른 시가詩歌 간행물과 달리 이러한 향토 정신의 유일한 대표였다.[136] 향토문학 논쟁이 끝난 지 얼마 되지 않아 립 시사는 '본토 시문학'의 건립을 자신의 임무로 설정하였다.[137] '향토'와 비교해 '본토'는 립 시사의 논술 맥락에서 중국 본토가 아니라 타이완을 더욱 명확하게 지칭하였다.[138] 립 시사는 "현실주의의 예술적 지향"을 그들의 작품 활동의 표준으로 삼고, 예술성·사회적 배려·향토 정신과의 균형 잡힌 발전을 기본 원칙으로 내세웠다.[139] 립 시사는 향토문학 제창자들의 시각

---

135 이러한 견해는 『笠』1977年 10月, 81: 41~42; 1980年 2月, 95: 54~57 참조.

136 『笠』1978年 10月, 87: 5 참조.

137 『笠』1978年 6月, 85: 77 참조.

138 따라서 리쿠이셴은 '토종 시문학'이 아닌, '타이완 시문학'을 사용할 것을 건의한 바 있다. 『笠』1978年 12月, 88: 43 참조.

139 『笠』1980年 6月, 97: 1; 1980年 12月, 100: 1 참조.

에 호응하여 시인들에게 "우리 땅과 우리 시대를 대표하는" 작품을 창작할 것을 호소하였다.[140] 1970년대 중반부터 '토지'와 '사실'은 립 시사에서 자주 사용하는 구호가 되었다.

그러나 1970년대 향토 소설가의 지역적 경향과 마찬가지로 이 시기 립 시사의 지역적 경향을 지나치게 과장하거나 심지어 중국 민족주의와 완전히 대립하는 분리주의로 보아서는 안 된다. 위에서 언급한 바와 같이 립 시사는 당시 시인들이 반성하지 않는 서구화된 경향과 사회 현실에 대한 무관심을 비판하고 식민지시기 타이완의 현대시 유산을 소개하는 데 주력하였다. 1970년대 초 타이완이 큰 외교적 좌절을 겪기 시작한 배경 속에 립 시사가 강조한 것은 식민지시기 타이완 시인의 중국 민족 의식과 조국 중국의 타이완 구원에 대한 갈망이었다. 우융푸가 식민지 시기에 쓴 두 편의 시 「고아의 사랑[孤兒之戀]」과 「조국[祖國]」은 특히 이러한 감정적인 증거로 꼽혔다.[141] 또한 앞서 언급했듯이 립 시사 회원 중에

---

140 『笠』1977年 6月, 79: 1 참조.

141 『笠』1972年 12月, 52: 5~9; 1978年 10月, 87: 2~11; 1981年 4月, 102: 33~35 참조. 이 두 편의 시는 원래 일본어로 쓰였다. 이 두 편의 시가 1970년대 초에 중국어로 번역되어 발표된 경위에 대해서는 巫永福(1978)를 참조. '조국'이라는 시를 중역하여 발표한 후 속속 게재되었는데, 그 경위는 李魁賢(1978[1982]: 14)을 참조. 趙天儀는 1978년 타이베이의 '77항전 기념회'에서 이 시를 낭송했는데, 그 경위와 그에 대한 뜨거운 호응은 李魁賢(1987[1982]: 14); 王曉波(1988[1987]: 240)를 참조. 이 두 편의 시의 내용은 다음과 같다.

「고아의 사랑」

망국의 비애 일본인에 의해/ 청국 노예로 매도당한 분노는/ 고동수苦棟樹 밑에 묻어버려도/ 꽃향기 가득한 바람에도 녹지 않네/ 말없이 눈물을 닦아낸다/ 구름을 올려다보는 나/ 구름은 연약하게 흩어지고/ 고아의 생각과 한숨은/ 햇빛에 점점 더 강렬해진다

청국 노예가 무슨 뜻인가?/ 욕먹은 슬픔은 몸과 마음에/ 맑은 개울에 우수를 머금고/ 선단 다홍색 꽃/ 카트리안 난초의 화려함도/ 상쾌함을 잃고/ 목련꽃 봉오리 머금고 한숨지며/ 우아한 향기도 토해낼 수 없다

는 전전의 시인이 포함되어 있을 뿐 아니라, 점차 자신을 식민지시기 타이완 현대시 전통의 수호자임을 드러냈다. 동시에 립 시사는 전후의 일

푸르른 기러기의 비명을 들으면 고국 땅이 보고 싶고/ 마당에서 지저귀는 새소리를 들으면 고국 땅이 보고 싶다/ 듣고 나면 시름겨워/ 밤 불 아래서 운다/ 지룽[基隆]에 해 뜰 무렵/ 대만-일본 항로에서 분노한다/ 고향의 산에 부끄러움을 숨기고/ 고아들의 그리움을 파도에 숨긴다

밤낮으로 얻을 수 없는 조국을 생각한다/ 얻을 수 없는 조국을 사랑한다/ 그것은 고아의 생각을 풀고/ 깊은 치욕의 상처를 치유하는 것이다/ 그것은 자존심을 주는 기쁨이다/ 무거운 슬픔을 사라지게 하고/ 빠져드는 분노를 나락으로 버리게 한다/ 아, 얻기 어려운 조국은 아직 있다.

답답해서 숨이 막힐 것 같아/ 눈물을 참을 수 없네/ 대나무숲에 가보자/ 믿을 신은 없지만/ 마조媽祖를 모시고 이 섬에 온/ 조상을 생각하며 슬퍼진다/ 연달의 대나무 숲 어둠 속에서/ 빛이 조금이라도 있다면/ 좋겠다 ……

「조국」
본 적이 없는 조국은/ 바다 사이에 먼 듯 가까운 듯/ 꿈속에서 책에서 본 조국은/ 수천 년 동안 내 핏속에 있네/ 내 가슴 속 그림자가/ 내 마음에 울려 퍼지네/ 아! 조국이 나를 부르나/ 아니면 내가 조국을 부르나?

찬란한 역사/ 조국은 영광스러운 강성/ 우수한 문화를 잉태한/ 조국은 탁월한 것/ 아! 조국이여 깨어나라! 조국이여 깨어나라!

나라가 잠만 자면 병약하고/ 병약하면 치욕이 있고/ 사람은 많고 땅은 넓다/ 조국이 으르렁거린다/ 조국이여 표효하라.

민족의 존엄은 자립에 있다/ 자립하지 않으면 자주적이지 않다/ 불평등에는 불행이 있다/ 조국이여 일어나라/ 조국이여 손을 들어라.

패전하면 우리를 수양 보내라/ 우리에게 이 죄악을 짊어지게 하라/ 조국이 있지만 조국을 부를 수 없는 죄/ 조국은 부끄럽지 아니하냐/ 조국은 바다 저편에 있다/ 조국은 눈동자 속에 있다.

풍습과 언어는 모두 다르다/ 다른 민족의 지배하에 있는 모든 사람을 동등하게 대우한다/ 이는 거짓된 언어이다/ 거짓이 많아지면 고심[苦悶]이 있을 것이다/ 우리에게 조국을 돌려주오/ 바다를 향해 소리친다 우리에게 조국을 돌려주오!

부 일본 시인들과도 여전히 밀접한 관계를 유지함으로써 일부 비평가들로부터 '일본 시단의 식민지'라는 비판을 받기도 했다. 그 외 립 시사가 거의 전적으로 본성 출신의 시인들로 구성되어 있을 뿐 아니라, 본토/타이완을 바라보는 지역적 성향이 갈수록 뚜렷해지고 있다는 사실도 일부 의심을 샀다. 이러한 비판과 의심에 대응하기 위해 향토문학 논쟁이 잠잠해진 1978년 2월 립 시사의 여성 사장社長 천슈시[陳秀喜](1921~1991)는 다음과 같이 말했다.

> 나는 일본 교육을 받은 사람이고 일본말과 일본 문자로 일본 시를 쓸 수 있는데, 왜 힘들게 중국어를 배워서 중국 시를 썼을까? 왜냐하면 나는 식민이 되길 원치 않았기 때문이다. 나는 중국인이며, 『립』시간은 당연히 중국인의 시 간행물이다. ……… 내가 가장 괴로운 것은 식민을 당한 적이 있다는 것이고, 나는 이 민족을 열렬히 사랑하고 이 향토를 사랑한다. …… 이 나라에 흐르는 것은 중국인의 피이고, 나의 문학도 중국의 문학이고, 나는 중국인이다. 나는 중국인의 길을 가며, 어떤 사람이 우리가 식민을 당했다고 말하는 것을 절대 허락하지 않는다.[142]

---

142 『笠』1978年 2月, 83: 55~56 참조. 당시의 정치 강압 통치하에서 작가들은 정부의 감시와 문자옥文字獄 때문에, 작품을 쓸 때 스스로 한계를 정하여 자기 검열을 함으로써 하고 싶은 말을 다 하지 못했을 것이다. 필자는 이러한 가능성을 전혀 부인하지 않는다. 이단적인 정치·문화적 사상이 있는 것처럼 의심받고 고발당했을 때, 위기에 처한 작가들이 일어나 변명하지 않을 수 없었던 모습은 필자가 인용한 천슈시의 모습에서 잘 알 수 있다. 그러나 자기 한계 속에서 표출되거나 일시적인 변명으로 공언하는 '중국의식'이 반드시 '허구'이거나 진실하지 않은 것은 아니었다. 관련 사료를 보면, 1960년대와 1970년대『립』과『대만문예』두 단체 작가의 절대다수가 가진 중국 민족 또는 국가에 대한 정체성은 모두 자기 한계를 설정하고 일시적으로 변명해야 하는 상황에서 '부득이'하게 표현한 '속마음[衷心]'이 아니라, 그들의 주관적인 상당히 명백한 자기 정체성의 한 부분이었다. 동시에 이러한 (중국의식)의 발현은 당시 그들의 작품에서 표현했던 타이완 본향 본토에 대한 진실한 애정을 부정하는 것은 아니었다. 그러나 이러한 감정은 그들의 중국 민족 혹은 국가 정체성과 어긋나지 않는 것으로, 민족이나 국가 정체성 차원으로 끌어올려 그들의 중국 정체성

립 시사에게 "향토문화는 중국문화의 일환"이기 때문에 '타이완 문학'은 '광복 전의 타이완 문학'을 포함하며, 그 독특한 구성요소가 있더라도 모두 '중국 문학의 일부'였다.[143] 립 시사의 두 창립 회원인 린형타이와 자오톈이가 말했듯이, 그들이 노력한 것은 단지 '현대시'를 창작하는 것이 아니라 '현대 중국 시'를 창작하는 것이며, 그들이 원하는 것은 '현대 시인'일 뿐만 아니라 '현대 중국 시인'이었다.[144] 향토 소설가와 마찬가지로 립 시사 회원들은 선명한 중국의식을 품고 있었다.

그러나 1980년대 초반 이후 립 시사와 『대만문예』의 작가 그룹은 '타이완 본토 문학'이라는 개념의 주요 건설자가 되었으며, '타이완 본토 문학'을 하나의 독특한 문학 전통으로 구축했다. 1980년대가 끝나기 전후에 '본토 문학'의 개념은 '타이완 민족 문학'으로 더욱 발전했다. 타이완 민족 문학에 대한 논술은 1980년대 중반 이후 급속히 발전한 타이완 민족주의의 중요한 부분을 구성했다. 타이완 민족주의 정치의 발전, 그리고 이러한 문학의 정치화는 1979년 가오슝의 메이리다오 사건이 계기가 되었다. 그러한 정치화의 동태를 알기 위해서는 우선 1970년대 초반 이후 타이완의 현저한 정치 변화, 특히 국민당에 도전하는 반정부 운동의 급속한 발전을 살펴볼 필요가 있다.

과 상충되는 것은 아니었다. 이 책의 제7장의 토론을 참조하라.

143 『笠』1977年 10月, 81: 40~43 참조.

144 『笠』1973年 4月, 54: 91~92; 1980年 1月, 95: 1 참조.

3. 1970년대 국민당 통치와 타이완의 반정부 운동

(1) 외성인의 정치 통제와 본성인의 정치권력 상승

전후부터 1980년대 후반 이전까지 타이완은 줄곧 외성인 통제하의 일당 독재와 권위주의 통치 국가였다. 전후 이래 점점 더 많은 본성인들이 국민당에 가입하였다. 1970년대 초 국민당의 당원 수는 거의 100만 명에 이르렀고, 본성 출신 당원 수도 대략 이 시기부터 외성인을 추월하기 시작했다. 1972년 5월 장제스의 장남 장징궈가 행정원장에 취임하였다. 당시 장징궈는 댜오위다오[釣魚島] 열도 영유권 논란 이후 일련의 외교적 좌절을 겪으면서 성적[省籍] 문제에 직면하자, 이전보다 많은 본성인을 당내와 정부의 요직에 임명함으로써 국민당에 대한 본성인의 지지를 확보하고자 하였다.

더군다나 국민대회·입법원·감찰원이라는 3개의 주요 중앙민의대표 기구는 국민당 정권 합법성의 중요한 원천이었다. 1947년과 1948년에 중국 대륙에서 선출된 이 기관들의 오래된 대표들은 정권의 역사적 연속성을 상징할 뿐만 아니라, "중화민국이 전 중국을 대표한다"는 선언을 이어가는 데 도움이 되었다. 그러나 1960년대 말에 이르러 이러한 민의 대표자들의 노화와 사망이 심각한 문제로 대두되기 시작하였다. 이에 1966년 국민대회는 헌법상 '동원감란시기임시조관動員戡亂時期臨時條款'(이하 임시조관)을 개정하여 총통이 증원[增額] 또는 보궐선거를 시행함으로써 3개 민의기관의 대표 의석을 보충할 수 있도록 정하였다. 1969년부터 증원 선거가 비정기적으로 치러지면서 타이완 민중이 뽑은 새로운 구성원들이 중앙 민의대표 행렬에 합류하였다.

비록 본성 사람들이 누리는 정치적 권력은 이미 증가했지만, 외성인들이 차지한 국민당의 고위층, 정부 및 중앙 민의대표 기구의 인원수는 여전히 본성인보다 많았다. 전체 사회는 여전히 외성인들이 지배하였다.[145] 다만 증원 선거와 같은 변혁은 본성인이 더 많은 정치권력을 장악할 수 있는 길을 제공하였다. 국민당과 정부 내에서 본성인의 권력 지위가 격상된 것 외에, 선거 기간 본성인의 국민당에 대한 도전 그리고 그들의 상업적 성취까지 더해져 본성인의 영향력은 이전보다 더욱 커졌다.

1975년 장제스가 사망하였다. 장징궈는 그의 아버지가 죽은 지 얼마 되지 않아 국민당 주석으로 선출되었고, 1978년 국민대회 투표에서 중화민국 총통으로 선출되었다. 장징궈가 약간의 온건한 개혁을 추진했음에도 불구하고, 그의 통치 초기 정치 체계의 권위주의적 본질은 여전히 거의 변하지 않았다. 계엄과 기타 각종 정치적 통제는 여전히 이 사회를 확고히 억압하였다.

(2) 재야[黨外]의 흥기

장징궈의 집권과 동시에 타이완의 반정부 운동[146]도 눈에 띄게 발전

---

145 1987년 외성인은 여전히 국민당 중앙당, 행정원 및 입법원의 적어도 3/4을 차지했다. 군과 국가안전보장회의(NSC)의 고위직은 거의 모두 외성인이었다. 국민당의 중앙상무위원회에서도 외성인이 위원의 55%를 차지했다. 1988년 본성 사람들은 처음으로 국민당 중앙상무위원회에서 다수의 의석을 얻었다. 그러나 당시 국민당 당원의 70% 이상이 본성인이었기 때문에 본성인 대표성의 불균형 문제는 여전히 상당히 심각했다. Tien(1989: 37~38) 참조.

146 역자주: 원서에는 이의異議 정치로 표기되어 있다. 반정부, 반체제를 의미하는 Dissident(disambiguation) Politics의 중국 번역어이다. 기존의 체제·주의·정책·기관 등에 대한 비판, 또는 비판자를 의미하며 주로 나찌나 과거 소련 및 중국 등 권위주의 체제에 대한 비판 및 비판운동, 비판자를 지칭하는 용어로 쓰였다. 타이완 역시 냉전을 배경으로 한 국민당의 일당독재 체제였다는 점에서 같은 용어의 사용이 가능하다. 타이완 문제를 세계사적인

하기 시작했다. 그전 약 20년가량 반정부 운동은 성공적으로 제압되었다.[147] 1969년 11월 대학 학력을 가진 노동자 캉닝샹[康寧祥]이 타이베이 시의원에 당선되었다. 같은 해 12월의 '중화민국 자유 지역 중앙 공직자 증원 보궐선거'는 국민당 치하의 중화민국이 1948년 이후 처음으로 실시한 국회 중앙 민의대표 선거였다. 이 선거에서 여러 차례 타이베이 시의원을 연임한 황신제[黃信介]가 캉닝샹의 지지 하에 입법위원으로 당선되었다. 캉닝샹 본인도 1972년 입법위원으로 선출되었다. 황신제와 캉닝샹이 전국적인 정치 무대에서 부상하면서 '재야'라는 말이 국민당이 아닌 독립된 정치인을 지칭하는 말로 쓰이기 시작했다. 재야라는 표현은 또한 일종의 정치적 단결감을 만들어냈다(李筱峰 1987: 122).

타이완의 반정부 운동은 정론지가 중심이 되었다. 1970년대 이전까지『자유중국自由中國』과『문성文星』등 많은 지성 잡지의 편집자와 저자들은 유권자의 폭넓은 지지가 부족했던 외성 출신 지식인들이었다(Tian 1989: 95).[148] 1975년 8월 캉닝샹·황신제 등이 공동으로『대만정론台灣政論』이라는 정치 잡지를 창간했다. 이 잡지는 많은 재야인사들을 결집했고, 타이완 반정부 운동의 새로운 단계를 열었다. 몇 달 후 국민당 정부가 이 간행물을 금지하였음에도 불구하고, 1977년 말 동시에 거행된 5

비교의 맥락에서 이해하려는 저자의 의도에 따라 선택된 용어로 보이지만, 이하에서는 문맥에 맞추어 반정부 운동, 또는 반체제 운동 등 적절한 용어로 대체하여 번역한다.

147 예를 들어 1964년 펑밍민[彭明敏]과 그의 학생들이 반국민당 선언문을 살포하려다 체포된 적이 있었지만, 타이완 내부에서 더 많은 반정부 활동을 즉시 불러일으키지는 못했다. 이 책의 3장 주16을 참조. 이후 10년 정도 성현급 선거에서 국민당 후보와 대립한 소수의 본성 출신 정치인들만이 유일하게 국민당의 통치에 도전했다. Tien(1989: 94~95) 참조.

148 『자유중국』의 사정은 본서 제3장 주석을 참조.『문성』은 과학과 서구 자유민주 이념을 제창하는 데 주력한 비교적 엄숙한 잡지였다. 1957~1965년『문성』잡지의 편집장은 외성 출신으로 젊고 급진적인 반전통주의자 리아오[李敖]가 맡았다. 본 장의 주68을 참조.

개 지방 공직자 선거에서 많은 후보자들이 캉닝샹과 황신제가 협의하여 연계한 재야의 이름으로 출마했다. 이에 따라 타이완에서는 처음으로 섬 전체의 반국민당 정치동맹이 출현했다. 이 선거에서 재야는 최종적으로 성省의원 77석 중 21석, 현시장縣市長 20석 중 4석을 획득하여 유례 없는 승리를 거두었다.

(3) 메이리다오[美麗島] 사건과 반정부 운동의 급진화

1978년 12월 카터 미국 대통령은 미국이 타이완과의 단교를 선포하고 중화인민공화국을 승인하면서, 이는 세계에 단 하나의 중국, 즉 중화인민공화국만 있음을 인정하는 것이라고 공언했다. 이 소식이 전해지자 타이완 사회는 몹시 놀랐다. 그러나 1977년 선거 승리에 고무된 재야인사들은 한 걸음 더 나아가 조직적 활동을 시도했다. 1977년 선거 기간에 군중들의 집단 항의로 발생한 중리[中壢] 사건도 그들에게 대중운동의 힘을 일깨워 주었다(李筱峰 1987: 125; 王甫昌 1996: 151).[149] 따라서 1979년 봄부터 재야인사들은 일련의 강연과 군중대회를 개최하여 민중의 지지를 동원했다. 같은 해 8월 황신제는 재야인사들과 함께 새로운 정론 잡지 『메이리다오』를 창간했는데, 이는 재야 그룹의 결사를 목표로 한 걸음 더 나아간 것이었다. 이 잡지의 지지자들은 거의 모든 중요한 반정부 인사를 망라했고, 타이완 전역에 퍼져있는 잡지사의 '안내처[服務處]'도 지방 당부黨部의 역할을 했다. 이 잡지의 판매량이 아주 빠른 속도로 10

---

149 1977년 선거 기간 중 타오위안현[桃園縣] 중리시에서 1만여 명의 민중이 부정 선거 의혹에 대해 항의했고, 항의는 결국 군중과 경찰의 폭력 충돌로 이어졌다. 이는 1947년 2·28 사건 이후 첫 반정부 시위였다.

만 부를 넘어서면서 재야 그룹의 기관지로 여겨졌다(李筱峰 1987: 145; Tien 199: 96; 王甫昌 1996: 151~152). 그해 12월 10일 『메이리다오』는 가오슝시의 안내처에서 인권 선양을 위해 군중집회를 열고 시위를 벌였는데, 경찰과 민중의 심각한 충돌로 이어져 많은 경찰과 민중이 부상을 당하였다. 이 사건이 터지자 『메이리다오』 그룹의 지도부와 지방의 많은 반대 인사들이 즉시 체포되었다.[150]

메이리다오 사건은 재야인사들에게 큰 좌절이었지만, 오히려 반정부 운동의 급진화를 촉발하였다. 재야 운동이 『대만정론』에서 『메이리다오』로 발전하는 동안, 재야인사들은 '충성스러운 반대자' 역할을 하며 '민주화'를 제창하였다. 이들은 타이완의 정치 시스템이 헌법 임시조관과 계엄에 의해 왜곡되고 있다고 보고 정부의 근본적인 개혁을 요구하였다. 그러나 개혁 성향의 이 두 잡지는 중앙 민의대표 기구 3곳에 증원 보궐 성격이 아닌 전면적인 재선거를 통해 옛 대표들의 축출을 요구한 적이 없었고, 더욱이 타이완 독립을 주장해 본 적도 없었다. 한마디로 중화민국이 중국 전역을 대표하는 유일한 합법 정부라는 국민당의 기본 교조에도 도전하지 않았다. 그러나 메이리다오 사건 이후 반정부 운동 지도자가 감옥에 갇히자 재야 진영 내 급진 인사 세력이 왕성해졌다. 1980년대 전반 반정부 운동 인사들에 대한 국민당의 탄압은, 급진파들이 주장하는 더욱 공격적인 운동노선에 정당성을 부여하였을 뿐 아니라, 더욱 급진적인 정치개혁 이념의 확산을 촉진하였다(王甫昌 1996: 155~168).

---

150 이후 황신제 입법위원을 비롯한 핵심 지도자 8명은 반란을 선동한 죄로 12년에서 무기징역 형을 선고받고 투옥되었다. 다른 반정부 인사 30여 명은 비교적 가벼운 징역을 선고받았다(李筱峰 1987: 152).

더군다나 재야 정론지는 1980년대 전반 급속하고 왕성하게 발전하였다.[151] 급진파 인사들이 주관하는 잡지, 특히 『심경深耕』과 그 후속 시리즈는 국민당 정부의 합법성에 도전하기 시작하였다. 동시에 정치적 금기인 2·28 사건을 거론하고, 타이완 역사상 다양한 정권 아래서 저항했던 영웅을 묘사하고 '타이완인의 영광'을 구가함으로써 '타이완인 의식'을 제창하였다. 1980년대 이전의 반정부 운동과 달리 재야 급진파 인사들은 '타이완 민족주의'라는 이념을 내세우기 시작하였다. 1983년 전국 입법위원 증원 보궐선거에서 재야 후보들은 공동 정견 제1조인 "타이완의 미래는 타이완 전체 주민이 공동으로 결정해야 한다"를 대담하게 선언함으로써 재야 이념의 급진화를 뚜렷이 보여주었다. 다시 말해 재야 후보들은 타이완인이 '자결'의 권리를 가져야 한다고 주장하였다. 이 주장은 1985년 지방선거에서도 재야 후보자들의 주요 정견이 되었다(王甫昌 1996: 169, 171).

---

151 전체적으로 이들 간행물은 정치 민주화, 시민권 보장, 언론 자유, 정치범 석방, 정부 조직 개혁, 야당 합법화 등을 제창했다. 어우양성언[歐陽聖恩]의 연구에 따르면, 1975년부터 1985년까지 10년 동안 다양한 재야 정론지가 총 1천 호 이상 발간되었다. 歐陽聖恩(1986: 21) 참조. 왕푸창은 1980년대 전반 재야에서 50종 이상의 정론지가 발간되었다고 지적했다. 그러나 리리[李立]는 『생근주간生根週刊』에 기고한 글에서 1979년 『메이리다오』잡지와 그가 기고한 1983년 5월경 두 시점에 대해 각종 재야 잡지의 판매량을 비교한 적이 있었다. 그는 "현재 재야 14종 잡지가 매월 발행하는 19부의 판매량을 모두 합치면 약 15만 부 내외로 평균 한 종류의 잡지가 8천 부에 불과하여 어느 잡지도 2만 부 이상 팔리지 않았는데, 이 성적과 비교하면 『메이리다오』잡지가 한 기에 15만 부를 발행하여 12만 부가 판매된 것은 무척 놀라운 일이다. 전체 수량으로 보면 민국 68년[1979] 재야 잡지를 읽는 독자가 지금만큼 많았으나, 현재는 재야 잡지가 즐비하여 독자 수가 증가한 것이 아니라 반대로 재야 독자는 오히려 감소했다"라고 말했다. 이러한 현상에 대해 리리는 글의 질이 저하되고 잡지 수가 많아져 권위가 저하되었으며, 서로 판매에 영향을 미치고 독자들이 쉽게 싫증내는 등 몇 가지 해석을 하고 있다.

4. 타이완 의식 논쟁과 향토문학

1980년대 전반 재야에서 추동한 '타이완 의식'은 국민당의 '중국의식' 뿐 아니라, 좌경 정치 이의 인사들이 주장하는 '중국의식'도 겨냥한 것이었다. 이들이 비판하는 주요 목표는 중요 향토 작가 중 한 명인 천잉전을 대표로 하는 반정론적 잡지 『하조논단夏潮論壇』이었다.[152] 1983년 포크 가수 허우더젠[侯德建]이 중국 대륙으로 잠입한 사건이 널리 퍼져 한바탕 논쟁이 일었다. 논쟁 참여자들은 사회정치적 행동에 대한 지도 방침이 타이완을 지향해야 하는지 중국을 지향해야 하는지, 이러한 지향의 내용과 정당성이 어디에 있는지에 초점을 맞추었다.[153] 나중에 '타이완 의식 논쟁'으로 알려진 이 대결은 주로 『생근주간生根週刊』(『심경』 계통의 잡지)의 필자들과 『하조논단』의 필자들 사이에서 발생하였다.

(1) 중국의식과 타이완 의식

'중국의식'의 대변자로서 천잉전은 허우더젠의 행동을 중화민국이나 중화인민공화국과 같은 과거 또는 현재의 중국 정권을 인정해서라기보다는, '문화적이고 역사적인 중국'에 대한 애정에 바탕을 둔 '자연스러운 민족주의 감정'에서 비롯된 것이라고 해석하였다. 천잉전은 '중국의 역사·문화·지리에 대한 이러한 진지한 열정'은 '어떤 세속적이고 역사 속

---

152 천잉전은 마르크스의 저서를 연구하는 독서회에 참석했다가 1967~1973년 옥고를 치렀다.

153 1983년 여름 팝 포크 가수 허우더젠이 홍콩을 거쳐 중국 본토에 들어갔다. 그는 당시 유행하던 노래 '용의 후예[龍的傳人]'를 부른 가수였다. 이 곡은 대륙의 산천山川 경치를 찬미하고 중국을 괴롭힌 외세에 대한 분노를 표출한 노래였다.

의 일시적인 권력'을 넘는 것이고, 그들이 본성인이든 외성인이든 중국인이라면 모두 공유하는 것이라고 생각하였다. 그는 타이완에 있는 본성인과 외성인이 서로 실질적인 차이가 있음을 부인하며, 타이완 의식 제창자들이 말하는 '중국인=지배민족=지배계급'과 '타이완인=피지배민족=피압박 착취계급'의 관계도 부정했다. 천잉전은 소위 '중국의식'을 이렇게 설명했다.

수천 년에 걸쳐 수억 명의 중국인들이 건설한 문화적이고 역사적인 중국 …… 민족주의는 이러한 중국인과 중국인의 자각 의식이며, 이러한 중국인과 중국인의 향상·진보·발전·단결·평화를 쟁취하는 것이다. …… 수많은 쓰라린 대가를 치름으로써 점점 더 많은 양안兩岸의 중국 인민들이 이 절박한 필요를 깨닫고, 또 중국의 자유·민주·민족의 단결을 위해 분투하길 원하는 것이다. (陳映眞 1988[1984]: 36~37)

<그림 4-4> 중국 대륙으로 몰래 들어간 허우더젠 사건을 다룬 1983년 6월 『전진주간前進週刊』(원서 181쪽)

타이완 의식 제창자는 어느 정도 결정론과 유물론적 성격을 가진 관점에 기초하여 사람들의 주관 의식이 객관적 조건에 의해 제약을 받는다고 여기면서, 천잉전 등이 제창하는 중국의식은 '허황된 것'이라고 비판하였다.[154] 비록 타이완 의식이 언제 나타났는지, 어떤 역사적 경험이 타이완 의식의 발전에 더 큰 영향을 미쳤는지 등 역사적 세부 사항에 대한 그들의 견해가 반드시 일치하지는 않았지만, 거의 모든 타이완 의식 옹호자는 독특한 사회경제적 발전 과정과 서로 다른 역사적 영향의 근원으로 인하여 타이완 사회가 이미 중국 대륙과 다른 정체성을 발전시켰다고 생각하였다(Halbeisen 1991).

대다수의 타이완 의식 옹호자는 일본이 식민 통치한 약 50년이 타이완(민족) 의식의 형성 단계라고 생각하였다. 이들은 일본인이 추진했던 경제건설과 발전이 섬 전체를 하나로 통합시켰다는 점을 강조하였다. 그들은 초기 장저우·취안저우·광둥[廣東] 이민자들 사이의 족군 경계가 이미 모호해졌고, 전체 타이완인 사이에서도 일종의 공동체적 감정이 조금씩 부상했다는 점을 지적하였다.[155] 많은 타이완 의식 제창자에게 타이완

<그림 4-5> 1983년 타이완 의식 논쟁 기간의 『생근주간』 (원서 182쪽)

---

154 예를 들어 이러한 견해는 陳樹鴻(1988[1983]), 葉阿明(1983), 施敏輝(1988[1984])에게서 볼 수 있다.

155 천수훙의 문장은 이러한 관점의 전형적인 진술이다. 陳樹鴻(1988[1983]) 참조.

역사상 스페인인·네덜란드인·명나라 유신 정성공 왕조·청 제국을 포함한 다양한 '외래 통치자'에 대한 한족 이민자들의 저항은 이러한 공동체 의식의 발전을 촉성시킨 것이 분명하였다. 이러한 주창자들에게 타이완의 피식민과 반식민지 역사는 곧 착취와 저항의 역사이기도 하였다. 타이완 의식은 그래서 하나의 저항정신이었다.[156]

(2) 향토문학과 타이완 의식

1980년대 전반 재야인사들의 타이완 의식 논술 중에서 1970년대 유행했던 향토문학이 타이완의 반정부 운동과 함께 논의되기 시작했고, 둘 다 오랫동안 발전하여 존재하는 타이완 의식의 자연스러운 산물로 인식되었다. 재야의 타이완 의식 제창자들은 1970년대 전반 전체적인 경제발전과 정치 불안이 타이완을 주체로 하는 타이완 의식을 사회 각 계각층에 깊숙이 침투시켰다고 생각하였다. 그들은 마르크스주의의 상하층 구조 관계 개념을 차용하여, 향토문학과 반정부 운동 둘 다 타이완의 정치·경제 현황을 충실히 반영한 것이라 여겼다.[157] 이러한 견해의 전형적인 대표로 『생근주간』에 실린 글을 예로 들 수 있다. 이 글의 저자 천수훙[陳樹鴻]은 다음과 같이 말하였다.

> 타이완 향토문학은 도대체 무엇인가? 그 대상은 바로 공통의 정치 경제생활로 연결된 타이완 사람들의 삶이며, 그들이 받는 억압과 불평등을 묘사하고 그들의 발전과 전진을 묘사한다. 향토문학 운동의 원동력은 비非 향토문학에 대한 타이완 의식

---

156 이러한 이념에 대한 施敏輝(1988[1984])의 전형적인 상세한 논술을 참조할 수 있다.
157 예를 들면 陳樹鴻(1988[1983]), 施敏輝(1988[1984])가 있다.

의 비판이며, 타이완의 실체적 존재 위에 그것에 상응하고 반영하여 세워진 객관적 문학세계이다.

타이완 향토문학 운동이 타이완 실체의 객관적 존재 위에 현실을 반영한 문학세계를 구축하려는 것이었듯이, 재야의 타이완 민주화운동도 동일한 객관적 존재에 상응하는 민주정치를 구축하려는 것이다. 이를 추진하는 원동력은 타이완 의식이며, 타이완의 현실을 부정하는 비민주적 체제에 대한 비판이다. (陳樹鴻 1988[1983]: 198~199)

이러한 논술에서 향토 소설가와 향토문학 제창자들의 선명한 중국의식은 거의 완전히 무시되었다. 반면 향토 소설가들이 타이완을 주요한 '향토'로 인식하고 있다는 점은 의도적으로 강조되었으나, 중국 민족주의 이슈에 대한 그들의 깊은 관심은 언급되지 않았다. 급진적인 재야 구성원들이 민족주의 원칙을 운용하고 새로운 민족국가의 건설로서 타이완의 미래를 생각하게 되자, 타이완 의식은 중국의식과 양립할 수 없는 것으로 인식되기 시작하였다. 이러한 논술은 당시 향토문학의 주요 작가와 제창자의 생각이 아니라, 메이리다오 사건 이후 새롭게 등장한 재야의 타이완 민족주의를 대변한 것이었다. 1980년대 전반 재야 민족주의 담론에서 우리는 일종의 특수한 목적이 빠르게 발전하는, 즉 현재의 관심과 기대를 바탕으로 역사적 과거에 대한 인식을 재구성하는 모습을 보게 된다.

5. 천잉전·예스타오와 향토문학:
중국사관과 타이완 사관

(1) 예스타오: 타이완 향토 정체성과 중국 국족國族 정체성의 균형

향토문학의 성격에 대한 재야인사들의 해석은 대부분 주로 천잉전의
견해를 겨냥한 데서 비롯되었다.[158] 앞 장에서 언급한 바와 같이 천잉전
은 다른 향토 주창자들과 마찬가지로 향토문학을 제창하였는데, 모두
타이완 민중의 중국의식을 새롭게 불러일으키려는 의도가 있었다. 이
때부터 천잉전은 비 국민당적 중국 민족주의 이념의 열정적인 대변자
가 되었다. 사실 그는 '향토문학 논쟁' 기간 동안 예스타오의 견해를 '분
리주의'라고 의심하였다. 예스타오의 글쓰기 생활은 일제 식민지 말기
부터 전후 여러 해까지 이어졌다. 그는 중견작가로서 줄곧 향토문학의
중요한 지지자였다. 그는 전후 향토문학 의제를 처음으로 논의한 문학
평론가일 것이다. 그는 향토문학이 주목받기 약 10년 전인 1965년 「대
만의 향토문학」을 발표하였고, '향토문학'이라는 말을 사용하여 타이
완의 일제 식민지시기 이후 발전한 현대문학을 지칭함으로써 본성의
문학 유산을 '중국 문학'이라는 민족 전통과 구별하였다.[159] 이는 이후

---

158 陳樹鴻(1988[1983]), 施敏輝(1988[1984]) 참조.

159 1951년에서 1954년까지 예스타오는 반란 선동과 연루 혐의로 옥고를 치렀다. 출옥 후 그
는 10여 년 동안 조용히 문단을 떠나 있었다. 예스타오는 『대만문예』와 『립』이 창간된 이
듬해인 1965년에야 소설과 평론을 다시 발표하였다. 「대만의 향토문학」은 예스타오가 글
쓰기에 복귀한 후의 신작 중 하나이다. 이후 예스타오는 문학평론으로 본성 출신 작가들
의 작품을 추숭[推崇]하였는데, 이는 1960년대 중반부터 1970년대 중반까지 문단의 변방
[邊緣]에 있던 이들 작가에게 상당한 격려가 되었다. 따라서 예스타오는 타이완 작가들의
'보호자' 역할을 하였다고 할 수 있다. 중자오정은 일찍이 1960년대 후반 그와 다른 타이완

1970년대 유행한 '향토문학'과 개념이 달랐다. 타이완 작가 중 라이허 [賴和](1894~1943)·양쿠이에서 우쮜류까지, 종리허·중자오정에서 『립』의 시인까지 모두 향토문학 작가로 분류된다. 예스타오는 이러한 향토문학을 중국 문학의 일부로 보아야 한다고 생각하였고, 문학적 표현에 있어서 타이완의 향토적 정체성과 중국의 국족 정체성 사이의 균형을 모색하고자 하였다. 이 획기적인 글에서 그는 다음과 같이 미래를 내다보았다.

> 본성의 향토문학은 일제강점기에 확실히 제창할 필요가 있었고, 이를 통해 민족정신을 발휘하였다. …… 그러나 현재에도 존속할 수 있을까? 특별히 더 소중히 여기고 육성하고, 아니면 큰소리라도 질러서 제창할 필요가 있을까? 대답은 당연히 부정적이다. …… 젊은 세대는 일본어의 구속도 없고, 당연히 더 경계 관념 없이 자연스럽게 중국 문학에 녹아들었으며, 나아가 세계문학의 일익이 되고자 노력한다. 이것은 향토문학의 가장 좋은 귀결이고, 선대 작가들도 꿈꿔왔던 결과다. 그러나 우리는 향토문학의 아름다운 전통을 버려야 할까? 이에 대한 답변도 부정적이다. 본

작가들과 예스타오의 관계를 이렇게 묘사하였다.

우리 진용에서 평론은 항상 약한 부분이었다. 그래서 예스타오의 평론 문학은 특히 진기해 보였다. 그의 평론은 확실히 깊고 주도면밀하여 평론가로서 깊이 있는 학식과 교양을 보여주었으며, 그의 출발점이 "남들이 우리를 무시하니 우리 스스로 하겠다"라는 동지 의식이었기 때문에, 나도 찬양할 부분이 많다고 주저 없이 말하였다. 우리는 "같이 곤경에 처하여 미력한 힘으로나마 서로 도와주는" 집단이라 할 수 있으니, 나는 일종의 연대감을 키우는 것이 매우 중요하다는 것을 확인하였고, 이 또한 내가 특별히 예스타오를 높이 평가하는 이유 중 하나이다.
내가 솔직하게 말해야 할 것은 그에게 줄곧 깊은 의존감을 가지고 있었다는 점이다. 나는 항상 우리처럼 아무런 도움도 호소할 곳도 없는 동료들 속에서, 예스타오의 존재는 마치 하늘을 떠받치는 큰 기둥 같아서 적어도 작고 가련한 국면은 견딜 수 있었다고 생각한다. 나는 그의 비평적 창작의 펜에 기대어, 언젠가 우리가 문학이라는 하늘 한구석을 쟁취할 수 있는 날이 올 것이라고 깊게 믿고 싶다. (鍾肇政 1989: 318~319)

성은 과거 특수한 역사적 배경, 아열대 태풍권 속의 풍토, 일본인들이 남긴 언어와 문화의 흔적, 대륙과 떨어져 고립된 상태에서 형성된 풍습 등으로 인해 대륙과 완전히 똑같지는 않다. (이런 상황에서 - 역자) 작가로 태어난 것 자체가 풍부한 소재 아닌가? 이러한 특질들을 발굴하고 개체의 특수성을 탐구할 수 있다면, 우리 중국 문학에 더 넓은 영역을 더하는 거라고 생각한다. (葉石濤 1965: 73)

예스타오의 견해는 식민지시기 예룽중[葉榮鐘]의 '제3문학'과 국민당 정부가 타이완을 접수한 후 얼마 되지 않아 라이난런[瀨南人][160]이 제안한 '타이완 신문학' 개념을 떠올리게 한다. 그들은 모두 타이완 사회의 독특한 점을 다루도록 작가들을 독려하는 공통된 취지를 가지고 있었다. 그들의 관점 역시 모두 서로 다른 시대의 지식인들을 반영하고 있으며, 서로 다른 정권하에서 발전해 온 문학과 정체성에 대한 지속적인 관심이 있었다. 특히 라이난런과 예스타오에게는 작가가 향토 정체성과 중국 국족 정체성의 균형을 추구할 때, 타이완 의식을 유지할 필요가 있었다.

---

160 역자주: 본명은 林曙光(1926-2000)이다. 까오슝[高雄]출신으로, 전전 일본에서 유학하였으나 전후 귀국하여 대만사범학원台灣師範學院 사지계史地系에 적을 두고 『國聲報』, 『신생보』 등의 기자나 부간 편집으로 일하였다. 특히 일제시기 타이완 작가들의 일어작품을 번역하였다. 그러나 1949년 四六事件이 발생하여 국민당 특무들이 대만대, 사범대생들을 대규모 체포하자 귀향하여 가업을 이었다. 이후 문학과 지방사 연구에 종사하며 많은 작품을 남겼다.

<그림 4-6> 예스타오가 1965년 『문성文星』에 발표한 「대만의 향토문학」 (원서 186쪽)

　　예스타오는 중견 문학 작가이자 평론가로서 '향토문학'의 지위를 확립하고자 시도하였고, 그의 시도는 타이완 지식인들이 타이완 사회의 특수성에 직면하였을 때의 분명한 '집념' 전통을 이은 것이 확실하였다. 그러나 현대주의 문학이 상당한 영향력을 행사하던 시기에 예스타오의 선구적인 글은 그다지 주목받지 못하였다.

　　1977년 예스타오는 그의 저명한 「대만향토문학사도론台灣鄉土文學史導論」에서 위와 같은 집념을 상당히 명쾌하고 깊이 있게 표현하였다. 이 글은 향토문학 논쟁이 일어나기 3개월 전에 발표되었다. 예스타오는 타이완의 특별한 자연환경과 섬의 다양한 문화유산을 강조하였다. 그는 한편으로는 타이완 문화가 강한 향토성을 가지고 있음에도 불구하고 여전히 한漢 문화의 한 축에 속한다는 것을 인정하였다. 그러나 한편으로는 서로 다른 정권의 연이은 압제의 경험을 강조하였다. 그는 '타이완 의식'을 이렇게 정의하였다.

타이완 전체 사회변화의 역사는 타이완인들이 억압받고 박해받은 역사이기 때문에, 그러한 '타이완 의식'은 타이완에 거주하는 중국인들의 공통된 경험이자 피식민적이고 억압받는 공통의 경험일 수밖에 없다. (葉石濤 1977: 69)

예스타오는 "압박과 박해를 받은 역사", "피식민과 억압을 받은 공통의 경험"의 관점에서 타이완 현대문학의 발전을 이해하였다. 또한 타이완 작가는 통치자와 공모共謀할 것이 아니라, 반드시 인민의 편에 서는 특별한 의식을 가져야 하며, 동시에 타이완 문학은 '반제국주의·반봉건주의'적이어야 한다고 강하게 주장하였다. 사실상 일본 통치하의 1920년대 초 중국 백화문으로 글쓰기를 주창한 이래, 타이완의 신문학이나 현대문학은 모두 '반제국주의·반봉건적 전통'으로 묘사되었다. 예스타오에게 있어서 "굳센 현실 의식, 저항에 참여하는 정신"과 현실주의 또는 '사실주의 기법'은 타이완 향토문학 전통의 특징이었다(葉石濤 1977). 이러한 향토문학에 대한 묘사에서 타이완의 피식민과 억압을 받은 쓰라린 경험은 타이완 특수성의 핵심 부분이 되었으며, 이는 바로 작가들이 반드시 다루어야 할 것이기도 하였다.

<그림 4-7> 1977년 5월 예스타오의 「대만 향토문학사도론」을 게재한 『하조』 표지(표지에는 '서론'으로 잘못 적혀 있음) (원서 188쪽)

(2) 천잉전: 중국 민족주의와 '타이완에서의 중국 문학'

1947년부터 1949년까지 타이완 신문학 발전에 관한 토론에 참여하였던 본성인과 1970년대 초의 향토문학 제창자들과 마찬가지로, 예스타오는 향토의식과 중국 민족의식이 반드시 양립할 수 없는 것으로 여기지 않았다. 그러나 예스타오의 타이완 의식에 대한 강조와 향토문학에 대한 묘사 방식은 천잉전과 같은 중국 정서가 강한 비평가들에게는 상당히 의심스러운 것이었다. 예스타오의 「대만향토문학도론」이 발표된 지 얼마 지나지 않아, 천잉전은 한 기사에서 예스타오가 식민지시기 타이완 작가들이 표출한 중국의 민족 감정을 가볍게 다루는 것에 대해 불만을 토로하였다. 천잉전은 이 단계의 타이완 문학이 '반제국주의·반봉건주의'여야 한다는 데 동의하면서, 이러한 문화적 저항은 "중국을 민족 귀속의 방향으로 삼는 정치·문화·사회운동의 일환"이라고 강조하였다. 천잉전은 식민지시기 타이완 현대문학의 발전은 반제와 반봉건 신념이 강한 중국 현대문학의 불가분한 일부라고 생각하였다. 타이완인의 항일운동도 중국인들의 민족 해방을 추구하기 위한 분투의 중요한 부분이었다. 천잉전은 이러한 반식민적 타이완 의식의 본질은 바로 숭고한 중국의식이며, 예스타오가 말하는 '타이완 향토문학'은 사실 '타이완에서의 중국 문학'이라고 강조하였다(許南村 1978[1977]).

천잉전과 예스타오 둘 다 반제국주의와 반봉건주의를 주장하였지만, 천잉전의 향토문학 이념은 예스타오가 품고 있던 것과 확연히 달랐다. 3장에서 언급한 바와 같이 전후의 정치·경제·문화적인 외세 의존과 1970년대 초 외교적 패배의 배경하에서, 1970년대 향토문학 추진자들이 대항하려 하였던 것은 서구화 조류에 대한 무비판적인 수용이었다. 현대주의 문학은 이러한 태도의 대표로 인식되었다. 천잉전을 대표로 하는 향토문학 옹호자들은, 특히 중국이 오랫동안 외국의 침략과 억압을 받아온 국족의 상처라는 관점에서 당시의 정치 사회 변천을 이해하고자 하였다. 그들은 향토문학을 제창하면서 타이완 민중의 중국 민족주의를 격려할 수 있길 희망하였다. 외성·본성 출신을 떠나 향토문학을 지지하는 대다수 사람에게 향토 정신은 주로 국치에 대한 인식을 일깨우고, 중국의 −'자유중국'의 중화민국이든 미래의 '통일된 중국'이든 − 부흥과 부강을 위해 공헌하기로 결심하는 데 있었다. 천잉전이 대표하는 견해는 '중국 지향'이고, 예스타오가 주장하는 견해는 '타이완 지향'이었다고 할 수 있다. 이는 1970년대 향토문학의 발전 추세에서 서로 다른 두 가지 경향이었다.

그러나 이 두 가지 서로 다른 경향 사이의 모순은 향토문학 논쟁 기간 그다지 주목받지 못하였다. 향토문학 논쟁은 주로 그 지지자들과 국민당에 가까운 비평가들 사이에서 일어났다. 비판자들의 공격 대상은 천잉전·황춘밍·왕전허·왕퉈와 양칭추가 쓴 소설, 그리고 향토문학을 긍정한 웨이톈충의 관점이었다. 『립』과 『대만문예』 작자가 '향토 회귀' 흐름의 발전에 공헌한 바가 적었던 것과 유사하게, 예스타오의 당시 향토문학에 대한 견해도 현저한 영향을 끼치지 못하였다.

그러나 메이리다오 사건 이후, 혹은 더 정확히 말하면 1980년대 전반 재야의 급진 인사들이 타이완 의식을 추동하기 시작하면서 점차 예스타오의 견해가 천잉전의 견해보다 더 큰 영향력을 얻게 되었다. 예스타오가 앞장서 타이완 의식을 주창하였지만, 재야의 급진적인 회원들은 그의 관점에 기대지는 않았던 것 같다. 다만 이들 재야인사의 타이완 역사에 대한 이해, 그리고 타이완 의식에 대한 정의 등은 예스타오와 상당히 일치하였다. 그들 사이의 주요 차이점은, 예스타오가 문학적 표현에서 향토의식과 중국 국족 정체성의 균형을 추구한 데 반해, 재야 반정부 운동가들은 예스타오보다 더 급진적이어서 "타이완인들은 '중국 의식'을 원하지 않는다"라고 주장하였다는 것이다.[161] 재야 잡지의 저자들이 향토문학을 재야의 반정부 운동과 함께 거론하기 시작했을 때, 타이완 독립을 지지하는 본성 출신 문학 작가와 비평가들은 본성 출신 작가와 작품에 대한 예스타오의 초기 평론을 추앙하기 시작했고, 그의 시각을 한 걸음 더 진전시켰다. 그들에게는, 예스타오의 1965년 「대만의 향토문학」이라는 미래지향적인 글은 "[전후] 1세대 작가들과 [식민지시기] 선대 작가들이 일맥상통하여, 대[香火]가 끊어지지 않고 타이완 문학의 잠재 흐름이 계속되었다……"고 지적한 것이었다(彭瑞金 1983: 48). 예스타오의 1977년 「대만향토문학사도론」은 타이완(향토) 문학이 타이완 의식을 바탕으로 하고 있다는 점에서 '타이완 문학'에 대한 훌륭한 정의를 제공하였다고 여겨졌다(宋冬陽 1984a: 14~19).[162] 전반적으로 말해 1980년대 타이완 민족주의를 지지하였던 문학비평가들은 타이완 문학을 논술할 때, 기본적으로 위에서 언급한 예스타오의 글 두 편의 주요 관점을 벗어나지 않았다. 그러나 1980년대 이러한 문학비평가의 연역적 추론하에, 예스타오가 두 편의 글에서 타이완의 역사·사회·문화·문학의 특수성을 강조하면서도 문학적 표현은 타이완의 지방 정체성과 중국의 국족 정체성 간 균형을 이루어야 한다고 주장한 점은, 의식적 혹은 무의식적으로 무시되

---

161 施敏輝編(1988: 115) 참조.

162 주의해야 할 것은 앞서 지적한 대로 적어도 1970년대 천잉전·황춘밍 등의 향토 소설이 유행하기 이전에, 예스타오가 식민지 시기부터 전후 당시까지 모든 본성 출신 작가들의 현대문학 작품을 '향토문학'으로 지칭함으로써 '중국 문학'의 민족 전통과 구분하였다는 점이다. 따라서 당시 예스타오의 '향토문학' 개념은 1970년대 이후 유행한 '향토문학'이라는 용어와 의미가 달랐다.

었다. 예스타오의 관점 중에는 중국의식의 흔적이 남아있었지만, 타이완 독립을 지지하는 평론가들의 거듭된 연역적 설명 끝에 마침내 자취를 감추고 만 것이었다.

6. 1980년대 전반 '탈중국화'의 타이완 문학

(1) 문학의 정치화

메이리다오 사건은 반정부 운동의 급진화를 초래하였고 문학의 정치화도 촉발하였다. 사실 향토문학 논쟁이 멈춘 지 얼마 되지 않아, 왕퉈와 양칭추 두 명의 주요 향토 소설가는 문학 생활을 포기하고 반정부 운동에 뛰어들었다. 두 사람 모두 1978년 말 중앙 민의대표 보궐선거의 재야 후보가 되었지만, 미국이 갑자기 타이완과 단교하면서 선거가 중단되었다. 왕퉈와 양칭추는 후에 '메이리다오'라는 단체에 가입하였고 메이리다오 사건에 연루되어 옥고를 치렀다. 이 사건은 『립』과 『대만문예』 작가들에게 깊은 영향을 끼쳤다. 그들 중 상당수는 이 사건이 자신의 정치의식을 각성시키고 국민당 통치의 독재적 성격을 인식하게 하였음을 분명히 인정하였다. '전후 1세대 타이완 소설가' 중 한 명이자 『대만문예』의 중견작가인 중자오정은 메이리다오 사건 후 '타이완 의식 논쟁'이 그에게 미친 영향을 명백히 지적하고 그의 타이완 의식을 구체화하였다. 그는 다음과 같이 말하였다.

메이리다오 군사법원 대심大審 이후 본토 정신이 앙양되어 …… 1983년에서 1984

년 사이에 '타이완 의식 논쟁'으로 기세등등 불타올랐다. …… 솔직히 말해 나도 이 논쟁의 수혜자이다. 이 시기 나는 시골에 내려와 문단 일은 더 이상 듣지도 묻지도 않고 장편소설을 쓰는 데 몰두하였다. 그러나 원래 내 마음속에 존재하였던 관념 — 타이완 문학주의자로서의 그리움과 지향이 그 논쟁으로 구체화, 이론화되고 또 굳어지게 되었다. (鍾肇政 1989: 333~334)

오랫동안 『대만문예』의 저자로 활동하였던 중요 소설가 리챠오가 1994년 2월 편집장이 되었다. 리챠오 역시 비슷한 각성을 분명하게 표현하였다.

큰 시대의 변천은 작가에게 중요한데, 말하자면 우습기도 하고 수치스럽기도 하지만, 나는 스스로 매우 느리게 성장한다고 생각한다. 나는 자주 30대의 글 쓰는 친구들에게 말한다. 나의 십여 년의 생명은 잠시 멈추었고, 십 년에서 십오 년은 헛되이 살았으며, 시대의 변화가 아니었다면 아마 나는 결국 늙어 죽어도 '다 크지[長大]' 못했을 것이다. 나는 지금 '다 컸다'라고 생각한다. 오늘 나는 내가 무엇을 원하는지, 무엇을 하고 싶은지, 무엇을 할 수 있는지를 안다. 나는 타이완의 역사를 배경으로 한 소설을 썼고 사회의 중대한 사건에서 초점을 찾았으니, 큰 시대의 충돌이 나 자신의 생명에 충격을 가해 성숙하게 만들었다. 예를 들면 중리 사건과 메이리다오 사건이 나를 성장시켰다. 그렇지 않았다면 나는 평생 삶의 의미에 대해 초점을 찾지 못하였을 것이고 문학의 관점을 찾지 못하였을 것이다. …… 나도 예술은 현실로부터 독립되어야 하고 정치와 접촉해서는 안 된다고 떠벌렸다. …… 지금은 이미 그 단계를 벗어나서 …… 타이완의 작가들은 당신이 흑인지 백인지, 정의인지 불의인지 분명히 구별해야 한다. 작가들이 여전히 '정치적 초월[超乎]'을 생각하는 것은 부끄러운 일이다. 정치 없는 문학은 가짜이고, 특히 현재 타이완 작가들에게

는 그러하다. (李喬·趙天儀 1988: 30~31)

향토문학 논쟁이 끝난 후 유명해졌고 나중에 『대만문예』 편집위원을
지낸 젊은 본성 출신 작가인 쑹쩌라이[宋澤萊](1952~)도 메이리다오 사건
이 그에게 끼친 큰 충격을 다음과 같이 생생하게 묘사하였다.

1979년 말은 아마도 우리 젊은이들에게 하나의 매우 중요한 재再 계몽의 기회였던
것 같다. 그전까지 내가 얼마나 순진하게 세상의 진상 아래에서 속고 있었던지 아
직도 기억하고 있다. 그전까지만 해도 우리는 인간 세상에 과연 어떤 절대적인 일
이 있을까를 깊이 생각하였다. 인간의 본성이 도대체 선한 것인가 악한 것인가? 무
엇을 궁극적인 신앙이라고 하는가? 사회의 법칙이란 무엇인가? …… 그런데 그 이
후 우리는 갑자기 바뀌었으니, 하루아침에 우리는 다른 사람이 되어버렸다. 봐라!
얼마나 바보냐. 우리의 답이 바로 거기에 있고, 인간의 참모습이 바로 그곳에서 드
러나고, 역사 전체의 진상이 바로 그러하다. 이전의 우리는 정말 어리석었지만, 지
금 우리는 똑똑해지기 시작하였다.[163]

중자오정·리챠오·쑹쩌라이의 고백은 각각 전후 1, 2, 3세대 본성 출신
소설가가 메이리다오 사건에 깊은 영향을 받았다는 것을 보여준다.

이 중대한 정치적 변동의 충격이 립 시사의 주요 시인, 예컨대 정중밍
[鄭炯明]과 리민융[李敏勇](1947~)에게 미친 영향도 매우 뚜렷하였다.[164] 그
것은 『립』과 『대만문예』 작가들이 2·28 사건에 대한 기억, 반공 계엄하
의 사회생활, 민족 정체성 문제 등 여러 가지 민감한 사회·정치적 의제

---

163 高天生(1985: 224)에서 인용.
164 鄭炯明(1987: 8~9); 吉也(1988: 101) 참조.

<그림 4-8> 1982년 『문학계』 창간호 (원서 194쪽)

를 건드리기 시작하는 계기가 되었다. 1980년대 초부터 이들 소설가와 시인의 작품은 은밀하거나 명료한 필법으로 국민당의 통치에 항의하였다. 당시 『대만문예』 사장이었던 천용싱이 지적하였듯이, "소설가와 시인들은 국민당에 대한 재야의 도전에 격려받았다. 『대만문예』는 지난 20년에 비해 규모 면에서 큰 돌파구를 마련하였고, 어떤 소재도 쓸 수 없는 게 없었으며, 어떤 작품도 게재할 수 없는 게 없었다. …… "[165] 립 시사와 『대만문예』에 열거된 '본사 동인'·사무위원·편집위원·작가군 등은 거의 예외 없이 본성인으로 구성되었으며, 두 단체의 작가 작품 속의 항의는 강렬한 족군 정치의 함의를 분명하게 갖고 있었다.

『립』과 『대만문예』의 두 작가군은 오랫동안 밀접한 관계를 유지하였다. 『대만문예』가 창간된 이래 립 시사 회원들은 중요한 기고자이자 후원자였다. 1976년 우쮜류가 사망하자 립 시사의 중견 회원인 우용푸가 『대만문예』의 발행인이 되었다. 1983년 1월 『대만문예』에 열거된 46명의 '본사 동인' 중에 립 시사의 창립 멤버 천톈우와 자오톈이 등을 포함한 13명이 립 시사 회원이었다.[166] 이 두 작가군은 1980년대 전반 재야와 공개적으로 밀접한 관계를 발전시켰다. 양칭추와 왕퉈는 1983년 12월과

---

165 『台灣文藝』1984年 11月, 91: 32 참조.

166 『台灣文藝』1983年 1月, 80: 版權頁; 『笠』1982年 12月, 112: 18 참조.

1984년 11월 각각 출소한 후에 모두『대만문예』에 가입하여 '동인'이 되었다.『대만문예』가 열거한 '동인'에는 재야의 주요 지도자인 장펑젠[江鵬堅](이후 민진당의 초대 주석이 됨), 저우칭위[周清玉](국민대회 대표), 홍지창[洪寄昌](후에 국민대회 대표에 당선됨)이 포함되어 있었다.[167] 1984년 9월『대만문예』는 메이리다오 사건으로 체포된 8명의 재야 지도자 중 한 명인 린이슝[林義雄]의 출옥을 환영하는 특집을 기획하였다.[168]

1982년 초 립 시사와『대만문예』의 중견 회원인 정중밍·정구이하이[曾貴海]·천쿤룬[陳坤崙] 세 사람이 가오슝에서『문학계文學界』(1982~1989)를 창간하였다. 1980년대 립 시사와『대만문예』회원이 중심이 된 본성 출신 작가와 문학평론가들의 노력으로, 이 새로운 문학 간행물은『립』·『대만문예』와 함께 정치화된 '타이완 문학'의 개념을 구축하는 주요 무대가 되었다.

(2) '타이완 문학'이란 무엇인가?:
입세入世 정신과 저항 의식 그리고 본토화

립 시사와『대만문예』회원 및 그 작품들이 점점 더 정치화되면서, '타이완 문학'을 정의하는 의제가 그들에게 점점 더 중요해졌다. 오랫동안『대만문예』의 중요한 지지자이자 기고자였던 예스타오는 1983년부터『대만문예』동인으로 이름을 올리기 시작하였다. 예스타오의 견해를 계승하여 타이완의 향토문학은 타이완 의식을 기초로 쓰인 작품이어야 하였으므로, 가오톈성[高天生](1956~)·펑루이진(1947~)·천팡밍(1947~)과 같

---

167 『台灣文藝』1984年 11月, 91: 版權頁 참조.
168 『台灣文藝』1984年 9月, 90: 4~28 참조. 林義雄의 모친과 두 딸은 재판 도중 살해되었다.

은『대만문예』젊은 세대 회원들의 문학평론은 1980년대 전반 타이완 문학 개념이 정치화되는 과정에서 중요한 역할을 하였다. 예스타오의 초기 견해와 비교하였을 때, 그들의 논술은 타이완 문학을 '탈중국화'하는 급진적인 경향을 보였다.

가오톈성 등 젊은『대만문예』회원들이 타이완 문학을 재정의한 것은 이른바 '변경 문학'이라는 표현에 대한 비판에서 시작되었다. 1981년 1월 본성 출신의 유명 평론가이자 당시『중국시보中國時報』예문조藝文組 주임이던 잔훙즈[詹宏志]는 신문소설상 수상작을 논하는 글에서 "만약 300년 후 누군가가 그의 중국 문학사 마지막 장에 이 30년 동안의 우리를 100자로 묘사한다면, 그는 어떻게 묘사할 것이며 몇 개의 이름을 언급할 것인가?"라고 말하였다. 이 논평은 전후 타이완의 모든 문학 창작이 헛된 것일 수 있다고 생각한 것으로, 이들 작품은 미래에 '변경 문학'의 범주로 폄하될 가능성이 크기 때문이었다(詹宏志 1981: 23~24). 잔훙즈의 관점은 곧바로 가오톈성의 비판을 불러일으켰다. 그는 예스타오의 견해와 비슷하게 "타이완 문학이 중국 문학의 지류"라는 것을 부정하지 않았지만, 타이완 문학 자체의 특별한 역사적 발전과 성격 때문에 독특한 전통으로 보아야 한다고 강조하였다. 가오톈성은 타이완 작가들의 작품은 타이완 문학 자체의 역사적 관점에서 평가되어야 하며, 중국 문학사의 관점을 따라서는 안 된다고 생각하였다(高天生 1981: 297~298). 우리는 가오톈성의 시각이 1948년 라이난런의 외성인이 타이완 문학을 바라보는 방식을 비판한 것과 매우 유사함을 발견할 수 있다. 가오톈성이 1980년대 초반에 이러한 견해를 제시한 것은 타이완 문학의 독특성에 관한 관심을 반영하고 있으며, 그리고 더 넓게는 타이완 문학의 특수성에 관한 관심이 다시 나타났다고 말할 수 있다.

평루이진의 말을 빌리자면, 위에서 언급한 관심은 "과연 타이완 문학이 독립적이고 완전한 문학의 맥류脈流가 될 수 있을까? 이어서 그것의 전승은 어떻게 해야 할까? 그것을 어떻게 확장해야 하나?"였다. 평루이진은 사람들이 타이완에서 발전된 독특한 문학적 자질을 중요하게 여길 수 있을지에 문제의 답이 있다고 믿었다. 이러한 자질은 주로 '본토화'라는 특색 속에 존재하는데, 본토화란 이 섬에 대한 타이완 작가들의 정체성과 이를 지키기 위해 노력하겠다는 결의를 의미하였다. 그는 다음과 같이 생각하였다.

> 작품 속에서 타이완이라는 이 지역 인민 생활의 역사와 현실을 성실하게 반영한, 이 땅에 뿌리를 내린 것이라면 타이완 문학이라 부를 수 있다. 그러므로 일부 작가들이 이 지역에서 태어나지 않았거나 어떤 이유로 이 땅을 떠났다 하더라도, 그들 작품 속에 이 땅과 생사를 같이하는 공감대가 형성되어 그 희노애락이 이 땅에서 울리는 가락과 긴밀하게 연계된다면, 우리는 그것을 '타이완 문학'의 진영에 포함할 수 있다. 반대로 어떤 사람은 이 땅에서 태어나고 자랐지만, 의식적으로 이 땅과 하나 되지 않으며 이 땅의 사람들을 사랑하지 않고 스스로 이 땅 인민들의 삶과 단절되었다면, 타이완 문학이 아무리 넓은 포부를 가지고 있다고 해도 그를 포용할 수 없다. 어떤 사람은 이러한 검시망檢視網을 '타이완 문학' '본토화'의 특성이라고 부르는데, 이는 사실 단순한 특성이 아니라 타이완 문학 건설의 초석이 되어야 한다. (彭瑞金 1982: 2~3)

평루이진은 진정한 '타이완 문학'에 속하는 작품은 반드시 이러한 특성을 가져야 하며, 이러한 정신적 특성의 존재는 의심의 여지 없이 "300년 이래 네덜란드와 정성공[荷鄭] 이후 모든 타이완 문학작품을 검시할 수 있고, 이로부터 타이완 문학이 자신의 역사적 연원과 독특한 정신적 전통을 가지고 있음이 증명된다"라고 주장하였다. 그는 말하였다.

> 따라서 우리는 '본토화'가 가장 투시력을 가진 그물[網]임을 강조하고자 한다. 이 그물을 통해 우리는 우리 조상들이 정말로 자신의 목소리, 우리 자신의 목소리로 우리의 마음을 노래하였다고 한숨 돌려 말할 수가 있다. '타이완 문학'의 전승은 우리가 시와 노래를 가진 민족이라는 것을 확인시키고, 여기서 우리가 자신의 문학을 가진 민족이라는 자신감을 찾을 수 있다. 동시에 우리가 아무리 고난이 깊고 재앙이 깊어도 그러한 노래는 결코 잠시도 멈추지 않았고 변조한 적이 없다는 것을 발견하게 될 것이다. 그것은 타이완 전체의 목소리이다. 우리는 그것을 계속 노래해 나갈 책임이 있다. (彭瑞金 1982: 3)

펑루이진은 "본토화된 타이완 문학을 확립하는 것이야말로 가장 중요한 과제"라고 강조하였다. 따라서 타이완 작가들은 반드시 "종으로는 300년 이래 고난에 찬 타이완의 역사적 운명을 계승할 수 있어야 하고", "횡으로는 섬에 실제 살고 있는 1,800만 명의 삶의 모습을 총괄할 수 있어야만" 하였다(彭瑞金 1982: 3). 펑루이진의 '본토화' 개념은 예스타오의 '타이완 의식' 개념을 더욱 발전시킨 것이라고 할 수 있다. 그들 두 사람은 모두 타이완의 외래 지배 역사의 관점에서 타이완의 문학 발전을 바라보았다. 그들에게는 외압에 저항하는 반항 정신이야말로 타이완 문학을 구성하는 중요한 주제였다.

1980년대 전반 '타이완 문학'이라는 용어는 점점 더 정치적 의미를 띠게 되었다. 천팡밍은 쑹둥양[宋冬陽]이란 필명으로 발표한 「현 단계 대만 문학의 본토화 문제[現段階台灣文學本土化的問題]」라는 자주 인용되는 글에서, 예스타오와 천잉전이 향토문학 논쟁 중 제기하였지만 중시되지 못하였던 서로 다른 관점을 다시 검토하였다. 천팡밍은 예스타오의 '타이완(향토)문학' 개념이 건전한 '타이완 의식'에 기반을 두고 있는 반면에, 천잉전의 '타이완에서의 중국 문학' 개념은 비현실적인 '중국의식'을 반영한다고 주장하였다. 천팡밍에게 이 두 가지 의식은 양립할 수 없는 것이었다. 그는 천잉전이 지난 100년 동안 중국이 겪었던 고난을 서구 제국주의 세력 탓으로 돌리는 것은 잘못이라고 생각하였다. 중국 민족주의 자체의 억압적 본질은 국민당의 독재 통치와 출신 지역에 따른 불평등을 정당화하기 때문에 마찬가지로 비판되어야 한다고 주장하였다. 천팡밍은 반정부 운동이 활발하게 발전할 때 타이완을 동일시하는 작가라면 누구나 타이완 문학의 '본토화'와 '자주성'을 반드시 있는 힘을 다해 추구할 것이라고 믿었다(宋冬陽 1984a).

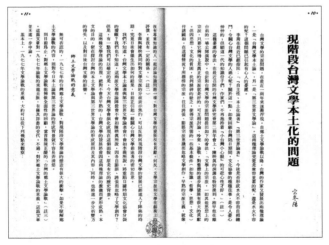

<그림 4-9> 1984년 천팡밍이 『대만문예』에 발표한 「현 단계 대만 문학의 본토화 문제」
(원서 198쪽)

이 시기 타이완 문학에 대해 가장 완벽하게 정치화된 정의는 아마도 리챠오가 제시한 것이 아닐까 싶다. 예스타오와 펑루이진의 견해를 인용하여 리챠오는 다음과 같이 정의하였다.

"소위 타이완 문학이란 타이완인의 입장에서 타이완의 경험을 쓴 문학이다."

소위 '타이완인의 입장'이란 타이완이라는 특정한 시공간에 서서 많은 민중의 입장, 그들의 고난과 처지와 희망, 그리고 민주 자유를 추구하는 분투 목표를 동정하고 공감하며 긍정하는 것을 가리킨다. 이러한 입장은 선주민先住民·후주민後住民·출신 지역 등 문화·정치·경제적 요인과는 무관하다.

이른바 '타이완 경험'은 근 400년 동안 자연과 싸우며 살아온 경험, 반봉건·반박해 경험 및 정치 식민과 경제 식민에 반대하고 민주 자유를 쟁취한 경험을 포함한다.

(李喬 1983: 7)

이러한 정의 가운데 1977년 예스타오가 「대만향토문학사도론」에서 식민지시기 타이완 향토문학의 특성을 표현하는 데 사용하였던 '타이완 의식' 개념은, 한 걸음 더 나아가 국민당이 통치하였던 전후 시기를 포함하고 있다. 이는 전후 타이완인들이 그들 조상과 마찬가지로 강압적 통치에 맞서 저항하는 정신을 보여주었다는 것을 의미한다(리챠오는 여기서 족군을 구분하지 말 것을 강조하였다). 리챠오에게 타이완을 위해 쓰고 타이완에 관한 사건을 쓰는 것은 타이완을 동일시하는 작가의 글쓰기 지도 원칙이었다.

중국문학사 연구자 샤즈칭은 근대(특히 1949년 이전) 중국 문학의 특색을 분석할 때 근대 중국 작가의 도덕적 중책[重擔]을 지적한 바 있는데, 이는 주로 중국 국가/민족의 운명과 앞날에 대한 그들의 집념에 가까운

깊은 관심에서 비롯된 것이었다.[169] 샤즈칭의 개념을 모방한다면, 1980
년대 초『대만문예』와『립』회원들 사이에 일종의 '타이완에 대한 집착'
이 형성되었다고 할 수 있다. 타이완의 운명과 전망에 대한 그들의 엄숙
한 관심은 1970년대 향토문학 유행 이후 문학의 실용적 기능과 사회 정
치적 의미를 극단적으로 강조하도록 하였다. 그런데 타이완에 대한 집
착적 관심은 향토 소설가에게서 되살아난 그러한 '중국에 대한 집념'을
대체하였다. 그들의 문학에 대한 견해는 또 다른 시각, 즉 예술의 자주
적 지위를 견지하고 문학작품이 사회적 기능으로부터 독립된 내적 가치
를 갖는다고 여기는 이념과 분명히 달랐다. 이러한 이념은 타이완의 근
대주의론자를 자극하여, 그들의 글쓰기 방향을 지도하려는 정치적·도덕
적 압력에 저항할 수 있도록 하였다(Chang 1993: 12). 게다가『대만문예』와
『립』회원들은 향토문학이 현실에 개입하는 입세 정신을 추진하면서 자
신들을 향토문학의 선구자로 그려내기도 하였다. 예컨대『립』시간 편집
자는 "20년 전『립』시간이 제창하기 시작한 '현실 정신'"이 향토문학과
본토문학 등을 파생시켰다고까지 강조하였다.[170]

(3) 타이완인의 형상

『립』과『대만문예』회원들이 정치화의 방식으로 타이완 문학을 정의
할 때 타이완인의 특별한 형상을 만들기도 했으니, 즉 타이완인을 서로
다른 외래 정권의 억압적 통치를 받은 피해자로 묘사한 것이다. 청조가
타이완을 일본에 할양하였다는 역사적 사실은, 조국이 이 섬을 의도적

---

169 샤즈칭의 논점은 본서 제3장 주31을 참조.
170 『笠』1984年 4月, 120: 144 참조.

으로 포기하였다는 확실한 증거로서 강조되었다. 동시에 그들은『대만
문예』의 창립자 우쮜류가 1945년에 쓴 소설『아시아의 고아[亞細亞的孤
兒]』의 자극을 받아 타이완을 고아로 묘사하였다(彭瑞金 1983; 李喬 1984; 宋
冬陽 1984b). 이 소설은 우쮜류가 전쟁 기간 상하이와 난징을 여행한 경험
을 바탕으로 식민 통치하의 타이완인 정체성 문제를 중점적으로 탐구한
것이었다. 주인공인 타이완 청년 후타이밍[胡太明]은 일본에서 유학하여
유창하게 일본어를 구사함에도 일본인에게 차별받았다. 유교 사상을 품
고 있던 후타이밍은 훗날 조상의 고향인 중국으로 가서 의미 있는 삶을
찾고자 하였다. 그러나 그는 모든 중국인에게 타이완인은 일본인의 앞
잡이나 다름없다는 사실을 깨달았다. 타이완인은 일본인뿐 아니라 중국
인에게도 의심과 차별을 받은 것이었다. 이에 후타이밍은 자신이 고아
라는 것을 깊이 깨달았다. 중국에 대한 기탁이 속절없이 사라지자, 타이
완으로 돌아온 그는 결국 미쳐버리고 만다.[171] 립 시사와『대만문예』회
원들에게 이 소설이 타이완인에게 주는 시사는 바로 타이완인은 반드시
각성해서 그들이 중국인이 아니라 타이완인이라는 것을 인식해야 하며,
고아와도 같은 타이완인이 반드시 자신감을 가져야 한다는 것이었다.

『립』과『대만문예』회원들은 타이완인의 역사적 형상을 구축하여, 타
이완인이 잔혹한 통치의 피해자이며 중국으로부터 버림받은 고아라고
묘사하였다. 이 과정에서『립』과『대만문예』회원들도 자신이 속한 두
단체가 타이완인의 대변자임을 동시에 선언하였고, 립 시사 회원들은
그들이 "타이완인의 입장에서 타이완의 목소리를 쓸 수 있는 유일한 시
인 단체"이며, 그들의 작품이 '타이완 정신'을 가장 잘 구현할 수 있기에

---

171 우쮜류의『남경잡감南京雜感』(1977[1951])과 비교할 수 있다. 그의 회고록『무화과無花果』
    (1995[1968]), 특히 제8장도 참고할 수 있다.

<그림 4-10> 우쭤류의『아시아의 고아』1957년 일문판, 1959년과 1962년의 중문판 (원서 201쪽)

리챠오가 정의한 타이완 문학을 가장 잘 대표할 수 있다고 공언하였다 (杜國淸 1985). 마찬가지로 1983년부터『대만문예』표지에 등장한 구호는 "타이완의 마음을 품는다"였고, 타이완의 언어·가요·역사 사건·인물 등 을 탐구하는 일련의 특집을 제작하기 시작하였으니, 타이완에 대한 독 자의 인식을 높임으로써 타이완에 대한 정체성을 촉진하는 데 목적이 있었다.

(4) 일종의 '자산資産'이 된 일본의 식민 통치

타이완의 역사적 경험과 집단 기억을 외성인-혹은 더 광범위한 중 국인-의 역사 경험이나 집단 기억과 구분하기 위해 립 시사와『대만문 예』회원들은 일본 식민 통치 시기의 중요성을 강조하기 시작하였다. 예 를 들어 1982년 10월『립』과『대만문예』는 각각 특집을 동시에 출간하 여, 타이완의 시인과 소설가들이 일본 식민 통치의 경험, 특히 전쟁 – 태 평양전쟁-기간 동안 타이완인들이 겪었던 고초를 어떻게 다루었는지를 검토하였다. 립 시사와 『대만문예』 회원에게 식민지시기의 역사 경험에 대한 반성은 "타이완 문학이 본토 자주화를 추구하는 기초"였고, 일본의 식민 통치와 '태평양전쟁'의 경험은 타이완 문학에 독특한 성격과 가치, 특히 '저항적 성격'을 부여하였으니, 이러한 전통적 특성은 결코 '한민족'의 뿌리에서 비롯된 것이 아니었다.[172]

<그림 4-11> 1983년과 1985년 "타이완의 마음을 품고 문예의 혈맥血脈을 확장하자"고 호소한 『대만문예』
(원서 202쪽)

1980년대 초 립 시사 회원들의 피식민 경험에 대한 이러한 강조는, 그들이 1970년대 중반 향토문학 논쟁 시기에 식민 통치가 미친 영향을 애써 희석한 것과 대조적이었다. 오늘날 식민화된 역사는 더 이상 '부채'가 아닌 '자산'으로 바뀌었다. 립 시사와 『대만문예』 회원들에게 식민 통치는 타이완 문학이 중국 문학의 맥락에서 벗어나 독특한 전통을 형성하였다는 그들의 주장을 뒷받침하는 데 사용될 수 있었다. 천팡밍은 식민지시기 타이완 작가들의 현대시 '유산'을 재평가하면서, 중국의 5·4 운

---

172 『台灣文藝』 1982年 10月, 77: 4~7, 19~117('타이완 소설 중의 태평양전쟁 경험 특집[台灣小說中的太平洋戰爭經驗專輯]'); 『笠』 1982年 10月, 111: 14~20('타이완 현대시의 식민지통치와 태평양전쟁 경험[台灣現代詩的植民地統治與太平洋戰爭經驗](座談)') 참조.

동이 식민지시기 타이완 신문학의 발전에 끼친 영향을 부인하지는 않았지만, 타이완 작가들의 식민 통치에 대한 저항이 타이완 신문학의 특질을 갖게 하였다고 주장하였다. 이러한 특성은 "타이완 신문학은 처음부터 입세의 전통을 다졌으며", 현실과 향토가 밀접하게 결합하였기에 "현실주의라는 용어로 타이완 신문학 전통의 전부를 개괄할 수 있다"는 것을 의미하였다(宋冬陽 1983: 14~15).

1980년대 전반 『립』과 『대만문예』 회원들은 타이완 문학을 '탈중국화'하는 데 힘썼다. 즉 식민지시기 이후 타이완(본성)인의 문학적 발전을 중국(민족) 문학 발전과 관련이 적거나 전혀 관련이 없는 독특한 문학 전통으로 해석하였다. 그들은 1980년대 후반부터 타이완 문학의 '민족화', 즉 타이완 문학에 민족적 성격을 부여하고 독특한 '타이완 민족'의 문학 전통을 재현하는 데 전념하였다. 이러한 전통은 1980년대 전반의 타이완 문학 개념보다 더 광범위하여, 일제 식민지시기 이전 것과 여러 족군의 문학적 표현도 포함되었다. 타이완 문학도 독특한 '타이완 민족'의 문학으로 여겨졌다. 따라서 타이완 독립을 지지하는 작가와 문학비평가들의 타이완 문학논술은 더욱 정치화되었다. 이러한 문학적 이데올로기의 급격한 진화는 1986년 말 이후 타이완의 현저한 정치적 변화에 따른 것이었다. 전후 타이완 최초의 반대당 성립, 정치적 통제의 지속적인 완화, 타이완 독립운동의 급속한 발전, 정치 지배 엘리트들의 '타이완화' 및 타이완과 중국 본토의 상호작용 증가 등, 이 모든 요소가 결합하여 타이완 문학 민족화 논술의 발전을 촉성하였다.

7. 1986년 이후의 정치 변화

1980년대 전반 재야 반정부 운동은 내부 급진파와 온건파 간의 갈등에 시달리면서도(이 두 파의 대표자는 각각 『심경深耕』 회원 및 캉닝샹과 그의 동지), 다른 한편으로는 서로 통합 단결하고자 시도하였다(Tien 1989: 98~99). 1986년 9월 재야 세력은 '민주진보당'(이하 민진당)의 공식 창당을 선포하였는데, 이는 당시 계엄법 규범 아래에서는 여전히 불법이었다. 그러나 국민당 정부는 민진당이 불법 조직이라고 공언하면서도, 이 새로운 정당에 대해 어떠한 공식적인 행동도 취하지 않았다. 국민당 정부의 민진당에 대한 관용은 향후 몇 년간의 일련의 정치개혁을 예고하였다. 이러한 개혁은 모두 민진당을 비롯한 반대자들의 도전에 대한 응답이었기 때문에, 이전보다 정치 경쟁에 더욱 유리한 환경을 조성하였다.[173]

---

173 1987년 초 많은 정치범이 가석방으로 출소하였고, 메이리다오 사건으로 투옥된 대다수 반정부 운동 지도자도 자유를 되찾았다. 여기에는 황신제·장쥔훙[張俊宏]·야오쟈원[姚嘉文] 등이 포함되었는데, 모두 새 야당의 지도자로 부상하였다. 이어서 같은 해 7월 정부는 마침내 40년 가까운 계엄을 해제하고 새로운 '국가보안법'의 규제로 대체하였다. 계엄의 종식으로 새로운 정당이 합법화될 수 있었고, 군인이 아닌 민중은 더 이상 군사법원 재판을 받지 않게 되었으며, 헌법이 부여한 집회와 행진의 권리도 다시 회복되었다. 다만 국가보안법은 정당을 포함한 일반 공민의 집회 결사는 공산주의나 타이완 독립을 주장할 수 없다고 명시하였다(Tien 1989: 112). 1987년 말 국민당 정부는 민중이 본토로 친척을 방문할 수 있도록 개방하였다. 이 정책은 타이완과 중화인민공화국 간의 다양한 비공식적 상호작용의 붐을 일으켰고, 1988년 1월 국민당 정부는 보도 금지 및 신문발행 부수 제한을 철폐하여 언론 자유를 대폭 향상시켰다. 1988년 이전 신문 발행과 관련한 주요 규제는 Berman(1992: 12~30)을 참고

(1) 타이완 민족주의의 현저한 발전

　전후 타이완의 첫 야당이 된 민진당은 국민당이 교화·선전하는 '중국 의식'에 도전하는 데 주력하였다. 국민당은 오랫동안 자체의 중국 민족주의 논술에 의존해 왔으며, 특히 국민당이 통제하는 중화민국은 전 중국 유일의 합법 정부라는 논리를 공언함으로써 타이완에 대한 지배를 정당화하였다. 동시에 국민당은 잃어버린 대륙 광복이 궁극적인 목표이며 '공비共匪 반란叛亂' 기간 타이완을 전쟁구역으로 간주한다고 선언하였다. 이에 국민당 정부는 헌법 임시조관과 계엄을 제정하고, 1947년과 1948년 대륙에서 선출된 3개 중앙민의기관 대표의 임기를 연장하였다. 민진당은 설립 때부터 타이완 독립을 추동하는 데 힘을 보태는 한편, 1980년 후반에는 3개 중앙민의기관의 나이 든 대표들이 전면 퇴진하도록 힘씀으로써 타이완 국민을 대표할 수 있는 새로운 대표를 선출할 수 있도록 하였다. 메이리다오 사건 이후 재야의 급진적 이념이 발전함에 따라, 민진당의 당 강령도 타이완의 명의名義로 "유엔 재가입을 적극 쟁취할 것"을 제창하면서, "타이완의 미래는 타이완의 모든 주민이 결정해야 하고", "어떤 정부나 정부의 연합도 타이완의 정치적 귀속을 결정할 권리가 없다"고 적시하였다.

　민진당 창당 후 당내에서 급진파가 우세하였기 때문에, 1980년대 후반 민진당의 반정부 운동 방식은 주로 대중집회와 가두시위를 발동하는 것이었다. 타이완 민족주의는 이러한 대중운동의 주요 이데올로기적 지침이었다. 타이완에서 가장 보편적인 본토 언어인 타이완어가 대중운동의 장에서 가장 중요한 언어로 자리 잡기 시작하였다. 타이완어의 속담·속어·음악·가요 등은 참여자의 타이완 의식을 강화하기 위해 자주 사용되었다. 또한 타이완인이 서로 다른 정권하에서 고통을 받았다는 것, 특히 2·28 사건과 메이리다오 사건으로 인한 희생, 타이완인이 자신의 정치 운명을 위해 해야 할 위대한 역사적 사명 등에 대한 도덕적인 논술이 끊임없이 되풀이되었다. 이러한 측면의 모든 수사와 상징에는 강렬한 민족주의적 함의가 내포되어 있었다(王甫昌 1996: 174~188). 비록 이 시기에 정치적 통제가 완화되었지만, 국민당 정부는 민진당에 대한 대중의 지지를 약화하기 위해 선전을 동원하고 대중운동 지도자들에게 구체적인 법적 조치를 취하는 등, 여전히 권력과 다양한 수단을 동원하여 반정부 운동을 억압하였다. 정부의 온갖 방해에도 불구하고 1980년대 후반 타이완 독립운동은 여전히 눈에 띄게 진전되었다.[174]

1991년 10월 민진당이 당 강령을 개정할 때, 새 조문을 넣으면서 타이완 독립운동이 절정에 달하였다. 이 조문은 타이완과 중화인민공화국이 서로 다른 국가임을 강조하면서 "주권 독립과 자주적 타이완 공화국 수립"을 요구하였다. 이러한 급진적인 이념은 당내 온건파 지도자들의 불만을 샀지만, 민진당은 타이완 독립을 공식적으로 주장하는 정당이 되었다.

1992년 5월 군중의 가두시위 압력으로 형법 조문이 마침내 개정되었

---

174 국민당 정부의 블랙리스트에 오른 해외 타이완 독립운동 지도자의 귀환은 타이완 독립운동을 현저하게 발전시키는 중요한 원인 중 하나였다. 앞 장에서 언급한 바와 같이, 1947년 2·28 사건으로 촉발된 타이완 독립운동은 주로 일본과 미국에서 발전하였기에 타이완 사회 내부에 미친 영향은 크지 않았다. 그러나 계엄령 해제 이후 블랙리스트에 오른 많은 운동 지도자가 타이완에 불법 입국하는 데 성공하였다. 그중 몇 명이 체포되었지만, 이들 해외 반정부 인사들의 귀환은 해외 타이완 독립운동과 타이완(내부)의 반정부 운동이 합쳐지면서 타이완 독립운동은 더욱 탄력을 받게 되었다. 더군다나 헌법의 '동원감란시기임시조관動員戡亂時期臨時條款'은 총통에게 무제한의 권한을 부여하면서 국회의 민주적 메커니즘이 기능하지 못하도록 하고 있었다. 1991년 5월 장징궈의 후임자 리덩후이 총통은 이 임시조관의 폐지를 발표하였다. 이 발표는 타이완과 중화인민공화국 간의 전시 상태를 공식적으로 종식함으로써 더 많은 언론의 자유를 가져다주었다.

다. 따라서 타이완 독립과 같은 비폭력 운동을 주장하는 사람들은 더 이상 반란을 선동하는 것으로 여겨지지 않았다. 비폭력 반정부 운동가들을 단속하던 법 조항이 폐지된 후, 가장 주요한 후속 반응은 '통일 독립 논쟁'이 더욱 격렬해졌다는 것이다. 타이완의 정치적 위상과 그 인민의 민족 정체성 등에 대한 서로 다른 주장으로 인한 충돌과 긴장은 일반적으로 전혀 관련이 없어 보이는 각종 정치·사회·문화적 의제에 대한 논쟁을 불러일으켰고, 이러한 국면이 계속되었다. 따라서 1990년대 초 소위 '국가 정체성 문제'는 상당히 주목받는 정치적 의제이자 족군 갈등의 초점이 되었다.[175]

1980년대 말에 이르러 국민당이 여전히 대다수의 지지를 얻기는 하였지만, 각종 선거에서 민진당은 평균 약 30% 정도의 표를 얻었다. 민진당은 자신이 '본성인의 정당'이라는 것을 부인하였지만, 민진당 지지자의 절대다수는 본성인이었다. 많은 연구에서도 외성인의 10% 미만이 민진당에 표를 주었다고 지적하였다. 이에 비해 모든 본성인이 반정부 운동을 지지하지는 않았지만, 민진당이 얻은 표의 95%가 본토인에게서 나왔다(예를 들어 Chang 1989; 林佳龍 1989 ; 吳乃德 1993; 王甫昌 1994). 반정부 운동의 지도자들도 거의 모두 본성 출신이었다.[176] 또한 민진당이 대중의 지지를 동원하기 위해 사용하였던 전략은 대부분 타이완 민족주의에 바탕을

---

175 정치적 통제의 완화는 더 많은 사람이 반정부 운동에 참여하도록 장려하였다. 또한 1980년대 이후 경제구조 변화, 노동시간 감소, 교육 수준 향상 등의 요인으로 인해 사람들은 여가 활동에 참여할 수 있는 자율적인 시간을 더 많이 갖게 되었다. 따라서 반정부 운동에 참여할 수 있는 기회가 많아졌고, 민주주의의 가치, 타이완 독립에 기울어진 태도, 족군 의식 등의 반대 의견 이데올로기를 접할 기회도 더 많아졌다. 王甫昌(1997) 참조.
176 민진당의 두 주요 외성 출신 인사인 페이시핑[費希平]과 린정제[林正杰]는 민진당 지지자들로부터 배제당한다고 느껴, 각각 1988년과 1991년 탈당하였다.

둔 복료족 색채의 호소와 수사 그리고 상징이었다. 이러한 전략들은 모두 외성인들이 소외감을 느낄 수밖에 없게 하였다.[177]

(2) 국민당의 '타이완화'

정치 자유화와 반정부 운동의 발전에 따라 집권 국민당도 현저한 '타이완화'를 보였다. 1970년대 초반 이후 3개 중앙민의기관 대표의 '증원보궐선거'와 장징궈가 국민당과 정부 고위층에 더 많은 본성 출신을 임용함으로써, 본성인은 전국 정치 영역에서 중요한 위치를 차지할 수 있는 길을 얻었다. 본성 출신의 기술관료인 리덩후이는 장징궈의 임용 정책에 따라 고속 승진하여, 1984년 장징궈 총통 재임 중에 부통령이 되었다. 1988년 1월 장징궈가 사망하자 리덩후이는 국민당 주석과 중화민국 총통 직을 승계하였다. 리덩후이는 본토 태생의 첫 번째 당 지도자로서 본성 출신 엘리트들의 지지를 받았다. 점점 더 많은 본성인이 당과 정부의 요직에 임명되었고, 정책 결정권 내의 본성인 수도 외성인을 추월하기 시작하였다.[178] 또한 1991년 4월 국민대회에서 통과한 헌법 증수增

---

177 1992년 8월 '외성인대만독립협진회外省人台灣獨立協進會'가 설립된 후에야, 민진당은 외성인의 좀 더 실질적인 지지를 얻게 되었다. 王甫昌(1994: 8~9) 참조.

178 리덩후이는 헌법 규정에 따라 장징궈 총통의 잔여 임기 2년을 채웠으며, 동시에 국민당의 대리 주석을 맡았다. 이때부터 국민당 내에서는 점점 더 많은 본성인이 권력을 획득하게 되었고, 그리하여 당내 외성 출신과 본성 출신 지도자 사이에 심각한 싸움이 일어났다. 본토 태생의 첫 번째 국민당 지도자인 리덩후이는 중앙정치권에서 배제되어 온 본성 출신 상공계의 중진들과 지방 정치인들의 지지를 받았다. 이 때문에 리덩후이는 외성인들이 장악하고 있던 국민당 내에 권력 기반을 구축하고 민진당의 압력에 대처할 수 있었다. 리덩후이는 당내 반대파의 도전을 극복한 후인 1988년 7월 국민당 주석으로 공식 선출되었을 뿐 아니라, 1990년 총통으로 선출되었다. 1993년 당시 본성인은 이미 국민당 중앙상무위원회의 57%를 장악하였다. 1992년 국민당 당원 10명 중 7명(총 2,600,000명)이 본성인이

修 조문條文은 3개 중앙민의기관의 모든 종신직 대표자가 퇴직할 수 있는 법적 근거를 제공하였다. 이에 따라 전 타이완 선거구에서 1991년과 1992년에 각각 국민대회와 입법원의 새로운 민의대표를 선출하였다.

민진당과 당내 본성 출신 경쟁상대의 도전에 위협을 느낀 국민당 내 외성인들은 단결하고 조직하기 시작하였다. 당내에선 주로 출신 지역 배경에 기반한 치열한 계파 싸움이 자주 발생하였다.[179] 1993년 절대다수가 외성인인 지도자 집단이 마침내 국민당을 탈당하여 그들만의 '중국 신당新黨'(이하 신당)을 따로 조직하였다. 리덩후이가 이끄는 '타이완화된 국민당'에 대항하기 위해 신당은 공개적으로 '정통' 국민당임을 선언하고, 중국 민족주의와 '중화민국 수호'를 확고히 주장하며 중국의 통일을 추구하였다.[180] 1993년부터 1995년경 신당과 민진당은 각각 지지 민중을 동원하였고, 국민당 자체도 계속해서 '타이완화'되었다. 그리하여 중국과의 통일 지지자와 타이완 독립 지지자 간의 충돌 경쟁은 이 기간 절정에 달하였다(Chang 1994; 1996).

었다. Huang(1996: 113-121) 참조. 1993년 롄잔[連戰]이 리덩후이에게 지명되어 전후 최초의 본성 출신 행정원장이 되었으며, 이는 본성인이 정부에서 대권을 획득한 또 다른 상징이었다.

179 국민당의 외성 출신 지도자들은 리덩후이에 대항하여 여러 동맹을 조직하고, 그가 '독재' 지도자이며 타이완 독립운동을 용인한다고 비난하였다. 사실 외성 출신 정치 엘리트들은 심지어 리덩후이가 독립 주권의 타이완공화국 건설에 찬성한다고 비판하였고, 그의 지도 하에 설립된 '국가통일위원회'는 단지 허울뿐인 것이 아닌지 의심하였다. 국민당 내부의 계파, 그리고 이 기간의 내부 투쟁에 대한 자세한 논의는 Chang(1994; 1996), Hood(1997, 제6장) 참조.

180 1995년 조사에 따르면 신당 지지자의 44%가 외성인이었다. 어떤 사람은 신당을 '외성인의 정당'이라고 생각했지만, 이 조사에서는 신당 지지자의 45%가 본성 출신의 복료인인 것으로 나타났다.

(3) 새로운 족군 분류와 새로운 국족 정체성

국민당의 현저한 '타이완화'의 결과, 민진당은 타이완에 대해 정감情感을 품고 있는 사람들의 지지를 더 이상 독점하지 못하였다. 절대다수의 민진당 지지자들이 선명한 타이완 의식을 가지고 있었지만, 분명한 타이완 의식을 품은 민중들이 반드시 민진당을 옹호해야 할 필요는 없었다. 집권 여당이 예전대로 중국의 통일을 주장하였지만 이들 중에는 민진당보다 국민당을 지지하는 사람이 여전히 더 많았다(王甫昌 1994).[181]

1990년대 전반 더욱 자유로운 정치 분위기 속에서 타이완 민중의 정치적 이해관계에 대한 인식은 점점 더 복잡해졌다. 다만 한 가지 사실은 그동안 자신이 타이완인이라고 생각하는 사람들이 눈에 띄게 늘었고, 중국인이라고 생각하는 사람은 눈에 띄게 줄었다는 것이다.[182] 아울러 민진당의 주장도 창당 초기보다 탄력적이고 현실적인 고려를 중시하는 쪽으로 조정되었다. 민진당이 복료인들의 통제를 받는다는 이미지

---

181 1992년 한 설문조사에 따르면, 중국의식을 가진 다수의 민중이(그중에는 자신을 1.중국인, 2.중국인이면서 타이완인, 3.타이완인이면서 중국인이라고 생각하는 경우를 포함) 모두 국민당을 지지한다고 응답하였다. 자신을 타이완인이라고 생각하는 민중 가운데 12%가 민진당을, 21%가 국민당을 지지하였다. 王甫昌(1994) 참조. 그 외 리덩후이가 폭넓게 타이완인들의 지지를 받은 이유는, 주로 그의 타이완 정체성과 정치개혁에 대한 지지 때문이었다. 1992년 새로 선출된 국민대회 대표는 헌법 조문을 증수하여 총통 직선제를 통과시킴으로써, 처음으로 국민대회를 통하지 않고 국가 최고지도자를 국민이 직접 선출할 수 있게 되었다. 1996년 3월 중화인민공화국의 군사적 위협 속에 치러진 총통 직선 선거에서 리덩후이는 통일 혹은 독립을 주장하고, 중국의식 혹은 타이완 의식을 주장하는 유권자들의 지지를 성공적으로 얻었으니, 총득표율은 54%였다. 廖益興(1996) 참조.

182 예를 들어 몇몇 조사 연구는 자신을 타이완인으로 인식하는 비율이 1991년 16.5%에서 1996년 33.1%로 증가하였고, 자신을 중국인으로 인식하는 비율은 1991년 32.5%에서 1996년 16.6%까지 떨어졌음을 보여주었다. 이 기간 자신이 타이완인이자 중국인이라고 생각하는 비율은 1991년 47%에서 1996년 45.1%로 큰 변화가 없었다. 陳文俊(1996) 참조.

를 희석하고 다른 족군의 지지를 얻기 위해, 1989년 전후 민진당 지도자들은 타이완의 다른 족군 배경을 가진 사람을 지칭하는 '4대 족군'이라는 말을 사용하기 시작하였다.[183] 이 분류는 후에 대중적으로 국민당과 신당을 포함하여 널리 받아들여져 점차 기존의 본성인·외성인 이분법과 병행되었고, 심지어 이를 대체하는 추세가 되었다. 이 새로운 분류 어휘와 함께 사회에서는 보편적으로 족군 평등 관념을 제창하기 시작하였다. 새로운 족군 분류의 유행은 대중이 4개 족군의 차이를 점차 인식하고 있음을 나타냈다. 이러한 차이는 과거 국민당의 중국 민족주의 이데올로기가 지배하던 시절 희미해진 것이었다. 또한 타이완의 독립을 지지하는 인사들은 타이완을 하나의 '운명공동체'로 볼 것을 제창하였다. 이러한 개념의 목적은 민중의 신념을 촉진하고, 서로 간에 족군 경계의 구분은 있지만 하나의 정치 공동체적 구조 아래 여전히 긴밀하게 연결되어 있다는 믿음을 심어주는 데 있었다. 운명공동체라는 개념은 1990년대 초에 출현했는데, 그 목적은 민족주의 성향의 새로운 타이완 정체성의 감정을 촉진하려는 것이었다(Chang 1996).

John Breuilly는 민족주의 이데올로기의 운용은 협조(coordination), 동원(mobilization), 합법성(legitimacy)의 세 가지 다른 기능을 발휘할 수 있다고 지적한 바 있다. 그러면서 민족주의마다 서로 다른 기능이 있으며, 같은 민족주의라 하더라도 단계에 따라 다른 기능을 발휘하려 할 수 있다고 강조하였다(Breuilly 1996[1994]: 166~167). 1980년대 전반 재야에서 주창된 타이완 민족주의는 그 주요한 기능이 복료인의 정치적 지지를 동원함으

---

183 1990년 12월 타이완의 총인구는 이미 20,350,000명을 넘었는데, 각 족군의 인구 추정치에 대해서는 다른 의견이 있다. 황쉬안판의 연구에 따르면 1990년 인구 구성은 다음과 같다. 복료인 73.3%, 외성인 13%, 객가인 12%, 원주민 1.7%이다. 黃宣範(1993: 21) 참조.

로써 국민당에 도전하는 데 있었다고 할 수 있다. 1980년대 말 1990년대 초까지 타이완 민족주의자들이 민중의 지지를 동원해야 할 필요성은 늘 존재하였지만, 그 이데올로기가 '4대 족군'과 '운명공동체' 논술이 결합한 후에는 점차 협조와 합법성 기능이 두드러졌다. 즉 타이완의 서로 다른 족군이 협력하여, 대외적으로 특히 중화인민공화국에 대해 하나의 독립 자주의 정치 집단으로서 타이완의 합법성을 공언한 것이었다. 다시 말해 타이완의 민족적 함의(복료인 위주의 본성인에서 4대 족군으로)와 속성의 변화(상대적으로 배타적인 복료 중심주의에서 비교적 개방적인 다문화주의 경향으로)는 타이완 민족주의가 발휘하고자 하는 기능의 변화를 의미하였다. 이러한 변화는 국족 정체성의 사회 구성적 성격을 잘 나타내며, 민족이란 일종의 집단 정체성으로서 민족주의 운동의 원인이라기보다는 민족주의 운동의 결과라는 점을 분명하게 보여주었다(Gellner 1983: 55; Hobsbawm 1990: 10). 다시 말해 집단 정체성으로서의 민족은 일반적으로 문화적 정치적 동원의 결과이지, 소위 민족 구성원의 마음속에 오래 존재해 온 감정은 아니라는 것이다. 1980년대 하반 이후 타이완 민족주의를 지지하는 작가와 문학평론가의 타이완(민족) 문학논술의 변화는, 바로 위에서 언급한 타이완 민족주의의 변화와 사회적 구성 중 점점 부상하는 국족 정체성의 성격을 반영한 것이었다.

8. 민족 문학의 확립: 1980년대 후반 및 그 이후

1986년 민진당 창당 이후, 립 시사 및 『대만문예』 회원들은 반정부 운동에 더 적극 참여함으로써 타이완 민족주의 정치와 문화 발전의 중요한 부분이 되었다. 민진당이 결성된 지 얼마 지나지 않아, 이 두 단체의 주요 회원인 우융푸·예스타오·리챠오·양칭추·리민용·자오톈 등은 한 걸음 더 나아가 뚜렷한 타이완 의식을 갖춘 문화 엘리트들을 조직할 것을 제안하였다. 1987년 2월 '대만필회台灣筆會'가 창립되었는데,[184] 양칭추를 초대 회장으로 하여 시인·소설가·수필가·문학비평가·화가·음악가 등을 포함한 약 130명의 회원이 참여하였다. 립 시사와 『대만문예』 회원들이 주요 회원과 지도 간부가 되었고, 『대만문예』가 이 새로운 단체의 기관지가 되기도 하였다. 대만필회는 '설립 선언문'에서 "문화운동이 모든 개혁의 근원"임을 강조하면서, '전반적인 문화 개혁'을 통한 사회 개선을 요구하였다.[185] '선언문'은 동시에 작가들에게 '전면적인 각성'으로 '정신적인 정부'를 수립하기 위한 사회 개혁에 매진할 것을 호소하였다.[186] 1980년대 말 대만필회는 공개 성명을 발표하여, 국민당 정부의 해외 타이완 독립 블랙리스트 인사의 귀환 불허, 정치적 반체제 인사 체포, 대중운동 탄압, 2·28 사건 때 본성인 학살 책임 회피 등에 대해 항의하였다. 이 기간 양칭추는 민진당의 주간지 『민진보民進報』의 편집장을 맡았으며, 립 시사와 『대만문예』 회원인 리민용·천팡밍 등은 이 주간지의 주요 기고자가 되었다.[187]

---

184 역자 주: 타이완의 문학단체로서 1987년 1월(원서와 차이가 있음) "창작의 자유 확보, 타이완 문화의 선양, 국제교류의 촉진"을 목표로 창립되었다. 이후 타이완 문학을 촉진하기 위한 각종 좌담회·토론회와 양쿠이 문학기념관 건립 등 다양한 활동을 전개하였다.

185 『台灣文藝』1987年 5月, 105: 6 참조,

186 『文學界』1987年 ?月, 21: 4~6 참조.

187 『台灣文藝』1989年 3月, 116: 118 참조.

(1) 민족주의 문화논술의 물결

타이완 독립운동이 빠르게 진행되던 1980년대 후반, 타이완의 문화 민족주의에 대한 문화논술 또한 활발하게 발전하였음을 보았다. 이러 한 발전 과정에서 주요한 역할을 했던 것은 바로 립 시사와 『대만문예』 의 작가와 문학평론가들이었다. 전반적으로 보면 이러한 문화논술의 가 장 큰 특징은 타이완 문화를 '탈중국화'한 후 다시 '민족화'하는 데 주력 하였다는 점이다. 『대만신문화台灣新文化』(1986년 9월~1988년 5월)와 『신문화 新文化』(1989년 2월~1990년 12월) 두 잡지의 창간은 이 고도로 정치화된 문화 논술 풍조를 대표하였다. 두 잡지의 명칭은 새로운 문화적 정체성을 제 창하려는 창간자의 시도를 단적으로 보여주는 것이며, 잡지의 사장이나 발행인이 모두 민진당의 중요 지도자 세창팅[謝長廷]이었다. 립 시사와 『대만문예』의 주요 회원 자오톈이·리챠오·양칭추·쑹쩌라이·가오톈성· 리민용 등은 이 두 간행물의 고문·사무社務 또는 편집위원이었다.[188] 이 시기 이 두 새로운 간행물과 『대만문예』는 타이완 민족주의자들이 그들 의 문화논술을 전파하는 주요 통로가 되었다.

이 문화논술에는 몇 가지 중요한 특징이 있었다. 첫째, 일련의 이분법 적 방식 속에서 타이완 문화와 중국문화를 서로 대립시킨다는 점이다. 중국문화는 경직된·봉건적인·반동적인·억압적인, 토지에 고정된 것으 로 묘사되었다. 상대적으로 타이완 문화는 탄력적·현대적·진보적·민주 적이며 해양 지향적인 것으로 찬양되었다. 이러한 상당히 단순화된 정 의 방식에서 타이완 문화는 중국문화와 다른 독특한 전통으로 여겨졌

---

188 1996년 처음 치러진 대통령 직선제에서 세창팅은 민진당이 지명한 부통령 후보였다.

<그림 4-12> 1986년 『대만신문화』, 1989년 『신문화』 창간호 (원서 213쪽)

다. 정확히 말해 타이완 민족주의자들의 이러한 중국문화 묘사 방식은 결코 완전히 혁신적인 것은 아니었다. 5·4 운동 시기 중국의 급진적 반전통주의자들은 중국의 과거 문화와 역사적 유산에 대해 유사한 비판을 가하였던 선봉장이었다.[189] 1960년대 초 타이완에서 일어났던 '중서문화 논쟁'과 1980년대 중국의 '문화열文化熱' 기간에도 비슷한 공격을 찾을 수 있다.[190] 사실 20세기 중국 지식인 역사에서 가장 눈에 띄는 특징 중

---

189 5·4시기 중국 전통문화에 대한 격렬한 비판에 대해서는 Chow(1960, 특히 제12장), Lin(1979), 張岱年(1989)을 참조할 수 있다.

190 1962년 1월 타이완에서 '중서문화 논쟁'이 발생하였다. 외성 출신으로 역사연구소를 졸업한 리아오[李敖]를 대표로 하는 외성인과 본성인이 포함된 일군의 젊은 지식인 집단은 중국의 문화적 전통 및 그것을 수호하는 사회 체제와 학원學院의 보수 인사들을 신랄하게 비판하였다. 그들은 『문성』 잡지를 통해 '전반서화全面西化'를 고취하였다. 서구적 의미에서 '과학'·'자유'·'민주'·'인권' 등도 이러한 반전통적 인사들이 선양한 중요한 이념이 되었다(李筱峰 1987: 86~87). 1965년 12월 국민당 정부가 이 잡지를 정간하라는 명령을 내렸는데, 이러한 결과는 그다지 놀라운 일이 아니었다. 당시 급진적인 문화 평론은 국민당이 장려하는 중국의 전통적 교조에 도전함으로써 억압을 받았다. 중국의 1980년대 '문화열' 시기

하나는 바로 중국문화 전통을 타도하려는 급진적인 태도가 지속해서 나타났다는 점이다. 이러한 반 전통주의는 중국 지식인들의 의식 속 일종의 심각한 문화 정체성 위기를 반영하였다(Lin 1979).

그러나 그들이 중국문화 전통을 극히 혐오하였음에도 불구하고 5·4운동, 중서문화 논쟁, 문화열 시기에 지식인들이 발전시킨 문화논술은, 그들이 새로운 중국문화 정체성을 열렬히 추구하였음을 보여준다. 이에 비해 타이완 민족주의자의 중국문화 전통에 대한 비판에서 독특한 점은 중국문화 정체성을 배척한다는 것이었다. 당대 중국 역사의 관점에서 보면, 이는 일군의 한인들이 본래 지역성으로 공인된 문화 정체성으로 중국의 민족적 문화 정체성을 대체하려는 첫 번째 시도일 것이다.

타이완 민족주의 문화논술의 두 번째 특징은 타이완 문화의 다원적 기원을 강조한다는 점이다. 한편으로 타이완 역사에서 한인이 아닌 원주민 문화의 역할이 갈수록 더 강조되었다. 타이완 민족주의자의 입장에서 수천 년 동안 타이완에 정착한 원주민의 역사는, 타이완이 한인들의 중국문화로 쉽게 귀속시킬 수 없는 자기만의 특별한 문화적 요소를 가지고 있음을 설명해 주었다. 따라서 원주민 문화는 새로운 '계보'를 재구성하는 데 사용되었으며, 그 계보는 중국 문명(Chang 1996)과는 기원을 달리하는 것이었다. 더구나 일본인의 통치 외에도 네덜란드인의 식민(1624~1661), 스페인인의 점령(1626~1641) 시기도 타이완 문화 특수성의 중요한 원천으로 여겨졌다. 그러나 실제로 네덜란드인과 스페인인은 타이완의 남단과 북단을 잠시 식민 지배한 데 불과하였다. 타이완 문화의 다양한 기원을 강조하는 목적은 타이완 문화를 형상화하는 데 있어 중국

반전통 문화논술의 전형적인 예는 1988년 유명한 TV 시리즈인 '하상河殤'을 들 수 있다.

문화의 중요성을 희석하기 위한 것이 분명하였다.

타이완 민족주의 문화논술의 세 번째 특징은 역사상 중국문화와 타이완 문화의 중심과 변경 관계를 뒤집는 데 있었다. 타이완 인구의 절대다수가 한인이기 때문에, 타이완 문화는 지방 색깔을 가진 중국문화로 여겨져 왔다. 그러나 타이완 문화의 다원적 기원을 강조하며 타이완 민족주의자들은 중국문화가 단지 타이완 문화의 일부분이라고 지적하였다. 또한 정치적 억압, 사회적 고질, 도덕적 해이 등은 모두 '사악한' 중국문화의 영향과 결과 탓으로 돌렸다. 타이완 민족주의자에게 국민당과 공산당의 통치는 모두 유교 사상에 의해 형성된 '봉건'과 '독재' 정치 문화를 구체적으로 보여주었다. 타이완 민족주의자들은 전후 국민당의 통치가 중국문화를 더욱 확산시키고 침투시켰으며, 타이완의 전후 세대는 국민당이 중국의 역사 문화와 전통을 주입한 교육의 피해자라고 굳게 믿었다. 그들에게는 1989년 베이징 천안문에서 민주주의를 요구하는 시위대가 피비린내 나는 학살을 당한 사건은 중국인의 사악한 근성을 증명하기에 충분하였다. 그렇기에 중국문화는 타이완 문화에서 제거되어야 할 부분이었다. 타이완 민족주의자들은 타이완인 마음속의 중국의식을 제거하는 것이 타이완의 새로운 문화를 창조하기 위한 선결 조건이라고 강조하였다.

1980년대 후반 타이완 민족주의를 주창하는 지식인들이 '문화 주체성'이라는 용어를 자주 사용하기 시작하면서, "타이완 문화의 주체성 건립" 또는 "주체성 있는 타이완 문화 창조"를 열렬히 호소하였다. 이것이 타이완 민족주의 문화논술의 네 번째 특징이다. 이러한 맥락에서 '주체성'이라는 용어는 주로 서구 관념 철학(idealist philosophy)에서의 '주체(subject)'의 의미와 유사하였다. 그 문맥 속의 주체성이란 인간의 존재 상태, 즉 의식이 있는 사고의 주체라는 뜻이다. 이러한 의의는 주관과 객관, 사유와 현실, 혹은 자아와 타자의 구분을 내포하고 있으며, 주체가 행동과 의의의 원천임을 의미하기도 하였다.[191] 따라서 주체성 있는 타이완 문화는 개인의 심령에 비유되었다. 타이완 민족은 스스로 생각하고 판단하고 행동할 수 있는 한 개인처럼 여겨졌다. 타이완 민족주의자들에게 문화는 바로 민족의식이 있는 곳이었다. 타이완 문화의 주체성 개념은 중국문화로부터 독립된 자주성과 두 '민족' 사이의 경계를 의미하였다. 『대만신문화』 잡지의 매호 제목은 문화 주체성에 대한 이러한 수사를 분명히 보여주고 있다.

> 과거 우리는 항상 중국문화의 가부장적 권위와 봉건적 사회제도의 무거운 속박 속에서 전전긍긍하며 살아왔다. 그러나 오늘날 우리의 타이완 신문화는 깊은 잠에서 깨어난 젊은 몸으로 지금 막 껍질을 뚫고 세계의 경기장에 서게 될 것이다.

이러한 문화논술에서 영국과 미국의 관계는 타이완과 중국 간의 이상적인 관계의 모델이 되었다. 청교도들이 의연하고 결연히 조상의 고향과 문화의 뿌리를 떠나 바다를 건너 자신만의 나라를 건설한 것은 타이완 민족주의자들에게 깊은 영감을 주었다. 그들은 '아메리칸 드림'과 같은 이상, 즉 개인은 기회가 많은 땅에서 독립할 수 있고 더 이상 과거처럼 속박받지 않으며, 다시는 경직된 예교에 의해 특정한 커뮤니티에 구속될 필요가 없다는 등의 이상으로 민족주의 이념과 방침을 지지하였다.[192]

---

191 O'Sullivan 등 편(1994: 309)을 참조.

192 아메리칸 드림에 관해서는 Madsen(1995) 참조.

(2) 하나의 변수: 중화인민공화국

1980년대 말부터 타이완 민족주의 문화논술에서 복료 중심의 색채는 이미 점차 엷어졌다. '타이완 민족'은 '4대 족군'이 공동으로 구성한 것이라는 견해가 점차 보편화되었다. 이러한 변화는 한편으로 타이완 독립론이 객가인·외성인·원주민의 지지가 필요하다는 사정을 반영한 것이었다. 다른 한편으로 그것은 중국의 국제정치적 영향력이 날로 증대하면서, 타이완의 외교적 처지가 더욱 어려움에 봉착할 수밖에 없는 사실에 대한 타이완 사회의 인식을 확연하게 표현한 것이기도 하였다. 국내외를 막론한 정세의 발전은 하나의 분명한 타이완 정체성을 만드는 일이 과거보다 더욱 절박한 의제가 되었다. 타이완 민족주의 문화논술도 이 때문에 점차 다문화적 특색을 드러냈다.

중화인민공화국은 항상 타이완의 정치에 상당한 영향을 미쳤다. 1949년 이후 타이완과 중국 양측은 군사 충돌 시기(1949~1978)와 평화 대치 시기(1979~1987)를 거쳤다. 중국은 1978년 덩샤오핑 주도로 서방 국가들에 대한 개방과 경제개혁을 단행하여 국제정치적으로 과거보다 활발하고 영향력 있는 역할을 하게 되었다. 1979년 미국이 타이완과 단교하고 중화인민공화국을 승인함으로써, 타이완은 합법적으로 전 중국을 대표한다는 명분에서 중화인민공화국과 더욱 경쟁하기 어려워졌다. 외국과의 단교에 따른 상처는 타이완에서는 이미 흔한 일이 되었다.[193]

그 외에도 1987년 대륙 관광이 개방된 이후 각종 비공식 접촉 행사, 예를 들면 문화와 체육 교류 등이 상당히 활발하게 이루어졌다. 이러한

---

193 1998년 1월 기준으로 타이완은 겨우 28개국과 정식 외교관계를 유지하고 있다.

상호작용은 1980년대 말 타이완의 '대륙 붐'을 일으켰다. 양안 사이 40년 동안의 단절로 중국의 각종 정보는 타이완 민중의 흥미를 끌었다. 시중에는 중국에서 왔거나 중국과 관련된 각종 서적·잡지·음악·영화들이 넘쳐났는데, 그중 상당수는 불법 상품이었다. 쌍방의 간접 무역 왕래와 타이완 기업의 중국 투자액은 모두 빠르게 성장하였다.[194] 1991년 2월 '국가통일위원회[國統會]'는 「국가통일강령[國統綱領]」을 제정하고 타이완과 중국이 "상대가 정치적 실체임을 부정하지 않을 것"을 제창하였다. 같은 해 4월 국민대회에서 『동원감란시기임시조관』 폐지를 결의하고, 리덩후이 총통이 5월 1일 동원감란시기의 종료를 선언하였다. 타이완의 입장에서 이러한 변화는 중화인민공화국과의 내전 상태를 종식하고 양안 관계를 공존하되, 서로 구속하지 않는 두 개의 대등한 정치 실체로 자리매김하는 것이었다. 그러나 중국은 여전히 타이완에 대한 영유권을 주장하며 중화민국은 지방정부일 뿐이라고 고집하였다. 중국은 타이완의 '조국 회귀'를 압박하면서 무력 사용을 포기한다고 선언한 적이 없었다. 특히 중국은 타이완의 독립 선언 가능성에 맞서 무력 포기를 더욱 원치 않았다.[195]

국제정치에 대한 중국의 영향력이 날로 커지고 타이완과의 접촉이 빈

---

194 1994년 타이완과 중국의 교역은 타이완 연간 무역액의 약 10%를 차지하였다. 이 해에 중국은 이미 타이완의 가장 큰 투자 대상국이었고, 타이완도 중국 내 두 번째로 큰 투자자가 되었다. ROC Government Information Office(1996: 156~157) 참조.

195 비록 타이완의 중국에 대한 경제적 의존성과 중국의 타이완에 대한 군사 위협은 대중의 타이완 독립에 대한 열정을 악화할 수 있지만, 중국과의 왕래와 교류가 저절로 통일에 관한 관심을 불러일으키지는 않았다. 양안의 생활 수준의 차이가 크고 정치상으로 상당한 차이가 있으며, 중국이 타이완에 대해 항상 강한 적개심을 가지고 있다는 사실 등은 타이완 대중에게 중국에 대한 거리감을 느끼도록 하였다. 1990년대 전반 통일을 지지하는 비율이 점차 줄어든 반면, 타이완 독립에 찬성하는 비율은 눈에 띄게 늘었다. 그러나 대다수 국민은 현상 유지를 선호하고 있다. 예를 들어 陳文俊(1996)의 연구를 참고할 수 있다.

번해지는 것을 체감한 타이완 민족주의자들은 민중의 태도가 점차 중국으로 기울어질 것을 우려하기 시작하였다. 따라서 타이완 민족주의를 지지하는 지식인에게 타이완과 중국의 문화적 차이를 지적하는 것이 매우 중요해졌다. 타이완 문화의 특수성을 부각하는 것은 대중의 타이완 정체성을 높이는 데 도움이 될 것이었다. 이에 대해 한 타이완 민족주의자는 다음과 같이 강조하였다.

문화는 서로 대조해 보아야 비로소 드러낼 방법이 있다고 생각한다. 문화는 어떤 집단의 생활상 패턴이 갖는 특징인데, '집단'에 대해서는 반드시 지역의 범주를 확정해야 한다. 타이완 문화를 이야기하려면 먼저 타이완을 지리적으로 규정해야 한다. 구체적으로 말해 중국에 상대적인 타이완을 이야기할 때, 그 독특한 문화 출현이 있었는가? 타이완은 어떤 생활상의 특질을 형성하였는가? (라고 질문함으로써-역자) 모든 개인이 이런 특질을 자각하여 타이완인이 그들과 중국인이 다르다는 점을 더욱 빨리 느끼도록 해야 한다. 그러므로 "과연 타이완에 문화가 있을까"를 논할 때, 타이완에 독특한 특징문화가 모든 사람이 자각할 수 있을 만큼 충분히 강한지를 말해야 한다고 생각한다. 자각하여 중국과 대조할 수 있고, 대조한 후에 중국과의 차이점을 발견한다면 오히려 타이완이 하나의 독립된 국가를 수립하는 데 도움이 될 것이다.[196]

---

196 『台灣文藝』1991年 6月, 125: 12~13 참조

9. 민족 문학의 범주 만들기

(1) 타이완인을 서사書寫한 타이완 문학사

문학논술은 타이완 민족주의 문화논술의 주요 부분이었다. 1980년대 후반 이후 립 시사와 『대만문예』의 작가·문학비평가들이 이러한 문화논술 발전에 중요한 역할을 담당하였다. 그들이 주력했던 것은 주로 문학 의제였다. 그들의 문학논술은 보편적으로 앞 절에서 설명한 문화논술의 네 가지 특징을 가지고 있었다. 우선 1980년대 후반 이들 작가와 문학비평가에게 있어 매우 절실한 의제는 타이완 문학사의 집필이었다. 향토문학 논쟁 이후 립 시사와 『대만문예』 회원들은 일제 식민지시기 이후 현대 타이완 문학의 성취를 인용하여 그들의 본토나 타이완 경향성을 정당화하는 데 자주 활용하였다. 그러나 1980년대 말까지 비교적 중요한 현대 타이완 문학의 간략한 역사 소개는 황더스[黃得時](1979[1945, 1955])와 천사오팅[陳少廷](1977)이 각각 쓴 2편이 있었을 뿐이다.[197]

그에 반해 1987년경이 되면 적어도 3부의 전전과 전후 시기를 아우르는 장편의 타이완 현대문학사 저작이 이미 중국 학자들에 의해 집필·출판되었다. 1970년대 말 중국 공산당이 '개혁개방' 정책을 채택한 이후, 중국에서 타이완 연구는 빠르게 진전되었다. 1980년 처음 공식적인 타이완 연구기관이 설립된 후 타이완 문학 연구도 발전하기 시작하였다. 위 3부의 저작은 1980년대 이후 중국의 급속하게 발전한 '타이완 연구' 성과의 일부였다.[198] 일반적으로 중국 학자들의 타이완 문학 연구는 중

---

197 천사오팅의 책은 대체로 황더스의 장편 문장을 근거로 쓴 것이다.

198 1980년대 이후 중국의 타이완 문학 연구 발전에 관해서는 劉登翰(1990)·古繼堂(1992)·宋如

국 통일에 대한 중국 공산당의 정
치적 선전으로 가득했으며, 타이
완 문학작품에서 표출되는 '중국의
식'을 의도적으로 부각하였다. 이
들 연구는 종종 일본 식민지시기의
타이완 현대문학에 대한 중국 5·
4 운동의 중대한 영향을 강조하고,
타이완 문학 자체가 '중국 민족 문
학'의 일부에 불과하다고 주장하였
다.[199] 이러한 상황에서 립 시사와
『대만문예』 회원들은 타이완 문학

<그림 4-13> 1987년 (출판된) 예스타오의
『대만문학사강』(원서 221쪽)

사에 대한 '해석권'을 중국 학자들이 독점하게 될 것을 우려하기 시작하
였다. 1980년대 초부터 그들은 계속 '타이완인의 타이완 문학사'를 집필
해야 한다고 호소하였다.[200]

1987년에 이르러 예스타오의 『대만문학사강台灣文學史綱』(이하『사강』)
이 마침내 출판되었다.[201] 1980년대 초부터 예스타오는 점차 '자주적인
타이완 문학' 논술의 주요 구축자 중 한 명이 되었다(余昭玟 1991). 그의

珊(1993)을 참조. 1986년부터 1991년까지 중국에서는 전전과 전후 시기를 아우르는 8권의
타이완 현대문학사 저서가 출판되었다. 宋如珊(1993: 104) 참조.

199 예를 들면 劉登翰(1995)이 있다.

200 예를 들면 呂昱(1983)·高天生(1983)·林衡哲(1986)·陳芳明과 彭瑞金(1987)·陳少廷(1987)·陳嘉
農(1988) 등이 있다.

201 1980년대『문학계』회원들은 타이완 문학사에 대한 중국 학자들의 적극적인 연구에 촉각
을 세우고 타이완 문학사를 집필하기로 모여서 상의하였다. 원래는 예스타오 등이 각자
일부분씩 책임지기로 하였지만, 이후 사료 수집이 쉽지 않은 점 등의 이유로 예스타오가
먼저『사강』을 집필하였다.『文學界』1988年 겨울, 28: 70~71 참조.

『사강』은 타이완 독립을 지지하는 문화 엘리트들이 문학을 논술하는 전형적인 패턴을 대표하였다. 이 책은 먼저 명정明鄭 시기부터 일본 식민지 초기까지 중국 고전 문학의 타이완 전파와 발전을 간략하게 묘사한 다음, 이어진 장에서는 일본 식민지시기 타이완 신문학의 출현과 진전을 서술하였다. 『사강』의 나머지 5장에서는 전후 타이완 현대문학의 발전을 논하였다. 비록 이 책에서 외성 출신 작가들과 그 작품을 완전히 말살하지는 않았지만, 예스타오는 중견작가이자 열정적인 향토문학과 타이완 의식 제창자로서 분명히 본성 작가를 선호하여 그들에게 더 많은 지면을 할애하여 토론하고 있다.[202]

『사강』의 서문에서 예스타오는 이 책의 "목적은 타이완 문학이 역사의 흐름 속에서 어떻게 강한 자주 의지를 발전시켰는지 서술하고 독특한 타이완적 성격을 주조하는 데 있다"고 분명하게 밝혔다(葉石濤 1987: ⅱ). 그는 일본 식민지시기 타이완 현대문학의 등장이 중국의 5·4시기 백화문 운동의 영향을 받았음을 인정하면서도, 당시 타이완 작가들은 "점차 자율적인 문학을 생산하고 확립하려는 의지가 생겨났다"라고 주장하였다. 그는 일본의 지배로 인해 타이완과 중국 본토의 분리가 지속되고 있었던 만큼 이러한 발전 방향이 필수적이고 '올바르고 불가피한 길'이라고 생각하였다(葉石濤 1987: 28).

이러한 다소 결정론적인 태도를 가지고 예스타오는 『사강』에서 타이완 문학에 대한 그의 과거 견해를 일부 수정하였다. 앞에서 이미 논의한 바와 같이, 사실 예스타오는 향토문학 논쟁 시기까지도 향토문학을 당연히 중국 문학의 일부로 여겼으며, 문학적 표현은 타이완의 지역적 정

---

202 예스타오의 타이완 문학 관점에 대한 위자오민[余昭玟]의 비판과 비교할 수 있다. 余昭玟 (1991) 참조.

체성과 중국 국족 정체성의 균형을 추구해야 한다고 보았다. 그에게는 이 두 가지 정체성은 양립할 수 없는 것이 아니었다. 『사강』이 출판되기 3년 전인 1984년, 그는 1960년대 타이완 문학을 논한 글에서 『대만문예』와 『립』 두 간행물이 "타이완 신문학운동과 맥을 같이 하는 전통 정신", 즉 "시대에 대한 사회의 강렬한 비판 정신"을 가졌다고 추앙한 바 있었다. 그러나 그는 이 두 간행물의 작자들이 "토착적 현실 및 사회적 관점을 지나치게 중시하였기" 때문에 "중국 전체 또는 세계적 입장에서 향토 문제를 분석하는 거시적 시각과 구미 문학의 참신한 사상을 흡수 또는 수용하지 못하였다"고 비판하였다(葉石濤 1984: 143). 다만 이 1984년 문장에 근거하여 작성된 『사강』 단락에서는 거의 같은 비판 용어를 볼 수 있지만, '중국 전체'라는 용어는 삭제되었다(葉石濤 1987: 118).

이러한 예는 예스타오의 1970년대 초 향토문학에 대한 견해를 떠올리게도 한다. 이 1984년의 글에서 예스타오는 천잉전·황춘밍·왕퉈·양칭추 등 본성 출신의 젊은 향토 소설가들이 우줘류와 같은 기성세대 작가들과 거의 접촉하지 않았기 때문에, 그들의 작품은 이미 '구식 향토문학'이 아니라고 지적하였다. 예스타오는 이어서 "이는 아마도 이 신세대 작가들이 타이완 본토에 대한 인식이 강한 기성세대의 향토문학에 별로 공감하지 않고, 전체 중국의 운명 속에서 타이완 문학의 진로를 생각할 수 있었기 때문이다. 이는 아마도 일종의 진보일 것이다"라고 말하였다(葉石濤 1984: 146). 그러나 1984년 이 문장에서 유래한 『사강』의 문단에서는 위 인용문의 젊은 세대 향토 소설가들에 대한 칭찬과 긍정적인 어조는 비교적 중성적인 용어로 이미 수정되었고, "이는 아마도 일종의 진보일 것이다"라는 구절은 생략되었다(葉石濤 1987: 123).

자신의 과거 타이완 문학에 대한 견해를 수정하여 현재 자신의 타이완 민족주의 주장과 민족주의 정치 발전에 부합하고자 한 경우는, 결코 예스타오 한 사람에게서만 일어난 일이 아니었다. 1980년대 후반 타이완 독립을 지지하는 작가와 문학비평가 사이에서 이러한 상황은 예사로운 일이었다. 예를 들어 자신도 립 시사의 일원이던 천밍타이[陳明台](1948~)는 1982년 립 시사 시인들이 작품을 통해 표현한 향수鄕愁를 논하면서, 바이츄·자오톈이·린종위안·리쿠이셴[李魁賢] 등 립 시사 중 비교적 젊은 '2세대' 시인들의 역사 체험은 "타이완 광복으로 인해 전혀 새로운 역사적 '생生'이 시작되었다기보다는", 그들의 문학 생애의 출발은 "조국과 중국 그리고 원래 고향으로 존재하였던 타이완의 교차점에서 걸음을 내디뎠던 것……"이라고 지적하였다(陳明台 1982: 19). 1989년 이 논평은 『립』에 수록된 문장을 엮어서 출판한 『대만 정신의 굴기[台灣精神的屈起]』에 실렸는데, 위의 인용문 중에서 '타이완 광복'과 '전혀 새로운 역사적 생'이라는 단어를 '국민정부의 접수, 타이완 지배'라는 다소 부정적인 용어로 대체하였고, 원래 '중국' 이전에 등장하였던 '조국'이라는 단어도 생략되었다(陳明台 1989: 32).

이 기간 예스타오의 『사강』이 나오기 전 유일하게 출판된 일본 식민지시기 타이완 신문학사의 저자 천샤오팅(1932~)도 1977년 자신의 『대만신문학운동간사台灣新文學運動簡史』는 "중국 문학이 타이완 신문학에 미친 영향을 서술하고자 노력한 것이었다"고 사과의 뜻을 표하였다. 일부 타이완 민족주의자들이 그의 초기 저서에 대해 혹독한 비난을 퍼붓자, 천샤오팅은 "타이완 신문학은 그 독특성과 그 존재의 사회문화적 배경을 가지고 있기 때문에, 타이완 신문학을 중국 문학의 지류로 간주하는 것은 잘못된 주장이다. …… 일제시대의 타이완 신문학은 타이완 문

학이지 중국 문학이 아니다"라고 인정하였다(陳少廷 1987: 1988).[203]

(2) 건국의 문학

1990년대 초반 이후 우리는 타
이완 문화민족주의자의 논술에서
타이완 문학을 '민족화'하려는 그
들의 노력을 볼 수 있다. 이 시기에
더욱 빨라진 정치 자유화는 분명히
이러한 발전을 촉진하였고, 특히
1991년 헌법 임시조관의 폐지와
1992년 형법 개정은 전례 없는 언
론 자유를 촉성하였다. 공개적으로
타이완 독립을 제창하는 등의 급
진적인 주장도 더 이상 불법이 아

<그림 4-14> 1991년 『문학대만』 창간호
(원서 224쪽)

니었다. 이러한 새로운 정세에 대응하여 이미 정간된 『문학계』의 설립자
정중밍[鄭炯明]·정구이하이[曾貴海]·천쿤룬[陳坤崙] 등 3인은 1991년 12월
가오슝에서 『문학대만文學台灣』(1991~)이라는 새로운 간행물을 창간하
였다. 립 시사와 『대만문예』의 중요 회원인 예스타오·천첸우·중자오정·
리챠오·리민용·천팡밍·펑루이진 등이 고문이나 편집위원으로 활동하였

---

203 천사오팅에 대한 타이완 민족주의자들의 비판에 관해서는 陳芳明·彭瑞金(1987)·許水綠
(1988)를 참조. 『台灣新文學運動簡史』(1977)에서 천사오팅은 "타이완 문학은 원래 중국에
서 유래한 문학"이라고 보았다. 따라서 1945년 "타이완이 조국으로 다시 복귀하였으니,
당연히 더 이상 '타이완 문학'이라 말할 만한 것은 없다 ……"라고 하였다. 陳少廷(1977:
165) 참조.

다. 1990년대 초부터 『문학대만』은 『립』, 『대만문예』와 함께 타이완 문화민족주의자들이 타이완 민족 문학의 개념을 제창하는 주요 무대가 되었다.

타이완 문학을 '민족화'하려는 립 시사와 『대만문예』 회원의 노력은 크게 두 가지로 나눌 수 있다. 첫째, 타이완 현대문학의 발전을 독특한 타이완 민족 정체성이나 국가 정체성을 추구하는 역사적 과정으로 재해석하였으며, 민족 또는 국가 정체성을 일본 식민 통치하의 1920년대 이후 타이완 현대문학의 기본 주제로 인식하였다. 그들은 타이완 문학의 발전은 처음부터 "타이완 민족을 건설하는" 방향으로 발전해 왔으며, 특히 1930년대 일본 식민 통치하에서 타이완의 문화 엘리트들이 '타이완어'(주로 복료어)로 '향토문학' 쓰기를 제창한 것은 타이완 문학의 독특성·자주성·'주체성'을 추구한 최초의 노력이었다고 강조하였다.[204] 이러한 논술 중에서 일본 식민지시기 향토문학을 제창하고 한자로 '타이완화문'(타이완어의 글쓰기 시스템) 쓰기를 고집한 사람들의 한/중국문화 정체성은 의식적이든 무의식적이든 희미해졌다. 그밖에 3장에서 지적한 바와 같이 1947~1949년 문학 논쟁에 참여하였던 많은 본성 출신 문화 엘리트들의 궁극적인 목표는 지역성의 문학표현이 중국 문학의 일부로 받아들여지기를 바라는 것이었다. 그러나 그들은 타이완 문학과 문화적 독특성도 강조하였는데, 타이완 민족주의 문학평론가들은 이를 일본 식민지시기 타이완의 문화 엘리트들이 타이완 문학과 문화 '주체성'에 관심을 가졌던 것의 자연스러운 연장으로 받아들였다.[205]

게다가 1964년 『대만문예』와 『립』의 출현은 2·28 사건 이후 타이완

---

204 예컨대 彭瑞金(1992); 陳芳明(1992a); 鄭炯明(1994: 96~102) 등이 있다.

205 예컨대 鄭炯明等(1994: 103)이 있다.

의식의 부흥으로 여겨지기 시작하였다. 립 시사와『대만문예』회원들은 오늘날 두 간행물의 창간이 의식적인 반국민당 행위였으며, 그들(두 간행물 - 역자)이 지속적으로 타이완 의식을 제창함으로써 마침내 1970년대 향토문학과 재야 반정부 운동의 발전을 촉진하였다고 형용하였다.[206] 1970년대 향토문학 논쟁은 타이완 민족 정체성과 중국 민족 정체성이 서로 충돌한 결과로 정리되었다.[207] 그러나 앞 장에서 언급한 바와 같이 향토문학의 주요 작가와 제창자들은 '중국 민족의 고난스러운 운명'이라는 관점에서 전후의 사회정치적 변화를 이해하고 그들의 열렬한 중국의식을 드러냈다. 종합하면 타이완 민족주의를 지지하는 작가와 문학평론가에게 1920~1990년대의 모든 타이완(본성) 작가들은 하나의 독특한 민족으로서 타이완인의 운명에 관한 관심으로 긴밀하게 연결되어 있었기 때문에, 타이완 문화와 문학 주체성의 건립은 모든 세대 타이완(본성) 작가들의 분투 목표였다는 것이다. 이들 타이완 문화민족주의자가 볼 때 하나의 민족이 자신의 독립적 정치 주권을 세우려고 하는 것처럼, 타이완 작가들은 시종일관 '문학 주권'을 세우고자 하여 타이완 문학이 반드시 자신의 국적을 가져야만 하였다.[208]

(3) 타이완 민족 문학: 4대 족군이 하나가 되다

타이완 문학을 '민족화'하는 두 번째 방향은 타이완 문학의 기원을 '다변화'하는 것이었다. 1980년대 초에 립 시사와『대만문예』회원들이 사

---

206 이러한 견해는 예컨대 白萩(1989: 5~6); 李敏勇(1991: 3); 彭瑞金(1993: 69) 등이 있다.
207 예컨대 陳芳明(1992a)이 있다.
208 예컨대 彭瑞金(1989, 1992); 鄭炯明(1994) 등이 있다.

용하기 시작한 '본토 문학' 또는 '타이완 문학'은 주로 일본 식민지시기 이후 타이완(본성)인이 창작한 현대문학, 특히 소설과 시를 가리켰다. 1980년대 후반 '4대 족군'과 '운명공동체' 개념이 유행하기 시작하면서, 타이완 문화민족주의자의 문학논술도 타이완 문학의 다양한 족군성을 강조하기 시작하였다. 타이완 문화가 다양한 기원을 가지고 있다고 그려지기 시작한 것처럼, 타이완 문학도 다양한 출처를 인정받기 시작하였다. 타이완 문학의 근원은 적어도 (1) 원주민 문학(전통 신화·전설·가요 및 최근 원주민의 문학작품 등), (2) 한인 민간 문학(복료·객가의 민담·요언[謠諺]·희곡 등), (3) 한인 고전 문학(명청 이후의 전통 시문詩文 등), (4) 일본 식민지시기 신문학(타이완인과 타이완 거주 일본인의 작품 등), (5) 전후 문학(본성인과 외성인의 각종 문학작품)을 포함하는 것으로 인식되었다.[209] 이 모든 것이 타이완 민족 문학의 구성요소로 여겨졌으며, 그중에서도 원주민 문학과 한인 민간 문학이 전례 없이 중시되었다. 타이완 문화민족주의자에게 신화·전설·가요와 같은 원주민 문학의 존재는 타이완 문학의 전통이 수천 년을 거슬러 올라갈 수 있음을 보여주는, 원주민 문학으로부터 기원한 독특한 하나의 민족 문학 전통이었다. 원주민 문학과 한인 민간 문학은 모두 강렬한 지방색을 가지고 있기 때문에, "타이완 문학은 중국 문학으로 분류되어서는 안 된다"라는 논리를 합리화하는 데 사용되었다.[210] 그들이 볼 때 일본 식민지시기부터 타이완 문학은 타이완 신문화와 민족 해방의 선봉장이었고, 아직 타이완인이 독립 건국의 목표를 달성하지 못하였지만,

---

209 예컨대 呂興昌(1993)이 있다. 예스타오는 심지어 '평포 9족'을 포함해야 한다고 생각하여, "타이완의 현재 종족은 5개 종족이어야 하니", "타이완 문학은 이 5개 종족이 함께 창조하고 구축해야 한다"라고 주장하였다. 葉石濤(1994: 11) 참고.

210 예를 들어 許水綠(1987: 53); 呂興昌(1992); 葉石濤(1992a; 1994); 吳錦發(1992) 등이 그러하다.

1980년대 이후 타이완 문학이 먼저 독립을 하였으므로 "독립된 타이완 국에 독립된 타이완 문학이 없을 수 없었다." 미국의 19세기 사상가 에머슨(Ralph W. Emerson)은 당시 미국 지식인들이 유럽 문화 전통에 대한 오랜 의존을 끝내야 한다고 호소한 바 있다. 타이완 문학과 중국 문학의 관계에 관해, 펑루이진은 1995년 한 기사에서 에머슨의 주장을 모방하여 1990년대를 "타이완 문학이 독립을 선언할 때"라고 보았다.[211]

10. 결어

본 장에서는 타이완 문학의 독특성에 주목하는 본성 출신 작가와 문학비평가들이 어떻게 민족 문학의 이념을 확립하였는지를 살펴보았다. 전체적으로 보면, 1947년에서 1949년의 문학 논쟁 이후 30년 정도, 본성 출신 작가의 작품 특성에 대한 논의는 잠잠하였다. 국민당 정부의 타이완 통치 이후 정치적 강압과 일본 식민지시기의 유산에 대한 오명화汚名化는 전전과 전후 세대 본성 출신 작가 사이의 간극과 단절을 초래하였다. 이 30년 동안 본성 출신 작가는 외성 작가에 비해 인원수와 공공 인지도 면에서 문단의 상당히 주변적 위치에 놓여 있었다. 본성 출신 젊은

---

211 彭瑞金(1992; 1994; 1995) 참고. 1837년 에머슨은 매사추세츠주 케임브리지에서 미국 대학생 친목회(Phi Beta Kappa Society)를 대상으로 강연할 때, 미국 지식인들은 오랫동안 '다른 나라의 학식', 특히 유럽의 지식 전통에 의존함으로써 미국인들에게 '남의 나라 곡물의 마른 잔재'만 먹여왔다고 비판하였다. 그는 "유럽의 우아한 문예 여신의 목소리를 우리가 너무 오랫동안 들어왔다. 미국의 자유주의 정신도 비겁해졌다는 의심을 받고 있다. 단지 흉내만 내고 온순하고 무미건조하다"라고 말하였다. 그는 미국 지식인들에게 "평범함을 끌어안고", "우리가 알고 있는 미천한 것들을 탐색하고" 그들에게 진지하게 다가가서 자신의 마음을 말하라고 호소하였다. Emerson(1929 [1837]: 25, 35~36) 참조.

작가들도 일반적으로 식민지시기 타이완 문학에 대해 거의 알지 못하였다.

이 시기 동안 예스타오는 식민지시기 타이완 작가들의 문화적 유산 문제를 다루는 극소수의 평론가 중 한 명이었다. 그는 1965년 「대만의 향토문학」에서 전전과 전후 세대 본성 출신 작가의 비슷한 점을 특히 강조하면서 그들의 작품을 모두 '향토문학'으로 분류하고, 동시에 중국 민족 문학의 일부로 간주하였다. 문학 생애가 식민 통치 후기와 전후 시기에 걸쳐 있는 예스타오는 타이완의 지역적 정체성과 중국 민족적 정체성의 균형을 제창하고, 일종의 '타이완에 대한 집착', 즉 타이완 역사와 문화의 특수성에 대한 강한 관심을 드러내며 이러한 특수성이 문학에서 어떻게 표현되는지에도 주목하였다.

메이리다오 사건과 이후 반정부 운동의 이데올로기적 동원의 영향으로 『립』과 『대만문예』 회원의 문학논술은 점차 정치화되었다. 이때 타이완 문학의 본질에 대한 해석을 둘러싼 예스타오와 천잉전의 서로 다른 예전 입장, 즉 전자의 '타이완 편향'과 후자의 '중국 편향' 입장이 새롭게 논의되었다. 1980년대 전반부터 립 시사와 『대만문예』 회원의 문학논술은 타이완 문학의 '탈중국화'에 더욱 초점이 맞추어졌다. 5·4 시기의 중국 문학 개혁이 식민지시기 타이완 문학 발전에 미친 영향은 희석되었다. 타이완인은 중국이 포기한 '고아'에다 폭정 치하의 피해자로 여겨졌고, 타이완 문학사는 타이완인의 열망을 담은 역사로 재해석되었다. 현실에 개입하는 입세 정신·저항 의식·사실적 기교가 타이완 문학 전통의 특색으로 인정되었다. 동시에 일본인의 타이완 식민 지배는 타이완 문학과 중국 문학을 분리하는 데 일조하는 중요한 자산으로 여겨졌다. 그 시기 동안 타이완 의식은 점차 중국의식과 양립할 수 없는 것으로 인식되었다.

1980년대 후반 타이완 민족주의의 급속한 발전에 따라 립 시사와『대만문예』회원의 문학논술도 더욱 급진화되었다. 그들의 문학논술은 민족주의 문화논술의 흐름 중 주요 부분으로서, '4대 족군'의 모든 문학작품을 포함하는 '타이완 민족 문학' 전통의 확립에 매진하였다. 이 시기 타이완 독립을 주장하던 작가와 문학평론가들이, 과거 자신이 타이완 문학을 논할 때 중국의식을 가졌던 견해를 수정하고 사과한 일은 드물지 않았다. 립 시사와『대만문예』회원도 현재의 관심에 따라 자신들의 초기 역사를 재해석하였다. 심지어 1920년대 이후 타이완 문학은 모두 타이완 국족을 창건하는 방향으로 발전하였다고 여겨졌다.

과도한 선전은 민족주의 문학논술에서 매우 흔히 볼 수 있는 현상이었다. 민족 문학의 발전에 관한 여러 공언은 늘 경험적 사실에 기초한 것이 아니었다. 그것에는 많은 도덕적 수사, 풍부한 감정적 상징, 재해석된 역사, 재협의한 족군 경계가 포함되어 있었다. 민족주의 문학 작가와 평론가들은 끊임없이 되풀이되는 서술을 거쳐서 비로소 하나의 문학 전통을 만들어냈다. 그들은 타이완 문학사에 특별한 의미를 부여하고 타이완 문학사에 대한 특별한 '사실'이나 지식을 정립함으로써 논술상 하나의 민족 문학을 창건하였다. 민족주의자에게 독특한 문학 전통의 존재는 곧 한 민족의 존재를 증명할 수 있는 것이었다. 하나의 '새로운' 문학 전통의 창조가 완성됨에 따라 하나의 새로운 국족 정체성 감정도 동시에 부상하였다. 타이완 민족 문학의 '발명' 과정에 대한 분석과 연구는 족군성 혹은 민족성 구축의 성격을 명확히 보여주었고, 족군 혹은 국족 정체성의 구축 과정에서 언어적 논술이 수행한 핵심 역할을 설명하고 있다.

게다가 논술 자체가 결코 스스로 혼자 존재하는 것은 아니다. 타이완 민족 문학의 관련 논술은 1986년 이후 급속히 발전한 타이완 민족주의의 중요한 부분이었다. 그것은 자신의 정치적 진로를 확보하기 위한 투쟁과도 밀접하게 연결되어 있었다. 비교적 복료 중심주의가 강한 타이완 문학의 관점에서 다민족적이고 다문화적인 타이완 민족 문학 개념으로 전환하게 된 것도, 1980년대 말에서 1990년대 초의 정치적 변화와 밀접한 관련이 있었다. 이러한 변화는 타이완 민족주의가 복료인 외에 더 많은 족군의 지지를 얻어야 할 필요성을 반영하였을 뿐 아니라, 보다 포용성을 갖춘 타이완 정체성을 창출하여 사회통합의 기초를 삼으로써, 증가하는 타이완에 대한 중국의 위협에 함께 대처해야 하는 필요성을 보여주는 것이기도 하였다.

타이완 독립을 주장하는 일부 작가와 평론가들은 작가들이 타이완의 언어, 특히 복료화로 글을 쓸 때만이 비로소 민족 문학이 자신의 표현 도구를 갖는다고 보았다. 전체적으로 보면 타이완 민족주의 문학논술은 '무엇을 쓰나'(타이완인의 고난, 분투와 갈망을 쓰는)에 대한 반성에서 '누구를 위해 쓰나?'(타이완인을 위해, 하나의 독특한 집단 정체성을 제창하기 위해 쓰는), 더 나아가 '왜 쓰나?'(타이완의 문화와 문학 '주체성'을 구축하기 위해, 국족을 창건하기 위해 쓰는), 마지막으로 '무엇으로 쓰나'(타이완어로 쓰는)를 반성하는 데까지 발전하였다. 타이완어로 글을 쓰자는 제안은 1980년대 말 이후 등장한 언어 부흥 운동의 주요 부분이었다. 이는 1930년대 일본 식민 통치하에서 제창되었던 타이완화문과 타이완어를 사용한 문학 창작을 떠올리게 한다. 언어는 항상 민족주의의 핵심 의제이다. 이어지는 5장에서는 타이완 문화민족주의의 이 중요한 측면을 좀 더 깊이 논의할 것이다.

제5장

민족 언어의 창건

1994년 4월 14일 리덩후이 총통이 기자들과의 인터뷰를 진행하였다. 이는 아마도 전후 타이완의 정치 지도자가 정권 전환에 따른 언어 문제에 대해 최초로 공개 발표한 견해로 보인다. 리덩후이는 다음과 같이 말하였다.

내 나이 70이 다 되었는데, 일제 강점기부터 광복에서 현재에 이르기까지 다양한 정권하에서 타이완인으로서의 비애를 뼈저리게 느꼈습니다. 일제 강점기 때 타이완어를 말하면 햇빛 아래에서 무릎을 꿇고 벌을 받아야 했습니다. 광복 후에도 마찬가지였는데, 내 아들 셴원[憲文]과 며느리 웨윈[月雲]은 학교에서 타이완말을 하였다는 이유로 목에 팻말을 거는 벌을 받은 적이 있었습니다. 내가 왜 이런 상황을 이렇게도 잘 알고 있느냐 하면, 내가 자주 시골에 내려가 그들과 이야기를 나누는데, 그들도 모두 그런 과거를 거쳤기 때문입니다. 나는 가장 불쌍한 사람이 바로 타이완 사람들이라고 생각합니다. 자신을 위해 분투하려고 해도 분투할 수가 없었으니 일본 시대는 이렇고, 광복 후에도 이렇고, 나는 이에 대해 느낀 바가 매우 깊습니다.[212]

---

212 『中央日報』(국제판), 1994年 4月 16日.

리덩후이의 담화는 타이완 본토 언어가 정치적으로 억압받았던 상황에 대한 상당히 요약된 회고라고 할 수 있다. 앞서 2장에서 논의한 바와 같이 일본어의 보급은 식민 정부의 타이완인 동화 정책에서 상당히 중요한 역할을 하였다. 식민 교육은 주로 '국어'로서의 일본어 교육을 통해 피식민자들을 '일본화'시키는 것이었다. 식민 통치의 첫 30년 동안은 언어 동화의 효과가 미미하였지만, 1920년대 말 이후 일본인은 더욱 적극적으로 언어 교육 프로그램을 추진하여 상당수의 타이완인을 이중언어 사용자로 만들었다. 그 후 전쟁 중에 진행되었던 급진적인 '일본화' 운동은 타이완을 단일언어 사회로 만드는 것을 주요 목표로 하였다. 공공장소에서 한자 사용을 금지하였을 뿐 아니라, 본토 언어도 이전에 비해 더 큰 억압을 받았다. 식민 정부는 타이완 전체 국민의 80%가 일본어를 '이해'할 수 있다고 공언하였다. 식민지 말기에는 일본어가 이미 주류 용어가 되었으며, 공적 영역에서는 특히 그러하였다. 따라서 제2차 세계대전이 끝날 무렵 타이완 학령인구의 소학교 입학률이 71%가 넘었고, 대략 25%의 타이완 민중이 최소 초등교육을 받아 일어를 읽고 쓸 수 있었다. 이 때문에 전쟁이 끝날 무렵 30세 이하 타이완인이 주로 읽고 쓰는 의사소통 도구는 모국어가 아니라 일본어였다.[213]

3장에서도 지적하였듯이, 국민당 정부가 타이완을 접수한 후 새 정부

---

[213] 에스타오는 1925년생으로 일본 식민 통치가 끝나던 해에 20살이었다. 에스타오의 언어 경험은 당시 30세 이하의 교육 받은 타이완인의 전형이었다. 그는 이렇게 썼다.

[한문] 독서방부터 주립州立 대남제2중학교 졸업 때까지 그 긴 십여[년]의 유소년 시절, 나는 타이완의 역사와 사회에 대해 아무것도 아는 게 없었다. 나는 집에서 전통적인 타이완인 생활, 즉 한인의 전통 생활을 하면서 말은 모국어를 하였지만, 그럼에도 모국어를 사용할 기회는 적었다. 식민지 사회에서 통용된 것은 국어(일본어)였다. 그래서 나의 모국어 능력은 매우 저열하여, 간단한 일상 용어 외에는 모국어로 높은 학문과 문학 이론을 거의 말할 수 없었다. (葉石濤 1991: 41)

가 직면한 어려운 임무는 타이완인을 한편으로는 '탈일본화'하고, 다른 한편으로는 '중국화'하는 것이었다. 일종의 새로운 국어의 보급은 타이완인을 다시 사회화하기 위한 계획의 핵심이었다. '국어운동'은 비록 표면적으로는 '다국어' 정책을 공언하였지만, 실제로는 엄격한 '단일언어주의'를 실행하면서 북경어를 기초로 한 국어를 제창하였다. 국어 사용 능력은 중국의 시민정신과 애국 정서가 있는지를 판별하는 기준으로 여겨졌다. 1947년 2·28 사건 이후 단일언어주의가 더욱 엄격하게 시행되었다. 국어 선양, 일본어 금지, 공공장소에서 타이완어 사용 제한이 정부 당국의 언어정책이 되었다. 한마디로 타이완은 두 통치자가 강요한 국어, 즉 일본어와 북경어를 바탕으로 한 국어를 연속으로 경험하였다. 이 두 가지 국어정책은 모두 '동화된 단일언어주의'를 목표로 하고 있는데, 이 둘은 영국의 '격리된 단일언어주의'와 같은 식민정책과 상당히 달랐다. 영국 정부가 식민지의 학교별로 다른 지방어의 사용을 허용하였던 데 비해, 일본과 국민당 치하의 타이완에서는 각급 학교마다 국어만 사용할 수 있었고 오직 국어만이 공용어였다. 일본과 국민당의 정책은 오늘날 싱가포르가 채택한 것처럼 많은 국가에서 시행하고 있는 이중언어 공용共容 정책과도 아주 큰 차이가 있다(Cheng 1979: 543).

그러나 타이완 언어 생태계에 영향을 미치는 가장 중요한 요소인 정치 환경이 1980년대부터 거대한 전환을 경험하였다. 4장에서 언급한 것처럼, 복료인 특유의 색채를 띠고 있는 타이완 민족주의가 1980년대 후반 급속히 발전하였다. 이 민족주의의 특색 중 하나는, 공개적으로 타이완어(복료어)를 사용함으로써 타이완의 주요 족군인 복료인의 타이완 정체성을 강화하고 그들의 지지를 동원하는 것이었다. 그리고 타이완 정치 자유화의 영향 중 중요한 한 가지는 타이완어·객가어·원주민어를 포함한 본토 언어 부흥에 진력하는 많은 행동이 차례로 나타났다는 것이다. 특히 타이완어를 부흥시키려는 노력은 타이완 민족주의의 중요한 일환이 되었다.

이런 흐름 속에서 외성 출신 정치 청년들은 타이완어를 배워야 한다는 압박감을 느꼈다. 1993년 영국의 이코노미스트지는 다음과 같이 약간 과장해 보도하였다.

> 그의 할아버지는 틀림없이 동의하지 않았을 것이다. 정부 부회部會의 수장[교무위원회 위원장]이자, 당대 타이완의 창건자 장제스의 손자인 장샤오옌[蔣孝嚴/章孝嚴]이 한창 타이완어를 배우고 있다. 그 외 공개적으로 자신의 혀로 85%에 가까운 타이완인들이 상용하는 언어를 배우기 위해 노력하고 있는 사람 중에는 쑹추위[宋楚瑜] 타이완성 주석과 마잉주[馬英九] 법무부 장관이 포함된다. 타이완어를 할 수 있는지가 아주 빨리 정치 인생의 필수 조건이 되었다. 경선 기간에 타이완어 유행가 몇 곡을 흥얼거릴 수 있다면 표를 얻을 수가 있다.[214]

상술한 이 보도에 언급된 몇 명의 인물은 모두 국민당 내 외성 출신의 고위 관원으로, 이러한 변화는 1980년대 초반에는 상상도 할 수 없는 일이었다. 타이완에서 반정부 운동의 발전은 국민당의 통치 정당성에 큰 위협이 되었다. 국민당의 외성 출신 정치인들이 타이완어를 배우는 현상은 국민당 자체의 '타이완화'와 함께 주요 족군인 복료인의 지지를 구하려는 노력의 반영이었다.

---

[214] 『이코노미스트[經濟學人]』 1993年 8月 7日, 38面 참조. 본성 출신 복료인의 수는 타이완 전체 인구의 73%였다. 따라서 인용문에 언급된 인구 비율은 보도 기자가 객가인과 복료인을 합친 결과로 보인다. 타이완 인구의 족군 구성 비율에 대해서는 제4장 주 62를 참조.

Ralph D. Grillo가 언급하였듯이, 일부 1980년대 연구는 "언어적 우위, 언어의 계층 및 언어 불평등을 탐구하는 모든 연구가 일종의 정치 연구가 되는 것은 불가피하다"는 점을 말해준다. 다른 언어 간의 불평등한 관계라는 점에서 보면, 언어는 사실 "다투어 빼앗게[競奪] 되는 대상"이고 "언어 정치란 바로 충돌과 투쟁에 관한 것이다"(Grillo 1989: 7, 17). 본 장에서는 먼저 국민당의 권위적 지배와 그 언어정책의 관계에 대해 살펴볼 것이다. 논의의 초점은 국민당이 타이완 통치의 정당성에 대한 국내외의 질문에 직면하였을 때, 어떻게 국어를 제창하여 민족의 단합과 통일의 주요 도구 및 '공비 소탕'의 유력한 무기로 활용하려 하였는지이다.

더불어 본 장에서는 새로운 국어의 창조를 목적으로 하는 정치 활동에 관해 살펴볼 것이다. 타이완 민족주의자들은 유일한 합법적 정부 당국의 언어인 국어의 지위에 도전하였고, 동시에 본토 언어, 특히 타이완어의 부흥을 꾀하였다. 본 장의 분석 초점은, 특히 이들이 타이완어 표기 체계를 구축하려 한 노력에 두었다. 타이완 민족주의자들은 주요 토착 언어인 타이완어를 타이완 문화·타이완 민족, 그리고 독립된 타이완국과 동일시하였으며, 한 세트의 타이완어 표기 체계는 타이완 민족성의 증명이자 타이완 정치 독립의 필수 요건으로 인식되었다.

마지막으로 본 장에서는 타이완어를 표기하기 위한 적극적인 실험이 민족주의자들의 타이완 문학 개념에 어떤 영향을 미쳤는지 살펴볼 것이다. 복료 출신의 타이완 민족주의자들이 타이완 문학을 언어적 관점에서 재정의하였지만, 이는 객가 출신 민족주의자들의 불만을 샀다. 복료와 객가 출신 타이완 민족주의자들 사이의 언어·문학 이슈로 인한 긴장 관계는, 당대 민족국가(nation-state) 개념에 영감을 받아 진행된 국족 구축 과정에서 어떻게 국족 정체성과 족군 평등의 균형을 맞출 것인가라는 중요한 난제를 분명하게 드러냈다.

그러나 본 장에서 위의 현상에 대한 정치의 중요성을 강조하지만, 이는 결코 산업화·도시화 등과 같은 다른 사회경제적 요소들이 타이완의 언어 성쇠[消長] 변화에 별 영향이 없었음을 의미하지 않는다는 점을 지적하고자 한다.

1. 공식적 관방 언어정책 및 그 결과

(1) 국민당의 언어정책과 이데올로기

Pierre Bourdieu는 다음과 같이 말하였다.

> 관방(Official) 언어는 그 기원과 사회적 사용 방식에서 모두 국가와 긴밀한 관계가 있다. 바로 국가가 형성되는 과정에서 하나의 관방 언어에 의해 통제되고 통일되는 언어시장을 조성하는 조건도 창조된다. (Bourdieu 1991: 45)

서구의 맥락에서 근대 국가의 형성은 종종 '민족'의 창건을 수반하였다. 프랑스를 예로 들면, 1789년 프랑스 대혁명은 근대 프랑스 민족의 탄생을 상징한다. 전국적인 국가 교육 시스템을 통해 프랑스어는 프랑스 민족을 창조하는 중요한 도구가 되었다(McDonald 1989). Grillo는 프랑스 구정권의 종식에 따른 정치적 통합의 어려움을 해결해야 했는데, 민족이 사회적·문화적·언어적으로 통일되고 동질적 집단이 됨으로써 해결의 길을 제시했다고 지적하였다. 프랑스 혁명가에게 국가에 충성하는 것은 프랑스어에 충성하는 것이고, 그 반대의 경우도 마찬가지였다. 민족·국가·언어는 동일시되었으며, 그 속에는 국가 정체政體를 '족군화'(ethnicization)하려는 강렬한 요구, 즉 "국가는 반드시 하나의 민족이 되어야 한다"(Grillo 1989: 29, 37)는 것이 있었다. 이는 언어통일의 호소가 근대 국가의 정치적 지지에 대한 수요를 대표한다는 것을 의미한다. 일종의 관방 언어의 사용을 추동하는 것은 사회와 문화의 동질화 및 '민족의 통일'을 창조하는 데 주요한 역할을 하였다. 민족국가 모델의 언어 기획은 근대 국가의 기본 신조이다. 그러나 타이완과 같은 다민족 다언어 사회에서는 관방의 공식적 언어정책이 내포하고 있는 민족국가 이데올로기는 종종 언어적 억압으로 이어졌다.

20세기 초 세차게 일어났던 중국의 국어운동은 중국의 근대 국가를 건설하기 위한 노력을 대표하였다. 예를 들어 왕얼민[王爾敏]이 지적하였듯이, 국어운동 이전에 나타난 근대 중국의 언어개혁은 중국의 누적된 부진과 외세의 위협으로 촉발되었다. 언어 개조의 목적은 바로 나라를 구하는 것이며, '국어'의 개념 역시 근대 중국 민족주의와 밀접한 관련이 있다(王爾敏 1982).

타이완의 국민당 정부는 바로 중국 국어운동의 이념을 품고 있었다. 중화인민공화국과의 오랜 대치와 본성인·외성인 간의 긴장 관계로 인해, 국민당은 국어를 민족 단결을 촉진하는 주요 수단이자 '공비共匪'를 파괴하는 강력한 무기로 삼았다. 우선 국어 이외의 모든 타이완 본토 언어, 예컨대 복료어·객가어·원주민어 등은 모두 정부에 의해 '방언'으로 평가절하되었다. 공공장소에서 이러한 언어를 사용하는 것은 민족의 통일과 단결을 해치는 것으로 간주되었다. 국어 사용은 민족 간 화합을 위해 필수적으로 요구되는 불가결한 것으로 여겨졌다. 북경어를 기초로 한 국어만이 '언어'라고 불릴 자격이 있었다. 근대 중국 민족주의 역사에서 이러한 이데올로기가 처음 등장한 것은 아니지만, 국민당 정부가 이를 실천에 옮길 수 있었던 곳은 오직 타이완뿐이었다. 국어는 중화민국의 유일한 '정통' 언어, 즉 국민당의 통치 지위를 상징하는 표준 언어이자 보편적인 규범으로 인정되었다. 국어에 대한 가장 큰 위협은 대다수 사람의 모어 - 타이완어 때문에, 공개적으로 타이완어를 옹호하는 어떠한 행위도 반국민당 또는 타이완 독립을 지지하는 행위로 간주되었다.[215]

국민당 정부의 언어 이데올로기적 두 번째 지향점은 국민당 통치의 합법성에 대한 공산 중국의 외부 위협을 반영하였다는 것이다. 타이완 내부의 출신 지역 간의 긴장감 외에도, 국민당과 중국 공산당의 중국을 대표하는 정당성을 위한 쟁탈전도 타이완의 정치를 좌지우지하였다. 이런 점에서 북경어를 기반으로 한 국어는 중화민국이 '중국성'을 충분히 갖추었다는 증거가 되었다. 이 때문에 자신의 모어를 말하는 타이완 본토 민중에게 "방언을 버림으로써", 그들의 '지역주의'를 폐기할 것이 요구되었다. 국민당 정부는 자신을 전통 중화문화의 유일한 계승자로 묘사하였다. 정치·사회·문화적으로 타이완을 '중국화'하는 것은 국민당과 공산 중국의 투쟁 중 자신의 통치를 합법화하고 타이완인의 지지를 얻

---

215 1983년 재야인사들이 타이완 의식을 적극 제창하던 바로 그 무렵, 한 국민당 외성 출신 입법위원이 입법원 회의에서 국어 문제에 대한 견해를 다음과 같이 발표하였다.

타이완 독립은 중화민국을 분열시키려는 것이다. 타이완인은 중국인이 아니라고 거짓말하면서 재야 사람임을 강조하며, 민남어를 제창하여 국어에 타격을 주고, 국어 보급과 언어통일을 저해함으로써 분열 국면을 조성하고 있다. 소위 재야라는 사람은 "학생이 방언을 쓰는 것이 죄인가?"라며, "국어·민남어·객가어는 정부가 정한 언어로 병렬되어야 한다"라고 말한다. 그럴 필요가 있는가? 언어로 분열을 조장하는 것이 아닌가? 학생들이 왜 방언을 써도 되나? 학생들이 왜 국어로 말하지 않는가? …… 모든 게 다 사이비似而非이다[필자 주석: 원문이 이와 같다]. 어긋나고 잘못된 사상은 모두 반드시 철저히 제거해야 한다. (穆超 1983: 13)

으려는 시도의 표현이었다. 국어 사용의 추진은 이 시도의 주요한 부분으로, 국민당의 당국 체제는 자신을 - Grillo의 표현을 차용하면 - '족군화'하려는 시도를 드러낸 것이었다. 국민당은 '전통 중국 문화'를 추동함으로써 자신을 진정한 중국 특성의 수호자로 형용하였다. 타이완 본토 문화를 홍보하는 행위, 특히 타이완어 사용을 제창하는 행위는 '중국성'과 국가 통치의 합법성에 대한 위협으로 간주하였다. 국민당의 국가·중화민족·중화문화와 국어는 서로 간에 등호等號가 그어졌다. 민족국가 모델의 언어정책은 정치통합의 난제를 해결하는 데 자주 활용되었는데, 국민당은 '중국화'를 힘써 추진함으로써 이러한 방법을 구체적으로 전개하였다.[216]

국민당의 언어 이데올로기는 여러 경로를 통해 실천되었다. 1965년부터 타이완성 정부는 모든 공무원에게 근무시간에 국어를 사용하도록 요구하였다. 법정에서도 국어만 사용할 수 있다고 명확히 규정하여, 소송 당사자들이 국어를 모를 수 있다는 점이 무시되었다(洪惟仁 1992a). 학교는 사회화의 가장 중요한 제도 중의 하나로 언어 이데올로기의 주요한 추진자가 되었다. 국민당 정부는 오랫동안 학교 교육을 이용하여 타이완인을 동화시키는 두 가지 주요 사업, 즉 국어사용 능력과 중국에 대한

---

216 중국 국민당의 선전조직인 '중앙문화공작회中央文化工作會' 주임 저우잉룽[周應龍]이 '중국 어문학회' 회원대회에서 발표한 연설은 국민당의 언어 이데올로기를 구체적으로 드러내고 있다.

우리가 더욱 경계해야 할 것은 바로 대륙의 공비共匪이다. …… 한편으로는 어떻게 중국 사상의 주류가 중국어문[국어]의 교학敎學·전습傳習·사용에 힘입어 발양되고 더욱 빛날 수 있을지를 [우리는 반드시 생각해야 한다]. 다른 한편으로는 중국어문이 교육·전습·사용되는 과정에서 어떻게 우리 중국 전통문화를 적절하게 수용하고 전달할 수 있을지를 [우리는 반드시 알아야 한다]. 이것이 바로 우리가 국어 교육의 발전을 중시하는 이유이다. 이 시점에서 가장 좋은 것은 중국어문의 교학·전습·사용을 통해 …… [공산당의] 사설邪說을 물리치는 것이다. (周應龍 1984: 8)

일체감을 추진하였다(Wang 1989:102). 3장에서 1946년부터 타이완의 학교 수업이 국어로 이루어졌다고 이미 언급한 바 있다. 북경어를 바탕으로 국어를 확립하고 중국 전역에 국어를 보급하여 언어통일을 이룩하려는 정부 당국의 정책은 1929년에 수립되었다. 이 시기 이후 타이완은 비非 북경어 지역 중에서 유일하게 모든 각급 학교에서 북경어를 표준어로 모든 과목을 가르치는 지방이 되었다(Cheng 1979: 557). 1956년 이후 특히 초등학교와 중학교 학생들은 교내에서 타이완 본토 언어 사용이 금지되었다. 만일 규정 위반이 적발되면 학생은 다양한 방식의 처벌을 받았고 엄한 처벌도 흔하였다. 본 장 첫머리에 리덩후이 총통이 언급한 그의 아들과 며느리가 받았던 처벌도 곧 이러한 사례이다.

이에 비해 외성 출신 학생들은 일반적으로 이런 수모를 당하지 않았다. 외성인의 언어 사용 실태에 대해서는 여전히 더 많은 조사와 연구가 필요하다. 그러나 사실 외성 출신이 사용하는 구어는 중국의 다른 지역의 언어였다(예를 들어 광둥어). 타이완에서 중국 대륙의 같은 지방 언어를 사용하는 사람은 드물 뿐 아니라 분산되어 있었기에, 외성인 대부분은 같은 언어를 구사하는 커뮤니티를 잃었다. 일단 자신의 지역 언어의 사용은 다수가 가정 내로 국한되었다. 따라서 보편적으로 말하면, 외성인끼리 혹은 본성인과 소통할 때는 국어만 사용할 수 있었다. 국어는 이미 외성인의 신분과 집단 정체성의 중요한 지표가 되었기 때문에, 외성 출신 학생들은 본성 출신 학생들보다 국어를 더 배우고자 하였다. 사실 그들 부모의 원적原籍이 어디였든, 국어는 이미 젊은 세대 외성인에게 '새로운 모어'가 되었다. 유창하게 국어를 구사하고 쓰는 것이 교육적 성취를 얻기 위한 기본요건이었기 때문에, 외성 출신의 젊은이는 그런 면에서 좋은 성과를 보였고, 이는 고등교육기관에 외성 출신 학생 비율이 상대적으로 높은 현상으로 반영되었다(Wang 1989: 103).[217] 근대 국가에서 교육 시스템은 정부 당국 언어의 구축, 합법화 및 강제 추진 과정에서 중요한 역할을 하였다. 정부 당국 언어는 사람들의 동질성을 형상화하는 데 도움이 되었고, 이 동질성은 일종의 공감대를 가진 커뮤니티의 기초이자 민족의 접착제였다(Bourdieu 1991). 타이완에서 학교는 이러한 역할을 상당히 성공적으로 수행하였다.

<그림 5-1> 국어로 말할 것을 제창하는 1960년『징신신문보徵信新聞報』의 기사
(원서 240쪽)

또 다른 사회화의 주요 집행자인 TV에서도 국어가 아닌 타이완 본토 언어의 사용은 엄격히 제한되었다.[218] 1962년 첫 TV 채널인 '타이완 TV'의 개국 당시, 국민당 정부는 비 국어 프로그램 시간을 전체 방송 시간의

---

217 1966년은 정부가 출신 지역을 기초로 교육 통계를 작성한 마지막 해인데, 약 34%의 전문대 이상 학력자가 외성인으로 나타났다. 이 수치는 전체 인구 중 외성인이 차지하는 비율의 2.5배에 달하는 것이었다. 1987년 외성 출신 전문대 이상의 비율은 약 30%로 추정되며, 이는 전체 인구 중 외성 출신 비율의 2배에 달한다. Wang(1989: 103)을 참조.

218 TV 방송국의 언어 문제에 관한 자세한 논의는 史敬一(1983)를 참고.

16% 미만으로 제한하였다. 그러나 제한 규범에도 불구하고 타이완어는 필경 대다수 사람의 모어였기 때문에, 타이완어 프로그램의 인기가 점점 높아져 방송사들은 이러한 정부 규정을 준수하지 않기도 하였다. 이에 대응하여 국민당은 타이완어 프로그램을 더욱 엄격하게 억압하는 조치를 취하였다. 1972년 교육부 문화국은 비 국어 TV 프로그램의 축소를 명하여, 각 방송국에서는 연속극·인형극[布袋劇]·타이완 전통극[歌仔劇]·광고를 포함한 타이완어 프로그램을 하루에 1시간 이상 방송할 수 없도록 하였다. 이밖에 1976년 시행된 『방송법 시행규칙[廣播電視法施行細則]』도 "방송국의 국내 방송 중 국어 사용 방송 비율이 라디오 방송국은 55%, TV 방송국은 70% 이상이어야 하며, 방언 사용은 해마다 줄여야 한다"고 명시하였다. 이 때문에 1970년대 초 TV 프로그램으로 겨우 남아있던 타이완 전통극과 인형극도 국어를 사용해야 하였다. 더군다나 예산 관계로 국어 프로그램에 비해 타이완어 프로그램은 품질이 조잡한 경우가 많았다. 또 이런 종류의 프로그램 내 배역은 대부분 사회경제적 지위가 상대적으로 낮은 문맹·농민·노동자·어부·노인, 특히 나이 든 여성이었다. 그래서 타이완어는 낙후·저속[粗俗]·무지·여성적 기질과 노인을 상징하는 것으로 표현되었다.

(2) 억압 받은 본토 언어: 타이완어

TV 프로그램이 타이완어에 부여한 굴욕적 이미지는 타이완에서 타이완어가 처한 현실을 잘 보여준다. 첫째, 일본 식민지시기 이미 심각하게 유실된 타이완어 읽기 체계는 국민당 정부의 타이완어를 단속하는 언어교육하에서 거의 완전히 사라졌다. 이 때문에 그 체계를 이용하여 표현한 전통 타이완어의 고상한 문화, 예컨대 타이완어로 읊는 옛 시문은 젊은 세대 본성인에게 매우 생소한 것이 되어버렸다. 타이완어의 주요 기능은 일상적인 일을 처리하는 구어 회화일 뿐이었다. 심지어 일상생활에 관한 타이완어 어휘들도 점차 사라졌으며, 그중 일부는 이미 일본어와 국어의 단어들로 대체되었다(洪惟仁 1985). 이는 특히 '컴퓨터 네트워크'·'세탁기'·'전자레인지'·'햄버거' 등과 같은 새로운 관념과 새로운 사물을 언급할 때 부호 혼용(code mixing) 현상을 초래하였다. 따라서 타이완어는 문화 생산과 재생산의 매개로서의 기본 기능을 점차 상실하였다.

둘째, 일부 연구는 상업계에 종사하는 사람 대부분이 복료인이기에 타이완어가 여전히 그 세계의 주요 의사소통 언어이지만, 복료를 배경으로 하는 젊은이, 특히 지식인 사이에서 타이완어는 멸망을 향해 나아가고 있다고 지적하였다(楊秀芳 1991). 홍웨이런의 현장 조사에 의하면, 나이가 젊을수록 본성 출신 복료인의 모어 능력이 더욱 떨어지는 것으로 나타났다(洪惟仁 1992a). 그 외 황쉬안판[黃宣範]의 연구에서도 (1) 복료 신분의 대학생은 대화 상대가 젊을수록 국어를 사용할 기회가 많아지고, (2) 국어는 복료 신분 대학생의 사교활동 때 첫 번째로 선택하는 언어임이 발견되었다(黃宣範 1988). 사실 타이완 민중의 족군 동화는 일정한 부분 교육 수준과 지역에 따라 차이가 있었다. 국어 사용 선호와 중국에 대한 정체성 두 가지 측면에서, 전문대 이상 학생은 타이완 민중들 가운데 동화에 가장 성공한 그룹이었다. 1987년 전국 조사에 따르면 전문대 이상 졸업생의 절반 이상이 집에서 국어를 사용할 뿐 아니라, 중국을 동일시하고 있었다. 이 비율은 교육 수준이 상대적으로 낮은(고등학교 이하) 본성인의 두 배에 달한다. 특히 교육 수준이 비교적 낮은 사람들에게 모어, 특히 타이완어 사용은 여전히 본성인 족군 정체성을 나타내는 분명한

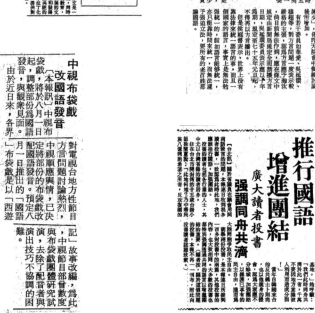

<그림 5-2> 정부가 국어 보급을 하면서 본토 언어를 억압한 각종 신문 보도 (원서 242쪽)

1. 1970년 6월 27일『중국시보中國時報』: TV 인형극의 발음을 국어로 바꾸었다.
2. 1975년 11월 19일『중국시보』: 입법원이 '방송통신법' 조문을 통과시켜, 방송은 국어를 위주로 하며 방언은 해마다 줄여야 한다고 규정하였다.
3. 1977년 12월 30일『연합보[聯合報]』: 회의 중 민남어를 사용한 성省 의원을 비판하고, 민중은 국어 보급을 지지한다.
4. 1980년 4월 27일『연합보』: 공보국장[新聞局長] 쑹추위가 모든 프로그램이 국어로 방송될 때까지 TV 타이완어 프로그램을 점차 줄일 것이라고 선포하였다.

특징이었다. 게다가 이 조사는 타이완 북부의 언어 동화 정도가 다른 지역에 비해 월등히 높음을 보여주었다(Wang 1989: 138~144). 국민당이 단일 언어주의를 추진한 결과는 다음 사례에서 볼 수 있는데, 1987년 정치 분위기가 확연히 바뀌었을 때 방송사들이 간단한 타이완어 뉴스 시간대를 추가하려 하였으나 이를 감당할 만한 아나운서를 찾기가 매우 어려웠다는 사실이다.

셋째, 언어의 계층적 관계가 이미 확립되었다는 것이다. 타이완어는 '방언'으로 여겨졌고 낙후되고 거칠고 촌스러우며 교양 없고 낮은 사회경제적 지위를 상징하였다. 반면 '언어'로서의 국어는 현대적이고 우아하며 도시적이고 학식을 가진, 그리고 높은 사회경제적 지위를 상징하였다.[219] 언어의 계층적 관계는 정치 영역에서의 족군 위계와 상당히 일치하였다. 외성인은 통치자이고, 본성인 그중에서도 대다수인 복료인은 피지배자였다.

간단히 말해 국민당 정부는 북경어를 기반으로 한 국어를 주창함으로써 타이완인을 '중국화'하는 중심 목표, 즉 타이완은 '중국의 일부'라고 선언하고 그 통치를 합법화하며 국민당 정부가 중국 전체의 대표라고 공언하는 것을 정당화하였다. 이를 위해 타이완 본토 언어, 특히 타이완어의 사용이 엄격히 제한되었다.

---

219 예를 들어 정부가 지원하는 잡지 『中國語文』에 투고한 한 복료인은 그가 완전한 '표준' 국어를 할 수 있다는 것을 매우 자랑스러워하였다. 그는 말하였다.

필자는 타이베이에 갈 때마다 거리에 나가 쇼핑을 하거나 택시를 탈 때 국어를 사용한다. 이는 첫째 내가 상당한 교육을 받았고 표준 국어를 상당 정도 할 줄 안다는 것을 의미한다. 둘째 남들이 나의 중남부 억양을 알아듣고 나를 시골 촌뜨기로 취급하거나 나를 속이지 못하도록 한다는 점이다. 그래서 나는 "말할 때 국어를 사용한다"는 원칙을 엄격히 지켜서 모든 게 다 순조롭다. (陳竹水 1978: 156)

1980년대 중반까지만 해도 국민당은 국어를 정치적 합법성을 가진 언어로 존중하는 정책을 여전히 바꾸지 않았다. 1983년부터 1985년까지 교육부 국어추진위원회는 국어를 유일한 공용어로 하고, 정부 기관·행정부처·회의 등 공개석상 및 학교·대중매체에서 국어만 사용하도록 하는 내용의 「어문법語文法」 초안을 제출하였다. 그러나 거센 여론의 반발에 부딪혀 교육부는 결국 그 추진 계획을 철회하였다.

<그림 5-3> 1985년 10월 26일 교육부가 기초한 「어문법」 초안 관련 신문 보도 (원서 245쪽)

(3) 타이완어: 족군의 상징과 부흥

4장에서 1980년대 후반 독특한 복료 족군 색채를 띤 타이완 민족주의의 급속한 발전을 언급하였다. 민진당 주도의 반정부 운동은 그 지도자와 지지자의 절대다수가 본성인, 특히 복료인이 중심이었다. 이 때문에 타이완어는 민진당 회의·군중집회·가두시위의 주요 언어가 되었다. 사실 민진당 창당 전인 1980년대 전반, 특히 선거 기간 동안 재야 반정부 운동 인사들은 언어를 지지를 얻기 위한 유효한 수단으로 삼았다. 국민당 후보라 할지라도, 설혹 본성 출신이 아닌 외성 출신이라도 타이완어를 구사할 수 있다면 유권자를 움직일 수 있었다. 이 때문에 타이완어는 '선거의 언어'로 변하였다. 재야인사 사이에서 타이완어 사용은 정치적 불만과 족군 충성을 표현하는 상징이 되었다.

마찬가지로 1980년대 전반 재야의 반정부 운동가들이 '타이완 의식'을 제창하기 시작하였을 때, 그들도 타이완의 언어 문제를 건드리기 시작하였다. 이 기간 그들은 비판의 초점을 학교 교육의 '국어 독존獨尊' 정책, 라디오와 TV의 타이완어 사용 제한, 그리고 준비 중인 『어문법』 초안에 두었다.[220] 그러나 재야의 국민당 언어정책에 대한 공격은 크게 주목받지 못하였다.

1987년이 되어서야 언어 문제는 사회 대중의 보편적인 관심을 불러일으켰다. 그해 3월 민진당 중요 입법위원 주가오정[朱高正]이 입법원 회기 중 타이완어로 질의 발언을 하였다. 새로 출범한 야당 입법위원으로 대담하고 용기 있게 도전한 주가오정은 일부러 타이완어로 발언함으로써 국민당의 외성 출신 내각 관료와 노쇠한 종신직 입법위원들에게 모욕감을 주었다. 주가오정의 도전은 외성 출신 정치 엘리트들이 타이완에서 거의 40년을 살면서도 타이완어를 알아듣지 못할 뿐 아니라, 가장 중요한 본토 언어를 배울 의향도 없다는 사실을 폭로하였다. 주가오정의 행동은 국민당과 민진당 양당 입법위원 간의 심각한 충돌을 초래하였고, 언어 문제와 정부 당국 언어정책 개혁에 대한 사회 대중의 열렬한 토론

---

220 이 기간 재야 잡지의 언어 문제 토론에 관한 관련 문장은 林進輝(1983)가 정리한 모음집이 독자들이 참고하기에 매우 편리하다.

<그림 5-4> 성공대학이 개설한 타이완 최초의
타이완어 과정 관련 신문 보도 (원서
247쪽)

을 촉진하였다.

1987년 8월 정부 당국의 언어정책에 대한 비판의 목소리가 갈수록 높아지는 가운데, 타이완성 정부 교육청은 각 초등학교와 중고등학교에 본토 언어 사용 학생들을 처벌해서는 안 된다고 통고하였다. 이어 1987년 말 3개의 전국적 TV 채널이 모두 매일 짧은 타이완어 프로그램 외에 각각 20분씩 타이완어 뉴스 시간대를 늘렸다. 2년 후 그 중 한 채널(타이완 TV 방송국[台視])에 주 1회 30분짜리 객가어 프로그램이 등장하기 시작하였다. 그 외에도 1990년 2월 타이완 남부의 국립성공대학(國立成功大學)이 처음으로 국가 교육 시스템 내에 타이완어 과정을 개설하였다. 같은 해 5월에는 행정원 공보국이 TV 방송국 프로그램의 본토 언어 사용 제한을 없앴다.

이와 함께 민진당은 초등학교와 중학교의 이중언어 교육을 활성화하기 위한 노력을 시작하였다. 1989년 지방 현시장 선거에서 민진당 후보들은 이중언어 교육 계획을 선거 정견에 포함하였다. 그중 6명의 당선인은 그들이 집권한 현시의 초등학교와 중학교에서 타이완어·객가어·원주민 언어를 포함한 '모어 교육'을 시작하였다. 이러한 현시, (특히) 국민당이 장악한 현시 의회에서는 예상대로 이중언어 교육 예산을 자주 삭제하였다. 더구나 본토 언어는 여전히 표준 음성 기호 및 쓰기 체계가 부족하고 자격을 갖춘 교사와 교재를 찾기가 어려웠다. 그러나 많은 걸림

돌에도 불구하고, 이 언어 교육 계획은 여전히 1990년대 초 민진당이 집권한 현과 시에서 시행되기 시작하였다.

본토 언어에 대한 정부의 통제 완화와 야당의 이중언어 교육 제창에 따라 1980년대 말 이후 본토 언어 특히 복료어 '부흥' 현상이 나타났다. 타이완어 연극과 영화가 다시 등장하고 타이완어 유행가가 성행하였으며, 많은 대학 캠퍼스에서도 타이완어와 객가어 단체가 결성되고 대량의 타이완어 자전字典과 잡지·언어 전문 서적과 논문들도 속속 출간되었다.

2. 민족 언어의 확보

(1) 타이완어의 명명命名

타이완어를 말하고 가르치고 연구하는 것에 대한 사회적 관심이 되살아났지만, 언어 문제에 관심이 많은 타이완 민족주의자로서는 여기에 만족할 수 없었다. 1980년대 후반부터 많은 타이완 민족주의자가 본토 언어의 부흥과 표기 체계 창조에 진력하였다. 복료인이 타이완 민족주의 운동을 주도하였기 때문에, 이들 언어에 관한 행동과 노력은 모두 타이완어에 초점이 맞추어졌다.

타이완 민족주의자들은 타이완어가 '방언'이라는 공식적인 정의를 거부하였다. 그들은 전후 오랫동안 정부 당국의 인정認定이 대중 인식에 영향을 미쳐 국어 이외의 타이완 현지 언어를 방언이라 폄하하였을 뿐 아니라, 심지어 많은 사람이 타이완어가 북경어를 기반으로 하는 국어의 한 '방언'으로 오해하게 했다고 지적하였다. 비록 타이완어와 국어는 같은 어족에 속하지만, 사실은 다른 '언어'이다.[221] 일례로 언어학자이며 대만필회 회원이자 타이완어 부흥 운동의 주요 지도자 중 한 명인 홍웨이런(1946~)은 다음과 같이 썼다.

> 나는 학료어鶴佬語[타이완어, 복료어]나 객가어가 한어漢語의 한 갈래라는 것을 부인하지 않으며, 한어의 방언이라고 해도 괜찮다. 그러나 고대 한어는 죽었고 현재의 학료어·객가어·광동어[粵語]·오어[吳語]·관화官話는 분열된 지 오래되어, 각각 자신의 문화 계통을 대표하고 있다. 고대 한어의 한 갈래이기 때문에 그것이 방언이고 언어가 아니라고 말할 수는 없다. 이는 흡사 영어·프랑스어·독일어·스페인어·러시아어 …… 더 나아가 인도어가 각각 고대 인도유럽어의 한 갈래였지만, 누구도 인도어를 감히 영어의 한 방언이라고 하지 않는 것과 같다. 비록 영어가 이미 엄연한 세계 공통어가 되었지만, 인도어는 처음부터 방언이 아닌데 왜 학료어나 객가어가 방언이어야 하는가? (洪惟仁 1992a: 61)

그 외 홍웨이런은 학료어(타이완어)·객가어·광동어 그리고 '타이베이 국어' 혹은 '타이베이 화어華語'의 근원인 북방 관화 사이의 차이가 독일어·프랑스어·영어·러시아어의 차이를 이미 넘어섰다고 강조하였다. 그는 언어의 계보를 대할 때 부적절한 '정치적 입장'이나 국가의 관점을 채택해서는 안 되며, '역사 언어학의 입장'에서 "학료어·객가어가 북방 관화와 본래 평등한 한어의 갈래 언어였다"는 관계를 깊이 이해해야 하고, 더욱이 '사회언어학의 입장'에서 국어와 타이완 학료어가 기왕 서로 소

---

221 예를 들어 林錦賢(1988)·鄭良偉(1990)·洪惟仁(1992a)이 있다.

통할 수 없는 이상 서로가 다른 언어라는 점을 지적해야 한다고 생각하였다(홍웨이런1992a: 16~17).

민족주의자에게 타이완어는 북경어와 다른 언어일 뿐 아니라 북경어보다 '우월한' 언어였다. 음계의 구조, 어휘의 정밀성, 문법의 논리성, 나아가 일상생활의 경험을 풍부하게 전달하기 때문에 타이완어가 북경어보다 월등하다는 것은 의심의 여지가 없었다.[222] 사실 해외 타이완 독립 운동의 선구자이자 타이완어를 연구하는 언어학자인 왕위더[王育德]도 1950, 60년대에 이미 유사한 높은 평가를 한 바 있다.[223]

이러한 민족주의자들에게 한 언어의 몰락은 족군 정체성의 기반인 전통문화의 쇠퇴와 위축의 전조였다. 그들은 타이완인에게 국어는 외국어나 다름이 없으며, 타이완 본토 언어야말로 타이완의 독특함을 표현하는 주요한 도구라고 생각하였다. 그들은 전통적 타이완 문화가 점차 미약해지고 있으며, 국어로 대표되는 중국 북방 문화에 의해 심각하게 훼손되었다고 강조하였다.[224] 그러나 본토 언어는 사실 타이완어만 있는 것이 아니었다. 1980년대 말 이후 타이완의 가장 주요한 본토 언어인 타이완어를 말하고 쓰고 연구하는 부흥 운동의 제창은 많은 객가인을 불쾌하게 하였다. 복료 출신 작가들이 타이완 문학을 '타이완어 문학'으로

---

222 예를 들어 洪惟仁(1992a), 許極燉(1992)이 있다.

223 객가 출신 언어학자 뤄자오진[羅肇錦]은 북경어의 음성·문법·어휘가 알타이어족의 영향을 상당히 많이 받았다고 주장하였다. 북경어와 비교하였을 때 민남어(타이완어)와 객가어는 전통 중국문화를 이해하는 데 더 효과적인 도구이니, 이들 '방언'은 국어에 비해 더 '중국적'이다. 그러나 뤄자오진은 복료말과 객가어의 '타이완성'을 강조하기보다는 양자의 '중국성'을 강조하였다. 그는 타이완 문화가 중국문화로부터 '독립'하는 것에 전혀 찬성하지 않았으니, 본토 주요 언어의 부흥을 고수하는 목적은 전통 중국문화를 보존하고 발양하기 위한 것이었다. 羅肇錦(1992) 참조.

224 예를 들어 洪惟仁(1992a: 24)이 있다.

재정의하면서, 타이완 독립을 주장하는 복료와 객가 출신 작가들 사이에 긴장 관계가 조성되었다. 이는 복료 출신이 점차 우위를 점하고 있는 사회 속에서 그들의 앞날에 대한 객가인의 우려를 반영한 것이었다(아래 글의 토론을 참조).

(2) 타이완어 표기 체계와 타이완 민족주의

2.1 타이완어 표기의 초기 역사

국어 제창자들은 타이완어를 '낙후된 방언'으로 폄하했는데, 이는 부분적으로 타이완어 표기 체계의 결핍 때문이었다.[225] 사실 중국 남방의 복료인은 일찍이 600여 년 전에 한자로 복료말 민간 극본을 기록한 바가 있다.[226] 그러나 한자로 복료말을 쓴 역사는 아마 학자들이 현재 알고 있는 것보다 훨씬 오래되었을지도 모른다. 타이완에서 속담과 민요, 그리고 민간 연극 대본을 한자로 쓴 역사는 청나라 통치 시대로 거슬러 올라갈 수 있다. 일본 식민지시기 타이완인은 한자로 타이완어 유행가를 쓰기 시작하였다. 오늘날에도 이것은 보편적인 방법이다. 그러나 30%의 타이완어 형태소는 기존 한자로 기술할 수 없기에, 글 쓰는 사람은 기존 한자를 마음대로 빌려 쓰거나 심지어는 새로운 글자를 만들어내기도 하였다. 따라서 타이완어는 표준 표기 체계가 없어서 기술된 적이 없는 형태소들은 일정하게 표기할 방법이 없었다. 2장에서 언급한 바와 같이 1930년대 초 향토문학과 타이완어 제창자들은 타이완어의 '올바른' 글자 사

---

225 이러한 관점은 王孟武(1982)·穆超(1983)를 예로 들 수 있다.

226 1975년 중국 고고학자가 광둥성 차오안[潮安]현에서 한자로 쓰인 복료 민속극 대본을 발굴하였다. 이 극본은 원래 1432년에 출판된 것이었다. 洪惟仁(1992a: 12)

용을 어떻게 선택할 것인가, 아니
면 '더 나은' 글자 사용을 어떻게 선
택할 것인가 하는 기술적인 문제에
대해 이미 논쟁을 벌였다. 그러나
타이완어의 표준 표기 체계의 결핍
은 당시 타이완 작가들의 실험적
타이완어 글쓰기에 좌절을 안겼다.
한자로 타이완어 쓰기가 만들어낸
혼란과 곤경은 타이완 향토문학 발
전이 실패한 부분적인 원인이라고
할 수 있다.

<그림 5-5> 로마 병음 타이완어로 발행한
1939년 1월호『대만교회공보』
(원서 251쪽)

　로마 자모 병음은 타이완어의 또
다른 주요 표기 체계였다. 2장에서 지적한 바와 같이, 19세기 말 서양 장
로교회 선교사들은 타이완 선교를 위해 로마 자모 병음으로 본토어를
기록하였다. 사실 로마 병음의 타이완어로 작성한 기독교 교리 책 1권은
이미 1605년 대영박물관에서 출판되었다(洪惟仁 1992b: 13). 로마 병음은
각 지역의 언어를 있는 그대로 표현하고 타이완어의 형태소 전체를 기
술할 수 있었다. 로마 자모 병음은 또 보편적으로 한자보다 민중이 배우
고 사용하는 데 더 유리하다고 인식되었다. 그러나 19세기 말 이후에는
장로교회 신도들만이 자모 병음 표기 시스템을 사용하였다. 교회 이외
의 출판물에서 타이완어 자모 병음을 사용한 표기 역시 일본 식민 당국
과 국민당의 동화 단일언어주의 정책에 의해 허용되지 않았다. 그 외 병
음 자모 자체의 외래적 성격과 종교적 분위기도 사회 대중에게 거부감
을 주었다. 로마 병음의 사용은 기독교인의 상징으로 보였다(Cheng 1979:

546). 2장에서 언급한 것처럼, 일본 식민지시기 차이페이휘는 일찍이 20 여 년간 심혈을 기울여 타이완어 병음 자모 체계를 제창하였으나, 그의 노력은 일본 정부의 억압으로 중지되고 말았다. 그밖에 로마 병음 자모 가 서양에서 유래하였고, 게다가 종교적 색채를 띠는 것도 차이페이휘 가 타이완 지식인의 지지를 얻지 못한 부분적 원인일 것이다. 전후 국민 당은 로마 병음화가 민중의 본토 언어 사용을 장려함으로써 국어 학습 을 꺼려하게 될까 염려하여, 여러 차례 규정을 발표하여 장로교회의 로 마 병음 본토 언어 사용을 금지하였다. 로마 병음으로 쓰인 본토 언어 성 경·성가집·통신通訊이 모두 금지되었다. 그럼에도 지금까지 많은 장로 교회 신도는 로마 병음화 된 본토 언어를 사용하고 있다.[227] 간단히 말해 타이완에서 한자든 로마 병음이든 타이완어를 표기하는 일은 모두 일반 대중이 소통하는 도구가 아니었다.

<그림 5-6> 1950년대 국민당이 기독교 장로회의 로마 병음 사용을 금지한 보도(1957년 10월 12일과 1958년 2월 26일자 『연합보』) (원서 252쪽)

---

227 국민당의 로마 병음화 된 본토 언어 사용 금지 정책에 관해서는 夏金英(1995: 84~87)의 간 략한 설명 참조. 張博宇編(1987: 466~468)과 비교하여 참고할 수 있다.

2.2 1987년 전후의 타이완어 작품

1980년대 후반 이전 본토 언어로 글을 쓰는 작가는 거의 없었다. 립 시사의 중견작가 린중위안[林宗源](1935~)은 전후에 한자로 타이완어 시를 썼던 선구자로 꼽힌다. 일찍이 1960년대 전후 그는 국어 백화시白話詩 속에 타이완어 어휘와 문장법[句法]을 집어넣었다. 1970년대 린중위안은 '순수한' 타이완어로 글을 썼다. 그가 모어로 글을 쓰게 된 원초적 동기는 단순히 자신의 마음을 모국어로 적절하고 발랄하게 표현하려는 바람 때문이었고, 어떤 특정한 정치적 신념에서 비롯된 것이 아니었다. 그는 한 사람의 모어가 내면의 생각과 감정을 표현하는 가장 효과적인 도구라고 생각하였다.[228] 황춘밍 등 일부 향토문학 작가도 타이완어로 소설 속 캐릭터의 대화를 표현하기는 하였지만, 최소한 1977~1978년 향토문학 논쟁 참여자(향토문학을 지지하든 반대하든)는 언어 문제를 논한 적이 거의 없었다. 논쟁 직후인 1979년 가을, 린중위안은 『립』에 「자신의 언어와 문자로 자신의 문화를 창조하자[以自己的語言·文字, 創造自己的文化]」라는 글을 발표하여 "향토문학을 이야기할 때 언어 문제를 말하는 사람이 드문데, 자신의 언어를 사용하지 않고 창조한 문학이 어찌 향토문학이라 할 수 있겠는가?"라고 비판하였다. 그러나 당시 그는 다른 립 시사 시인과 마찬가지로 논쟁에 실제 참여하지는 않았다.[229] 글에서 그는 다음과 같이 생각하였다.

어떤 사람들은 타이완어가 저속하고 시를 쓸 수 없다고 생각하지만, 사실 타이완어에 대한 오해이다. 시의 우아함과 속됨은 작가의 솜씨[功力]에 따라 결정되는 것이

---

228 鄭炯明(1978) 참조.

229 鄭炯明(1978); 林宗源(1979) 참조.

지 언어의 통속通俗은 아니다. 사실 타이완어는 더 시적인 언어이다. 8성聲의 변화가 있고, 활발하며 정이 있고 우아하다. 마음속으로 고백하면 친근감이 느껴진다. …… 만일 한 언어로 생각하고 다른 언어로 표현한다면, 이러한 작품은 필연적으로 선을 벗어난 작품이고 향토적이지 않은 작품이며, 마음에서 우러나와 직접 생겨난 시가 아니고 자신의 시, 자신의 문화가 아니다. …… 향토·향토, 정신만 있고 자신의 언어로 향토에 뿌리를 내리지 않고 피는 꽃은 무엇이란 말인가? 그 꽃 모양과 향기는 이상한 모양과 이상한 냄새가 날 수밖에 없고, 그것은 우리의 꽃, 우리의 문화가 아니다. 민족성이 없는 문화인데, 무슨 국제적인 문화를 논하겠는가. (林宗源 1979: 39~41)

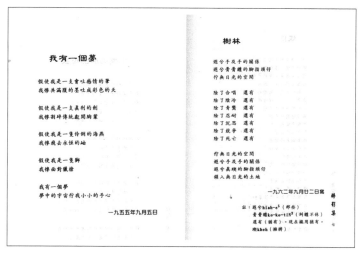

<그림 5-7> 린중위안이 1955년과 1962년 타이완어로 창작한 시 (원서 254쪽)

린중위안은 자신의 언어와 문자로 자신의 문화를 창조할 것을 제창하였는데, 그에게 있어 "타이완인도 중국인의 일족이다. 하물며 한 국가가 여러 민족으로 이루어진 만큼, 각기 다른 민족이 각기 다른 특색과 문화

를 가지고 성행해야만 문화가 풍부해질 수" 있었다(林宗源 1979: 40).

그러나 모든 립 시인이 린중위안의 타이완어 작품 실험을 지지한 것은 아니었다. 어떤 사람들은 한자로 쓰인 타이완어 시가 이해하기 힘들다고 생각하였다.[230] 1970년대 중반이 되어서야 타이완어로 글을 쓰는 또 다른 시인이 나타났다. 1976년 4월 젊은『대만문예』회원 샹양[向陽] (본명은 린치양[林淇瀁], 1955~)이『립』시간에 그의 첫 타이완어 시 몇 수를 발표하였다. 린중위안과 마찬가지로 샹양의 글쓰기 동력은 상당히 단순한 소망, 즉 자신의 감정과 사상을 모어로 자연스럽게 표현하고 싶다는 데에서 비롯되었다.[231]

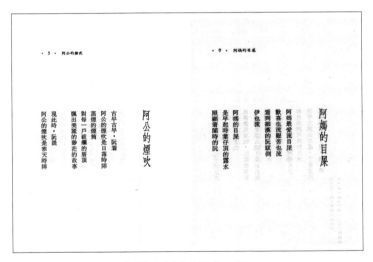

<그림 5-8> 샹양이 1976년 창작한 타이완어 시 (원서 255쪽)

1980년대 전반 일부 재야 잡지의 저자들은 일본 식민지시기 타이완

230 『笠』 1978年 10月, 87: 51~54 참조.
231 郭成義(1982: 178~179) 참조.

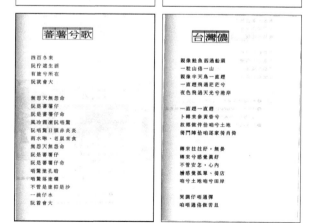

<그림 5-9> 좌상부터 우상, 하: 쑹쩌라이와 황징롄의 타이완어 시 각 2수, 린양민의 시 1수 (원서 256쪽)

지식인이 한자로 타이완어 쓰기를 제창하였으며 차이페이휘가 타이완어 병음을 추진하였던 역사를 소개하였다.[232] 그러나 국민당 정부의 언어정책에 대한 재야인사의 비판처럼, 이 글들도 큰 관심과 반향을 일으키지 못하였다. 1984년 9월 재일 타이완계 역사학자 쉬지둔[許極燉] (1935~)이 『대만문예』에 타이완 언어와 타이완 문학의 관계를 탐구한 문장을 발표하였다. 그는 식민지시기 작가들의 타이완어 글쓰기 시도를 무척 동정하면서, 현재의 타이완 작가들에게 '타이완어로 된 타이완 문학'을 창작하고 글쓰기에 제공할 수 있는 '타이완 문학의 타이완어'를 발전시켜 줄 것을 호소하였다(許極燉 1984). 쉬지둔의 호소는 1930년대 초 궈츄성[郭秋生]이 제시한 '타이완 말의 문학'을 창조해야 할 뿐 아니라 '문학적 타이완 말'을 만들어야 한다는 구호를 생각나게 한다. 1980년대 전반이 되면 린중위안과 샹양 외에 다른 3명의 본성 출신 작가 쑹쩌라이(『대만문예』 회원)·황진롄[黃勁連](1947~ , 립 시사 회원으로 나중에 『대만문예』 총편집을 맡음)·린앙민[林央敏](1955~ , 나중에 『대만문예』 편집위원이 됨)도 타이완어 시를 쓰기 시작하였다(林央敏 1996: 23).

1987년 1월 쑹쩌라이가 『대만신문화』에 타이완어로 쓴 글 「타이완어 문자화 문제를 말하다[談台語文字化問題]」를 게재하였다. 이는 전후 본성 출신 작가가 타이완어 글쓰기를 공개적으로 주장한 최초였다. 쑹쩌라이는 타이완 작가들에게 타이완어 창작 실험을 호소하였다. 그가 볼 때 타이완어 이외의 언어로 글을 쓰는 것은 타이완 본토 문화의 부흥에 별 공헌함이 없었다. 그는 '향토문학'에서 예스타오·펑루이진·천팡밍·리챠오가 정의한 '타이완 문학'으로, '타이완 문학'에서 다시 타이완어 문학으

---

232 예를 들어 楊碧川(1983); 許水綠(1984)가 있다.

로 진화하는 것은 필연이라고 생각하였다(宋澤萊 1987). 1986년 9월 창간
이후 쑹쩌라이가 사무위원을 맡았던 『대만신문화』 잡지는 타이완어 문
학을 적극 제창하였다. 이 잡지는 1988년 5월 폐간될 때까지 타이완어
로 된 시·산문·단편 소설과 이야기를 대량으로 실었다. 타이완 민족주의
작가들이 집결한 무대였던 『대만문예』도 1987년 9월부터 타이완어, 심
지어 객가어 작품을 특별히 게재하였다.

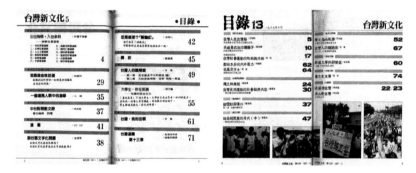

<그림 5-10> 1980년대 후반 적극적으로 타이완어 문학작품을 실은 『대만신문화』(원서 257쪽)

1987년 이후 반정부 운동가들이 점점 더 정부의 단일언어정책에 도
전하고 국민당 정부가 본토 언어의 공개 사용에 대한 감시와 통제를 점
차 완화함에 따라, 점점 더 많은 작가가 타이완어로 글을 쓰기 시작하였
다.[233] 그들의 작품은 모두 반국민당 또는 타이완 민족주의 성향의 신문
잡지, 예컨대 『대만문예』·『립』·『문학계』·『신문화』·『대만신문화』·『자립
만보自立晩報』·『민중일보民衆日報』 등에 실렸다. 1989년부터 1995년까지

---

[233] 『립』과 『대만문예』 회원들이 조직하여 지도한 대만필회는 사람들의 모국어 사용을 억압
하는 어떠한 움직임도 공개적으로 반대하였을 뿐 아니라, 정부에 이중언어 교육 시행을
호소하였다. 『台灣文藝』 1987年 5月, 105: 6을 참조.

적어도 12개의 본토 언어 부흥, 타이완어 표기 체계 설계, 타이완어 문학 제창을 목적으로 하는 결사 단체가 조직 성립되었다. 이들 결사 단체를 조직한 회원은 서로 중첩되는 경우가 많고, 일반적으로 그들 서로 간의 왕래도 매우 밀접하였다. 이들 결사 단체는 모두 자체적으로 정기 발간 간행물을 가지고 있었으나, 이들 간행물은 대체로 발행 범위가 넓지 않아 유통에 한계가 있었다.[234] 린중위안·황진렌·린양민 등이 설립한 '번서시사蕃薯詩社'가 바로 그중 하나였다. 전후 최초 본토 언어로 시 쓰기를 추동한 시사로서 번서시사는 작품 준칙을 다음과 같이 열거하였다. (1) 타이완 본토 언어(타이완어·객가어·원주민 모어를 포함)를 사용하여 '정통' 타이완 문학을 창조한다. (2) 타이완어 글쓰기를 제창하여 타이완어 문학과 시가[歌詩]의 질을 향상하고, 타이완어의 문자화와 문학화를 추구한다. (3) 사회생활을 표현하고 악질 두목[惡覇]에 반항하며, 억압 받는 자와 힘들고 어려운 대중의 생활 속 목소리를 반영한다. (4) 타이완 민족정신과 특색이 있는 새로운 타이완 문학작품을 창조한다. 이들 준칙은 1980년대 후반 이후 타이완어 문학을 제창한 사람들이 공유하는 이념을 종합한 것이었다(林央敏 1996: 98). 동시에 전후 『립』과 『대만문예』 작가들이 옹호했던 현실주의 방향을 구현한 것이기도 하였다.[235]

---

234 이 12개 결사 단체의 조직에 관한 설명은 林央敏(1996: 96) 참조.

235 이 12개 단체 중 하나인 '학생대만어촉진회學生台灣語促進會'는 본토 언어를 제창하는 대학과 고등학교 학생들의 연합 조직이다. 그 성립은 타이완어와 객가어 작품에 대한 젊은 이들의 흥미가 이미 점차 높아졌음을 반영한다. 이들 대학과 고등학교 학생들의 결사 단체의 조직 및 그 활동에 관한 자세한 설명은 學生台灣語促進會(1995)를 참조.

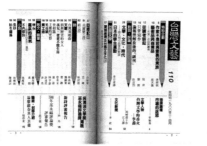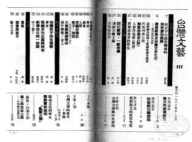

<그림 5-11> 1980년대 후반 타이완어 작품을 싣고 타이완어 문자화를 제창한『대만문예』(원서 259쪽)

2.3 타이완어 표기 체계와 구상

식민지시기 향토문학과 타이완화문의 제창과 마찬가지로, 1980년대 말 이후 타이완어 표기 체계 구축 노력과 타이완어 문학 제창은 뗄 수 없는 관계였다. 1987년 이후 타이완어로 글쓰는 저자가 점차 늘어나게 되자, 표준 타이완어 문자 확립 문제가 비로소 비교적 많은 주목을 받게 되었다. 타이완어 작가에게 한자는 여전히 그들의 모어를 표현하는 일 차적인 도구였지만, 기존 한자로는 30%의 타이완어 형태소를 기술할 수 없다는 점이 여전히 타이완어 문자 표준화 작업의 주요 장애물이었다. 두 가지 널리 행해지던 해결 방법 중 한 가지는 기술할 수 없는 형태소를 표기하기 위해 기존 한자를 차용하거나 새로운 글자를 만드는 것이 었고, 다른 한 가지는 이러한 형태소를 로마 병음으로 바꾸는 것이었다. 사실 이 두 방법은 1987년 이후 타이완어 작품에서 동시에 존재하였다. 그러나 한자 또는 병음을 사용하는 타이완어의 경우 형태소 표기에 대 한 통일된 기준이 없었기 때문에, 타이완어를 모어로 하는 사람도 때로 는 일부 타이완어 문장을 완전히 이해하기 쉽지 않았다.

타이완어 부흥 운동가에게 표준적인 타이완어 표기 시스템 구축은 절

<그림 5-12> 린지슝[林繼雄]의 저작과 그중 타이완어 로마 병음 작품 (원서 260쪽)

실하였다. 1980년대 후반 이후 타이완어 표기 시스템에 대한 다양한 견해와 제안이 등장하였다. 적합한 한자를 고르는 방법 같은 기술적인 문제는 늘 논쟁을 일으켰다. 각각의 이념과 제안은 모두 적극적으로 사회

의 인정을 얻고자 노력하였다.[236] 첫째, 일부 사람은 한자를 모두 버리고 병음 체계로 타이완어를 쓰자고 주장하였다. 그들은 서양 선교사가 발명한 타이완어 로마 병음 체계를 개선하고자 노력하였다. 화학 교수인 린지슝(1930~)은 이러한 이념을 적극 확산시킨 대표적 인물이었다.[237] 둘째, 또 다른 무리의 사람들은 완전히 한자로 타이완어를 표기하는 것이 실제 실행할 수 있는 유일한 방법이라고 주장하였다. 그들은 최근 수십 년 동안 중국에서 한자 병음 표기가 더디게 진행되고 있는 것이, 한어 계통의 언어가 발음상 병음 자모로 기술하기에 비교적 부적합함을 보여준다고 생각하였다. 그들은 기존 한자로 표시할 수 없는 타이완어 형태소에 대해서는 한자 부수에 근거하여 새로운 글자를 만들어냈다. 일본에 있는 타이완계 언어학자인 정수이잉[鄭穗影](1942~)이 이 주장의 주요 제창자였다.[238]

세 번째 방안은 한자와 병음 자모의 표기 방식을 결합하는 것이었다. 이 방면의 제창자들은 절대다수의 타이완어 형태소는 한자로 효과적으로 표현되기 때문에, 이 주장이 가장 실질적인 해결책이라고 생각하였다. 그들은 한자로 표기할 수 없는 형태소는 로마 병음을 쓰는 것이 가장 좋은 방법이라고 강조하였다. 하와이대학의 타이완계 언어학 교수인

---

236 타이완어 표기와 관련한 여러 제안에 관해서는 洪惟仁(1992a)의 평가와 소개가 참고하기 매우 편리하다. 1991년 8월 일군의 언어학자들이 '대만어문학회'를 결성하였다. 그들의 주된 목적은 타이완어와 객가어 음표를 만들고, 상용한자를 정리하여 본토어 사용을 제창하는 것이었다. 이 학회는 1991년 말 '대만어언음표방안台灣語言音標方案'(Taiwan Language Phonetic Alphabet, TLPA)을 제정하였다. 『台語文摘』25(1992년 1월): 49~57 참조.

237 린지슝의 타이완어 표기 체계에 대한 견해와 그가 발전시킨 병음 체계에 대해서는 林繼雄(1989) 참조.

238 타이완어 표기에 대한 정수이잉의 견해와 새로운 글자에 대한 실험은 鄭穗影(1991) 참조.

정량웨이[鄭良偉](1931~)가 이 방안의 주요 창도자였다.[239] 1980년대 말이후에는 두 가지 표기 방식을 혼합 사용하는 것이 타이완어 표기의 가장 일반적인 방식이 되었다. 사실 일반 대중이 일상생활에서 여전히 한자를 사용하고 있는 점을 고려할 때, 타이완어의 전면적인 로마 병음화를 주장하는 일부 제창자, 예컨대 린지슝과 린앙민도 이 방법을 '일시적인' 대안으로 받아들였다.[240] 제4의 제안을 주장한 홍웨이런은, 한글[韓國諺文]이 기존 한자로 표현할 수 없는 형태소를 쓰는 데 가장 적합한 병음 모델이라고 주장하였다. 홍웨이런은 도형 구성에 있어 한글이 로마 병음보다 시각적으로 한자와 더 잘 어울린다고 생각하였다. 따라서 그는 한자와 개량한 한글을 병용하는 것이 가장 좋은 타이완어 표기 체계라고 생각하였다.[241]

---

239 정량웨이의 타이완어 표기에 대한 견해와 그가 한자와 병음 두 가지 패턴을 결합하여 쓴 문장은 鄭良偉(1989; 1990) 참조. 그 외 두 가지 표기 방식의 결합을 주장한 중요한 제창자는 쉬지둔이다. 許極燉(1990; 1992) 참조.

240 예컨대 林繼雄(1989:81~104); 林央敏(1989: 78)이 있다.

241 사실상 홍웨이런은 완전히 한자로 타이완어를 표기하였는데, 이는 아직 타이완에서 한글 사용법을 아는 사람이 거의 없었기 때문임이 분명하다. 그의 타이완어 표기 체계에 대한 견해는 洪惟仁(1992c) 참조. 그의 타이완어 문장은 예를 들면 『대만신문화』1987年 1月, 5: 42~44; 1987年 5月, 8: 73 및 그가 『대만문적台灣文摘』각 기期에 실은 글을 참고할 수 있다.

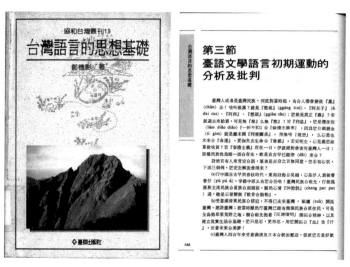

<그림 5-13> 정수이잉[鄭穗影]의 저작과 그중 한자만으로 쓴 타이완어 장절 (원서 262쪽)

비교해 보면 현재의 타이완어 표기 시스템과 타이완어 문학 구축 시
도는 일본 식민지시기 타이완화문과 향토문학을 추진했던 노력보다 더
많은 진전을 보였다. 한편으로 1930년대 초의 제창자들은 여전히 상당
히 강한 한문화漢文化 의식을 가지고 있었다. 따라서 차이페이훠의 특
수한 사례를 제외하면, 모두 한자로 타이완어를 쓰는 것을 지지함으로
써 타이완인과 중국 대륙 한문화와의 연관성을 유지하였다. 당시 이러
한 주장의 중요한 리더였던 궈츄성에게 있어서 타이완화문은 "…… 오
직 한자에서 한발도 벗어나지 못해, 문언문 체계의 방언 지위에서는 벗
어났지만 한자 체계 내 좀 더 선명한 방언의 지방색을 지닌 문자에 지나
지 않았다"(廖毓文 1979[1954, 1955]: 491). 그러나 어떻게 '정확' 또는 '비교적
나은' 한자를 선택할지, 심지어 새로운 글자를 만들어 한자로 표기할 수
없는 형태소를 표현할지의 난해한 기술 문제는 작가들의 타이완어 창작
실험을 방해하였다. 이에 비해 독특한 타이완 문화를 구축하기 위해 노

력하거나 1980년대 말 이후 타이완어를 쓰자고 주장해 온 주창자들은 거의 예외 없이 타이완 민족주의자들이었다. 그들 대부분은 더 이상 한자에 집착하지 않았을 뿐 아니라, 일부 타이완어 형태소를 자유로이 로마 병음으로 바꾸었다. 타이완어의 로마 병음화는 타이완어 글쓰기를 더욱 쉽게 하였고 타이완 문학의 발전도 촉진하였다. 병음 문자의 채택은 중국이 지배하던 오래된 표의문자 지역(중국 주변 국가를 포함)에서 지역성地域性 민족주의로 나아가는 역사적 큰 걸음을 상징한다.[242]

<그림 5-14> 정량웨이의 저작과 그중 한자와 로마 병음으로 쓴 타이완어 문장 (원서 263쪽)

---

242 예로부터 한문 서적은 중국에서 유통되었을 뿐 아니라, 한국·일본·베트남은 물론 만주·몽골·티베트와 기타 인접 국가의 일부 계층에서도 똑같이 이들 한문 서적을 읽었다. 언어학자이자 역사학자인 Fosco Maraini는 동아시아가 표의문자를 사용함으로써 형성한 유구한 통일 상황은 일종의 '문화적 사해일가四海一家'(the cultural brotherhood of man)를 대표하지만, 상대적으로 자모 체계가 "특히 너무 많이 부가된 변음 부호(diacritical signs)에 의해 너무 복잡하고 심각해질 때, 사람들을 서로 단절시키거나 편협한 민족주의를 조장할 수 있다"라고 보았다. 그는 한자라는 이렇게 완벽하게 발전한 표의문자 체계를 로마 병음으로 바꾸는 것은 일종의 퇴보이지 진보가 아니라고 보았다. Maraini(1989) 참조.

그 외 근래 컴퓨터 과학 기술은 타이완어 표기를 상당히 빠르게 발전시키는 중요한 요소가 되었다. 특히 타이완어 표기를 위해 설계된 워드 프로세서는 사용자가 한자 또는 로마 병음자를 선택할 수 있도록 도와주었다. 이 때문에 타이완어 글쓰기와 출판 작업이 더욱 쉬워졌다. 동시에 매우 편리한 의사소통 도구인 이메일 시스템은 현대 타이완어 표기 제창자들의 의견 교환을 촉진하였을 뿐 아니라, 서로의 관계 형성과 단결에도 도움을 주었다. 식민지시기 선배들에 비해 현재의 제창자들은 현대 과학 기술로부터 많은 덕을 보았다.

표준 타이완어 표기 체계 구축에 힘쓴 사람들에게 이러한 표기 체계는 '타이완성'을 확보하는 데 없어서는 안 되는 도구였다. 예컨대 정량웨이는 다음과 같이 강조하였다.

> 타이완 사회의 문화적 함의는 화어華語로 표현할 수도 있지만, 화어 번역의 여과를 거치면 타이완어 특유의 것들을 잃게 된다. 동시에 어떻게 해도 모두 중문中文 배후의 문화적 부담에서 벗어날 수 없다. 중문으로 쓴다는 것은 중문으로 사고하는 것인데, 중문으로 사고하면 어찌 됐든 중국 대륙 문화가 낳은 화어 단어와 성어成語를 쓸 수밖에 없다. 왜냐하면 화어는 중국 문화의 정수로 귀결되는 중국 중원이 기원이며, 규범의 표준은 중원의 현대 중심지인 베이징을 대표하기 때문이다. 만일 화어로 타이완어 문화를 쓴다면 왕왕 편차가 있을 것이다. 타이완어로 써야만 타이완어로 생각할 수 있고 향토적인 실재와 실감을 느낄 수 있다. (鄭良偉 1993: 174)

타이완어 글쓰기를 제창하는 사람에게 언어는 문화를 담는 가장 중요한 도구였다. 그들은 타이완성[台灣性]을 드러내는 데 있어서 '북경어'·'화어'로도 불리는 국어 및 그 문자 체계는 졸렬한 도구라고 생각하였다. 그들은 타이완인이 국어를 더 이상 사용하지 않으면 중국 문화의 나쁜 영향을 제거하는 데 도움이 될 것이라고 믿었다. 그들에게 있어서 일련의 타이완어 문자는 독특한 문화 전통의 증거였다. 이러한 관점은 새로운 국족 정체성의 발전을 과시하면서 타이완과 인민에 대한 국민당의 '중국화' 행위에 도전하였다. 타이완어 문자 제창자, 특히 전면적인 로마병음화를 요구하는 사람들에게 타이완어 표기 체계를 만드는 것은 타이완 독립을 위해 매우 중요한 일이었다. 완전히 로마 병음으로 타이완어를 쓸 것을 주장한 천밍런[陳明仁](1954~)은 립 시인이자 대만필회·번서시사 회원이기도 하였는데, 그는 다음과 같이 말한 바 있다.

> 문자가 없는 민족은 미래가 없는 민족이며, 특히 타이완이 독립된 국가로 가려 한다면 타이완어 문자화의 필요성은 더욱 절실하다.
>
> 그러나 이것[한자]이 담고 있는 문화적 함의에는 참으로 부정적인 봉건사상이 있다. …… 어떤 사람이 독립적이고 성숙한 사고 없이 고대 한자로 된 책을 접촉하게 되면 의식 형태가 자신도 모르게 오염될 수 있다. 이는 필자가 타이완 건국 운동을 하면서 느끼는 큰 고민이고, 점진적으로 한자를 폐지하자고 주장하는 주된 원인이다. (陳明仁 1992: 138~139)

3. 타이완어 문학과 타이완 문학의 재정의

1980년대 후반 이후 일련의 표준 타이완어 문자를 적극적으로 확립하려는 시도는 타이완어 문학 제창과 밀접한 관련이 있었다. 타이완어로 시·소설·산문을 쓰는 많은 실험은 타이완어 문자의 표준화에 대한 심도 있는 연구를 촉발하였다. 사실 서로 다른 이념의 지지자들은 주로 문학적인 글쓰기로 자신의 주장을 테스트하고 제창하였다. 타이완어 글쓰기에 대한 적극적인 실험은 타이완 문학 개념에 직접적인 영향을 미쳤고, 타이완 민족 문학을 추동하는 복료인과 객가인 간의 마찰을 빚었다.

4장에서 언급한 바와 같이 『립』과 『대만문예』회원이 메이리다오 사건 이후 점차 반정부 운동에 참여하게 되었을 때, 특히 본성 출신 작가들은 하나의 뚜렷한 문학 정체성 건립이 절실히 필요하다는 것을 체득하였다. 그래서 자신의 독특한 문학 전통과 중국 문학을 구분하기 위해, 그들은 '타이완 문학'이라는 말로 '향토문학'을 대체하였다. '타이완 문학'이라는 말은 점차 민족주의의 함의를 가지게 되었다. 일부 『대만문예』회원, 예컨대 가오톈성·펑루이진·천팡밍·리챠오는 모든 타이완 현대문학의 특징에 대한 예스타오의 해석을 따랐고, 작품의 소재와 이데올로기의 관점에서 타이완 문학의 정의를 새롭게 제시하였다. 리챠오는 "소위 타이완 문학이란 타이완인의 입장에서 타이완의 경험을 쓰는 문학"이라고 생각하였다. 다시 말해 이들 작가와 문학비평가에게 이 섬과 사람들을 위한 글쓰기, 그리고 이 섬과 사람들을 글의 소재로 삼는 것은 타이완에서 창작하는 작가가 반드시 갖춰야 할 목표였다. 1980년대 타이완 독립을 주장하였던 작가와 문학비평가들은 일반적으로 이 관점을 받아들였지만, 타이완 문학의 정의와 글쓰기에 사용되는 언어와의 관계에 대해서는 거의 논하지 않았다. 린중위안·샹양·쑹쩌라이·황진롄·린앙민 등 명백한 예외를 제외하고, 당시 타이완 민족주의를 지지하였던 작가들은 대체로 다른 작가(본성이든 타성이든 관계없이)와 마찬가지로 국어로 글을 쓰는 것을 당연하다고 생각하였다.

그러나 1980년대 말 이후 점점 더 많은 작가가 타이완어로 글을 씀에 따라, 작품에 사용하는 언어와 타이완 문학 개념 사이의 관계가 점차 의제로 떠올랐다. 일부 복료 작가와 문학비평가들은 언어의 관점에서 타이완 문학을 재정의하기 시작하였다. 타이완 문학에 대한 그들의 재정의는 과거 타이완 민족 문학의 이념을 함께 정립하였던 복료·객가 작가와 문학평론가 사이에 긴장된 관계를 조성하였다. 먼저 이러한 긴장 관계는 하나의 사실에서 비롯되었는데, 일본 식민지시기부터 '타이완어'나 '타이완말[台灣話]'의 표면상 의미는 '타이완의 언어'였지만, 주로 복료말을 가리켰다는 것이다. 복료 작가와 평론가들이 "타이완어 문학만이 타이완 문학"이라고 주장할 때, 객가 작가와 평론가들은 소외감을 느꼈다.

예를 들어 타이완어 글쓰기의 선구자인 린중위안은 한 타이완어 시선詩選 부록에서 다음과 같이 말한 적이 있다.

> 타이완 문학은 바로 타이완인이 타이완인의 모어로 쓴 문학이다. 각 종족이 공통의 타이완어 및 문자를 확립할 때, 타이완어로 쓰인 문학이 바로 타이완 문학이다. 타이완 문화의 함의와 타이완인의 이상적 세계관을 담은 작품이 바로 타이완 문학이다. …… 사실 이 타이완어 시선집이 진정한 타이완 문학 선집이다. …… 타이완 문학은 절대 중국 문학의 지류라고 할 수 없다. 타이완 문학은 …… 이미 하늘과 땅에 홀로 선 독립적인 존재이다. (林宗源 1990: 214)

린중위안과 다른 타이완어 작가들은 타이완 문학의 정의에 언어적 요소를 도입하기 시작하였다. 그들에게 글쓰기 주제와 이데올로기 외에 언어도 반드시 문학 개념 내 근본 요소여야 하였다. 그들은 타이완 문학이라 부를 수 있는 어떤 작품도 단순히 섬과 인민을 위해 쓰거나 섬과 인민을 소재로 쓰는 것만이 아니라, 타이완 본토 언어로 글을 써야 한다고 생각하였다. 따라서 국어로 쓰인 작품은 다른 외국어 작품과 마찬가지로 더 이상 타이완 문학에 속하지 않는다고 생각하였다.

그러나 주의할 것은 린중위안 등이 '타이완어'라는 용어의 의미를 확대하여 복료어·객가어, 심지어 원주민어를 포함한 타이완의 여러 비非 국어 언어를 지칭하는 데 사용하였다는 점이다. 그들은 '타이완어 문학'을 제창하면서 외성인 이외의 다른 족군에게 그들 자신의 모어로 글쓰기를 호소하였다. 앞서 언급하였듯이 린중위안이 사장으로 있는 번서시사는 복료어뿐 아니라 다른 모어 글쓰기를 권장하였다. '타이완어'와 '타이완어 문학'의 개념을 재정의하는 것은, 타이완 민족주의자들이 '타이완 민족 문화'의 기원을 다원화하고 중국어로 대표되는 중국 문화의 중요성을 약화하려는 노력을 구체적으로 보여주었다. 하지만 사실 '타이완어'라는 단어는 오랫동안 복료어의 대명사였다. 린중위안과 다른 제창자들이 비록 자신이 말하는 '타이완어'에는 모든 비 국어 본토 언어가 포함된다고 분명히 지적하였음에도, 그들이 "타이완어 문학만이 타이완 문학이다"라는 견해를 강조하였기 때문에, 여전히 복료 중심주의에 빠져 있다는 의심을 받았고『대만문예』객가 출신 회원들의 우려를 낳았다.

더 중요한 사실은 타이완어(복료어)로 글을 쓰는 작가 수가 계속 증가하고 있다는 면에서, 타이완어는 1980년대 말 이후 비교적 성공적으로 글쓰기에 사용된 본토 언어라는 점이다. 대량의 타이완어 서적이 출판되고 몇 가지 타이완어 잡지도 발행되었다. 한자나 로마 병음을 막론하고 타이완어 글쓰기의 오랜 역사가 현재의 발전에 도움이 된 중요한 요소임에 틀림이 없었다. 비록 표기 형식이 통일된 것은 아니었지만, 한자와 로마 병음자의 혼합 사용도 타이완어 글쓰기 실험에 유리하게 작용하였다. 앞서 언급한 본토 언어 부흥을 지향하는 12개 결사 단체(1980년대 말에서 1990년대 중반 창립) 중 일부는 그 목표가 복료어뿐 아니라 모든 본토어 부흥이라는 점을 강조하였지만, 이들 모두 타이완어 문자를 건립하고 타이완어 문학 제창을 위해 노력하였다. 1990년대 본토 언어를 되살리기 위한 노력은 분명 타이완어가 중심이었다. 객가와 원주민의 모어를 부흥하기 위한 노력은 상대적으로 주변적이었다. 이 단계에서 객가 문자의 확립을 시도하는 객가인은 극히 드물었고, 원주민은 더 말할 것도 없었다.

사실 쑹쩌라이는 1987년 한편의 글에서, 하나의 명확한 신분 정체성을 정의할 필요라는 점에서 말하면 향토문학에서 '타이완 문학'으로, 타이완 문학에서 다시 타이완어 문학으로의 진화는 필연이라고 강조한 바 있다. 1991년 9월 또 다른 『대만문예』 편집위원인 린앙민은 「대만 문학의 모습으로 돌아가자[回歸台灣文學的面腔]」를 발표하였다. 복료 출신 타이완인으로서 린앙민은 식민지시기 이래 사용하였던 용법대로 '타이완어'라는 용어는 복료어만을 지칭해야 하며, 그러므로 타이완 문학의 대표는 반드시 '타이완어 문학'이어야 한다고 고집하였다. 그는 다음과 같이 썼다.

> 타이완의 정부 당국 언어 혹은 보통화普通話가 …… 줄곧 타이완인의 모어가 아니었기에 타이완 문학의 모습이 고정되지 못하였고, 민족정신과 민족 성격에 더 적합한 모델을 형성할 수 없었다. 간단히 말해 타이완은 진정으로 독립한 적이 없기에, 하나의 비교적 명확한 모습과 독립된 체제를 갖춘 문화를 형성할 수 없었다. 이 때문에 타이완 문학의 모습도 자연스럽게 꽃피우는 결실을 맺지 못함으로써, 한 세대 한 세대의 타이완 문학가와 평론가들이 타이완 문학의 정의 문제를 놓고 끊임없이 논쟁하였다. ……

'타이완 말'이 타이완의 하로賀佬[복료] 말을 의미하는 이상, '타이완 문학'의 모습
은 일반적으로 말해 타이완어를 매개로 타이완의 사람·사물·물건을 묘사함으로써
타이완인의 사상과 감정을 표현한 작품, 즉 타이완어 문학을 지칭해야만 한다. (林
央敏 1996[1991]: 118, 125)

린앙민은 타이완어(복료화) 문학이 바로 타이완 문학의 대표적 유형이
지만, 결코 타이완 문학과 완전히 같은 것은 아니라고 분명히 밝혔다. 그
는 '청나라 시대'의 '한어 고문체古文體', '일제시대'의 '일문 백화체', 전후
의 '중문 백화체'와 같은 타이완어 이외의 언어로 쓰인 작품도 모두 광의
의 타이완 문학에 속한다고 인정하였다(林央敏 1996[1991]: 126~127). 그럼에
도 린앙민의 글은 곧바로 객가 작가와 문학비평가의 질책을 받았는데,
특히 『대만문예』의 중요 인물인 리챠오와 펑루이진이 대표적이다. 그
들 두 사람 모두 "타이완어(혹은 타이완말)는 복료어이다", "타이완 문학은
타이완어 문학이다"라는 견해에 반대하였다. 그들은 복료말이 '타이완
어' 또는 '타이완말'이라는 명칭을 독점하는 것은 마치 복료말만 타이완
의 유일한 합법 언어임을 의미한다고 생각하였다(李喬 1991; 彭瑞金 1991b,
1991c).

리챠오는 '타이완어'라는 명칭은 복료어·객가어·북경어·원주민어를
포함한 4대 족군이 사용하는 모든 언어를 지칭하는 데 사용되어야 한다
고 여겼다. 리챠오는 타이완 문학은 언어가 아닌 소재와 이데올로기로
정의되어야 한다고 강조하였다. 그는 널리 인용되는 1983년의 문장 중
"타이완 문학의 정의는 타이완인의 입장에서 타이완인의 경험을 쓴 작
품이 바로 그것이다"라는 정의를 고수하였다. 리챠오에게 이 섬과 그 사
람들을 위해 쓰이고 묘사된 문학작품은 어떤 언어를 사용하든 타이완

문학이었다(李喬 1991).

복료인이 이끄는 반정부 운동이 빠르게 발전하고 타이완어 부흥 운동이 활발해지자, 객가인들은 자신과 언어가 다시 소외될 수 있다고 우려하였다. 1980~1990년대 반정부 운동의 정치는 복료인이 주도하였다. 민진당 창당 이후 타이완어는 당내 회의, 민진당이 추진하는 군중집회와 가두시위의 주요 언어가 되었다. 그리하여 민진당과 가까웠던 객가인조차도 배척받는 느낌을 가짐으로써, 민진당이 거의 '복료인의' 정당이라고 비판하였다. 1988년 객가인이 '객어 되찾기[還我客語]' 운동을 발기하여 객가어 TV 프로그램을 요구하였지만, 하나의 전국 채널(타이완 TV의 '향친향정鄕親鄕情')에서 매주 30분씩 객가어 프로그램을 방영하는 데 그쳤다. 1989년 객가인의 반국민당과 반복료인 정서가 최고조에 달하였다. 이들은 국민당의 '일당 독주'에 항의하였을 뿐 아니라, 민진당의 '복료 쇼비니즘'도 비판하면서 '객가 정당'을 조직하려 하였지만 결국 성공하지 못하였다. 집권 국민당의 타이완화와 타이완 민족주의의 발전 모두에서 복료인의 우세가 드러났을 때, 객가 출신 타이완 민족주의자들이 타이완 문학의 새로운 정의에 반대한 것은 자기 족군의 사회적 지위에 대한 보편적인 우려를 반영한 것이었다.

4. 결어

타이완 본토 언어를 부흥시키기 위한 다양한 노력은 국민당의 '중국화' 이데올로기를 대표하는 '국어 독존'의 관방 언어정책에 도전한 것이며, 이들의 노력과 시도는 타이완 민족주의의 중요한 부분을 형성하였다. 타이완 민족주의가 갈수록 다문화적인 색채를 띠었지만, 모어 진흥의 노력은 주로 본토 언어인 타이완어에 집중되었다. 다양한 사회의 언어 문제에 초점을 맞춘 일부 연구는 이미 다음과 같은 사실을 지적한 바 있다. "소수 족군의 언어 살리기 운동은 아이러니하게도 항상 어떤 언어에 대한 같은 선입견 위에 세워져, 바로 이들 견해가 소수 족군의 언어를 억압하거나 속박하게 된다"(Woolard and Schieffelin 1994: 9). 타이완어를 부흥시키려는 노력도 이 방향으로 발전할 위험이 있을 수 있다. Florian Coulmas가 지적한 바와 같이 국어의 개념과 그것이 정치적으로 강제되는 것은 응집된 힘이라고 할 수 있지만, 그 반대의 경우도 가능하다. "언어는 어떤 문화 상징처럼 일종의 파괴적인 역량을 가질 수 있다. 게다가 아주 분명한 것은 이미 스스로 근대 국가를 건설한 많은 곳에서 국어 이데올로기가 사회 집단 내부의 충돌을 초래할 뿐 아니라, 어떤 의미에서는 열세 소수를 창출한다"(Coulmas 1988: 11). 국민당 정부 치하에서 국어는 단결을 촉진하는 힘으로 칭송되었다. 반면 타이완의 반정부 운동가들은 이를 억압의 진원지로 지목하였다. 적극적인 타이완어 부흥 시도는 오히려 객가인의 불안으로 이어졌다. 타이완어 부흥 운동가에게 그들의 언어는 전통문화를 담는 가장 중요한 도구였다. 그들은 타이완의 문자 체계가 새로운 민족을 형성하고 타이완 독립 실현을 위해 필요한 기반이라고 믿었다. 문화와 언어, 미래의 민족, 건설 중인 국가와의 사이에는 등호가 그어지고 불가분의 관계로 여겨졌다.

사실 타이완 민족주의자들이 추앙하는 많은 타이완 문학사의 중요한 인물은 모두 객가인이었다. 예를 들어 1950년대 '전후 1세대 타이완 소설가' 10명 중 2명이 객가인인 중리허와 중자오정이었다. 『대만문예』를 창간한 우쭤류도 객가인이었다. 그 외 1980년대 초 이후 리챠오와 펑루이진 두 객가인도 '타이완(민족) 문학'의 중요한 제창자였다. 중자오정·리챠오·펑루이진은 모두 『대만문예』의 중요한 회원이기도 하였다. 1980년대 이래 『립』과 『대만문예』의 복료와 객가 회원들이 합심하여 타이완 문학 개념과 타이완 민족 문학사를 구축하였다. 그러나 객가 회원들은 일부 복료 회원들이 타이완 문학 개념에 언어적 요소를 집어넣으려 하자 불만을 품기 시작하였다. 이때 언어가 곧 파괴적인 힘이 되어, 복료와 객가 출신 타이완 민족주의자 사이에 긴장 관계를 조성하였다.

세계 대부분의 다른 곳과 마찬가지로 타이완은 다민족 다언어 사회이다. 타이완어를 부흥시키려는 노력은 Jan Blommaert와 Jef Verschueren의 말을 빌리자면 "모든 열세 속에는 모두 열세가 있다"(Blommaert and Verschueren 1991: 373)라는 까다로운 문제를 분명하게 드러냈다. 소수 족군의 언어를 살리려는 하나의 운동은 다른 소수 족군의 언어를 위협하는 새로운 억압으로 바뀔 수가 있다. 이러한 모순된 상황은 이미 옥시타니아(Occitania)·몰다비아(Moldavia)·카자흐스탄(Kazakhstan)·슬로바키아(Slovakia) 등에서 발생하였다(Eckert 1983; Blommaert and Verschueren 1991). 이는 타이완어를 부흥하려는 노력에 있어 더욱 절실한 문제인데, 특히 이 언어 사용자가 실제로 인구의 다수이기 때문이다. 사실 소수 족군의 언어 운동이 직면한 어려움은 국어 이데올로기를 실행할 때 내재하는 문제와 매우 유사하다. 즉 "언어가 억압 수단이 되어 다른 언어 사용자들이 평화 공존하기가 더욱 어렵게 되지 않도록 정치적 역할을 발휘할 수 있느냐"이다(Coulmas 1988: 12). 국어 이데올로기와 소수 족군 언어 운동의 결함은 족군 정체성에 기반한 정치적 동원과 밀접한 관련이 있다. 어떤 경계선을 명확히 긋는다는 것은, 동시에 라벨을 붙여 배척·억압함을 의미할 수도 있다. 따라서 난제는 서로 다른 족군에 속한 사람들이 어떻게 서로 다른 족군의 배경을 점점 분명히 깨달을 수 있고 함께 단결할 수 있느냐에 있다. 이는 근대 민족국가 구축 과정에 내재하는 이러지도 저러지도 못하는 어려움[兩難], 즉 국족 정체성(응집 단결)과 족군 정체성(다언어주의와 다문화주의)의 균형을 어떻게 이루는가의 문제이다. 타이완의 언어문제는 이러한 두 가지 어려움을 절실하게 체현하고 있다.

제6장

민족 역사의 서사

앞선 몇 장에서의 논의를 통해서, 언어 문제와 문학 발전에 대한 서로 다른 시각은 모두 타이완의 역사에 대한 서로 다른 이해 방식과 밀접한 관련이 있음을 알 수 있었다. 일제 식민 통치 말기, 예룽중은 하나의 '사회집단'으로서 타이완인의 특징에 기초하여 '제삼문학第三文學'의 건립을 제안하였다. 그는 타이완인들이 보편적으로 공유하는 특색은 타이완의 역사적 발전의 결과라고 생각하였다. 예룽중은 이 독특한 문화가 역사적 변화 과정에서 어떻게 형성되었는지를 사색하면서 일종의 '타이완성[台灣性]'에 대한 시각을 발전시켰는데, 그가 생각한 타이완의 독특성은 이미 '중국성'과는 다소 다른 것이었다. 일제 통치가 끝나고 국민당 정부가 타이완을 통치하면서 혼란이 끊이지 않던 초기 몇 년 동안, 일군의 타이완 출신(本省籍)의 지식인들도 마찬가지로 타이완 역사의 특수성이라는 시각에서 타이완 문학의 미래에 대해 관심을 두었다. 예컨대 라이난런은 타이완의 특수한 자연환경과 역사 과정, 특히 스페인, 네덜란드, 그리고 일본 등 이민족의 식민통치를 받았던 경험이 다양한 모습의 타이완 문화를 탄생시켰다고 생각하였다. 그에게는 바로 이러한 문화적 특수성이야말로 '타이완 신문학[台灣新文學]' 건립의 정당성과 절실한 필요성의 근거였다.

1980년대 전반기까지, 전후 타이완의 문학 작가와 평론가들은 거의 예외 없이 타이완에서 발전한 문학은 '중국문학'의 일부라는 생각을 당연시하였다. 설혹 그들의 마음속에 이른바 타이완 의식이 있었다 해도, 그것은 고작해야 일종의 지역적 정체성에 불과한 것이었고, 또 그들의 중국 민족 감정과 어긋나는 것이 아니었다. 당시 타이완 사회의 특수성을 언급했던 작가나 평론가들의 입장에서, 그 목적은 일련의 독립된(타이완의-역자) 문학전통을 세우는 것이 아니라, 라이난런의 말을 빌리자면 타이완 문학이 "…중국 문학의 일부를 구성하여 중국문학의 내용을 더욱 풍부하게 하고, 동시에 세계문학 수준에 도달할 수 있게 하는 것"이었다. 1970년대 향토문학 작가와 제창자들이 선양한 것도 이런 생각이었다. 이러한 작가들은 중국과 외국 강권의 투쟁의 역사라는 시각에서 전후 타이완의 정치 사회적 변천을 이해하였다. 따라서 타이완이 정치·경제·문화적으로 외국세력, 특히 미국에 의존하는 현실을 19세기 중기 이래 외세의 지배를 받아온 '국치[國恥]'의 연속으로 이해하였다. 그들은 향토문학을 제창함으로써 중국 민족주의를 고취하였다. 향토문학론자들에게 '향토정신[鄕土情神]'은 타이완 현지 문화에 대한 사랑이고, 사회 문제에 대한 관심이며 중국 민족주의의 기초였다. '향토 회귀[鄕土回歸]'는 중국 민족 의식의 근원[源頭]으로의 회귀를 의미하였다.

메이리다오美麗島 사건 후 몇 년쯤 지나서야, 타이완을 주체로 한 타이완 문학을 다뤄야 한다는 생각이 점차 대두하면서 중국 주체의 시각에 도전하였다. 식민지 후기에서 전후까지 두 세대에 걸쳐 활동한 중견 소설가이자 평론가였던 예스타오는, 일찍이 향토문학논쟁시기 타이완이 서로 다른 정권의 압박과 식민 통치를 연속해서 받은 경험이라는 관점에서 타이완 현대 문학의 역사적 발전 과정을 해석하였다. 그의 입장에서 입세 정신, 저항 의식과 사회 사실주의는 이미 타이완 문학 전통의 기본 신념이었다. 예스타오의 정의에 따르면, '타이완 의식'은 피식민, 피억압의 공동 경험에 관한 타이완인들의 역사 의식이었다. 그는 진정한 타이완 작가라면 반드시 이러한 타이완 의식을 갖추어야 하며, 동시에 이러한 타이완 의식은 또한 향토문학의 오랜 원칙을 지지할 수 밖에 없다는 것을 강조하였다. 80년대 전반기 이후 재야의 반정부운동이 타이완 의식을 적극적으로 제창하면서부터, 『립』 시간詩刊과 『대만문예』의 작가, 비평가들의 문학 논술도 점차 민족주의적 성격을 드러내었다. 이 두 간행물을 중심으로 한 작가와 비평가들은 예스타오의 타이완 문학 이념을 한 걸음 더 확장시키면서, 원래 그의 문학 이념에 남아있던 중국의식의 흔적을 지워버렸다. 그들은 '변경 문학' 식의 설명을 비판하고 타이완 문학의 본토화를 추동하였으니, 이는 모두 일종의 강렬한 요구, 즉 국민당이나 중국 공산당 또는 반국민당적 좌익 민족주의자(천잉전으로 대표되는)의 중국적 시각이 아니라, 타이완의 시각에서 타이완의 역사를 보아야 한다는 요구를 내포한 것이었다. 『립』과 『대만문예』 작가들의 타이완의 역사적 운명에 대한 깊은 관심은, 일종의 '타이완에 대한 집념'을 형성함으로써, 반드시 "타이완과 타이완 사람을 위해 쓰고 타이완과 타이완 사람들을 (소재로 하여-역자) 쓴다"라는 타이완 문학의 종지宗旨를 견지하게 하였다.

1990년대 초반 이후 다른 족군의 지지를 얻어야만 한 데다, 국제정치 무대에서 급속하게 굴기崛起한 중화인민공화국의 영향력에 대응하여 사회적 단결을 촉진할 필요가 있다는 점을 점차 깨닫게 되면서 타이완 민족주의의 복료중심적 색깔은 점차 옅어졌다. 이러한 상황에서 타이완 문학의 서사는 다족군의 기원과 특징을 갖게 되었으니, 새로운 논술의 시작이었다. 일군의 타이완어(복료화) 작가와 평론가들이 '타이완 문학'을 '타이완어 문학'으로 새롭게 정의하면서, '타이완어'의 의미를 복료화 뿐 아니라 객가어는 물론 심지어 원주민어까지도 확장하였다. 이것이 바로 타이완 문학의 새로운 논술을 대표하는 것이었다. 타이완 민족주의를 지지하는 작가와 평론가들은 멀리 1920년대부터 1990년대에 이르는 타이완 현대문학의 발전은 자신의 독특한 민족성에 대한 타이완인의 일관된 추구의 상징임을 강조하였다. 이 기간의 모든 타이완 작가들은 하나의 독특한 민족으로서 타이완의 역사적 운명에 관심이 있었기 때문에 서로 연계될 수 있었다. 타이완어 서술을 추동하는 사람들에게 일련의 타이완어 문자 체계는 '타이완성'을 확인할 수 있는 근거이자, 중국문화와 구별되면서 스스로의 오랜 문화 전통을 발전시키는 데 필요 불가결한 요소였다.

요약하면, 다양한 세대의 타이완 작가와 문학평론가들은 모두 타이완 역사에 대한 그들의 독자적 해석을 근거로, 언어와 문학적 의제와 관련된 그들의 주장들을 정당화했다. 이러한 의제들은 정체성이라는 난제와 상당히 깊게 관련되기 때문에, 역사는 타이완의 언어와 문학논술에서 상당히 중요한 역할을 할 수밖에 없었다. 역사 서사(historical narrative)의 주도권을 둘러싼 경쟁은 늘 정체성 정치의 주요한 경향이었다. 역사적 서사의 쟁탈은 그것이 집단 기억의 형성과 통합, 재구성 과정에서 지극히 중요하기 때문이다. 일종의 특수한 집단 정체성은 부분적으로 집단 기억을 구성하는 특정한 방식 – '우리'가 누구이고, '우리'는 어떠한 과정을 거쳐 왔으며, 우리는 무엇을 공유하고 있는지를 어떻게 해석하는가를 포함하여 – 에 따라 결정된다. 새로운 집단 역사 서술의 발전과 낡은 집단 기억에 대한 억압과 소멸은 통상 집단의식의 전환轉變을 반영한다. 민족정체성과 관련하여, 일찍이 Ernest Renan은 "한 민족의 핵심적 본질은 모든 개인이 공유하는 많은 공동의 사물과 동시에 그들이 유기하고 망각한 많은 것들에 달려있다"고 지적하였다(Ranan 1990[1882]: 11).

본 장의 논지는 우선 타이완의 독특한 집단 기억이 정부 당국의 주류적 역사 서술에 의해 배척되고 억압당한 상태에서 어떻게 다시 구성되는지를 탐구하는 것이다. 먼저 필자는 국민당의 통치와 '중국사관中國史觀'의 관계를 분석할 것이다. 전후 국민당의 정치, 문화적 지배는 타이완과 중국 대륙의 역사적 관계에 대한 특수한 해석을 통해 이념적 정당성을 확립한 것이었다. 이러한 정부 당국의 역사서술은, 타이완은 중국의 변경이며 조기의 중국 한인 이민자가 타이완의 발전에 중대한 공헌을 하였음을 강조하였다. 이러한 서사는 또 중국 대륙시기 국민당이 타이완을 일본 식민통치로부터 구출해내기 위해 얼마나 노력하였는지를 부각하는 데 역점을 두었다. 전후 타이완의 학교 교육, 특히 역사 교육은 사회 대중에게 이러한 중국사관을 주입하는 데 핵심적인 역할을 하였다. 정부는 사회 대중에게 '뿌리찾기[尋根]'를 고무하면서 중국의식을 제창하였다. 이러한 중국사관의 틀 속에서, 타이완의 존재 이유는 곧 미래 중국의 통일 실현에 있다는 것을 사회 보편적으로 수용하게 하였다. 타이완 사회의 특수한 역사 기억과 문화 전통은 대부분 의심받거나 경멸되었다. 이러한 경향은 전후 30년 동안 타이완사 연구가 정체되었던 데서 잘 드러난다.

두 번째로 이번 장에서는 한 걸음 더 나아가 타이완 민족주의자들이 어떻게 '타이완 사관[台灣史觀]'을 제창함으로써 타이완사에 대한 정부 당국의 주류적 해석에 도전하였고, 또 타이완의 민족정체성을 재구성하고자 시도하였는지를 논할 것이다. 메이리다오 사건 이후 재야인사들은 앞장서서 타이완을 주체로 한 역사관을 제창하였다. 1983년 '타이완 의식 논쟁'은 타이완 역사에 대한 논의를 분명하게 정치화시켰다. 민족 정체성에 관한 각종 논쟁과 충돌은 타이완 역사에 대한 서로 다른 해석과 분명하게 관계되기 시작하였다. 1980년대 전반 재야인사들의 타이완 역사에 대한 서술은, 일제 식민통치하에서의 반식민항쟁사 및 원주민의 문화전통을 재발굴한 데 특징이 있었다. 재야인사들에게는 항일의 역사, 특히 1920년대 이후 비폭력적 반 식민투쟁을 새롭게 탐구하는 것은 그들의 반 국민당 운동이 외래통치에 대한 타이완인들의 오랜 투쟁사의 일부분이라는 것을 의미하기도 하였다. 그 외 원주민의 타이완 정주의 역사는 타이완이 자고이래 중국에 속했다는 (정부 당국의-역자) 설명에 도전하는 데 활용되었다. 또 평포족의 조기 한인 이민자와의 통혼 및 한인에 의한 동화의 역사를 다시 제기함으로써, 이른바 타이완인은 순수한 한인이라는 논점을 공격하였다.

메이리다오 사건 이후 재야인사들은 타이완인들의 고난과 저항의 집단 기억을 구축함으로써 이후 20년간 반정부운동에 필요한 논술의 수사와 상징의 기조를 확립하였다. 이는 1980년대 이후, 타이완 민족주의의 신속한 발전을 추동하는 중요한 요소가 되었다. 이 기간 타이완의 독립을 주장하는 역사연구자들은 끊임없이 '아래로부터 위로의 타이완사' 서술을 제창하였다. 바로 '민중 관점民衆觀點'의 역사였다. 이러한 이념의 구체적 실천이 바로 1947년 2·28 사건의 역사적 진상을 파헤치려는 행동이었다. 따라서 이 장에서는 마지막으로 반정부운동 인사들이 2·28과 같은 비극적인 역사 사건을 '국족의 상처[國族創傷]'로 재현하는 현상을 탐구할 것이다. 그 외 이미 소실된 평포족의 역사와 문화의 재발굴 과정

또한 이 장에서 분석해야 할 또 다른 주제이다. 필자가 지적하고자 하는 것은 사람들이 소실된 평포족에 대해 동일시하게 됨으로써 타이완 사회 대중들이 타이완을 하나의 다족군, 다문화 민족으로 상상하는 데 일조했다는 점이다.

1. 국민당의 통치와 중국사관

과거 백년 사이에 3개의 정치 세력이 타이완의 민족정체성을 형성하고자 시도하였다. 각각의 정치 세력은 모두 자기의 역사 서사를 통해 사회 대중을 교화하고자 하였다. 피식민자를 천황의 백성[子民]으로 개조하기 위해 일제 식민정부는 동화정책을 채택하였다. 2장에서 서술한 것처럼, 그중에 가장 중요한 것이 일본어를 '국어'로 삼아 보급한 일이었다. 타이완인 학생만 다녔던 '공학교'는 일어 교수를 중요 기능으로 하는 동화기구였다. 1922년의 제2차 '대만교육령'은 공학교의 교육과정을 타이완에 거주하는 일본인 학생 위주의 소학교에 더욱 가깝게 조정하여, 처음으로 '일본역사' 과정을 필수 과목으로 편제하였다. 이러한 과정의 교수목표는 국체國體의 개요를 소개함으로써 '국민정신'을 배양하는 것이었다(台灣教育會 1973[1939]: 365; Tsurumi 1977: 99~100).

국민당 통치하에서 타이완인들은 정치, 문화적으로 급격한 '중국화'를 경험하였다. 국민당 정부는 타이완 통치를 시작하면서부터 즉각 일제의 동화정책이 남긴 영향을 제거하고자 하였다. 북경화를 중심으로 한 '중국 국어'의 제창은 모든 재중국화 과정의 핵심이었다. 당연히 사회 대중의 교화를 위한 일련의 특정한 역사관도 중요하였다. 이러한 역사 서사는 타이완과 중국 대륙의 밀접한 관계에 주목하여 공동의 역사 경험을 강조하였다. 그에 비해 1980년대 초기 이래 타이완의 정치적 반대운동 인사들은 타이완사를 재해석하고 재구축함으로써, '타이완 사관'으로 '중국사관'을 대체하고자 하였다. 그들의 노력은 역사 서사를 '탈중국화'하고 '타이완화' 하는 데 있었다. 이러한 행위는 사실 동전의 양면이었는데, 원래의 집단 기억을 말살하고 대신 새로운 집단 기억을 구축함으로써 새로운 민족정체성을 창출하려는 것이었으니, '중국의 타이완인'이 아니라 '타이완의 타이완인'을 만들려는 것이었다.

(1) 역사관과 통치의 정당화

앞선 몇 개의 장에서 제기했듯이 국민당의 타이완 통치의 특색은 타이완의 중국화에 있었다. 정치적 측면에서 국민당은 쑨중산의 '삼민주의'의 충실한 신도임을 자처하면서 중국 민족건설, 민주제도와 경제발전에 관한 일련의 정치적 신조를 견지하였다. 동시에 국민당은 1912년 쑨중산이 건립한 중화민국의 합법적 보위자임을 자처하였다. 국민당은 1936년 중국대륙에서 개정된 헌법에 따른 정부기구의 틀을 유지하면서, 중화민국이 중국의 유일한 합법정부임을 강조하고, 또 끊임없이 잃어버린 대륙에 대한 영토 수복 결심을 피력하면서 중국공산당을 반란을 일으킨 '공비共匪'라고 비난하였다. 1980년대 초 타이완 해협의 양안관계가 어느 정도 완화되고서야 국민당은 이런 말을 더 이상 쓰지 않았다.[243] 전후 수십 년 동안 특히 미국과 중화인민공화국 간의 관계 정상화 이전,

---

243 유사하게 1970년대 말 이전, 중국공산당은 타이완의 중화민국을 불법(非法)적 지방정부로 규정하면서 '장방蔣幇'(장씨 패거리라는 뜻)이라고 불렀다.

서방세계가 인식한 것처럼 타이완은 '자유중국'으로서 '공산중국'에 대립하였다.

문화적으로 국민당정부는 스스로를 중국 전통문화-특히 유가사상-의 견결한 옹호자임을 강조하였다. 쑨중산의 『삼민주의』를 중국과 서방의 정치사상을 융합한 창조물로 묘사하였다. (그에 비해-역자) 중국 공산주의는 서방의 이단 사설에서 기원한 것으로, 중국의 전통문화의 파괴자라는 것이었다. 1966년 장제스가 발기한 '중화문화부흥운동中華文化復興運動'은 국민당의 전형적인 문화정책을 대표하였다. 이 운동의 가장 중요한 목표는 중화인민공화국의 급진적이고 반전통적인 '무산계급 문화대혁명無産階級文化大革命'에 대항하는 것으로 이후 20여 년 정도 타이완의 문화운동에 큰 영향을 미쳤다. 정부 당국의 많은 대륙 색깔의 문화가치·상징·예술·음악·희극·공예 등에 대한 제창은 모두 국어보급운동과 마찬가지로 타이완 본토문화를 억압하고 희생시키는 것이었다.

앞에서 논한 것처럼, 국민당의 정치와 문화적 지배는 타이완과 대륙의 역사관계에 대한 일련의 특수한 해석에 근거하여, 그 이데올로기적 정당성을 확립한 것이었다. 중국 내전의 지속이 만들어낸 국공 투쟁은 이러한 역사 서사 체계에서 반드시 다루어야 할 까다로운 문제였다. 예컨대, 이제 막 식민통치에서 벗어난 타이완이 국공투쟁 과정에서 해야 할 역할은 무엇일까? 국민당의 반공투쟁과 반공대륙反攻大陸 정책이 본성인에게 갖는 의미는 무엇일까? 이러한 문제에 대한 국민당의 회답에 근거를 제공하는 역사 서사를 '중국사관'이라 할 수 있을 것이다. 국민당의 논리에 따르면, 타이완은 역사적으로 중국의 일부였고, 본성인은 외성인과 마찬가지로 중국인이라는 것이었다. 따라서 본성인과 중국 공산당의 통치하의 인민들은 피는 물보다 진한 '동포同胞'였다. 한인의 타이완 이주의 역사에 대해서는, 중국의 변경인 도서島嶼를 개발하고 한문화를 전파하는 데 공헌했다는 점을 강조하였다. 예컨대 타이완에서 첫 번째 한인 정권을 세운 정성공은 타이완에서 네덜란드를 축출하였고, 동시에 대륙의 비한인 정권인 만청제국에 도전했다는 점에서 국민당은 그를 '민족영웅'으로 칭송하였다. 국민당은 공산당을 중국에서 쫓아내고 대륙을 수복하겠다는 결심마저도 정성공의 반청복명을 끌어와 함께 거론하였다.

국민당은 쑨중산이 발기한 국민혁명과 장제스가 주도한 대일항전의 부분적인 목적이 타이완을 식민 통치로부터 해방시키려는 데 있었음을 강조하였다.[244] 일제시기 본성인의 반식민운동 역시 중국의 국민혁명에 의해 촉발된 것이기 때문에 그 '곁가지[支流]'에 불과하다는 것이었다. 이런 관점에서 1945년 중국의 항일전쟁 승리는 마침내 타이완을 식민통치에서 해방시킴으로써 본성인은 큰 혜택을 입었고, 국민당 통치하에서 '조국으로 회귀[回歸祖國]'함으로써 하늘의 태양을 다시 볼 수 있게 되었다는 것이다.

---

[244] Frank S. T. Hsiao(蕭聖鐵)와 Lawrence R. Sullivan은 많은 역사 문헌을 검토한 후, 1943년 카이로 회담에서 타이완을 중국에 복귀시킨다는 성명을 발표하기 전, 국민당 또는 중국공산당 누구도 타이완이 중국의 일부라고 생각하지도 않았고, 또한 타이완을 '수복'하기 위한 어떤 노력도 하지 않았다고 하였다. Hsiao and Sullivan(1979)을 참고. 동시에 본서의 제2장 제1절 중의 '급진적 반식민주의' 소절을 참고할 수 있다.

역자 주: 그러나 이러한 주장은 사실과 다를 가능성이 높다. 장제스는 카이로 회담 전에 이미 동북, 타이완 및 류큐[琉球]를 반드시 수복해야 할 지역으로 고려하였던 점은 명백하기 때문이다. 다만 청의 행성이었던 동북 및 타이완과 달리 류큐는 본래 자주권을 갖는 조공국이었다는 일본의 반론 때문에 수복을 적극적으로 주장하지 못한 측면이 있고, 이후 국민정부가 내전에 참패하면서, 국제적 외교 교섭력을 상실함에 따라 전후 류큐 문제의 처리에 대해 발언권을 행사하지 못했다는 것이 정설이다.

요컨대 국민당은 타이완과 대륙의 공동의 혈연적 유대, 문화 배경, 정치 발전 관계를 강조하며, 타이완과 조국(즉 중화민국-역자)이 긴밀하게 연관되었다는 역사 지식을 선양宣揚하였다. 이왕의 집단 기억을 재구성함으로써 국민당은 본성인들에게 그들과 이 정권은 공동의 미래를 공유하고 있고, 또 공동의 적 중화인민공화국이 있음을 설득하고자 한 것이다. 이러한 서사는 국민당이라는 합법정부와 반란자인 중공 비당匪黨과의 투쟁, 중국 문화의 정통과 외래의 맑스주의 사설邪說과의 대립 속에서, 본성인은 국민당 정부에 협력하는 것이 분명히 지혜로운 선택이라는 의미였다. 이러한 관점에서 본성인은 중국의 국공내전에서 국민당 정부에 새롭게 더해진 조력자로 변모하였다. 또 바로 그러한 의미에서 타이완은 '중국화'된 것이었다. 이러한 중국사관의 틀에서 중화민국과 중화인민공화국의 양자관계에 대한 서술은 당시 냉전시기 극단적으로 대립하는 국제정치의 이데올로기와 군사적 투쟁에 부합하면서, 중화민국과 중화인민공화국이 각각 미국과 소련이라는 양대 집단에 속해 있다는 사실을 반영하였다.

(2) 뿌리 찾기, 애향이 곧 애국이다[愛鄉更愛國]

정부 당국의 중국사관 선양은 국어추행운동國語推行運動과 마찬가지로 1970년대 초에 정점에 달했다. 이 기간 국민당 정부는 국교를 맺고 있던 국가로부터 잇달아 단교당하는 사태에 직면하였고, 해외의 타이완인 사이에서 타이완 독립을 지지하는 이념이 급속도로 확산되었으며, 타이완 사회에서도 '향토 회귀'식의 문화조류가 세차게 일어났다. 이러한 국내외 정세의 변화는 사람들을 자극하여 타이완 정체성을 촉발시킴으로써, 중국 유일의 합법정부라는 국민당 정부의 주장에 도전하게 하였다. 이러한 상황에서 당국은 중국의식을 다시 일으키기 위해, 중국사관에 입각한 타이완사 연구와 전람·강습 및 대학의 교과 과정을 적극적으로 추진하였다. 1970년 대만성문헌위원회台灣省文獻委員會, 중국청년반공구국단中國靑年反共救國團과 함께 '대만사강습회台灣史講習會'를 추진하였다. 이는 이후 '대만사적연구회台灣事蹟硏究會'(1973), '대만사적원류연구회台灣事績源流硏究會'(1978년) 등으로 이름이 바뀌었으니, 바로 중국의식을 부흥하기 위한 정부 당국의 중요한 전략 중 하나였다. 이 조직은 대학 및 전문학교의 학생, 중소학교 교장 및 교사를 대상으로 한 겨울과 여름학교를 운영하였는데, 과정課程의 중점은 타이완의 지리·풍속·종교·역사 고적 등을 학습하는 과정에서 적극적으로 타이완과 중국 대륙의 밀접한 역사 문화적 관계를 알게 하려는 것이었다(戴寶村 1994 : 54~55 ; 台灣省文獻委員會 1998 : 421~425). 그 외 국민당 정부는 사회 대중의 '뿌리찾기'를 고무함으로써 중국 민족주의를 제창하고자 하였다. '애향이 곧 애국이다'는 1970년대 정부의 중요한 선전구호가 되었다. 국민당의 역사 이데올로기 선전에서 또 다른 중요한 시기는 80년대 초였다. 메이리다오 사건 이후 재야 인사들이 '타이완 의식'을 고취하며 타이완 민족주의를 발전시키자, 국민당은 타이완과 대륙의 역사적 관계를 주제로 한 일련의 서적을 출판함으로써 그 영향력을 차단하고자 하였다. 그 중 예컨대『중국의 대만[中國的台灣]』(陳奇祿 等, 1980),『타이완의 뿌리[台灣的根]』(黃大受 1980),『피는 물보다 진하다[血濃於水]』(潘敬尉, 1981) 등은 책 이름만으로도 명백하게 국민당의 관점을 전달하였다. 전술한 국민당의 전형적인 역사 서사는 바로 이 시기 출판된 서적 내에서 손쉽게 찾을 수가 있었

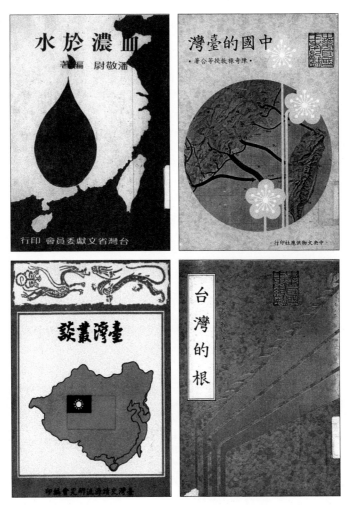

<그림 6-1> 1970년대 말 1980년대 초 국민당의 중국사관을 선전하는 타이완사 서적
(원서 283쪽)

다.[245] 이러한 서적을 출판한 목적은 역사적인 증거로써 "타이완 독립의
잘못된 주장[台獨的邪說謬論]"을 반박하려는 것이었다(潘敬尉, 1981: 1).

---

245 中國國民黨黨史委員會(1988) 참고

제6장 민족 역사의 서사   347

국민당의 역사관은 학교·대중매체·군대 등 각종 중요한 사회문화기구를 통해 전파되었다. 사회 대중을 중국사관으로 교화하는 과정에서 국어추행운동도 중요한 역할을 하였다. 초등학교와 중학교 교과서의 편찬과 출판은 중앙정부가 통제하였기 때문에 정부 당국의 입장을 선전하는 데 도움이 되었다. 초등학교와 중학교의 역사와 지리 교과서의 내용은 대륙 위주이고, 타이완의 비중은 아주 적었다. 중국사관에 따른 서사는 중·소학의 『역사』·『사회』·『공민』·『국어』 등 모든 교과서에서 볼 수 있는 것이었다.[246] 스지성石計生 등이 지적한 것처럼, 교과서 속의 타이완은 '중국화'(역사적으로 중국의 일부), '정통화'(중국 역대 선현歷代先賢의 문화전통과 지혜 보존), '공구화工具化'(반공대륙反攻大陸의 부흥기지) 및 '전범화典範化'(미래 중국 통일 후 정치 경제 발전의 모범)(石計生 等 1993) 되었다. 이러한 요소들은 모두 타이완은 미래 중국의 통일과 영광을 위해 존재한다는 하나의 결론으로 귀결되었다.

<그림 6-2> 정부가 발기한 "애향이 곧 애국이다" 운동을 보도하면서 "타이완은 중국인의 타이완이다"를 거듭 천명하고 있는 1980년 11월 12일 『중국시보中國時報』 기사 (원서 284쪽)

그러나 1966년 이후 정부는 교과서 정책 일부를 바꾸어 민간의 작자와 출판사도 초등학교용 교과서를 집필 또는 발행할 수 있게 하되, 이후 다시 중앙정부의 심의를 받게 하였다.

---

246 타이완 교과서를 정부가 통일 편집 출판하는 상황 및 교과서 속의 이데올로기에 대해서는 石計生等(1993)을 참고.

그 외 1997년부터 중학교[國民中學] 제1학년에 '인식대민認識台灣' 과정('역사'·'지리'·'사회' 세 부분으로 다시 나눔)을 증설하였다. 이는 전후 타이완에서 국가가 주도하는 의무교육 체제에서 처음으로 타이완 역사를 전문 주제로 편성한 과정이었다. 그러나 중국역사와 중국지리 과정은 여전히 원래대로 중학교 2, 3학년 과정에서 중요한 지위를 차지하였으며, 이는 초등 및 고등학교의 다른 학년의 과정과 대체로 일치하였다. 이러한 새로운 과정은 교육부가 "타이완에 발을 디디고 대륙을 품으며 천하로 눈을 돌린다[立足台灣, 胸懷大陸, 放眼天下]"는 이념에 따라 설계한 것이었다(教育部 1994: 829).

(3) 타이완사 연구: 중국 연구의 부차적 영역

중국사관의 주도 속에서, 전후 타이완의 문화영역의 장기적이고 뚜렷하게 보이는 특징 중의 하나는, 타이완의 독특한 역사 기억과 문화 전통은 주변화[邊緣化]되고 경시된 점이었다. 제5장에서 토론한 전후 본토 언어의 처지가 바로 이러한 문화 경향을 잘 보여주는 예이다. 정치적 위협[威嚇] 분위기는 중국사관에 지배적 지위와 공간을 제공하였다. 타이완의 특수성을 강조하는 모든 학술연구, 특히 인문사회과학 영역의 연구는 모두 정치상 분리주의의 선전이라는 의심을 피할 수 없었다. 일제통치 시기, 식민정부와 일본인 학자들은 타이완의 다양한 영역의 사회 생활상을 광범위하게 조사·기록함으로써 타이완 연구의 기초를 닦았다. 그러나 전후 국민당의 통치는 타이완 연구의 발전을 중단시킴으로써 연구의 단절을 초래하였다. 50년대에서 80년대 중기까지 타이완 자체는 거의 정당한 연구주제가 되지 못하였다. 사람들의 눈에 비친 타이완은 중국의 축소판[縮影]일 뿐이었고, 많은 학자들은 타이완을 중국 사회문화의 '실험실'로 간주할 뿐이었다.[247]

국민당 정부는 타이완사 연구가 지역주의와 타이완의 독립운동의 논리를 부추길까 염려했고(李鴻禧, 1987:6), 이로 인한 정치적 민감성은 연구자들의 이 학술 영역 진입을 막는 장애가 되었다. 1960년대 중반까지 타이완사 연구는 몇몇 잡지를 중심으로 한 소수의 타이완 출신 학자 및 각급 지방정부의 문헌위원회에 국한되어 진행되었고, 연구의 중점도 자

---

247 타이완 출신의 사회학자 천사오신[陳紹馨]은 1966년 쓴 글에서, 타이완을 "중국 사회문화 연구의 실험실"로 묘사하였다(陳紹馨(1979b[1966]), 그리고 楊國樞(1987), 徐正光(1991)을 참고). 국외의 타이완 연구자들 역시 타이완을 중국 대륙의 대체품으로 간주하였다. 70년대 말 중국이 서방에 개방하기 전까지는 더욱 그러하였다. 미국의 인류학자 Hill Gates와 Ahren은 "인류학자가 그들의 연구 과정에서 가설로 전제한 타이완과 중국의 관계는 이 연구 영역의 미래에 큰 영향을 미칠 수 있다"고 쓴 적이 있다. Gates와 Ahren은 비록 일부 타이완을 연구하는 인류학자들은 자신이 설정한 연구주제가 사회적 관계 형성에 대한 행위자의 역량에 외재하는 것이라 할지라도 그 역량이 꼭 중국전통과 관계있는 것은 아니라고 생각했다. 하지만 다른 인류학자들은 "문화원칙에 따른 행위를 연구하면서 문화적 원칙을 중국의 과거와 유관하거나, 혹은 쉽게 중국의 과거와 관련시킬 수 있는 것"으로 여겼다. Gates와 Ahren은 후자의 관점이 보다 유행했다고 생각했다. "(외국) 인류학자들은 중국의 다른 성에서는 연구를 할 수 없기 때문에 타이완에서 그것을 연구하는 것"이라는 것이었다. 학자들이 처음 타이완을 연구할 때 타이완 자체의 특수한 성질이 아니라 타이완의 중국 대표성이 관심을 끌었고, 동시에 타이완을 통해 중국인 생활의 특히 뛰어난[優異] 점을 이해하는 데 도움을 주는 연구를 촉진했다는 것이다. 예컨대 Margery Wolf의 『林家』(The House of Lim)라는 책이 그러하다. Gates & Ahren(1981:8). 다른 비슷한 예는 미국학계의 타이완 역사연구이다. 미국 역사학자 Douglas Fixs는 미국의 타이완사 연구는 중국사 연구의 '부속품'일 뿐이라고 비판하였다. 70년대 말까지 미국의 타이완 연구는 단지 그들이 중국에 들어갈 수 없는 데서 기인한 것이라고 지적하였다. 그들은 중국을 이해하기 위해서 타이완을 연구하였지만, 타이완이라는 이 섬 자체는 어떤 관심도 끌지 못했다는 것이다. 이러한 학자들은 타이완의 '중국 특색'만을 강조하고 타이완의 특수성은 소홀히 하였다는 것이다. Fix는 미국의 타이완사 연구자들은 최소 30년을 소모하고 나서야 타이완이 단순한 중국의 한 성이 아니라는 것을 알게 되었다고 생각했다. 費德廉(Douglas L. Fix-역자)(1988: 57~8)을 참고. 타이완 학자뿐 아니라 외국학자(특히 미국 또는 일본)의 입장에서도 타이완 자체를 연구주제로 삼는 경우는 매우 드물었다. 이런 현상에 대한 상세한 토론은 Free China Review 1994년 2월호에 실린 특집 보도를 참고할 수 있다.

료의 수집과 정리 위주였다.[248] 1960년대 중반에서 1970년대 말 사이에, '향토 회귀[回歸鄉土]' 사조의 영향을 받아 사회적으로 타이완사에 대한 관심과 연구가 점차 증가하였다. 여러 학과를 망라하는 타이완사 연구 계획이 출현하기 시작하였다. 그러나 타이완사 연구는 여전히 중국사 연구의 부차적 영역, 즉 중국의 지방사 연구에 속하는 것으로 간주되었다(戴寶村 1994 : 52~53).

1980년대 중반 이전 타이완 학계에서는 중국사관에 입각한 타이완 문화 연구에서 벗어난 경우를 거의 볼 수 없었다. 다만 본성 출신의 인류학자 천치난[陳其南]이 1683년부터 1895년까지 청대 타이완의 한인 이민사회의 변화 과정을 이해하기 위해 제기한 '토착화土著化' 이론은 중요한 예외였다. 천치난의 '토착화' 개념과 정면으로 대립한 것은 외성 출신 역사학자 리궈치[李國祁]의 '내지화론'으로, 전형적인 중국사관을 대표하였다. 두 학자의 이론은 모두 1975년에 발표되었는데, 청대 타이완 사회의 문화적 변화 방향, 특히 한인 이민사회가 중국 대륙의 사회구조와 점차 가까워졌는지 여부를 탐구한 것이었다.[249] 정성공 정권 출현 이전 타이완의 대다수 한인 이민자는 단기 체류형의 모험가에 불과하였다. 정성공 정권 통치 시기가 되어서야 타이완은 한인이 정주[定居]하는 곳이 되었다. 이 이후부터 한인의 인구는 점차 증가하였다(陳紹馨 1979a[1966]: 452~453). 리궈치는 먼저 "과거 일반적으로 청정淸庭에서는 타이완을 방기하려는[棄臺] 논의가 있었고, 청조는 늘 타이완의 통치에 소극적이었

---

248 제2차 세계대전이 끝나고 무려 30년에 가까운 세월 동안 유일하게 대학에서 타이완사를 강의한 학자는 국립대만대학의 양윈핑[楊雲萍] 교수뿐이었다. *Free China Review* 1994년 2월호 참고

249 '내지화'와 '토착화' 이론의 토론에 관해서는 蔡淵絜(1985), 黃富三等(1986), 陳孔立(1988), 翁佳音(1989), 陳信治(1990)를 참고.

다고 보통 생각했지만, 이러한 사정은 강희 연간에 국한될 뿐"이라며 비판을 제기하였다. 그는 오히려 옹정 雍正이후 이미 타이완의 내지화가 점차 심화되었음을 강조하였다(李國祁, 1975: 15 註2). 리궈치는 이렇게 썼다.

> 타이완이 강희제 시기 청 제국의 판도에 편입된 후인 옹정 이후, 청조가 추진한 정책은 타이완의 내지화였으니, 타이완을 중국 본부本部의 여러 성의 일부로 바꾸려는 데 목적이 있었다. … 대체로 19세기 중반에 이르면 서부 지역에서는 내지화가 거의 완성되어, 관청을 세워 나누어 통치하는[設官分治] 방식은 중국 본부의 18개 행성과 같았을 뿐 아니라, 심지어 지방관 또한 대다수가 과거 출신이었다. 사회 지도층도 이미 호강지사豪强之士에서 사신계급士紳階級으로 바뀌었고, 민간의 가치판단과 사회 습속도 모두 유가儒家의 도덕 표준을 중시하였다. (李國祁 1975: 5)

그러나 리궈치는 이 시기 "섬 전체[全島]를 놓고 보면, 이처럼 완전히 내지화 된 지역은 매우 적었던 듯하다. 타이난에서 타이베이에 이르는 서부 평원의 중심지대뿐이었다"고 지적하였다. 그는 나아가 1875년에서 1891년 사이 심보정[沈葆楨]·정일창[丁日昌]·류명전[劉銘傳] 등 청나라 관료의 타이완 경영, 특히 류명전의 '무번撫番', '척간拓墾', '설관분치設官分治'[250]라는 세 가지 방식이 상당히 관건이었다고 인식하였다. 리궈치는 "이 세 가지 모두 섬 전체에 문치文治를 실현할 수 있는 중요한 조치였다. 이를 통해서 비로소 타이완은 정치 및 문화적으로 내지와 다를 바 없게 되고, 진정한 중국 판도의 일부로 응집될 수 있었다. 따라서 심보정·

---

250 역자: 원주민을 초무招撫하고 개척하며, 관을 설치하여 통치하는 것

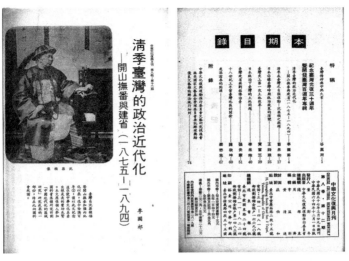

<그림 6-3> 1975년 12월 『중화문화부흥월간』에 게재된 타이완 내지화를 논한 리궈치의 글 (원서 288쪽)

정일창·류명전 등 모두 같은 인식하에 같은 노력을 하였다"라고 강조하였다(李國祁, 1975: 14; 1982: 97).

이에 비해 천치난은 청대 타이완 사회변천에 대한 리궈치의 시각에 동의하지 않았다. 오히려 한인사회는 '이민사회'에서 '토착사회'로 변화하였다고 생각하였다. 그의 연구에 따르면, 조기의 이민사회에서 한인 사회적 집단 정체성은 주로 대륙의 원적지祖籍地를 기초로 하였다. 푸젠성福建省의 장저우漳州와 취안저우泉州 두 부府 출신인 장주인漳州人과 천주인泉州人이 그렇고, 또 객가인客家人의 원적지는 대부분 광둥성이었다. 이 세 집단 간의 잦은 격렬한 계투械鬪는 당시 보편적인 집단 분류방식을 반영한 것이었다. 그러나 천치난은 그 후 토착 사회에서 정체성의 기초가 변화하였음을 지적하였다. 사회적 집단 구분이 지연적 연결을 기초로 하게 되면서, 타이완의 특정한 지연을 기초로 할지언정 중국 대륙의 지연이나 혈연관계에 근거하지 않게 되었다는 것이다(陳其南 1984: 337~338).

천치난은 한인 이민사회의 토착화를 나타내는 두 가지 지표를 제시하였다. 첫째는 계투 발생의 빈도수가 감소하였다는 것이다. 지방화된 종교 신앙이 점차 이 세 집단을 융합시키면서, 집단 간의 경계를 넘는 많은 제사권祭祀圈이 점차 발전하였다. 둘째, 일부 타이완으로 이주한 종족宗族은 그 성원을 대륙에 파견하여 조상에 제사하였으나, 점차 타이완의 정착지에 가묘와 종사家廟宗祠를 세웠다. 천치난은 이 때문에 청조 후기가 되면 이민자들은 이미 점점 대륙과 소원疏遠해지고 타이완화하기 시작했다고 본 것이다(陳其南 1990: 91).

이렇게 보면, '내지화' 이론의 목적은 제국의 확장 및 전통 문화의 확산을 해석하는 데 있음이 분명하였다. 그에 비해 '토착화' 이론은 이민 사회 자체의 사회·문화 변천에 중점을 둔 것이었다(陳其南 1984:359-360).

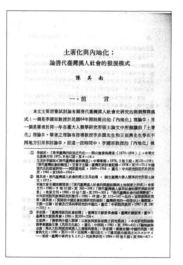

<그림 6-4> 1984년 천치난이 타이완 한인 이민 사회의 토착화를 논한 문장 (원서 289쪽)

천치난이 강조한대로 "토착화 개념의 기본 참고 지점은 타이완 본토이지만, 내지화 개념의 기본 준거 지점은 '중국 본부'에 있었다"(陳其南 1984: 350).

그러나 천치난이 한인 이민자의 중국에 대한 소원 현상을 강조하였지만, 타이완 이민사회의 전환轉變 과정에 대한 서술은 여전히 정치화된 '타이완 사관'에 기초한 민족주의적 역사 서사와는 거리가 한참

멀었다. 천치난은 타이완을 중국 사회문화 연구의 실험실이라고 여겼기 때문에, 그의 이론은 부분적으로 '현대 중국인의 변경 지역 및 해외 척식 拓殖 과정'을 밝히기 위한 것이었다(陳其南 1984:336). 이 때문에 청대 타이완 사회에 대한 천치난의 연구는 본질적으로는 중국 연구의 부차적 영역에 속하는 것이었다고 할 수 있다. 그러나 그가 제기한 '토착화' 개념은 1980년대 당시 오히려 타이완 민족주의자들에게 폭넓게 수용되었고, 동시에 그들의 '타이완 사관'을 지지하는 데 활용되었다.

2. 타이완 사관의 발전과 타이완 민족주의

(1) 초기 해외의 반(反) 국민당적 타이완 사관

1947년 2·28 사건의 종료로부터 1960년대에 이르기까지 해외의 반 국민당 인사들은 타이완의 역사에 대한 그들의 서사를 구축·출판함으로써, 국민당과 구별되는 자신들의 정치주장을 정당화했다. 이러한 역사 서적 중에서 가장 저명한 것은 쑤신[蘇迅]의 『분노의 대만[憤怒的台灣]』(1993「1949」), 스밍[史明]의 『대만인 4백년사[台灣人四百年史]』(1980「1962」) 및 왕위더[王育德]의 『대만: 고민의 역사[台灣:苦悶的歷史]』(1993「1949」)를 꼽을 수 있다. 이들 세 저자 모두 그들 스스로가 통치받고 억압 받는 타이완인의 입장에서 타이완사를 서술함으로써 통치자와 압박자의 관점을 대체하고자 하였다. 이러한 통치자이자 압박자는 잇달아 타이완을 지배했던 서양·중국·일본의 식민 정권과 현재의 국민당 정부를 의미하였다. 그러나 이들 세 저자는 각각 정치 이념의 차이가 컸기 때문에 각각 역사에서

<그림 6-5> 쑤신·스밍·왕위더의 타이완사 저작 (원서 290쪽)

강조하는 부분도 다르고, 같은 사건과 인물에 대해서도 다른 의미를 부여하였으며, 타이완의 미래 정치 방향에 대해서도 상이한 결론을 제시하였다.

쑤신은 열정적인 중국공산당 지지자였기 때문에, 타이완인의 견고한 중국의식, 타이완의 항일운동과 2·28 사건에 대한 중국공산당의 영향, 그리고 타이완을 장악하려는 '미 제국주의자'의 음모 등을 강조하였다. 국공내전 기간에 책을 완성한 쑤신은 당시 독자들에게 핵심적으로 토론해야 할 많은 문제를 제시하였다. 예컨대 "국민정부는 타이완을 최후의 퇴로로 삼을까?", "장제스는 제2의 정성공이 될 수 있을까?", "'미 제국주의자'들은 타이완을 점령할 수 있을까?", 그리고 "중국공산당은 수백년에 걸친 이민족의 통치로부터 타이완인을 해방시킬 수 있을까?" 등이었다. 마지막으로 쑤신은 "대륙에서 일단 해방이 실현되면, 곧 타이완도 해방을 쟁취할 수 있을 것"이라는 결론을 제시하였다(蘇迅 1993「1949」: 12, 223~225). 상대적으로 스밍과 왕위더는 타이완의 정치적 독립을 제창하면서, 국민당과 중공이 타이완의 주권을 주장하는 것에 대해 강하게 비판하였다. 그들은 정성공 정권의 타이완에 대한 착취를 비난하면서 타이완의 독특한 사회 정치적 발전, 특히 일본 식민통치가 수반한 변화를 강조하였다. 이러한 입장은 모두 중국에 대한 그들의 거리감[疏離]과 혐오를 잘 보여준다(史明 1980「19620: 106~111, 691~693; 王育德 1993「1964」: 52~65, 114~117). 그런데 스밍은 사회주의의 충실한 신도였던 반면, 왕위더는 서구적 자유 민주제도를 선호하였다.[251] 그러나 국민당 설명 방식과 다른 이 세 종류의 역사 서사는 1980년대 말까지 타이완에서 모두 금서였다. 당연히 공개적으로 유통될 수 없었고, 비밀리에 몰래 볼 수밖에 없었다. 따라서 이 책들이 1980년대 이후 타이완사의 정치화에 미친 영향도 그만큼 한계가 있었다.

(2) 메이리다오 사건 후 타이완사의 정치화

'타이완 사관'의 공개적인 부상은 상술한 해외 반국민당 인사들의 역사 논저 때문은 아니고, 국내의 중대한 정치 변화, 특히 메이리다오 사건에서 기인한 것이었다(張炎憲 1992a:84). 제4장에서 거론한 것처럼 메이리다오 사건은 1980년대 전반 반정부운동의 이념적 급진화를 초래함으로써 '타이완 의식'을 불러일으켰다. 이 시기 재야인사들이 제창한 타이완 의식은 주로 타이완사에 대한 재해석에 기초한 것이었다. 그들은 타이완 민중의 집체적 기억을 바꿈으로써 그들을 동원하고 지지를 쟁취하고자 하였다. 타이완 사관은 사실상 재야인사들이 이끌고 창도[唱導]한 것이

---

251 史明, 『台灣人四百年史』에 대한 일반적인 토론은 吳密察(1991) 참조. 스밍의 타이완 민족 개념에 대한 분석은 吳明勇(1994)을 참고. 그 외 중화인민공화국 학자들의 스밍의 저작에 대한 비판은 許南村編(1994)을 참고.

었다.

필자가 제4장에서도 지적한 것처럼, 1980년대 전반 '타이완 의식'을 제창한 재야인사들은 국민당 정부의 '중국의식'을 공격하였을 뿐 아니라, 좌파적 반체제 인사들이 품고 있던 '중국의식' 특히 『하조논단[夏潮論壇]』주위의 천잉전을 대표로 하는 인사들도 비판하였다. 이러한 좌파 국민당 인사들은 국민당 정부의 자본주의 경제정책을 비판하고, 특히 '제국주의 세력(특히 미국)'에 대한 과도한 의존을 지적하였지만, 재야인사들이 보기에 이러한 좌파인사들 역시 국민당과 마찬가지로 중국 민족주의를 견지하면서 중국의 통일을 추구한다는 점에서 별다른 차이가 없었다. 1983년 '타이완 의식 논쟁'은 『하조논단』의 작가들과 재야급진파에 속하는 『생근주간生根週刊』 작가들 사이에서 전개되었다. 논쟁 기간 한 재야작가가 지적하였듯이, 논쟁 과정에서 일어난 집단 정체성의 충돌은 타이완의 역사 경험에 대한 서로 다른 해석에서 기인한 것이었다(黃連德 (1988「1984」: 145). 1980년대 전반 중국의식과 타이완 의식의 제창자들은 모두 같은 논변과 수사 전략을 사용하여, 타이완 역사에 대한 상대의 '무지'와 왜곡을 풍자하고 조롱했다. 쌍방은 모두 타이완 역사에 대한 그들의 이해가 상대방의 그것보다 더욱 전면적이고 객관적이며 정확하다고 주장하였다.[252] 앞에서 서술하였듯이 국민당 정부는 오랫동안 '중국사관'을 근거로 그들의 타이완 통치, 특히 헌법 임시조관臨時條款과 계엄법 하의 엄밀한 정치적 통제 및 3대 민의기구에 대한 정기적인 개선改選의 연기를 정당화해왔다. 국민당은 망명정권으로서 대륙에 대한 반공反攻을 호소하면서, 모든 정치적 비정상적 조치들은 반공 동원시기에 필요한

---

252 이러한 수사 전략과 주장에 대해서는 宋冬陽(1984a), 戴國煇(1984), 吳德山(1984), 秦琦 (1988「1984」)를 참고할 수 있다.

편의적 조치라는 점을 강조하였다. 그러나 이러한 정치적 조치들은 시민의 권리를 엄중하게 침해하고, 동시에 본성인과 외성인 간의 정치 권력적인 불평등을 야기하였다. 메이리다오 사건 발생 이후인 1980년대, 재야인사들은 국민당 정부의 정치 주장과 좌파 반체제 인사들의 중국의식이 내장한 중국사관을 비판하기 시작하였다. 일반적으로 국민당 정부와 좌파 반체제 인사들은 모두 타이완과 중국대륙 간의 유사점과 문화적 역사적 긴밀한 관계를 강조하였다. 그에 비해 재야인사들은 타이완의 독특성 및 타이완이 어떻게 독자적 발전 경로를 밟아 왔는지를 부각시켰다. 정치적 입장이 다른 사람들은 각각 타이완사에 대한 그들만의 해석을 구사함으로써 스스로의 민족 정체성과 정치 신념을 정당화하였다. 재야의 정론 잡지에서는 1945년 이전 타이완의 역사를 제목으로 하는 글을 쉽게 볼 수 있었다. 예컨대 급진적인 재야 정치잡지『생근주간』은 타이완사를 전문적으로 연구한 글을 자주 실었을 뿐 아니라, 동시에 '모두 함께 배우는 타이완어' 등 시리즈를 연재함으로써 독자들이 타이완어를 인식할 수 있도록 유도하였다.[253] 그 외 재야 온건파 지도자 캉닝

---

[253] 『생근주간』은 1983년 2월 13일 창간 제1기부터 후속하는 『생근주간』혁신판을 포함하여 거의 모든 간기에 '향토와 문화'라는 특집란을 두었다. 주요한 주제는 타이완사, 타이완 문학, 타이완어 교수학습 등이었다. 특집에 실린 타이완사 관련 글은 총독부 민정장관 고토 신페이[後藤新平]가 추진한 근대화 정책, 타이완 의회 설치청원운동, 타이완 로마자 운동, 타이완 문화협회의 분열, 타이완 농민운동사 등을 포함한 일본 식민지시기에 집중되어 있었다. 『생근주간』을 이은 『대만연대台灣年代』(1984년 4월 29일의 제8기까지 발행됨)에도 마찬가지로 '타이완사' 특집 부분이 있었다. 게재된 글은 일제 통치기에 한하지 않고 평포족 사회, 네덜란드와 스페인의 지배, 정성공[明鄭]의 통치 등을 소개하기 시작하였으며 일제 식민지시기 타이완화 운동도 토론하였다. 『대만연대』 이후 계속 이름을 바꾼 『대만광장台灣廣場』·『대만조류台灣潮流』·『대만전망台灣展望』·『신근伸根』·『심근深根』 주간 등은 앞의 『생근주간』(혁신판 포함)이나 『대만연대』에 비해 타이완사 관련 글을 비교적 드문드문 게재하였다. 그러나 『대만광장』과 『대만조류』에는 여전히 '타이완인의 영광'이라는 특집이 있어 「함께 다시 읽는 대만사[大家重新來讀台灣史]」(『대만광장』 1984년 6월 29일 제3

상캉닝샹康寧祥이 주지하는 『팔십년대八十年代』 잡지도 1983년 이후 계속하여 타이완사를 소개하는 연재물을 게재하였다. 이 기간에 타이완사는 점차 정치화되었다.

(3) 일본 식민시기의 '재현' : 반정부운동의 교훈

1980년대 초까지 전후 타이완 역사에 대한 학술적 연구는 중국사 연구 중에서도 상당히 주변적(邊緣) 영역으로 여겨졌고, 또 대부분 일제통치 시기 이전, 특히 청조통치 시기의 역사에 대한 연구가 많았다. 일반 대중적 역사 저작의 경우도 상황은 대략 비슷하였다. 일제 식민지시기를 언급할 경우, 통상 일련의 식민 압박의 세월로서 간단히 묘사하였을 뿐이었다. 1980년대 중반 이전에 출간된 타이완사 저작은 1920년 이전의 무장 항일 투쟁을 중시하였는데, 그중에서도 1911년 쑨중산이 주도한 반청 혁명의 성공에 고무된 저항 사건이 더욱 주목을 받았다. 식민통치 초기 20년의 격렬한 항일운동은 타이완인의 '조국의식'을 드러낸 사례로서 활용되었다.[254] 그렇지만 1920년대 이후 비무장 항일운동 과정에서의 복잡한 반식민 정치 이데올로기와 행동전략은 오히려 지나치게

기), 「대만 개척사는 고산족의 피눈물 나는 역사이다[台灣的開拓史等於山胞血淚史]」(『대만조류』 1984년 10월 8일 제8기), 「대만 민중이 폭력에 저항한 일단의 역사 : 마력포 사건[台灣老百姓抗暴的一段歷史 : 馬力埔事件]」(『대만조류』 1984년 10월 15일 제9기) 등이 게재되었다. 『대만전망』에도 「대만인이 잊을 수 없는 역사의 한 페이지 : 1947년 봄의 2·28사건[台灣人不可忘的一頁歷史 : 36年春的二二八事件]」(1985년 3월 1일 제7기) 등이 실렸다.

254 웡자인[翁佳音]의 연구에 따르면, 일제 식민 초기 대다수 타이완인의 저항운동은 그 목적이 타이완을 다시 청조 통치로 복귀시키려는 데 있었다. 그는 19세기 중국 대륙에서 일어난 반청운동이 타이완인의 무장 항일에 미친 영향은 크지 않았다고 지적하였다. 그 외 1907년 이후 많은 항일인사가 내세운 것은 타이완에 하나의 독립왕국을 건립하자는 것이었다. 翁佳音(1986: 제4장)을 참고.

간단히 처리되었다. 이러한 저작들은 기껏해야 개량주의자들의 자치운동 정도를 언급할 뿐이었고, 게다가 그 특정 지도자의 중국 정체성을 일방적으로 강조하였다. 또 이러한 저작들은 타이완과 중국의 미래 관계에 대해 개량주의자가 품었던 애매모호한 태도는 거의 언급하지 않았다. 그 외 일제 통치 시기 좌익 급진적 반식민운동은 일반적으로 타이완과 중국을 두 개의 민족으로 보았을 뿐 아니라, 타이완 독립을 지지하는 경향이었다. 그러나 이러한 부분의 역사는 국민당의 정치 원칙과 어긋나기 때문에 역시 언급되지 않았다. 1980년대 이전 일련의 타이완인 항일운동의 역사에 대한 표준적인 서사, 특히 국민당과 정부가 출판한 저작에 나타난 서술은 통상 1920년대 이전 무장 항일운동에서 시작하여 개량주의자의 반식민운동을 간단히 언급한 뒤, 곧바로 쑨중산이 영도한 중국혁명당이 일본인의 수중에서 타이완을 수복하기로 결심하였고, 이를 위해 국민당 정부가 한 공헌, 특히 1945년 항일전쟁의 승리로 건너뛰어 서술하는 식이었다.[255] 1980년대 초반 중학교[國中]·고등학교[高中] 교과서의 일제 식민지 시기 서술은 이러한 서사의 전형이었다.[256]

1980년대 상반기 재야의 정론 잡지들은 많은 분량을 할애하여 일제 식민통치, 특히 타이완인의 항일운동을 토론하였다. 재야 인사들은 이러한 항일 운동사의 새로운 발굴을 그들의 반국민당 운동, 즉 이족異族의 통치에 대한 타이완인의 저항이라는 오랜 전통의 일부로 간주하였다.[257] 이러한 논점은 국민당 또한 일본의 식민 정부와 마찬가지로 '외래 정권'

255 이러한 역사 서사는 方豪(1951), 郭廷以(1954), 台灣省文獻委員會(1974), 盛淸沂等(1977), 陳三井(1981), 程大學(1981), 李雲漢(1981), 潘敬尉(1981)에 보인다.

256 중등학교 교과서의 이러한 역사서술에 대해서는 李哮佛(1982)의 인용을 참고할 수 있다.

257 이러한 논점으로 顔尹謨(1984)를 예로 들 수 있으며, 施民輝(1988[1985]: 6)도 참조할 수 있다.

이라는 의미였다. 다른 한편 재야인사의 입장에서 항일운동, 특히 1920
년 이후 비무장 항일운동은 당시 진행되던 반국민당 운동에 소중한 교
훈을 제공하였다. 무장 항일의 이데올로기와 행위전략은 모두 중국의
역사적 전통인 관핍민반[官逼民反: 관의 핍박으로 백성이 반란을 일으킨-역자]
의 전형으로서, 그것이 실패한 원인도 여러 항일단체가 개인적 이익만
을 추구함으로써 쉽게 항복을 받아들였기 때문이라는 것이었다. 재야의
정치적 반대운동 역시 계파 정치로 인해 곤란을 당하고 있었기 때문에
무장 항일의 실패 경험에서 교훈을 얻어야 했다.[258] 한 재야 잡지의 작가
는 다음과 같이 썼다.

> (무장 항일운동) 내에는 근본적으로 반항 역량의 사상적 지도가 될 일말의 정치적
> 이데올로기가 존재하지 않았고, 더욱 높은 차원에서 타이완을 하나의 완전[完整]한
> 정치 실체로 볼 수 있는 사람도 없었던 것 같다 ⋯⋯(徐紫亭 1986a: 64)
> 타이완인의 저항 역사에서 온 섬이 일치단결하여 외세에 항쟁한 예를 거의 볼 수가
> 없다. 이전에도 그랬고 오늘날에도 여전히 그러하다. 개인적 이익이 진실에 대한
> 인식을 가리고, 파벌주의[山頭主義][259]가 여전히 오늘날 반정부운동 내에 가득하다.
> 만일 우리가 역사로부터 "분열하면 바로 멸망한다"는 비참한 교훈을 얻지 못한다

---

258 메이리다오 사건 이후 재야 내부의 계파문제에 대해서는 李篠峰(1987: 184~212),
　　Tian(1989: 98~99)의 분석을 참고할 수 있다.

259 역자주: 산두주의[山頭主義]의 사전적 의미는 일부의 이익을 전체 이익보다 앞에 두는
　　파벌, 계파주의(Factionalism)를 의미한다. 용어 자체가 사적인(personal) 결합을 기초
　　로 만들어진 비공식적 집단들이 당내의 정치적 우위를 확보하기 위해 경쟁하는 계파정
　　치의 산물이라 할 수 있다. 특히 연안(延安) 시기 마오쩌둥이 당내의 지방 색트주의(local
　　sectionalism)를 비난하기 위해 사용하면서, 중국공산당의 계파정치를 설명하는 용어로
　　많이 쓰인다. 특히 산두주의는 지연적 연고를 중시한다는 점에서 종파주의와 구별되지만
　　역시 부정적인 의미이다.

면, 우리의 앞날은 여전히 암담할 것이다. …… 타이완인은 결국 다시는 나설 수 없
게 될 것이다. (徐紫亭 1986b: 31)

  1920년 이후 비무장 항일운동과 관련하여, 재야 인사들은 신민회新民
會와 1927년 이전의 대만문화협회台灣文化協會 및 그 후속조직 등 개량주
의자의 항일단체들을 비판하면서, 그들이 지나치게 온화하고 타협적이
었다고 생각하였다. 재야인사들은 또 개량주의 운동의 지도자들이 일본
제국주의 통치 아래에서의 자치를 요구한 것은 식민통치에 동화된 것과
다르지 않다고 비판하였다.[260] 황춘슝[黃春雄]이라는 필명의 한 재야 잡지
작가는 "타이완사를 연구하는 학자들은 줄곧 외래 정권의 압박을 받은
타이완인들이 고유한 주권 쟁취 및 고유한 문화 유지를 순순히 방기한
것에 대해 당혹감을 지울 수 없었다"고 지적하였다. 그는 1921년 대만문
화협회에서 시작하여 대만자치연맹이 중일전쟁의 발발로 활동을 멈추
기까지 온건한 개량을 수단으로 일본 식민통치자와 공존하는 것이 주류
였다고 생각하였다. 황춘슝은 "이 단계에 이르면 타이완인들은 진작에
일본으로부터의 '독립'할 의지도 없었을 뿐 아니라, 이러한 정치적 주류
인물조차도 앞장서서 일본인과의 '공동번영[同榮]', '평등한 대우平等待遇'
를 궁극적인 정치적 목표로 삼았다"고 비판하였다. 그는 보수적 온건개
량파인 린셴탕과 같은 경우도 그렇지만, 심지어 롄원칭[連溫卿], 린청루
[林呈祿] 등과 같은 급진적 좌경 인물들도 "사상과 행동 면에서 일본 좌익

---

260 개량주의자의 항일운동에 대한 재야인사들의 이러한 비판은 高伊哥(1984), 黃春雄(1984)
   의 예를 들 수 있다. 패트리샤 쓰루미(E. Patricia Tsurumi)는 연구를 통해 일찍이 개량주
   의의 지도적 인물들이 식민통치자의 가치관을 받아들임으로써 이민족 통치에 대한 저항
   의식이 약화되었고, 그들의 반식민투쟁도 온화한 방식을 취하게 되었다고 보았다. 黃春雄
   의 비판은 주로 쓰루미의 연구에 근거한 것이다. 본서 2장을 참고할 수 있다.

인사의 지도와 영향을 받았다"고 보았다(黃春雄 1984:59-61). 국민당과 더욱 대립적인 대중집회와 가두시위가 반정부운동을 주도할 때, 재야인사들은 한걸음 나아가 일제 식민지 시기 타이완의 농민운동과 노동자 운동을 언급하기 시작하였다.[261] 재야 평론가인 가오이꺼[高伊哥]는 『생근주간』 혁신판의 「타이완사」 특집 코너에 '타이완 농민운동사'를 연재하였다. 연재를 마치면서 그는 아쉽다는 말투로 아래와 같이 썼다.

> 지난 1년여 동안 우리는 일제시대 타이완의 각종 사회운동 및 그 배경을 소개하였다. 이러한 역사를 서술하고 비평하는 과정에서 우리는 하나의 교훈을 얻었다. 즉 매번 하나의 역사적 계기가 출현할 때마다 타이완인들은 항상 방황하고 주저하였고, 다른 사람이 분투하는(외래 정권에 저항하는) 것을 보고도 가만히 앉아서 그 성패를 관망하는 비열한 의식이 꼭 유령처럼 각 세대에서 재현되었다는 점이다. 문화협회·농민운동·노동운동·의회청원운동은 바로 이런 심리상태에서 용두사미[虎頭蛇尾]가 되었고, 결국 모두 개인적 은원恩怨 관계 때문에 황급히 끝나고 말았던 것이다.
>
> (高伊哥 1984: 61)

재야 잡지의 이러한 비판자들이 진정으로 마음에 둔 것은, 역사의 진상이라기보다는 이러한 과거의 역사가 그들의 반정부 운동에 제공할 역사적 교훈과 행위의 정당성이었다. 이러한 서사와 비판이 전달하는 메시지는 국민당이 일본인의 역할을 계승하였기 때문에 국민당 통치하의 타이완은 여전히 식민지이고, 따라서 타이완인은 일치단결하여 눈앞의 외래정권에 저항하여야 한다는 것이었다.

---

261 예를 들면, 『生根週刊』 9~14期(1983년 12월 22일~1984년 1월 19일)에 실린 高伊哥의 「台灣農民運動史」 연재 문장을 참고.

대다수 재야 잡지의 이러한 비판자의 입장에서는 타이완인들의 항일 운동은 비록 완전히 실패하였지만, 식민 통치 기간에 그들은 이미 중국 대륙에 대한 정체성과는 다른 어떤 타이완의 특수한 정체성을 발전시켰다는 것이었다. 제4장에서 지적한 것처럼 대부분의 재야인사들은 50여 년의 일제 식민통치 시기를 타이완 의식의 형성기로 생각하였다. 그들은 개량주의든 급진주의든 반식민 운동의 이념적 기초는 모두 타이완 의식이라고 보았다. 물론 일부 항일단체들이 여전히 어느 정도 '조국의 식'을 갖고 있었지만, 모든 단체들이 관심을 둔 정치주장은 의심할 바 없이 타이완의 앞날과 해방이었지, 결코 중국 대륙의 미래와 중국인의 해방은 아니었다는 것이다. 이 때문에 재야인사들은 이 시기에 발전한 타이완 신문학이 그러하듯, 천잉전의 생각처럼 모든 항일운동이 중국 민족주의에 기반한 것은 전혀 아니었다고 강조하였다. 그들은 일본이 가져온 현대정치와 경제발전은 한인 이민 사회가 원래 기초하고 있던 대륙의 고향에 대한 감정[原鄉情懷]이 만들어낸 집단 경계선을 점차 모호하고 희미하게 했으며, 이에 따라 많은 지방 사회단체[社群]가 융합하여 전 타이완을 단위로 하는 사회를 형성하였고, 이로써 일종의 전체 타이완이 함께 누리는 공동체적 감수성도 점차 부각되었다는 것이다. 재야인사들은 일본인이 추동한 사회경제적 근대화를 긍정적인 어조로 논의함으로써 중국의식에 대항하는 타이완 의식의 정당성을 강조하였다. 이러한 긍정은 일상적으로 볼 수 있는 현상이었다. 타이완 의식을 제창한 재야인사의 입장에서는 일본의 식민통치는 사실상 귀중한 자원이었던 셈이다.[262]

---

262 이러한 경향에 대해서는 陳樹鴻(1988[1983]), 高伊哥(1888[1984]), 林濁水(1988[1984]), 施敏輝(1988[1984]), 宋冬陽(1984a)을 참고. 초기 해외에서 국민당에 반대하고 타이완의 독립

(4) 원주민의 포섭과 한족 중심주의에 대한 도전

중국사관에 대한 재야의 도전은 정치적으로 민감한 일제 식민통치사의 발굴과 재해석에 그치지 않았다. 사실상 그들의 비판은 중국사관 전체를 겨냥하였다. 재야인사에게, "타이완은 역사적으로 중국의 일부분이다"라는 중화인민공화국과 국민당의 주장은 전통적 '제왕사관帝王史觀' 혹은 '천조사관天朝史觀'을 대표하는 것으로, 중국쇼비니즘 혹은 한인중심주의에서 기원한 것이었다.[263] 이러한 논리와 역사관을 반박하기 위해 재야 정론잡지들은 특별히 글을 게재하여 원주민의 오랜 역사를 탐색하고, 동시에 원주민에 대한 한인 이민자의 정복과 착취 과정을 강조하였다. 재야인사들은 원주민이야말로 타이완의 '진정한' 현지인임을 인정하고 부끄러움[愧疚]과 참회의 태도로, 원주민에 대한 한인 이민자의 멸시와 억압적 착취를 밝혀냈다. 초기 한인 이민의 후손으로서 이러한 재야잡지의 인사들은 원주민에 대한 자기 조상들의 범죄 행위를 기탄없이 준엄하게 규탄하였다.[264] 재야인사들은 이러한 역사 서사의 구축에 힘입

을 지지했던 본성(타이완) 출신 인사들도 이미 유사한 태도를 갖고 있었다. 1962년 스밍은 "이러한 독특한 사회 존재와 민족의식의 기초 위에서 일본제국주의 통치하의 51년간 다시 근대화와 자본주의화를 겪음으로써 마침내 타이완 민족의 실제 상태가 명확하게 부상하였으며, 동시에 타이완 민족주의도 그에 따라 생겨났다." 史明(1980[1962]: 691)을 참조. 그 외 왕위더는 비록 일제의 타이완 통치를 비판하였지만, 다음과 같이 기술하였다. "타이완인들은 이렇게 근대 사회로 떠밀려 들어가 원했든 아니든 근대화의 은혜를 입었다." 王育德(1993[1964]: 114). 이와 상대적으로 천잉전 및 『하조논단』과 관계 깊었던 역사학자 다이궈후이[戴國煇]는 왕위더 등과 같은 해외의 타이완 독립 인물 및 재야인사들의 '친일[媚日]' 경향을 비판하였다. 그는 청조 말기 타이완은 이미 충분한 기초적인 건설을 발전시킴으로써 일본 식민지시기 자본주의 경제의 기반을 닦았기 때문에, 타이완 사회를 현대화시킨 공로를 모두 일제 식민정부의 공로로 돌려서는 안 된다고 여겼다. 戴國煇(1984)를 참고.

263 예컨대 高伊哥(1988[1984]: 167), 施敏輝(1988[1984]: 4) 등이 그러하다.

264 예컨대 陳元(1988[1984]), 高伊哥(1988[1984]), 林濁水(1988[1984]a) 등이 그러하다.

어 그들 자신을 압박받은 원주민과 동일시하면서, 한인 압박자와는 분명히 선을 그었다. 동시에 이러한 서사는 외래정권인 국민정부야말로 바로 현재 중국 쇼비니즘과 한족 중심주의를 지속시키고 있는 근원으로 규정한다는 의미였다.

이외에도 일부 재야 잡지의 작자들은 한 걸음 더 나아가 이른바 타이완인(푸라오인과 객가인을 포함)이 순수한 한인이라는 견해에 도전하였다. '평포족'은 동화되어 초기 한인 이민사회에 융화되었고, 특히 초기에 중국 대륙에서 건너온 남성 이민자들은 평포족 여성과 족군간 통혼을 함으로써 타이완인의 혈연을 혼잡하고 이질화시켰다는 것이다.[265] 재야 잡지의 작자들은 원주민들의 역할을 강조함으로써, '본토화'의 시각에서 타이완의 과거를 이해하고 "타이완인의 관점의 타이완사"를 쓸 것을 제창하였다. 그들은 타이완사를 서술할 때 중국쇼비니즘과 한인중심주의를 벗어날 수 있는 유일하고 정확한 참고의 틀은 바로 타이완 인민이 발을 딛고 서 있는 이 땅의 토지뿐이라고 믿었다.[266] 가오이거가 『하조논단』의 작자들을 비판한 글은 이러한 '본토화' 관점의 전형적인 진술이므로 자세하게 인용할 필요가 있다. 그는 다음과 같이 강조하였다.

> …… 한인들이 평포족을 어떻게 기망하고 억압하며 동화시켰는지, 어떻게 고산족과 생존 공간을 다투었는지, 어떻게 장저우와 취안저우[漳泉], 푸젠과 광둥[閩粤]이 나누어 싸워왔는지의 역사가 바로 타이완사의 내용이다. 오직 이 땅에 서서 사색해야만 역사의 궤적을 찾을 수가 있다.

---

265 예를 들자면, 高伊哥(1988[1984]), 番子伙·林濁水(1991[1984])를 참고.

266 이러한 관점에 대해서는 黃燦庭(1983a, 1983b), 高伊哥(1988[1984]), 宋冬陽(1984a)을 참고할 수 있다.

현대 타이완인의 입장에서는 복료인이든 객가인이든 고산족이든, 그리고 일찍이 동화되어 이제 겨우 소수만 원래의 면모를 유지하고 있는 평포족이든, 수백 년간의 종족 투쟁의 역사를 회피할 필요는 없지만, 일부러 나누어 피차 적대시하는 상황을 만들 필요는 없다. 이 세 종족은 수백 년 동안 외부에서 연이어 온 '주인[頭家]'들의 잔혹한 통치에 공동으로 맞서면서, 공동의 운명하에 이 토지 위의 사회 = 경제공동체와 일체가 되어 함께 역사를 창조하고 자손을 번성시켰다.

이렇게 한문화漢文化, 일본문화, 말레이문화가 잡다하게 섞인 사회·경제공동체는 외래 제국주의 침략의 압박하에서도 꾸준히 성장하였고, 동시에 통치 권력의 교체에 따라 변화하였다. 이것이 바로 타이완 역사가 발전해 온 객관적 조건이다. 이 토지에 동질감을 느끼고 타이완인으로 자처하는 것은 바로 주관적인 타이완 역사의식이다. ……

또 왜 '타이완인' 위에 필연적으로 '중화의식'이 존재해야 하는가? 그렇다면 평포족·고산족과 한인의 혼혈 후손은 누구와 동질감을 느껴야 하나? 왜 꼭 이러한 '상위의식上位意識'으로 자기 동포를 압박해야 하나?

타이완사 연구는 전 세계의 역사를 시야에 넣고, 넓은 가슴으로 전 인류의 발전 사실史實을 이해하되, 지금 밟고 서 있는 이 땅을 출발점으로 삼아 타이완에서 출발하여 다시 타이완으로 돌아와야만 타이완사의 내적인 의미를 파악할 수가 있다. ……

이 땅 위의 인민들은 모두 똑같이 정성공·청조·일본인의 피식민자·피착취자일 뿐이다. (高伊哥 1988[1984]: 167~169)

간단히 말해서, 1980년대 상반기 재야인사들은 타이완의 과거에 대해 일련의 견고하고 전면적인 서술을 발전시켰고, 그것으로 중국사관에 기초한 역사 서사에 대항하였다. 그들의 서술에서 타이완사는 전반적으로 식민과 반식민, 압박과 피압박의 역사였으며, 세대를 달리하는 타이완 인민들은 식민과 압박을 받은 피해자였다. 재야인사들에게 타이완 의식은 일종의 피압박과 저항의 의식이었고, 반국민당 투쟁에 민중의 지지를 동원할 수 있는 핵심 요소였다. 그들의 반정부운동과 중국 민족주의에 대한 반대의 뜻을 정당화하기 위해 이처럼 독특한 현재적 관심을 앞세운 역사서술은, 그 중점을 타이완인의 항일운동 및 조기 원주민의 역사에 두었던 것이다.

그러나 여기에서 꼭 지적해 둘 것은 1980년대 초반에는 복료인이 타이완의 반정부운동을 주도했다는 점이다. 반대운동의 호소, 수사와 상징은 당연히 복료인을 중심으로 하였다. 당시 원주민의 중요성에 대한 관심과 한인이 원주민을 기만하고 학대했던 역사에 대해 부끄러워하는 태도는, 1980년대말 1990년대 초 민진당이 발전시킨 '4대족군四大族群', '운명공동체'[제4장을 참고] 등의 논술과는 전혀 달랐다. 1980년대 전반 반대운동의 기조는 상대적으로 다원주의 색채가 상대적으로 부족했던 것이다.[267] 재야 잡지 작가들이 타이완 역사에서 원주민의 중요한 역할을 강조한 이

<그림 6-6> 1984년 린쭤수이가 편집한 『와해된 제국』의 표지 (원서 301쪽)

---

[267] 그러나 재야에서는 확실히 정치 사회적으로 불리한 원주민의 처지를 의제화하기 시작하였고, 동시에 1984년부터 점차 두각을 나타낸 원주민운동을 지지하였다. 재야인사와 초기 원주민운동과의 관계에 대한 상세한 토론은 謝世忠(1987: 제6장)을 참고.

유는 이른바 타이완은 중국의 일부라는 주장의 근거인 중국의식에 도전하려는 데 있었다. 재야의 대표적인 선전가 린쭤수이[林濁水]가 편집한 평론집『와해된 제국[瓦解的帝國]』은 표제부터 분명하게 중국 민족주의에 대한 강렬한 혐오를 드러내었다.[268]

(5) 타이완 사관 : 민족의 역사를 향하여

메이리다오 사건 후 수년간 재야 단체들은 타이완의 수난과 저항의 집단적 기억을 다시 만들어냈는데, 이는 이후 십수 년간 반정부운동이 구사할 주요한 수사修辭와 상징의 기조를 결정하였다. 1980년대 전반 그들이 다시 쓴 타이완사는 이후 타이완 민족주의의 신속한 전개와 발전에 상당히 중요한 역할을 하였다. 재야인사들의 독특한 역사관의 영향은『립』과『대만문예』이 두 잡지 작가들의 작품과 활동에 분명히 반영되었다. 집단 기억의 재건은 이 두 작가 그룹 자신들의 문학 생애 및 타

---

268 林濁水(1991[1984])를 참고. 메이리다오 사건 이후 많은 재야인사의 역사관과 정치적 이데올로기는 명백하게 변화하였다. 린쭤수이는 그 대표적인 예이다. 메이리다오 사건이 발생하기 3개월 전, 그는 "복료인과 객가인은 중원中原의 혈통을 가졌을 뿐 아니라, 중국 역사의 유구한 문화 전통의 주요한 창조자"라고 말했다. 그는 1970년대 일어난 '향토 회귀'와 '뿌리 찾기' 조류를 공개적으로 지지하면서, 자신의 중국혈통을 부인하고 타이완 독립을 주장하는 사람들을 손가락질하였다. 그는 동시에 본성인은 의심할 바 없이 중화민족의 성원이기 때문에 국민당 정부는 본성인을 차별해서는 안 된다고 요구하였다. 林濁水(1979)를 참고. 이와 대조적으로 1980년대 초 린쭤수이는 적극적으로 '중화민족주의 신화'를 폭로하기 시작하였다. 그는 복료인과 객가인의 혈연 중 비한족 성분을 강조하면서, 초기 한인 이민자들이 조상의 고향을 버리고 타이완에 정착하기로 결심한 점을 지적하였다. 그는 본성인이 품고 있던 중국의식은 애당초 상당히 모호했다고 여겼다. 林濁水(1988[1984]; 1991[1984]b)를 참고. 이후 린쭤수이는 민진당의 타이완 독립 정책의 중요한 추진자가 되었고, 동시에 1991년 민진당 정강 수정 때 '타이완 공화국' 건립이라는 새로운 조문을 요구한 기안자였다. 그는 1993년부터 2006년까지 민진당 국회의원을 지냈다.

이완 문학에 대한 시각을 형성하였다. 메이리다오 사건은 그들의 정치의식을 환기시키고 국민당 정부의 전제정치를 깨닫게 함으로써 그들은 반국민당 정신으로 민감한 사회정치적 의제들을 다루기 시작하였다. 또한 메이리다오 사건 몇 년 후, 『립』과 『대만문예』 주위의 문학계 인사들은 재야인사들과 밀접한 관계를 맺었다. 바로 제4장에서 지적한 것처럼, 이때부터 그들의 문학 활동은 반정부 운동의 일환이 되었다. 이 두 작가 그룹은 점차 문학은 보편적으로 사회에 도움이 되어야 하고 도덕적 교화 기능을 갖추어야 한다고 생각하였다. 이 때문에 그들의 문학 활동은 점점 더 정치화하였다. 재야인사들이 향토문학과 그들의 반정부운동을 연계시키고 동시에 양자를 타이완인의 고난과 저항의 결과로 해석하자, 『대만문예』의 주요한 문학평론가들, 즉 가오톈셩·펑루이진과 천팡밍 등은 타이완인들의 외래정권으로부터 받은 압박과 저항의 역사라는 시각에서 타이완의 현대문학을 이해하기 시작하였다. 그들의 진술에서 타이완 문학은 점차 하나의 전통을 노정하게 되는데, 그 특색은 외래통치에 저항하는 정신에 있었다. 이러한 급진적인 '탈중국화' 서술에서 타이완인은 중국으로부터 버림받은 고아로 묘사되지만, 일제 식민통치는 타이완의 문학전통 스스로 자신의 특성을 갖추게 하였으니, 바로 이 독특한 성질이야말로 타이완 문학의 '본토화'를 촉진하는 중요한 요소였다. 이러한 시각은 재야의 역사서술의 핵심 요소, 즉 조기 한인 이민자가 조상의 고향을 떠나고자 한 결심, 일본 식민통치가 타이완 의식의 출현에 미친 작용 및 당면한 반정부운동의 의의 등을 강조한 것과 부합하였다. 재야 잡지의 작자들이 타이완의 역사인식을 본토화하는 데 노력했던 것처럼, 『립』과 『대만문예』의 작가와 문학평론가들도 타이완 문학의 '본토화'를 추구하였다. 1983년 초부터 리샤오펑[李筱峰]·리융치[李永熾]·정친런[鄭欽仁]·천팡밍·장옌셴[張炎憲]·양비촨[楊碧川] 등 다수의 전문 혹은 아마추어 역사학자들이 계속 『대만문예』 잡지사에 가입하여 '본사동인本社同仁'이 되었고 편집위원을 맡기도 하였다[269] 동시에 1983년부터 대략 1985년초까지, 이 문예잡지는 거의 모든 간기마다 '타이완 사료 복습[溫習]', '타이완 역사인물', '타이완 인물 회고', '타이완 역사이야기' 등의 특별난[專欄]을 개설하여 타이완의 역사 인물과 사건, 특히 일본 식민지 시기의 것들을 토론하였다. 이러한 특별난은 「'육삼법'-일본 통치 초기 악법의 근원['六三法'-日治初期惡法之源]」, 「대만 교사의 선각자 - 차이페이훠와 왕민촨[臺灣敎師的先覺者-蔡培火與王敏川]」, 「대만 미래에 대한 모색과 회고 - 린청루와 황차오친[台灣前途的摸索與回顧-林呈禄與黃朝琴]」, 「장웨이수이 말년의 사상 경향[蔣渭水晚年的思想傾向]」, 「장선체와 '광동대만혁명청년단'[張深切與'廣東台灣革命靑年團']」, 「대만은 자고로 중국의 분할될 수 없는 일부인가?[台灣自古就是中國不可分割的一部分嗎?]」 등의 글을 실었다. 이 시기 『대만문예』는 또한 '내가 보는 타이완사[我看台灣史]', '내가 보는 타이완인[我看台灣人]'을 쟁점으로 하는 '본기의 화제[本期話題]'를 기획하였고, 또 '타이완 연구서 소개[台灣硏究書介]'란을 두어 타이완사 연구의 기본 서목書目을 소개하였다. 이때부터 이러한 역사학자 특히 천팡밍과 장옌셴 등은 타이완 사관의 주요 주창자가 되었고, 특히 천팡밍은 더더욱 타이완 의식과 타이완 문학 본토화의 열정적인 제창자가 되었다.

1980년대 전반 재야인사들이 '타이완 의식'을 적극 제창하고, 1986년 이후 타이완 민족주의의 신속한 발전, 집권 국민당의 '타이완화' 등의 변화를 포함한 정치 자유화가 분명해짐에 따라, 타이완사의 학술 연구 및

---

269 『台灣文藝』80(1983年 1月): 版權頁; 『台灣文藝』81(1983年 3月): 版權頁; 『台灣文藝』 86(1984年 1月): 版權頁.

학계의 광범위한 타이완 연구가 모두 일제히 활기차게 발전하기 시작하였다. 전체적으로 보면, 일제 식민지시기와 전후 타이완에 대한 인문학자와 사회학자의 관심이 급속도로 높아졌고, 평포족의 역사와 문화도 특별한 관심을 받았다.[270] 갈수록 많은 대학원생이 타이완사 또는 타이완 연구에 투신하였으니, 이러한 사정은 하나의 보편적 갈망, 하나의 명확한 집단 정체성을 구축하고 정의하려는 분명한 갈망을 반영한 것이었다.

<그림 6-7> 1983년 정친런이 『대만문예』에 발표한 타이완 사관을 논한 선구적 문장 (원서 305쪽)

---

270 학위논문은 1980년대 중반 이후 학술 연구 추세의 지표가 될 수 있다. 1984년 이후 타이완사를 연구한 석·박사 논문이 꾸준히 증가하였다. 1988년에서 1992년까지 5년간 제출된 타이완사 관련 학위논문 수는 이미 1957년(이 해 첫 번째 타이완사 학위논문이 제출됨)에서 1987년까지 제출된 것보다 많았다. 그 외 청대 타이완사를 연구한 학위논문 수는 매년 줄었지만, 일제 식민지시기와 전후시기에 대한 논문 숫자는 상승하였다. 1986년 이후 매년 일제 식민지시기를 다룬 학위논문 숫자는 청대 타이완사를 주제로 한 학위논문 숫자를 추월하기 시작하였다(戴寶村(1994: 58~62)을 참조). 동시에 원주민을 연구한 전문 저작도 출현하기 시작하였다. 평포족 역사의 재건과 재현은 특히 많은 역사학자의 관심을 끌었다(施志汶(1994: 438) 참조). 또 1983년 이후 타이완사 연구토론회가 거의 매년 열렸다. 타이완사 학위논문이 해마다 증가하고 역사과 대학원생의 타이완사에 대한 관심도 증가하는 현상에 대해서는 施志汶(1994), 梁其姿(1995)의 분석을 참고하고, 아울러 李篠峰(1984)의 연구와 비교할 수 있다. 그 외 인문사회과학 영역에서 타이완 역사 연구의 증가 및 미국과 일본 연구자의 타이완 연구에 관한 관심이 점차 높아진 것은 타이완을 더 이상 중국 대륙 연구의 대용품이 아니라 독립적 연구 대상으로 보는 것이니, 이들 현상에 대한 일반적인 토론은 *Free China Review*(1994년 12월호)의 특집 보도를 참고할 수 있다.

1980년대 중반 이후 타이완사의 연구 방향은 타이완의 독립을 지지하는 역사가들의 영향을 깊게 받았는데,『대만문예』작가 그룹과 관계가 밀접한 역사가들의 영향력이 특히 현저하였다. 그렇지만 그들의 타이완사에 대한 견해는 재야인사들이 고취한 타이완 의식에 따라 형성된 것이었다(張炎憲 1993a: 84). 1983년 9월 정친런이『대만문예』에 발표한「대만사 연구와 역사의식의 검토[台灣史研究與歷史意識之檢討]」는 당시 '타이완 사관'을 분명하게 해석한 선구적인 글이었다. 이글의 등장은 타이완사 연구가 새로운 단계로 나아갈 준비를 마쳤음을 보여주었고, 1980년대 상반기 재야인사의 이념적 동원이 역사학자들에게 매우 깊은 영향을 미쳤음을 증명하였다. 따라서 이 글은 자세히 논할 필요가 있다.

중국사 교수인 정친런은 국제적으로 한 국가의 존재를 승인받을 수 있느냐의 여부는 정치·군사·경제 등 요소 외에 학술 문화 역량도 마찬가지로 중요하다고 생각하였다. 그는 중국이 적극적으로 중국사 연구를 발전시키고 있기 때문에 타이완의 중국사 연구자들은 점차 그들과 경쟁하기 어렵게 되었으니, 만일 타이완의 연구자가 국제 역사학계에서 경쟁하고자 한다면 "유일하게 가능한 것이 바로 타이완사 연구"라고 지적하고, 이 때문에 타이완을 제창하는 것이 중요한 과제가 되었다고 주장하였다. 또 정친런은 타이완과 대륙은 필수적으로 생존문제를 스스로 해결해야 하기 때문에 "피차간에 특별히 기대할 것이 없고", 타이완의 입장에서 중국대륙과 관련하여 "유일하게 남은 것이 있다면 정치 구호일 뿐"이라고 생각하였다. 따라서 타이완은 스스로가 의존하고 있는 생존의 '총체적 역량'을 재평가해야 하는데, 타이완사 연구는 타이완의 역사·문화·현황을 재평가하는 데 기여할 뿐 아니라 미래 타이완의 생존과 밀접한 관계가 있다는 것이었다. 그러나 정친런은 "30여 년 동안의 타이완사 연구('역사의식'을 포함해서)는 논의할 부분이 없지 않다"라고 하면서 다음과 같이 지적하였다. 첫째, 그는 타이완의 귀속을 결정하는 요소는 "장래에는 인민의 뜻과 바람이 더욱 중요한 부분이 될 것이고, 이는 시대적 조류의 방향이기 때문"이라고 생각하였다. 동시에 "타이완사 연구는 중국사 범주의 관점에 국한되어서는 논의를 전개할 수 없고, 오직 '세계사'의 관점에 설 때에만 타이완이 역사와 미래에 발휘할 역할을 이해할 수가 있고, 그 과정에서 자립 생존의 길을 모색하여 주변 강대국의 다툼에서 벗어날 수도 있을 것이다"라고 하였다.

둘째로 정친런은 또한 "네덜란드 점령시대, 명정明鄭시대, 청조 통치시대, 일제 통치시대에서 오늘에 이르기까지"의 단대사적 시대구분은 낙후한 '정치 사관'에 기초한 것이라고 생각하였다. 그는 "타이완 역사가들이 역사적 주체성과 시대구분 문제에 대해서 다시 한번 생각할 수 있기를 희망"하였고, "따라서 '우리 인민'을 역사의 주인공으로 삼고, 우리의 이익을 최대의 이익으로 하며, 당연히 그 역사도 우리를 위해 쓸 것을 요구"하였다. 세 번째로 그는 1945년 이후 "…'중원문화 본위주의中原文化本位主義'가 이미 뿌리 깊게 통치 이념의 일부가 되어 많은 불행한 사건을 야기하는 것이 없지 않다." 따라서 이러한 통치이념의 잘못에 대한 철저한 반성은 "현재 인민의 심리적 균형을 유지하기 위해 절실하게 필요한 작업"이라고 생각하였다.[271] 그는 중원문화 본위주의 등의 요소는 "타이완의 인문적 가치를 홀대함으로써", 역사교육이 국민의 합리적 관념을 배양할 수 없게 할 뿐 아니라, 타이완사의 해석에도 영향을 미쳤다고 강조하였다.

---

271 정친런이 말하는 이런 통치 이념이 초래한 불행한 사건이란 아마도 2·28 사건 등일 것이다.

넷째, 정친런은 나아가 타이완의 역사교육이 지나치게 중앙집권을 강조하면서, 상대적으로 지역성을 소홀히 한다고 비판하였다. 그는 이러한 관념은 "현재 심지어 중국통일을 지나치게 강조하는 신경질적 현상까지 야기하여 '통일론'은 모든 정치 행위에서 반드시 내거는 구호가 되었지만, '통일의 조건'과 '통일 이후의 상황'이 어떤 모습이어야 하는지에 대해서는 사전에 토론하지 않기 때문에, 이후 초래될 정치적 불안은 더욱 엄중해질 것!"이라고 지적하였다. 그는 '한족 쇼비니즘'은 바로 이 중원문화 본위주의와 중앙집권 관념에 기초한 것이라고 생각하였다. 정친런은 특히 타이완은 지난 수십 년 동안 지방의식이 높아졌는데, 그 한 원인은 '지방의 개발'을 반영한 것으로 이는 자연스러운 일이지만, "타향살이를 하던 사람이 고향으로 돌아가는[落葉歸根] 현상은 현 정권의 안정에 유리하므로" "두렵고 당황해할 필요가 더욱 없다"라는 점을 강조하였다. 다섯째 그는 타이완사 연구 또는 정부 당국의 선전 계도가 모두 "타이완과 대륙의 일원화"를 강조하는 잘못을 지속하고 있지만, 역사적으로 중국 대륙의 '대륙형 문화大陸型文化'는 내향적인데 반해, 타이완의 '해양형 문화'는 개방적인 만큼 양자는 서로 현저한 차이가 있다고 비판하였다. 정친런은 1945년 이후 '대륙의 새로운 이민자'가 몰려들면서, "정치적 상황에 따라 대륙성과 내향성이 보편적 지배 관념이 되어 인민의 의식에 침투함으로써, 자연스럽게 타이완 인민의 역사의식과 역사연구에 영향을 미쳤다"고 보았다. 그는 타이완의 "선천적 조건-해양국가[海國]라는 조건이 무형 중에 규정한 국가체제는 당연히 자유·개방·진취적"인 것이지만, 현재의 국가는 오히려 "정신적으로나 의식적으로 이를 더욱 부정하고 있다"고 지적하였다(鄭欽仁 1983). 정친런은 결론에서 다음과 같이 강조하였다.

그러나 역사의식과 역사교육, 역사 연구는 항상 쉽게 나눌 수 없으므로 필자는 이 세 가지를 함께 거론할 수밖에 없다. 전통의 영향이 너무 크면 사람들은 사색思索을 결여하게 되고, 심지어 사색할 용기도 부족해진다. 또 이 때문에 사람들은 자기의 식('국민의식'이라고도 할 수 있음)을 형성하는 '역사의식'의 중요성을 소홀히 하게 된다. 미래 전망이 어둡고 아득하여 마치 심연深淵에 빠진 듯, 얇은 얼음을 밟는 듯 위험을 예측할 수가 없다. (鄭欽仁 1983:17)

재야인사와 마찬가지로 정친런은 '본토화'의 시각에서 타이완 역사를 이해하였다. 그는 타이완 문화와 중국문화를 서로 다른 두 가지 유형으로 간주하고, 이를 바탕으로 다음과 같은 시각을 정당화하였다. 즉 중국 사관과 타이완 사관은 병존할 수가 없기 때문에 '본토화'된 역사서술이 필요하다는 것이었다. 1980년대 초부터 '본토화의 역사' 또는 보다 정확하게 말하면 '타이완 민중사'와 '아래로부터 위로의 역사'는 타이완사를 연구하는 학계의 전문 역사학자와 민간 아마추어 역사학자 사이에서 유행하는 개념이 되었다. 일반적으로 말해 1980년대 전반 이후 타이완 독립을 지지하는 역사학자들이 제창한 '타이완 사관'은 대략 1983년 정친런이 쓴 글이 제기한 논점을 벗어나지는 않았다. '타이완 주체성의 역사관 건립[建立台灣主體性歷史觀]', '타이완 역사 주체성의 재건'은 당시 그들이 늘 즐겨 쓰던 가장 핵심적인 용어가 되었다.[272]

타이완의 독립을 지지하는 인사들은 지난 수 세기 이래, 아래로부터 하나의 민족을 세우려는 시도가 줄곧 타이완의 역사를 발전시키는 동력

---

272 예컨대 陳芳明(1989a, 1992b), 張炎憲(1993a, 1995a), 吳密察(1994), 台灣歷史學會(1995) 등이 있다.

이었음을 강조하였다.[273] 역사학자 우미차[吳密察]는 다음과 같이 상세히 논하였다.

> 이러한 타이완사의 정리, 서술은 그 자체로 타이완 nationalism의 일환이다. 타이완사는 타이완 nationalism의 고양高揚으로 말미암아 성립하였으므로, 성립 이후 타이완사 역시 필수적으로 타이완 nationalism의 발생, 성장 및 그 구조를 설명해야 한다. 즉 현재 타이완사의 입장에서 가장 중요한 과제는 타이완 nationalism을 효과적으로 분석하고 설명하는 것이다. (吳密察 1994: 92)

천팡밍은 자신의 타이완사 연구를 회고하면서, 자신이 제공한 일련의 완전한 역사해석 체계가 이미 타이완 독립 이론의 구축에 공헌한 바가 적지 않다고 생각하였다(陳芳明 1992b:ⅲ). 천팡밍은 또 타이완 사관의 정치화 정도가 결코 중국사관의 그것에 뒤지지 않는다는 점을 인정했다. 그러나 그는 오직 '타이완 주체성'을 내포한 '인민사관'이 여러 시련을 이겨내고 승리를 획득할 수 있어야만, 모든 타이완사 관련 논쟁이 그칠 수 있을 것이라고 생각하였다.[274] 1995년 2월 '타이완 역사학회'가 성립되어 리융츠가 초대 회장을 맡자, 타이완의 독립을 지지하는 많은 역사학자들이 모여들었다. 이 학회는, 타이완은 주권국가로서 자기의 '주체성'을 가져야 하며, 그들은 '타이완 주체성 역사관[台灣主體性歷史觀]' 건립을 위해 힘을 다할 것을 선언하였다.[275]

타이완 독립을 주장하는 역사학자들은 정성공을 "중화민족 영웅"으로

---

273 이러한 견해는 예컨대 張炎憲(1993b)이 있다.

274 陳芳明(1992b: 57):『台灣史田野研究通訊』1993, 26: 41~42를 참고.

275 『台灣歷史學會通訊』1(1995年 9月)을 참고.

형상화하는 정부 당국의 역사해석에 도전하였다. 그들은 이러한 전통적인 역사서술을 반박하고 그것을 하나의 신화로 간주하면서, 정성공의 편협성·조폭성 및 원주민에 대한 정씨 왕조의 잔혹한 착취를 비판하였다. 일부 역사가들의 입장에서 정씨 왕조의 '반공 대륙反攻大陸' 정책은 실패가 예정된 것이었다. 바로 이후의 역사발전 과정이 보여준 것처럼 정씨 왕조는 청조에 의해 멸망되었다.[276] 이러한

<그림 6-8> 1995년 9월 『대만역사학회통신 台灣歷史學會通訊』 창간호 표지 (원서 309쪽)

비판들은 명백하게 국민당 정부의 통치 신조를 영사影射한 것이었다. 그 외 천치난의 '토착화' 개념은 청대 한인 이민 사회의 변천뿐 아니라, 수백 년 이래 타이완 사회의 전체적인 발전을 묘사하는 데 활용되었다. 토착화 이론이 일종의 '인민사관'으로 인식되었던 데 반해, 리궈치의 '내지화' 이론은 제국주의의 산물이라는 비판을 받았다. 타이완 독립을 주장하는 역사학자의 입장에서 토착화의 발전 추세는 타이완인의 외래 통치자에 대한 저항과 타이완이라는 터전[家園]을 지켜내고 말겠다는 결심의 표현이었다.[277] 나아가 타이완의 독립을 주장하는 역사학자들은 그에 앞선 재야인사들과 마찬가지로, 1920년대 이후 타이완인의 반식민투쟁을

---

276 이러한 관점에서 정성공과 정씨 왕조를 평가한 연구로는 陳芳明(1989b), 李篠峰·劉峰松(1994: 55~72) 등이 있다.

277 천치난의 논점을 차용한 이러한 견해는 陳芳明(1988: 233~235; 1992b: 12~14)을 참고.

특별히 중시하고, 동시에 개량주의든 급진적인 항일운동이든 양자의 궁극적 목표는 모두 타이완의 자주에 있음을 강조하였다. 이러한 해석 틀에서 1920년대 이후 타이완인의 모든 항일운동은 타이완 문화의 주체성을 건립하기 위한 분투과정이 되었다. 이를 바탕으로 전후 반국민당 운동과 항일투쟁을 연계시킴으로써, 민주를 추구하는 타이완의 유구한 전통이 이렇게 하나의 논술로서 창조된 것이다. 예컨대 1991년 연말의 국민대회 대표 선거를 겨냥해 민진당이 '인민제헌회의人民制憲會議'를 열어 '대만신헌법초안台灣新憲法草案'을 통과시킬 때, 천팡밍은 이렇게 썼다.

> 항일단체 가운데 우익운동자가 제출한 '타이완 의회台灣議會', '타이완 자치', '타이완의 자결', 좌익운동자가 제출한 '타이완 민족', '타이완 독립', '타이완 혁명' 등의 정치주장은 내용상 차이는 있을지라도, 그 최고 목표는 모두 타이완의 주권 및 타이완의 국격과 긴밀하게 연결된 것이었다. 이러한 완전히 새로운 민족국가 정체성은 전후 타이완의 민주화운동에 대해 여전히 무궁한 계발성啓發性을 발휘하고 있다. 더욱이 1991년 민간의 제헌회의에서 '타이완 공화국'이 정식 제출되었을 때, (그것은) 바로 타이완의 항일운동사와 완전하게 이어졌다. (陳芳明 1992c:39)[278]

1980년대 중반 이후 타이완인의 집단 기억을 다시 만들고자 하는 노력 중에서 가장 눈길을 끄는 것으로는 1947년 2·28 사건의 역사 진상 발

---

[278] 그 외 민간의 비전문 역사학자 양비촨[楊碧川]은 일제 통치 시기 타이완 의식이 '타이완 민족의식'으로 발전할 수 없었던 주요한 원인은 개량주의적 자본가·지주와 급진적 농민·노동자 간에 서로 극복할 수 없는 '계급모순' 때문이었는데, 이러한 반식민적 한인과 원주민 사이의 '종족모순'을 해소할 수 없었기 때문이었다고 보았다. 더욱이 양비촨은 이들 개량주의적 지도자는 특히 '조국'에 대한 향수 의식의 제약을 받았다고 비난하였다. 楊碧川(1988: 제2장)을 참고.

굴과 평포족 원주민의 역사에 대한 탐색을 들 수 있다. 먼저 1980년대 중반 이후 정치적 반대운동 인사와 역사학자들은 2·28 사건의 진상을 파헤침으로써 1980년대 전반 재야인사들이 했던 타이완의 과거를 식민과 반식민, 수난과 저항의 역사로 재현하는 일을 계속하였다. 재야인사들이 1980년대 전반부터 발전시켜 온 타이완사에 대한 전면적이고 상세한 서술은 국민당 통치하의 타이완을 해석하는 데 활용되었다. 다음으로 1990년대 이후 사회 대중들은 이미 '4대족군'의 분류 방식과 '운명공동체'라는 개념을 보편적으로 받아들였다. 사회 대중과 학술계(역사학·인류학·민속학을 중심으로)의 평포족 역사에 대한 관심은 독특한 타이완의 정체성이 이미 널리 표면화[浮顯]하였음을 보여준다. 2·28 사건의 진상에 대한 탐구 또는 평포족 역사에 대한 연구와 서술은 모두 타이완 사관, 다시 말하면 '탈중국화'와 '반反한인 중심주의'적 경향 및 '아래로부터의 역사'라는 이념들을 구현한 것이었다.

(6) 2·28 사실史實의 발굴: 민족 서사시를 쓰다

전후 타이완에서 어떤 역사 혹은 정치적 의제도 2·28 사건보다 민감하고 논쟁적인 것은 없다. 이 비극은 본성인과 외성인 사이에 오랫동안 지속적인 적의敵意를 만들었을 뿐 아니라, 해외 타이완 독립운동의 흥기를 초래한 중요한 요소였다. 무려 40여 년 동안 2·28 사건은 일종의 정치적 금기禁忌였으며, 모든 정부 당국의 관련 문서는 기밀에 붙여졌고 민중들의 공개적인 논의도 일절 허용되지 않았다. 그 외에도 각 주체마다 이 사건에 대한 서로 다른 해석을 갖고 있었다. 국민당 정부는 그것을 타이완 독립을 추구하는 음모분자와 타이완 공산당이 추동했던 반란 사건이고, 타이완 공산당을 배후에서 사주한 것이 바로 중국공산당이라고 생각했다. 중국공산당은 2·28 사건은 마오쩌둥의 '신민주주의 혁명'에 고무되어 폭력에 저항한 사건이니, 타이완인들은 이 (신민주주의 혁명-역자)에 힘입어 '미국과 장제스 집단[美蔣集團]'의 통치에 반항한 것이라고 발표하였다. 그 외 천잉전이나 역사학자 왕샤오보[王曉波]처럼 스스로를 타이완의 좌파라고 생각한 비판적 인사들은 2·28 사건의 지도 인물들 모두 중국 민족주의적 정감情感을 품고 있었고, 그들의 행위는 정치개혁을 요구한 것에 불과하다고 생각하였다. 이러한 비판적 인사들은 '미국 제국주의자'들이 타이완 독립의 이념을 선동했다고 확신하였다.[279] 물론 재야의 정론 잡지들도 사건의 진상을 파헤치기 위해 노력하였지만, 1987년 일군의 반정부 운동가들이 '2·28 평화일 촉진회[二二八和平日促進會]'를 성립시킨 후에서야 2·28은 비로소 역사적 금기로부터 해제되어 공공의제가 될 수 있었다. 『대만문예』의 전임사장(1983년1월~1086년5월) 천융싱[陳永興]의 주도하에 민진당의 지도급 인물과 『립』·『대만문예』·『문학계』·『대만신문화台灣新文化』·대만필회 등과 같은 문학 또는 문화 단체 지지자들이 결집하였다. 1987년 초 2·28 평화일 촉진회는 타이완의 모든 도시에서 일련의 군중집회와 가두시위를 전개하여, 국민당 정부가 사건 진상을 공표하고 국민당 군대의 학살로 수난당한 사람들의 복권과 명예 회복[平反冤屈]을 요구하였다.[280] 언론 자유의 개방 폭이 넓어짐에 따라, 2·28 사건은 신속하게 격렬한 논쟁적인 주제가 되었다. 민진당은

---

279 2·28 사건에 관한 서로 다른 해석 방식에 대해서는 侯坤宏(1994)의 추론을 참고할 수 있다. 그러나 이 사건에 관한 중국공산당의 입장은 중국의 국내 정치정세 및 타이완에 대한 정책 변화에 따라 달라졌다. 이 방면에 관한 논의는 陳芳明(1992d)을 참고.

280 2·28 평화일촉진회의 성립과 활동에 관한 자세한 사정은 『自由時代週刊』 158, 159, 160, 161, 162, 163, 164期(1987年 2月 2日~3月 23日)를 참고.

국민당에 대해 관련 문건공개와 정식 사과, 피해자 가족에 대한 배상을 강력하게 요구하였다. 상대적으로 국민당은 이와 관련하여 방어적이고 변명하는 태도를 취했다. 반정부운동의 입장에서는 2·28 사건은 타이완인의 '수난과 저항'이라는 그들이 구사하는 상징과 수사를 더욱 추진할 수 있도록 하는 동력이었다.

<그림 6-9> 1987년 2월 2·28 평화일 촉진회 활동에 관한 재야잡지 『자유시대自由時代』와 『대만신문화』의 보도 (원서 313쪽)

1991년 반대당의 도전과 압력이 갈수록 커지자, 국민당 정부는 행정원에 특별소조特別小組를 설치하여 사건의 전말을 조사하게 하였다. 이 소조는 정부 당국의 일부 문서를 취득한 후 이듬해 연구 보고를 공표하였다.[281] 이 보고서는 그 목적이 "사실의 진상을 설명하는 데 있지, 책임 소재를 판별하는 데 있지 않다"고 밝혔다. 그러나 보고 내용은 거듭하여 장제스, 천이陳儀 및 일부 고급관원들이 군사적 진압을 명령함으로써 엄

---

281 이 소조가 일부 중요한 정부 당국 문서와 역사 기록을 채택하지 않은 점에 대해서는 陳芳明(1992b: 145~146), 侯坤宏(1994: 45)을 참고.

중한 잘못을 저질렀음을 분명하게 지적하였다(行政院研究二二八事件小組 1992: 364~366).

그러나 반대당은 정부의 조사보고에 만족하지 않았다. 1990년대 초 2·28 사건은 줄곧 사람들을 논쟁에 끌어들이는 정치적 의제가 되었고, 동시에 반대당이 국민당에 도전할 때 주로 호소[訴求]하는 주제가 되었다. 많은 작가·기자·수난자 가족·학교와 비전문 역사학자 등이 역사 사실의 발굴 행렬에 투입되었고, 이 사건에 대한 그들 스스로의 서사를 가지고 공공 논쟁에 참가하였다. 사실 정부가 연구 소조를 설치하기 이전부터 일부 반대당과 관계가 밀접한 학자들은 비록 정부 당국 문서를 취득할 수는 없지만, 이미 사건의 역사를 재건하기 시작하였다. 2·28 평화일 촉진회가 성립할 때 이 학자들은 미국 샌프란시스코에서 2·28 사건에 관한 제1차 토론회를 개최하였다. 이때부터 정부 당국 문서가 아닌 자료를 기초로 한 많은 조사 연구가 잇달아 출판되었다.

타이완의 독립을 주장하는 역사학자들의 2·28 사건에 대한 해석은 그들이 제창한 타이완 사관을 구체적으로 체현한 것이었다. 그들에게 이 비극은 타이완인이 압박에 대해 저항하였던 역사적 경험의 선명한 예증이었다. 인민의 고난과 희생, 즉 2·28 사건 당시의 대학살 및 그 후의 숙청은 타이완과 중국의 통일이 가져온 참혹한 대가였다. 그들은 타이완인이 반드시 자기의 역사를 알아야 하고, 2·28 사건은 반드시 '타이완 주체의 관점'에서, 또한 '민중의 입장'에서 해석하는 것이 가장 중요하다고 생각하였다. 타이완의 독립을 지지하는 역사학자들은 '아래로부터의 2·28 사건의 역사'를 추구하면서 구술사 방법, 특히 생환자와 수난자 가족을 방문 조사하는 것이 역사의 진상을 드러내는 가장 좋은 방법이라고

확신하였다.[282]

   타이완 독립을 지지하는 역사학자들은 국민당과 중국공산당 및 타이완 좌파들의 2·28 사건에 대한 서로 다른 해석을 반박하면서, 이 사건은 국민당의 통치에 대한 합법적인 저항이라고 생각하였다. 그들은 이 반항 사건은 타이완(민족) 의식의 고무를 받은 것이며, 이러한 의식은 일제 통치하에서 이미 발전하여 성숙한 것이었음을 강조하였다. 이러한 비극은 타이완(민족) 의식과 중국(민족)의식의 격렬한 충돌이 초래한 필연적 결과로 간주되었다. 그들은 사건의 진상을 파헤치는 것은 전후 국민당 통치의 본질을 밝히는 기점이 될 것임을 확신하였다. 타이완 문화의 재건, 새로운 민족정체성의 추구 및 하나의 독립 국가를 세우기 위한 분투 등은 모두 이 역사 사건의 의의에 대한 철저한 이해를 기초로 해야 한다는 것이었다.

   타이완 사관을 갖고 있는 사람들에게 2·28 사건은 의심의 여지 없이 하나의 역사적 학살이었고, 그것은 외성인과 구별되는 본성인 족군의 집단 기억의 핵심이었다. 이 비극적인 사건의 경험을 추억하고 재건하기 위해 노력함으로써 '우리'는 마침내 "우리가 누구인지"를 분명하게 알게 되고, "우리는 마땅히 어떤 사람이 되어야 할지"를 결심하는 것이다. 2·28 사건의 폭력에 대한 저항과 이어진 정치적 숙청이 타이완인들에게 가져온 고난의 서사는 이미 '민족 서사시'로 발전하였다. 2·28 사건은 또한 하나의 '국족의 상처[國族創傷]'로서 하나의 저항과 고난에 대한 이야기[故事]로서 표현되었다. 타이완 독립을 지지하는 역사가의 입장에서 이 이야기는 반드시 수난자의 시각, 즉 타이완 사관의 관점에서 호소해

---

282 2·28 사건에 관한 이러한 관점에 대해서는 陳芳明(1989a, 1990), 張炎憲(1990, 1992), 陳俐甫(1990)를 참고하고 王蕙瑛(1995)과 비교할 수 있다.

야 할 것이었다.[283]

(7) 평포족平埔族 역사 다시 보기 : 다원 족군의 타이완 국족 상상

1980년대 중기 이후 전문 학술연구나 민간 아마추어 연구를 막론하고, 타이완사 연구는 수적으로 급속하게 증가하였다. 그중에서 2·28 사건의 진상 발굴 외에 사회적으로 족군 정체성과 역사의식에 상당한 영향력을 발휘한 것이 평포족의 역사와 문화의 재건을 목표로 한 많은 연구였다(張炎憲 1995b: 15). 이른바 '평포족'은 타이완의 서부와 동북부 평원과 대지(台地: 탁상형 평지-역자)에 사는 원주민을 가리킨다. 중앙산맥 일대에서 살고 있는 원주민인 '고산족高山族'과 같이 말레이-폴리네시아계에 속한다. 다만 산지山地 원주민과 달리 평포족은 평원과 대지를 터전으로 삼았기 때문에 쉽게 해양에 접근할 수 있었고, 이 때문에 외부 세계와 접촉이 빈번하였다. 네덜란드 식민자들은 타이완 남부의 평포족에게 큰 영향을 끼쳤다. 지난 수 세기 동안 지속적으로 중국에서 이주해 온 한인 이민자들은 평포족의 토지를 빼앗고 그들의 생계를 위협하였다. 한인 남성 이민자들은 대부분 단신으로 타이완에 왔기 때문에 평포족 여성들은 그들이 쉽게 구할 수 있는 반려자가 되었고, 따라서 족군 간 통혼현상은 상당히 보편적으로 이루어졌다. 더군다나 평포족은 아주 일찍부터 중국 문화를 흡수하였다. 19세기 말 일본이 타이완을 점령할 당시 평포족들은 이미 거의 한인사회에 융화되었고, 그들의 언어와 문화도 거의 소실된 상황이었다(李壬癸 1997: 33~39).

---

283 이 부분에 대한 해석은 陳芳明(1988, 1990), 張炎憲(1995a)을 참고.

1980년대 중반 이전 평포족의 역사를 중시하는 사람은 거의 없었다. 전후 인류학자들의 타이완 원주민에 대한 연구는 대부분 산지 원주민이 중심이었다(張隆志 1991: 63). 당대當代 타이완은 청조 및 일제식민지 시기부터 내려온 상당량의 중요한 민간 또는 관방의 공식 문헌을 보유하고 있었지만, 평포족을 연구하는 타이완사 연구자는 손에 꼽을 정도였다(詹素娟 1996: 48).

　　80년대 중후기 이후 평포족의 역사는 비로소 광범위한 주목을 받기 시작하였다. 이때부터 평포족의 역사와 문화는 대학의 전문 역사학자 또는 민간의 아마추어 역사학자·민속학자·인류학자 사이에서 뜨거운 연구 주제가 되었다. 잇달아 등장한 많은 역사 서사는 비록 서사자나 출현방식은 다르지만 모두 평포족을 소환하면서, 평포족 문제가 토론의 초점으로 부각되었다. 평포족 연구는 타이완의 족군 의식에도 중대한 영향을 끼쳤다. 점점 더 많은 복료인과 객가인들도 뿌리를 찾기 시작하면서, 자신에게도 역시 평포족의 혈통이 있음을 발견하였다. 사실 그들은 족군 간 통혼의 후손임에도 불구하고 많은 사람이 스스로 평포족임을 선언하기 시작했다. 평포족 부락의 전통으로 인식되어 오던 적지 않은 수의 제사의식과 축제 활동도 다시 거행되기 시작하였다. 이러한 부흥운동의 많은 지도자들은 자기 부락의 역사 쓰기에 착수하였다. 그들은 동시에 정부를 향해 그들 '족인族人'도 산지 원주민과 마찬가지로 특정한 보호구역을 갖는 등 똑같은 권리를 가져야 한다고 요구하였다.[284]

　　이 시기 평포족의 역사 문화에 대한 타이완 사회의 높은 관심과 이와 관련된 족군 부흥운동은 단순히 타이완 사관을 고취한 결과라고는 할 수

284　이러한 평포족의 재발견 및 관련 족군의 부흥운동에 대해서는 詹素娟(1996)의 간단하고 요령있는 논의를 참고할 수 있다.

없다. 그렇지만 '중국 쇼비니즘'과 '한인 중심주의'에서 벗어나기 위해 타이완 사관을 강력하게 제창했던 것은 확실히 이러한 발전을 촉진시킨 중요한 요소 중 하나였다. 평포족 역사의 재발견, 이미 소실된 부락에 대한 자기 동일시 등의 현상들은 타이완사의 본토화를 한 걸음 더 진전시켰다. 평포족을 연구하는 한 역사학자는 "다원족군 역사의 발견, 특히 혼혈의 사실은 중국 대륙과 합쳐질 수 없는 타이완의 독특성과 주체성을 더욱 강화할 수 있었다. 역사해석이 '중국 중심'에서 '타이완 중심'으로 변화하는 과정에서 '평포현상平埔現象'은 그 구축 과정의 일환이었다"고 보았다(詹素娟 1996). 또 다른 중요한 민속학자는 다음과 같이 지적하였다.

> 사실 지금 적지 않은 타이완 남부[南台]의 한인 몸속에는 많든 적든 시라야[西拉雅]족의 피가 흐르지만, 이 족군에 대해서는 전혀 알지 못하고 있다. ······ 일찍이 독특한 문화를 지녔던 이 민족은 언어가 이미 소실되었고 자기 문자로 기록한 민족의 문화도 없기 때문에, 그들의 후예들에게 전승할 방도도 없이 거의 멸망의 지경에 이른 것이었다. 이 시라야족의 멸망사는 바로 우리 세대 타이완인들이 교훈 삼아야 할 소중한 거울[殷鑑]이다. 본토 문화를 중시해야만 비로소 민족적 자신감을 세울 수 있고, 역사 전승에 힘입어 과거를 거울삼아 미래를 전망할 수 있으며, 타이완 민족의 존엄과 긍지를 다시 회복할 수 있으리라고 생각한다. (劉還月 1994: 6)

평포족 케타글란(凱達格蘭, Ketagalan)인의 유적지[遺址] 보존 운동은 이 시기 점증했던 타이완 사관의 영향력을 구체적으로 설명해준다. 1988년 여름, 타이완성 정부는 타이완 북부 단수이허[淡水河] 하구 옆의 한 촌락에 오수처리장을 세우고자 계획하였다. 이 처리장 예정지는 공교롭게도

'십삼행十三行'[285]의 유적지가 있던 곳이었다. 일찍이 1950년대 말 고고학자들은 이곳을 발굴하여 많은 양의 케타글란인의 유물을 발굴하였는데, 연구 보고서에 따르면 이들 유물들이 반영하는 문화는 10세기까지 거슬러 올라갈 수 있음을 보여주었다. 오수처리창 건설 계획이 발표되자 일군의 고고학자들이 항쟁을 시작하였다. 이 항쟁은 점차 광범위한 사회적 주목을 받아 공공 의제가 되었다. 그러나 정부는 계획을 변경하려 하지 않고 건축공정을 계속 진행하였다.

1991년 7월 십삼행 문화유적지를 긴급 구조[搶救]하기 위한 행동이 정식으로 전개되어 많은 대학의 동아리와 『대만문예』 잡지사, 대만필회를 포함하는 많은 사회단체가 공동으로 참여하였다.[286] 학생들과 운동 인사들은 정부에 수없이 항의하였을 뿐 아니라, 운동을 발기하여 문화유적지 보호에 대한 사회 대중의 지지를 얻었다. 그중 한 선언은 "우리는 자신의 역사를 가질 수 있다. ⋯⋯우리는 반드시 자기의 역사를 가져야 하고, 이번은 그 결정적 시각時刻이다"라고 썼다.(搶救十三行文化遺址行動聯盟 1991: 146) 다른 선언문은 다음과 같이 지적하였다.

십삼행의 의의는 타이완 역사의 전체 해석 체계에서 약세족군弱勢族群을 존중하는

285 역자주: 십삼행 유지는 현 신베이(新北)시 빠리(八里)구의 탄쉬이허 하구 남안에 존재하는 타이완의 주요 선사 유적지 중 하나이다. 이미 1950년대부터 여러 차례에 걸쳐 발굴이 진행되어 도기·철기·유리 등 많은 유적이 출토되었다. 대략 2000여 년에서 400여 년 전 초기 철기 시대에 생존했던 Ketagalan[凱達格蘭]족 또는 Kebalan[噶瑪蘭]족의 유적으로 추정된다. 1988년 다시 대규모 발굴을 계획하던 중, 성 정부가 개발하는 오수처리장 부지로 확정되자 훼손에 반대하는 학술·문화계가 반대 운동을 전개하였다. 중화민국 정부는 1991년 전체 유적지의 일부를 '국가2급고적國家二級古蹟'으로 지정하고. 박물관을 지어 출토 유물을 전시하였다. 그러나 대다수의 유지는 기타 택지로 개발되었다.

286 이 운동의 사건 경과 개요에 관해서는 搶救十三行文化遺址行動聯盟(1991)을 참고할 수 있다.

데 있으니, 이러한 역사 해석만이 총체성과 확장성[連積性]을 가질 수 있으며, 타이완의 서로 다른 족군을 타이완 역사에 위치 지을 수 있어야 비로소 진정한 타이완 인민집단의 역사를 가질 수 있는 것이다. …인민 자주의 역사해석으로써 통치자의 이데올로기를 전복하고, … 한어계漢語系와 평포족은 통혼을 통해 혈연관계를 낳았기 때문에 한어계로서 문화보호 운동을 발기한 것은 평포족에 대한 이해와 자기 인식에 상당히 중요한 의미가 있고, 이는 또한 타이완 사관 건립의 시작이기도 하다.

(搶救十三行文化遺址行動聯盟 1991: 117~118)

<그림 6-10> 정부의 십삼행 선사 유적지 파괴에 대한 민간의 항의를 보도한 1991년 6월 30일 『중국시보』(원서 319쪽)

이 운동이 호소한 것訴求은 특히 탈중국화, 다원문화 경향 및 아래로부터의 역사라는 이념이었으니, 타이완 사관의 전형적인 축소판이라 할 수 있다. 앞에서 언급한 대로, 1980년대 초반 재야 잡지의 작가들은 이미 평포족이 한족에 동화되고 한인과의 통혼을 통해 타이완인의 혈연적 기원을 혼잡하고 이질화시켰음을 언급했다. 그러나 당시 반정부운동이 제기한 주장 및 사용한 수사와 상징은 상대적으로 복료인 중심의 성격

이 강했다. 그들이 평포족 또는 산지 원주민을 강조했던 목적은 타이완인은 '순수한' 한인이라는 정부 당국의 설명 방식에 도전하기 위해서였다. 그러나 그 당시 재야의 이러한 논술은 복료인 및 객가 타이완인의 족군 의식에 즉각적인 영향을 미친 것은 아니었다.

상대적으로 1980년대 말 사회 대중이 보편적으로 '4대 족군'·'운명공동체'·'족군 평등'·다문화주의 등의 이념을 수용함에 따라, 점점 더 많은 복료인과 객가인도 더 이상 주저하지 않고 자신의 평포족 신분을 인정하기 시작하였다. 평포족 역사의 새로운 발견은 이 때문에 새로운 의의를 갖게 되었다. 그것은 중국 민족주의 입장, 즉 중국사의 시각에서 타이완사를 해석하는 방식에 대한 도전일 뿐 아니라, 동시에 하나의 새로운 타이완인 정체성을 형성하는 데 기여하였다. 더 많은 사람들이 스스로를 평포족이라고 생각하는 이러한 현상은 역사의식의 본토화를 촉진하여 타이완을 중국과 구별되는 '운명공동체'로 간주할 수 있게 하였다. 소실된 부락의 역사를 발굴하고 그들과 스스로를 동일시하는 현상은 사람들이 타이완을 하나의 다족군, 다문화의 민족을 상상하는 데 유리하였다. 즉 "여러분은 모두가 타이완인"(1990년대 초, 국민당과 민진당이 모두 항상 사용하던 구호)이라는 말은 비록 서로 다른 족군에 속하지만, 모두 단결하여 하나의 민족의 틀 속에 응집하자는 의미였다.

3. 결어

이번 장의 분석을 통해 타이완의 다양한 정치행위자들이 타이완 역사에 대한 각자의 해석을 통해 그들의 서로 다른 정치 이념과 민족 정체성을 정당화했음을 살펴보았다. 그들의 역사 서사는 서로 다른 역사 요소를 강조하며, 같은 역사 인물과 사건에 대해서도 서로 다른 의미를 부여하였다. 정치행위자 및 현재적 관심이 촉발한 이러한 역사 서사는 과거를 되돌아보게 한다. Maurice Halbwachs가 일찍이 말한 대로 "과거는 결코 실재처럼 다시 드러나지 않는다. …과거는 결코 보존되지 않고 현재의 기초 위에서 다시 구축될 뿐이다"(Halbwach 1992[1941, 1952]: 39~40).

사람들이 어떤 방식으로 과거를 추억하든, 기본적으로 사회정치적 상황 및 그 속에서 살아가는 행위자의 의도에 영향을 받는다. '타이완 사관'의 출현은 주로 메이리다오 사건 이후 재야 반정부운동 인사들이 끊임없이 적극적으로 고취한 결과였다. 메이리다오 사건은 재야의 이데올로기를 급진적인 방향으로 변화시켰고, 재야인사들은 장기간에 걸쳐 억압 받은 과거 기억을 발굴하여 새로운 의미를 부여하기 시작하였다. 재야인사들은 특수한 방식으로 타이완의 항일운동사, 특히 자신들의 선구로 볼 수 있는 1920년대 이후의 반 식민운동의 역사를 회고하였으며, 그 방식은 '식민/반식민', '수난/저항'과 같은 수사修辭에 정확하게 부합하였다. 그들은 자신과 항일운동가를 함께 거론하여 현재의 정치 반대운동과 과거의 항일투쟁을 연계시킴으로써, 자신들의 반정부운동을 외래 통치자에 저항하는 본토(타이완) 전통의 일환으로 간주하였다. 그 외에 원주민의 역사도 중국 민족주의에 도전하는 방식으로써 재해석되었다. (평포족) 원주민의 존재는 타이완이 중국의 일부분이고, 타이완인은 순수한 한인이라는 논법을 반박하는 데 활용되었다.

이와 유사하게 타이완 민족주의의 신속한 발전 단계에서 2·28 사건은 하나의 독특한 민족으로서 타이완인의 집단 상처로 해석되었다. 사건 과정에서 타이완인이 당한 비참한 조난은 민족적 고난과 저항의 전형적인 예로서 간주되었다. 2·28 사건에 대한 서사는 신흥 민족의 서사시 중 가장 감동적인 장면의 하나였다.

1980년대 말 타이완 민족주의의 복료인 중심 경향이 점차 옅어지고 족군 평등의 가치가 사회적으로 보편적 승인을 얻자, 평포족의 역사에 대한 이해 방식도 1980년대 전반과는 중요한 차이가 생기기 시작하였다. 평포족이 '재발견' 되는 방식은 다족군과 다문화의 '운명공동체' 개념의 발전을 뒷받침하였다. 갈수록 많은 사람들이 스스로를 평포족으로 여기면서 타이완 사관이 점차 사회적 영향력을 획득함을 더욱 뚜렷하게 보여주었다. 이러한 역사관은 이미 많은 타이완인들이 과거에 대한 상상을 구축할 때 보편적으로 사용하는 참고 틀이 되었고, 이러한 상상은 정치와 문화영역의 '본토화' 이념과 호응하였다. 하나의 집단 기억이 사회적으로 중요하게 보이는 까닭은 통상 그 기억을 품고 있는 특정 집단의 사회적 권력이 그것에 의지하는 바가 있기 때문이다(Halbwachs 1980[1950]: 120~127). 1980년대 이래 타이완 사관이 점차 중요해졌다는 것은 정치와 문화영역에서 본성인과 외성인 간의 지위 변화를 반영한 것이었다.

그러나 타이완 사관의 유행은 결코 중국사관의 완전한 소실을 의미하는 것은 아니었다. 집단 기억은 억압당할 수는 있지만 완전히 소실되기는 매우 어렵다. 외성인의 스스로의 역사 경험에 대한 집단 기억, 즉 제2차 세계대전 기간 중국 대륙에서의 항일전쟁과 최후의 승리, 국공내전으로 인한 백성들의 도탄 상황, 대륙에서 도망쳐 타이완에 자리 잡기까지의 오랜 고통과 시달림 등은 타이완인들이 식민과 고난을 당한 경험과 같이, 모두 일종의 민족 서사시 중 사람을 감동시키는 중요한 요소였다. 이러한 역사 기억은 중국사관이 유지될 수 있는 중요한 토양이었다.

타이완 민중은 타이완을 다원 족군의 국가로 상상하게 되었지만, 점차 사회통합이라는 난제에 직면하기도 하였다. 이처럼 여러 족군 정체성이 병존하는 시대에 설사 타이완 사관이 분화하여 '복료인 사관', '객가 사관客家史觀', '원주민 사관'이 출현한다고 해도 하나도 놀라운 일이 아닐 것이다. 서로 다른 족군이 타이완사의 서사에 대해 각각의 의견을 발표할 권리가 있다고 주장하기 시작할지도 모른다. 족군별로 다른 시각에서 타이완의 과거를 서술하게 되면, 해석상의 충돌은 불가피할 할 것이다. '민족사'를 쓰는 것, 즉 일치된 통제·통합적인 관점에서 공동의 과거를 재현하는 것도 더욱 곤란해질 것이다.

집단 기억 연구의 선구자인 Halbwachs는 하나의 사회 성원이 모종의 상식을 건립할 때만 사회는 존재할 수 있고, 이 상식의 일부는 사회 성원들의 집체적 기억에 의존한다고 믿었다. Halbwachs는 개인적인 회고 역시 사회 기억의 틀에 의존한다고 지적했다. 그의 입장에서는 사회는 수요가 존재하는 한, 과거의 기억에 대한 공동의 틀을 창조함으로써 사회 구성원의 현재와 미래의 행동을 조화시키며, 이는 날로 전문 분화되는 사회에서 사람들이 각종 독특하고 편협한 집단 기억의 제약을 받을 때 더욱 중요해진다고 보았다(Halbwachs 1992[1942, 1952]: 182~183). 그러나 족군 정체성이 다양하고 복잡한 사회에서 과거의 기억에 대한 공동의 틀을 창조하고 공동의 역사 서사를 응집해 낼 수 있을까? 만일 가능하다면 그 역사서술은 마땅히 어떤 모습일까? 지금의 타이완 사회처럼 사람들이 점점 족군 정체성에 의해 동원되어 사회정치적 의제에 대해 목소리를 내는 상황에서, 상술한 문제는 갈수록 절박해지고 있다. 그러나 이들 문제에 대해 되레 이미 만들어진 답안은 없다.

제7장

결론

이 책은 타이완의 문화민족주의, 즉 정치에 의해 촉발되어 문학·언어·역사영역에서 형성된 타이완의 민족정체성의 구성과정을 연구한 것이다. 본문의 분석에서 보여준 것처럼, 타이완 독립을 주장했던 작가·문학비평가·대만어 부흥운동 인사와 전문적 또는 아마추어 역사연구자들은 모두 독특한 문화유산·언어전통 혹은 역사발전 과정의 존재를 강조하고, 그를 통해 논술상 하나의 민족을 구축하였다. 앞의 각 장에서는 1980년대 초반이 되어서야 정치적으로 중요한 타이완 민족주의가 재야의 이데올로기적 동원의 영향을 받아 출현하였음을 지적하였다. 정치적으로 비판적 경향을 가진 인문 지식인들이 타이완 민족주의를 주장한 시기는 정치행위자들의 민족주의적 동원보다 조금 늦었으니, 이러한 과정은 타이완의 민족주의 운동이 세계 민족주의 발전의 역사에서 '지체자[遲來者]' 또는 '후래자[晚進者]'임을 보여준다. 타이완 문화민족주의가 고도로 정치화된 특징은 그 발전에 대한 학자들의 이해에 영향을 미쳤고, 타이완 민족의 정체성에 대한 사회 대중의 토론 방식에도 영향을 미쳤다. 이 책의 마지막 장을 통해 상호 관련된 주제를 탐구하면서 필자의 논점을 다시 정리해보고자 한다.

1. 역사적 '후래자[晚進者]'로서의 타이완 민족주의

19세기 유럽과 20세기 피식민 지역의 민족주의 운동과 국가건설 과정은 민족국가 단위의 세계체계를 형성하였다. 한 개인은 자신을 하나의 민족국가에 속하는 시민 신분으로 정의하는 것이 이미 매우 자연스럽게 되어서, 오히려 소속 국가가 없는 개인을 상상하기가 어려울 정도가 되었다. 민족자결의 원칙에 따라 어떤 인민집단이라도 자신의 민족정체성을 분명하게 진술하고 한 국가의 통치하에서 압박받은 경험과 감정을 서술할 수 있으면, 왕왕 정치적 독립과 자기의 영토를 가질 수 있는 권리가 있는 것으로 인정된다. 그러나 타이완 민족주의가 타이완 사회에 큰 영향을 미친 20세기 말에는 이미 적지 않은 학자들이 민족주의는 과거처럼 역사 발전의 중요한 동력이 될 수 없을 것이라고 생각하였다. 그들은 부단한 글로벌 통합의-특히 경제영역에서-결과, 많은 부분에서 민족국가의 통제력을 약화시킬 것이고, 그에 따라 민족주의 이데올로기도 점차 쇠퇴할 것이라고 보았다.[287]

---

287 이런 관점을 지닌 중요한 학자 중 한 명이 에릭 홉스봄(Eric Hobsbawm)이다. Hobsbawm(1990, 제6장)을 참고. 그러나 다른 일부 학자들은 이렇게 생각하지 않았다. 그들은 글로벌화에 대항할 수 있는 많은 역량이 있음을 지적하였으니, 예컨대 국가의 군사 및 무력에 대한 농단, 민족주의의 완강한 생명력, 국제합작 과정에서 더욱 강해진 국가의 역량 및 국가와 국가 간의 '상호 관련'이 꼭 '상호 의존'을 의미하지는 않는다는 점 등은 오히려 민족국가의 존재를 더욱 강화할 수 있는 요소라는 것이다. McGrew(1992: 87~94)를 참고. 그 외 예컨대 Nira Yuval-Davis 같은 이는 글로벌화와 국제 이민 추세가 꼭 사람들 마음속의 '상상의 공동체'와 특정 영토 사이의 긴밀한 연계를 약화시키지는 않는다고 지적하였다. Yuval-Davis는 교통과 통신의 과학기술 발전은 디아스포라적 공동체(diasporic communities)의 고향 또는 조국에 새로운 역할을 창조함으로써, 고향과 조국이 더욱 중요하고 구체화 되었다고 생각하였다. 각지의 다양한 디아스포라 공동체들은 이미 적지 않은 정치 행동 계획을 발전시켰으니, 예컨대 조국의 정치 또는 군사 항쟁을 지지함으로써 조국이 '타자'의 지배로부터 해방되도록 추구한다는 것이다. Yuval-Davis(1997: 64~66)를 참고.

1980년대 초에 이르러 재야의 반체제 인사들은 비로소 국민당의 통치에 대해 민족주의 방식의 도전을 전개하기 시작하였다. 1971년 중화인민공화국은 연합국(UN) 가입을 승인받았다. 이후 자신이 전 중국의 유일한 합법정부임을 승인할 것을 국제사회에 요구하면서, 타이완은 점차 중화인민공화국과 경쟁할 수 없게 되었다. 중화인민공화국이 서방세계에 개방되고 미국도 타이완과 단교하고 중화인민공화국과 수교함에 따라, 타이완은 갈수록 '중화민국'이라는 이름으로 국제적 활동 공간을 얻기가 어려워졌다(3장과 4장 참고). 타이완의 수교 국가들이 (중화민국에 대한-역자) 승인을 철회하고 타이완과 단교하는 것이 흔한 일이 되자 이러한 사정들은 모두 많은 민중들에게 "국가가 없어지거나" 중공의 통치를 받을지도 모른다는 우려를 낳게 하였다.[288]

오랫동안 국민당 정부는 그들이 선전하는 중국 민족주의에 의지해 권위주의 통치의 정당성을 유지하였다. 국민당 정부는 대만에 "잠시 머무는[暫居]" 정권으로서 중국 대륙 수복을 종국적 목표로 삼으며, 1946년 대륙의 국민대회에서 통과한 헌법이 규정하는 정부의 틀을 유지하였다. 그들이 선언한 모든 비정상적인 정치 조치, 특히 계엄실시와 헌법 임시 조관 및 3대 민의 기구 대표의 정기 개선 동결 등은 모두 반공동원시기에 필요한 임시적 조치였다. 그러나 이러한 처리 방식은 시민권을 엄중하게 침해하였을 뿐 아니라 본성인과 외성인 간의 심각한 권력의 불평등을 초래하였다. 타이완인은 정치적으로 불리한 위치에 처해졌고, 또 그로 인해 그들의 언어·역사 기억·문화 전통은 경시되거나 억압되었다.

---

[288] 많은 민중이 해외여행을 가면서 이러한 우려가 더욱 커졌다. 1979년 국민당 정부가 출국 관광을 개방한 후, 많은 민중이 공유한 경험은 바로 많은 국가가 그들의 신분을 증명하는 합법 문건으로 중화민국 여권을 인정하지 않는 데서 오는 불쾌감과 굴욕감이었다.

1980년대 초기 재야의 급진적인 인사들은 "국가가 없어지거나" 중공의 통치를 받을지도 모른다는 민중들의 우려와 함께 본성인의 피억압적 감정에 호소하면서, 이러한 불만들을 일관된 논리를 갖춘 민족주의 이데올로기로 전환시켰다. 이러한 이데올로기의 중점은 하나의 새로운 국가건설을 고취함으로써, 국내적으로 억압적이고 국제적으로 점차 승인받지 못하는 중화민국을 대체하려는 데 있었다. 그것은 다수 족군인 본성인에 책임을 지며, 당대 민족국가 단위의 세계체제에서 마땅히 누려야 할 지위를 획득할 수 있는 국가를 건설하려는 것이었다. 이처럼 민족국가의 통치형식이 당연하게 보이고 시민 신분과 민족자결의 개념 역시 광범위하게 받아들여지는 시대에, 재야는 민족주의라는 이데올로기를 이용하여 군중의 지지를 획득하였고, 그 유효함을 증명하였다(4장을 참고).

간단히 말해서 러시아제국 지배하의 유태인이나 합스부르크제국 지배하의 슬로바키아인, 오토만제국 지배하의 그리이스인, 영 제국 속의 에이레인 등의 문화 민족주의와 달리, 타이완의 반국민당적 인문 지식인들의 문화 활동과 그 결과는 결코 정치적 민족주의를 촉진하는 역할을 전혀 하지 않았다. 19세기에서 20세기 초 민족국가가 주요한 정치적 통치의 틀이 되고 민족도 점차 유행하는 집단 정체성의 유형이 되면서, 일련의 통치 권력을 획득하고 운용하는 행위를 정당화하는 데 활용되었다. 바로 이러한 시대에 상술한 구 제국에서 지배받고 있던 족군의 문화 엘리트들은 집단의 상징을 창조하고 역사를 재발굴하여 서사하며 언어와 민속 등을 부흥시킴으로써, 또 이를 바탕으로 일종의 민족의 특수한 역사 감정을 주조함으로써 민족 정체성을 구축하였다. 이러한 문화 엘리트들이 구축한 민족 동질감의 문화 활동과 결과는 이후 민족주의 정치 동원을 위한 기반이 되었다. 바로 Anderson이 말한 것처럼, 일단 민족의 이러한 집단 정체성이 확립되면, 그것은 곳곳으로 전파되고 답습되기 때문에 '민족'은 더 이상 서서히 분명해지는 정향성의 사물이 아니라, 마치 처음부터 의식적으로 추구할 수 있는 사물처럼 변하게 된다 (Anderson 1983:63).

귀납하면, 타이완 민족주의 운동의 발전 순서는 일반적인 민족주의 운동사의 시각, 즉 Hroch가 제출한 민족주의 운동 3단계론에 부합하지 않았다. 1980년대 초 재야의 타이완 민족운동이 출현하기 전까지, 타이완 민족주의를 뚜렷한 정치 행동으로 구체화 시킬만한 어떤 중요한 역사 문화 조류나 운동도 없었다. 반면 1979년 메이리다오 사건 및 이후 재야인사에 대한 정치적 박해야말로 재야가 급진주의 방식으로 국민당의 통치에 도전하거나, 그 주요한 정당화 이데올로기-중국민족주의-를 비판하는 가장 중요한 요소가 되었다. 이러한 요소들, 즉 메이리다오 사건과 정치적 박해 그리고 재야 급진적 인사들의 대담한 민족주의 선전 등이 종합적으로 영향을 미침으로써, 반 국민당 성향의 본성인 작가·문학비평가·역사 연구자 및 언어부흥 운동자의 민족주의 감정을 격발시킨 것이었다(4, 5, 6장을 보라). 『대만문예』와 『립』 시간 두 문학잡지도 1964년 창간 당시에는 타이완 민족주의의 진전에 별다른 영향을 미치지 않았다. 그러나 1980년대 말 이후 적지 않은 본성 출신 지식인들은 당시 이 두 잡지의 창간이야말로 타이완 의식의 각성을 격발시킨 의식적 반국민당 행위였고, 심지어 1970년대 재야 반정부운동을 촉진하는 역할을 했다고 주장하였다.

많은 사람들은 1970년대의 향토문학과 광범위한 '향토 회귀'라는 조류가 타이완 민족주의의 흥기를 촉진했다고 생각하지만, 이는 타당하지 않은 시각이다. 향토문학과 '향토 회귀' 사조는 사회적으로 문화계의 과도한 서구화에 대한 대응과 반성이었고, 1970년대 초 일련의 외교 실패가 촉발한 사회정치적 개혁 여론을 배경으로 한 것이었다. 향토문학의 주요한 작가와 제창자들은 많은 경우 중국의 '민족적 상처'라는 시각에서 전후 타이완 사회의 정치적 곤경을 이해하고, 강렬한 중국 민족주의 감정을 구현하였다. 이 시기 향토정신은 물론 분명한 지방색채를 드러내긴 했지만, 그것은 결코 타이완 민족주의적인 것은 아니었다.

그러나 이 책의 앞 몇 장의 분석은, 필자가 논한 본성인 작가와 문학 비평자들이 1980년대 이전에는 본토와 고향에 대한 애정과 관심이 명확하게 결여되어 있었다고 생각하는 것은 아니다. 사실 세심한 독자라면 누구나 그들의 소박하고 명랑한 작품에서 타이완에 대한 그들의 깊은 정감情感을 느낄 수 있을 것이다. 그들의 타이완 현지 문화와 역사 서사에 대한 관심과 그들이 표현하는 정감은 외성출신 작가의 작품과 비교해 보면 더욱 뚜렷하다. 이처럼 자신의 고향과 본토에 대한 정감과 문학적으로 표현된 관심은 줄곧 문학 창작의 원동력 중의 하나이기 때문에 세계 다른 지방의 작가에서도 쉽게 발견할 수 있는 것이다. 그러나 이러한 정감이 꼭 정치적 의미를 갖는 것은 아니며, 꼭 민족주의적 함의를 갖는 것은 더욱 아니다. 고향과 본토의 정감으로부터 민족주의적 정체성과 주장에 이르는 것을 자연적, 또는 필연적인 연속 발전 과정으로 볼 수는 없는 것이다. 타이완의 문화 민족주의의 예에서 이러한 발전은 사람들이 의도하지 않은 것이며, 희극적인 정치 변화가 만들어 낸 역사적 우연의 결과일 뿐이다. 이 책의 분석이 보여주는 것처럼, 타이완의 문화 민족주의 발전을 촉진시킨 가장 주요한 역사적 우연 요소는 메이리다오 사건의 발생이었다.

타이완의 정치 사회의 변천에서 중대한 의의를 갖는 '타이완 민족'이라는 개념은 메이리다오 사건 이후에야 비로소 구축되기 시작하였다. 물론 이 개념이 이때 처음 출현했다는 것은 아니다. 일제 식민지시기, 대만공산당은 그 「정치대강」에서 '타이완 민족의 발전'을 선전하였다. 그러나 당시 대만공산당을 제외하고 이 집단 정체성 개념을 광범위하게 수용하지는 않았다. 게다가 전후 저명한 해외 타이완 독립 인사였던 스밍[史明]도 1960년대 초에 그의 '타이완 민족 형성 이론'을 발전시키기 시작하였다.[289] 그러나 전후의 해외 독립운동이 그러하듯이 스밍의 개념과 이론이 타이완의 반정부운동에 미친 영향은 거의 없었다.

근대 민족국가 이념은 세 개의 서로 다르지만 중첩되는 요소를 포함한다. 집단 정체성의 단위로서 '민족', 민족의 정치적 독립의 표현으로서 '국가', 그리고 하나의 지리적 구역으로서 민족의 경계선과 국가의 영토 경계선이 반드시 일치해야 함을 나타내는 '영토'가 그것이다(Woolf 1996: 1-2). 이 세 요소로 말하자면, 1980년대 초 재야의 지도자들이 동원한 이데올로기는 주로 타이완 섬을 영토 범위로 하는 새로운 국가를 제창함으로써 중국 민족주의와 대륙을 강역으로 구성된 중화민국을 대체하고자 한 것이었다. 타이완 민족 정체성을 구축하는 일은 주로 타이완 독립을 지지하는 인문 지식인들의 과제로 남겨진 것이었다. 이러한 문화 엘리트들은 타이완인의 집단 상징의 창조, 타이완 문학의 재해석, 복료인 타이완어의 부흥, 타이완 역사의 새로운 서술 등을 통해 정치적인 정체성의 주장과 행동을 지지하였다.

---

289 제2장 및 제6장의 주8을 참고.

2. 타이완 문화민족주의에 대한 재고再考

국민당에 반대하는 지식인들의 타이완 문화민족주의는 재야의 이데 올로기적 동원에 의해 발전하기 시작했으니, 이 사실 또한 1980년대 이후 타이완의 문화적 정체성과 민족정체성의 정치화 과정을 분명하게 잘 보여준다. 시사詩社 『립』과 『대만문예』의 회원들은 메이리다오 사건을 계기로 정치의식이 촉발되어 국민당 통치의 전제성을 인식하였고, 그에 따라 점차 재야가 고취하는 민족주의 신념을 지지하였다. 이러한 이데올로기는 분명하게 이들의 문학적 생애나 문학에 대한 시각을 바꾸게 하였다. 1970년대 향토문학 논쟁 때까지도 『대만문예』의 작가들이 어떤 특수한 공동의 문학 이념이 있었는지는 명확하게 구별해내기 어렵다. 그 외 『립』의 시인들이 힘을 다해 창작한 것은 '현대시'만이 아닌 '중국 현대시'였고, 그들이 희망하는 스스로의 역할 역시 '현대 시인'일 뿐 아니라 '중국의 현대 시인'이었다. 그러나 1979년 메이리다오 사건 이후 이 두 문학단체의 많은 성원들은 타이완인들이 외래정권으로부터 압박을 받았다는 것, 그리고 외래정권에 저항했다는 역사적 시각에서 타이완 현대문학의 발전 과정을 이해하기 시작하였다. 타이완 문학은 이때부터 점차 외래통치에 대한 저항정신을 특징으로 하는 전통으로서 표현되었다. 그래서 '본토화'된 타이완 문학을 핵심이념으로 하는 일련의 '탈중국화' 문학 논술이 점차 형성되기 시작하였다. 1980년대 후반 이 문학 논술은 정치정세의 대폭적인 변화의 영향을 받아 더욱 급진적으로 변모하였다. 따라서 다중적多重的 기원을 갖는 '타이완 민족 문학'의 역사도 논술 속에서 구축되었다. 이 역사는 독특한 타이완 민족정체성을 부단히 찾아가는 과정으로 해석되었다. 모든 타이완의 현대 작가들은 하나의 특수한 민족으로서 타이완인의 운명과 앞날에 대해 같이 관심을 가졌고, 민족정체성 또한 타이완 현대문학이 1920년대 일본 식민지시기 등장한 이래 지속해서 출현한 주제가 되었다.

그와 유사하게 1980년대 말 이전까지 본성 출신 작가들은 거의 본토 언어로 작품을 쓰지 않았다. 거의 대부분의 본성 출신 작가들도 외성 출신 작가들과 마찬가지로 '국어'로 작품을 쓰는 것을 당연하게 생각하였다. 전후 타이완에서 솔선하여 타이완어로 작품을 쓴 두 작가 린종위안과 샹양 작품활동의 동기가 단순히 더 자유스러운 방식으로 자신을 표현하려는 생각 때문이었지, 어떠한 특별한 정치적 주장에 기초한 것은 아니었다. 1980년대 말 이후 재야인사들이 정부 당국의 '국어 독존[獨尊 國語]' 정책을 격렬하게 비난하고 정부도 본토 언어의 공개적 사용에 대한 제한정책을 풀게 되면서, 본토 언어의 부흥운동도 출현할 수 있었다. 그 후 더 많은 작가들이 타이완어로 창작하기 시작하였고, 타이완어 부흥 운동자들도 적극적으로 본토 언어의 표준적인 쓰기 방식을 체계화하고자 시도하였다. 타이완어는 점점 '민족 언어'로서의 지위를 부여받았고, 민족주의적 언어 부흥운동을 지지하는 사람들에게 그것은 타이완성 [台灣性]을 입증하는 데 불가결한 요소이자, 타이완 민족을 구성하는 과정 중의 핵심적인 관건이 되었다.

더욱이 재야인사들은 '타이완 사관'의 발전을 추동하였다. 메이리다오 사건 발생 후, 재야인사들은 타이완의 과거에 대한 전면적인 서술과 해석 체계를 구축하였다. 이러한 서술은 국민당정부가 내세운 '중국사관'에 직접적으로 도전하면서 타이완의 오랜 경험을 식민지 박해와 반식민 투쟁의 역사로서 재현하였다. 이런 역사관에서 피압박의 감수성과 저항 정신은 이미, 그리고 필수적으로 타이완 의식의 내재적 성분이 되었다.

많은 민간의 아마추어와 학계의 전문 역사연구자들은 재야인사가 만들어낸 새로운 역사의식의 영향 아래 '탈중국화', '반 한인(漢人) 중심주의' 및 '아래로부터의 (우리/인민) 역사' 이념을 특색으로 하는 타이완 사관을 공개적으로 고취하기 시작하였다. 총체적으로 말하면, 1980년대 중후반 이후 타이완사가 왕성하게 발전했던 방향은 이러한 사관의 영향을 깊이 받은 것이었고, 이러한 사관은 또한 재야인사들이 제창하면서 시작된 것이었다. 이때부터 일종의 다문화주의 색채를 지닌 타이완 민족의 역사 서사가 점차 형성되어 중국대륙과 구별되는 '운명공동체' 개념의 발전을 촉진하였다.

(1) 흙 속에서 싹트기를 기다리는 씨앗인가?

타이완의 민족주의자들은 문화 정체성과 민족정체성의 측면에서 분명한 정치적 경향성을 가졌는데, 이러한 사정은 학자들이 타이완의 문화 민족주의의 발전을 이해하는 데에도 영향을 끼쳤다. 예컨대 한 연구자의 지적처럼, 메이리다오 사건은 본성 출신 작가와 문학비평자들이 타이완 민족주의를 발전시키는 데 결정적인 작용을 하였다. 그러나 연구자들은 여전히 이러한 (민족주의-역자) 발전의 씨앗은 일찍부터 뿌려졌던 것이라 믿었다. 예를 들어 일부 연구자들은 예스타오와 천잉전이 향토문학 논쟁 시기 각각 '타이완(향토) 문학'과 '타이완의 중국문학'이라는 서로 다른 개념으로써 타이완(본성)인의 문학적 표현의 성격과 전망에 대해 서로 다른 시각을 제기하였고, 실제 향토문학 작가와 지지자를 대표하는 진영 내에 '통일파[統派]'와 '독립파[獨派]'의 내부 분열이 있었다고 생각하였다. 이러한 연구자들은 당시 이 두 진영은 국민당의 엄밀한 정치적 통제 아래에서 조심스럽게 행동할 수밖에 없었고, 나아가 서로 협력하여 국민당에 대응해야 한다는 것을 알았기 때문에 고심하여 서로 간의 공개적인 충돌을 피했다고 생각했다. 그러나 메이리다오 사건 후 그들의 표면상의 화해和諧는 더 이상 유지될 수 없게 되자 공개적으로 결별하였다는 것이다.[290] 이러한 논점의 중요한 결함은 정치화의 족군성을 마치 흙 속에서 발아와 성장을 기다리는 씨앗처럼 보거나, 혹은 마치 Danial Bates가 말한 '병속의 마귀'처럼 일단 엄격한 정치적 통제가 풀리면 갑자기 기어 나오는 어떤 것으로 보았다는 점이다(Bates, 1994:219). 그러나 일반적으로 족군 정체성과 민족 정체성은 서서히 등장하여 형성되는 것으로, 특정한 사회 정치의 맥락에서 이해해야 한다. 사람들이 부락·족군·국족의 집단 정체성에 호소하는 것도 특정한 환경에서만 그 효과를 볼 수 있기 때문이다. 제4장에서 분석한 것처럼 향토문학 논쟁 시기 『대만문예』의 작가 중 극소수만이 특정하고도 선명한 문학 이데올로기를 품고 있었고, 『립』의 시인들도 당시 외성 출신 시인들과 마찬가지로 현대적이면서 중국적인 시의 창작 활동에 몰두하고 있었다. 메이리다오 사건이 발생한 후에서야 이 두 집단의 작가들은 타이완 민족주의를 주장하기 시작하였고, 그들의 문화 활동도 고도로 정치화하였으니, 예스타오가 1987년 출판한 『대만문학사강』 또한 이때 비로소 타이완 문화 민족주의자의 전형적인 문학 논술이 되었다. 그러나 그 이전인 1980년대 초까지도 예스타오는 여전히 본성 출신 작가들이 문학적 표현 속에서 타이완의 지방의식과 중국 민족의식의 균형을 추구할 것을 격려하였고, 결코 양자가 서로 용납할 수 없는 것은 아니라고 생각하였다. 『대만문

---

290 문학 영역에서 타이완 민족주의에 대한 이러한 시각은 呂正惠(1992: 58~59; 1995: 78~79)를 들 수 있다.

예』와『립』의 작가 집단 사례에서 알 수 있듯이, 정치화한 족군성은 결코 어떤 가능한 시기를 기다려 발휘되고 작용하는 시종 잠재하고 있는 역량이 결코 아니라는 점을 보여준다. 오히려 그것은 사실 특수한 사회 정치적 상황의 변화가 만들어낸 결과라고 보는 것이 가장 합당한 이해 방식일 것이다.

"흙 속에서 싹트기 기다리는 씨앗"이란 관점을 가진 학자들은 이후 타이완 민족주의자가 되는 사람들의 가슴 속에 일찍부터 타이완 독립 경향이 있었다고 생각한다. 최소한 향토문학 논쟁 시기부터는 그러하였다고 생각한다. 이러한 관점을 갖고 있기 때문에 그들은 예스타오를 대표로 하는 '독립파'가 향토문학의 주요한 작가와 지지 진영 내에 이미 존재했다고 가정한다. 그렇지만 사실 이 진영은 메이리다오 사건 이후에야 점차 형성되었던 것이다.

(2) '가짜[假]' 정체성?

타이완 민족주의자들의 문화정체성과 민족정체성이 고도로 정치화한 현상은 또한 사회적 공공여론의 어떤 특징을 형성하였다. 필자가 4장에서 말한 것처럼, 메이리다오 사건 발생 이전 재야는 오로지 '민주화'의 방향에 관심을 집중하면서, 중화민국 정치체제의 철저한 개혁을 요구하였다. 이러한 개량주의적 호소는 그들이 외성인과 본성인 간의 족군 평등을 정치영역에서 건립하려는 결심의 표현이었다. 그러나 메이리다오 사건 이후 굴기한 재야급진파는 민족주의적 방식으로 정치구조의 개조를 추동하기 시작하였다. 앞 단계에 비하여 이러한 급진적 행동 계획은 논술의 측면에서 상당히 명확한 비약이 필요하였다. 말하자면, 족군의 특수성에 근거하여 평등한 시민권을 주장하던 것에서 비약하여 독특한 민족문화를 근거로 한 새로운 국가 건설을 시도한 것이다. 이러한 정치 변화에 의해 촉발되었기 때문에 특수한 타이완 문화의 건립 활동은 타이완 독립을 주장하는 인문 지식인들이 주도할 수밖에 없었다. 그들은 문학전통의 건립, 새로운 역사 서술, 본토 언어의 부흥, 집단 상징의 창조에 힘을 쏟았다. 이러한 문화의 구축은 많은 웅변적인 수사修辭와 논술을 포함하였는데, 특히 상징적으로 '우리'(타이완인)와 '그들'(외성인/중국인) 간의 차이를 부각하는 것이었다. 타이완의 독립을 지지하는 인문 지식인들은 중국과 다른 타이완 문학·언어·역사를 구현함으로써 민족 문화의 독특성을 확립하고, 이를 바탕으로 우리는 누구인가? 우리는 어떤 사람이 될 수 있는가? 우리는 어떤 사람이 되고자 하는가 등의 문제에 회답함으로써 논술상 하나의 민족을 창조해냈다.

많은 사람들이 우려스러운 눈으로 정치에서 촉발된 타이완 민족정체성의 구축 과정을 바라보았다. 정치화된 정체성 인식은 많은 사람에게 혐오감을 주었으며, 특히 중화민족 의식을 가진 사람들에게 더욱 그러하였다. 1980년대 초반 이래 재야인사들이 타이완 민족주의를 고취하기 시작했을 때, 민족정체성과 관련된 공공여론은 늘 타이완 민족 정체성이 참인지 거짓인지를 둘러싸고 논쟁하였다. 특히 타이완과 중국의 통일을 지지하는 일군의 역사연구자들은 타이완 민족주의자들의 역사 서술에 분노하여, 그것이 갖는 과거에 대한 잘못된 해석을 절박하게 지적하기도 하였다.[291] 이와 비슷하게 통일을 지지하는 타이완 문학사 연구자들 또한 타이완 문학사 중에서 타이완 독립의 시각에 의해 왜곡된 부

---

291 예컨대 王曉波(1986a, 1986b, 1988)를 들 수 있다.

분이 있음을 지적하였다.[292] 중국 민족주의 감정을 품고 있는 사람들이 타이완 민족주의자에게 퍼붓는 가장 일반적인 비난은, 그들이 "근본을 망각하였다[數典忘祖]"[293]는 것이었다. 그들의 관점에서 타이완인은 당연히 중국인이니, 인종적으로나 문화적으로 모두 그렇다는 것이었다. 새로운 국가를 건립하려는 기도는 타이완인과 중국인의 혈연관계를 공공연히 단절하고 중국문화를 버리는 것으로 인식되었고, 그것은 바로 중화민족을 배반하는 것과 같다는 것이었다.

이러한 혹독한 비판은 타이완 독립운동에 반대하는 국민당 선전의 주요한 부분이었고, 리덩후이가 국민당의 '타이완화'를 분명하게 추진하기 전에는 특히 그러하였다.[294] 이러한 학계의 비평, 사회 여론의 비난, 정부 당국 선전의 공통점은 모두 타이완의 민족 정체성을 '허구적인 것'이라고 본 데 있었다. 타이완 민족정체성에 대한 가장 흔한 비판은 심지어 그것을 일부 '정치 야심가'들이 조종하고 날조해 낸 것이라고까지 생각하는 것이었다. 사실 타이완의 민족 정체성 정치에서 서로 다른 각 진영은 모두 이러한 비난을 함께 구사하였다. 4장에서 이미 언급한 것처럼, 1983년에서 1984년 사이 타이완 의식 논쟁 기간에 타이완 의식을 제창한 재야인사들도 천잉전 등이 품고 있던 중국 정감은 '가공의 것[虛幻的]'이라고 비난했었다.

필자가 앞의 각 장에서 지적한 것처럼, 타이완의 독립을 지지하는 인

---

292 游喚(1992), 龔鵬程(1994), 呂正惠(1992:39-64) 등이 있다.

293 역자 주: 左傳 昭公十五年에 나오는 말로 "전례를 들어 설명할 수 있는데도, 자기 조상이 전적을 관리한 일조차 잊어버렸다"라는 뜻이다. 이후 근본을 망각한 사람을 일컫는 말로 쓰인다.

294 타이완 민족주의자에 반대하는 중화인민공화국의 선전도 이러한 비난과 비슷하게 진행되었다.

문 지식인들의 문학·언어·역사 영역에서의 논술은 많은 상징과 수사 및 역사에 대한 새로운 해석을 포함하였다. '타이완 민족'은 논술 속에서 창조되고 발명된 것이다. 이러한 논점은 어떤 의미에서는 본서의 주요 입장이 타이완 민족 정체성을 '가공의 것'이라고 여기는 비난과 유사한 것처럼 보이게 한다. 그러나 필자가 지적하고 싶은 것은 본서의 연구와 그러한 비난은 몇 가지 점에서 중요한 차이가 있다는 점이다. 먼저 통일을 지지하는 타이완사 또는 타이완 문학사 연구와 달리, 이 책의 목적은 '진실한' 정체성과 '허구적' 정체성을 명확하게 구별하려는 데 있지 않다. 상대적으로 필자의 주요한 목적은 족군정체성과 민족정체성의 성질은 '구성된 것(constructed)'임을 설명함으로써, 이러한 집단 정체성은 역사적 변천과 정치적으로 새로운 정의의 영향을 받는다는 점, 이렇게 이해하는 것이 집단 정체성을 비교적 합리적으로 이해하는 방식이라는 점을 지적하려는 데 있다. 이 책 1장에서 언급한 Anderson이 일찍이 말한 것처럼 사회집단 또는 공동체의 구분은 그들의 '허구성/진실성'에서 출발해서는 안 되고, 그것들이 상상되어 진 방식에서 바라보아야 한다 (Anderson 1983: 6). 타이완 민족정체성을 허구로 보는 주장의 중요한 문제점은 일종의 본질주의적 가정에 함축되어 있다. 즉 모종의 '진정한' 중국 민족정체성의 존재는 오랜 역사를 거쳤고, 또 실제로 서로 연결되는 동포의 혈연관계 및 진실한 역사와 문화 연원에 의해 명확하게 확증할 수 있다는 것이다. 이러한 중국정체성에 대한 본질주의적 정의는 모든 중국인이 함께 누리는 일련의 분명하게 식별해 낼 수 있는 진실한 존재이며, 동시에 시대에 따라 변하지 않는 민족 특징을 의미하였다. 그러나 최근 연구는 항상 변하지 않는 하나의 중국정체성이 존재한다는 이런 생각은 일종의 미신[迷思]에 불과하다는 점을 보여준다. 우옌허吳燕和의 연구가 밝힌 것처럼, "중화민족과 중화문화는 오랫동안 끊임없이 이질적인 것들을 융합해 왔으며, 그 자체도 끊임없이 재정의되고 다시 발명되며 새롭게 해석되어왔다. 고정 불변하는 것처럼 보이는 중화문화도 사실 하나의 지속적인 변화 과정이었고, 끊임없이 중국인다움을 위해 새로운 중요한 의미가 부여되어 왔다"는 것이다(Wu 1991: 162). 그 외에 '민족'과 '중화민족'도 최근에야 출현한 개념이다. 19세기 말 중국의 정치와 문화 엘리트들이 서양의 강권적 침략에 맞서 동포들을 각성시키기 위해 이 두 개념을 구성하면서 점차 출현한 것이다. 과거 1세기 이래 연속하여 중국을 통치했던 정권, 즉 만청제국에서부터 민국 초기의 통치자, 국민당정부, 그리고 공산주의자까지 모두 각자 독특하고 서로 다른 방식으로 정의되는 중국 민족성을 표방하였다. 국가 정권을 쟁탈하는 과정에서 중국 민족은 끊임없이 창조되고 재창조되었던 것이다(Fitzgerld 1995).[295]

---

295 프라센지트 두아라(Prasenjit Duara)와 제임스 타운샌드(James Townsend)는 중화민족과 중국 민족주의가 순수한 근대적 산물이란 점에 동의하지 않았다. 두아라는 중국의 황제체제 사회에서는 정치공동체에 대한 두 종류의 개념이 있었다고 지적하였다. 첫째는 "배외적이고 족군을 기준으로 하는 개념으로서, 사람들이 스스로를 한민족漢民族으로 인식하는 자아 묘사과정에서 확립된 것이다." 둘째는 통상 '문화주의'(culturalism)라고 하는, 즉 배외성이 비교적 적고 "중국 사대부 엘리트의 문화가치와 신조를 기초로 하는 사회집단" 개념이다. 두아라는 중국 역사에서 사람들이 전체 사회를 느끼고 사고하고 표현하는 방식은 근대 민족주의에서 상상하는 방식과 완전히 다른 것만은 아니었다는 점을 강조하였다. 전통 중국의 예를 들면서, 그는 현재까지 가장 영향력 있는 민족주의 연구라 할 수 있는 베네딕트 앤더슨(Benedict Anderson)과 갤러(Ernst Geller)의 저작은 모두 근대와 전근대 사람들의 정치 사회집단에 대한 개념적 단절을 지나치게 강조했다고 생각하였다. 두아라도 19세기 말 20세기 초 중국 신사 지식 계층이 미래 중화민족의 성질에 대해 전개한 논쟁은 근대 민족국가 이데올로기의 영향을 받은 것도 있지만, 정치사회 집단을 정의하는 전통적 원칙에 따라 이루어지기도 했다고 보았다. Duara(1993b)를 참고. 이와 비슷하게 타운샌드도 "중국 한민족은 이미 여러 세기 동안 존재했다. 그것은 중국인 자신에 의해 그리고 다른 이민족에 의해 독특한 문화와 정치공동체로 인정되었다"라고 강조했다. 그는 근대중국

이처럼 중국민족을 진정한·진실한 정체성으로 보는 시각(그 때문에 타이완 민족 정체성은 허구라는 시각)은 정체성의 개념을 역사와 정치의 영역이 아닌, 원초적 존재의 영역에 속하는 것으로 간주하는 것과 다를 바 없다. 이러한 견해에서는 정체성은 고정불변의 본질적 존재의 일부분으로, 문

을 탐구하는 많은 연구자가 지난 1세기 이래 중국인의 문화정체성과 정치정체성의 전환 - 문화주의에서 민족주의로의 변화가 사실상 총체적이고 확연하게 이분법적인 것처럼 말해왔다고 비판하였다. 타운샌드는 현재까지 문화주의는 중국 민족주의에 여전히 어느 정도의 영향력을 갖고 있다고 생각하였다. Tawnsend(1992)를 참고. 여기에서 두아라와 타운샌드가 제기한 기본적인 문제들을 충분히 토론하자면, 본 장에서 처리할 수 있는 범위를 벗어날 수밖에 없을 것이다. 그렇지만 그중 두 가지 점은 제기해 볼만 하다. 첫째, 두아라와 타운샌드가 제기한 기본문제는 분명히 개념의 선택과 관계있다. 두아라는 민족주의(Nationalism)와 영토 주권 원칙에 기반한 민족국가 이데올로기(the ideology of nation-state)를 구별했다. 그는 민족주의가 사람들이 정치공동체에 대해 갖는 일종의 정체성으로서 한 번도 민족국가에 의해 독점적으로 통제된 적이 없다고 생각했다. 타운샌드도 비슷한 태도였다. 그는 앤서니 스미스(Anthony Smith)의 방식에 따라, '족군주의적(ethnicist)' 관점과 '국가주의적(statist)' 관점을 구별하였다. 전자의 관념에서 민족은 하나의 "크고 정치화된 족군 단체로서, 공동의 문화와 전설 속의 조상으로 정의될 수 있다." 그러나 후자는 민족을 '영토적 -정치적 단위'로 본다. 타운샌드는 족군주의적 관점을 취했을 뿐 아니라, 전근대 민족주의는 근대 민족주의, 즉 민족은 반드시 국가를 이루어야 하며, 민족국가를 원리로 하는 세계체제에서 평등한 지위를 누려야 하고, 민족국가의 구성원은 평등한 권리와 의무를 갖는 시민이라는 핵심이념이 부족할 수도 있다는 데 동의했다. 그러나 분명한 사실은 이러한 민족국가 이데올로기가 근대의 중대한 정치 변화, 특히 제3세계에서 발생한 변화를 연구할 때 지극히 중요하다는 점이다. 설사 일종의 전근대적 '민족주의' 유형이 확실히 존재한다 할지라도, 최근 2백 년 사이에 비로소 민족이 일종의 중요한 집단 정체성의 형식이 되어 국가권력을 획득하고 국가를 운용하는 행위를 정당화할 뿐 아니라, 이를 바탕으로 민중의 지지를 동원하는 등의 행동에 널리 사용되었다는 것이다. 홉스봄이 말한 것처럼 민족과 민족성을 논의할 때, 양자를 특정한 근대 영토국가, 즉 민족국가와 연계시키지 않고서는 아무런 의의도 없고 요점을 얻지 못할 것이다(Hobsbawm 1990: 9~10). 필자가 지적하려는 두 번째는 바로 근대의 민족정체성이 역사상의 정체성과 근대 민족주의 양자 간 타협의 산물이기 때문에, 오늘날 중국인이 된다는 것은 과거 황제체제 시대의 중국인이 되는 것과 이미 매우 다른 의미와 함의가 있다는 점이다. 따라서 우리는 하나의 동질적이고 불변하는 중국 민족정체성이 존재한다고 말하기 어려우며, 하물며 -타운샌드 본인이 지적했듯이- 이 중화민족이 도대체 언제 출현했는지에 대해서는 당대 연구자들이 여전히 논쟁을 계속함에도 일치된 시각이 없다는 것은 말할 필요가 없다.

화와 정치적 변천의 영향을 받지 않는 것이다. 동시에 이러한 시각은 사람들의 두려움과 '차이'의 공존을 드러낸다. '차이'는 통상 정체성을 오염시키고 손상시키는 위협으로 간주된다. 사람들은 보편적으로 차이는 일종의 위험이라고 믿는다. 왜냐하면 동일한 정체성은 사회적 일치가 수반하는 안전을 제공할 수 있지만, 차이는 이러한 안전을 훼손하는 것 같기 때문이다. 세계의 많은 지방에서 이러한 두려움은 본질주의적 정체성 관점의 선동을 받아, 정체성 문제가 일으키는 정치적 도덕적 난제를 회피하게 하였다. 그리고 이는 사람들이 격리와 도살 등 간단한 방식으로 그 난제를 해결하도록 부채질하였다(Gilroy 1997, 310~311). 타이완은 사회적으로 엄중한 정체성의 충돌이 존재하지만, 이러한 비극의 발생을 면할 수 있었다는 점에서 매우 행운이다. 그러나 민족 정체성의 '진짜/가짜' 이원론의 영향을 받은 공공 논술은 이미 이 사회에, 특히 강렬한 중국의식과 타이완 의식을 가진 사람들 사이에 불신의 분위기가 넘쳐나게 하였다. 특히 1990년대 초 (타이완) 국족정체성은 뜨거운 공공 의제가 되었을 뿐 아니라, 적지 않은 논쟁과 폭력적 충돌을 초래함으로써 상호 불신의 기운이 사회를 뒤덮었다.

정체성의 진실성 개념은 일종의 견고하고 본질적이며 단일한 문화, 정체성과 집단 관념을 전제로 한다. 사실 집단 정체성은 "(우리는) 무엇인가?(being)"에 관계되며, "무엇이 될 것인가(becoming)"와 관계된다(Hall 1990). 사회적 행위자들은 변화하는 각종 사회 과정 안에 처해 있지만, 각종 집단 정체성에 대한 재현 역시 이러한 과정에서 끊임없이 출현한다. 그들은 자기가 주장하는 집단 정체성을 재현함으로써 – 고심 끝에 '발명'을 하든 무심코 '구성'을 하든 상관없이-이러한 과정에 참여한다. 이러한 사회행위자의 정체성에 대한 재현과 해석은 결코 고정불변한 것이 아니다. 오히려 사람들이 참여하는 그러한 변화하는 사회 과정을 거치면서 집단 정체성의 재현은 늘 만들어지고 또 고쳐진다. 집단 정체성 재현의 형성과 변경은 사회적 행위자의 형성과 교체를 수반하는데, 이러한 사회행위자야말로 바로 이러한 정체성이 관련되는 주체이다(Mato 1996:64). 설사 어떤 정체성이 과거부터 내려온 함의를 갖는 것이라 해도 사회행위자가 그 정체성을 주장할 때, 이미 그것은 새로 구성되는 것이며 과거 함의도 부단히 변화하게 되는 것이다. 다니엘 마토(Daniel Mato)는 다음과 같이 주장하고 있다.

> 문화와 정체성은 상징성의 사회적 구성이지, 소극적이고 피동적으로 계승되는 유산이 아니다. 이 때문에 상징성을 재현하는 생산 활동은 영원히 그침이 없고, 그것은 ―적어도 이론상으로― 완전히 무의식적인 제작/구축에서부터 완전히 의식적인 추구, 어쩌면 '발명'이라고도 부를 수 있는 각종 사례까지 두루 포함할 수 있다. …… 이런 시각에서 보면 정체성은 결코 물품이 아니라 사회적 논쟁이 충만한 일이다. 우리가 고집하는 이런 구성되는 성질은 결코 '진실'한 것으로 여겨지는 것에 상대되는 것이 아니다. 이런 관점에서 보면 '실제적 vs. 상상된', '진실한 vs. 가장된' 또는 '참다운 vs. 위조된' 등의 딜레마는 서로 상관이 없을 뿐이다. (Mato 1996: 64)

강렬한 중국 정감을 지닌 사람들이 본질주의적 정체성 개념의 시각에서 제기한 비판은, 사실 타이완 독립을 지지하는 인문 지식인에 대한 해석에도 마찬가지로 적용할 수 있다. 이러한 지식인들은 정체성의 현재적 필요성을 표현하기 위해 문학·언어·역사 영역에서 유리할 것 같은 과거의 증거를 찾음으로써 타이완 민족 정체성의 본질화 경향, 특히 복료

족군 색채를 띤 민족 정체성의 본질화 경향을 노정하였다. 타이완 현대 문학은 타이완 민족주의자에 의해 일종의 문학 전통으로 재현되었는데, 입세정신과 반식민 의식을 주요한 특색으로 하였다. 그들은 본성인 작가라면 누구나 민족의 운명에 두터운 관심을 가졌으며, 민족 정체성 문제는 일제 식민지시기 이래 모든 타이완 현대문학의 중요한 주제였다고 생각하였다. 타이완 독립을 지지하는 작가와 문학비평자에게 타이완이 일찍이 겪은 일제 식민지 경험은 이미 일종의 부채가 아니라 자산이 되었고, 본성인과 외성인의 족군 경계를 가르는 주요한 표지가 되었다. 그 외 타이완의 독립을 지지하는 타이완어의 부흥 운동자의 입장에서 '진정한' 타이완성[台灣性]을 명확하게 표현하기 위해서는, 즉 '진실하고' 독특한 문화 전통, 역사 기억과 민족 특성을 재현하기 위해서는 일련의 표준적인 타이완어 쓰기 체계가 절대적으로 불가결하였다. 타이완어 쓰기 체계는 타이완 민족을 제조하는 필요조건으로 간주되었다. 타이완 독립을 지지하는 역사학자들은 독립국가 건설이라는 타이완인의 오랜 소망이 역사 발전을 촉진하는 동력이었다고 생각하였다. 이러한 서사에서 타이완의 항일은 특히 중요하게 부각되었다. 그들은 전후 반국민당 운동과 항일운동을 연계시켰으니, 이로써 민주를 추구하는 타이완의 오랜 전통도 건립되었다. 일련의 특수한 문학 유산·언어 전통·역사 발전을 발표함으로써 타이완의 민족정체성은 그 존재가 확증되었고, 또 이 때문에 본질화되었다.

복료족군을 중심으로 진행된 '민족' 구축은 여타 족군의 불안을 야기하였다. 예컨대 5장에서 이미 제기한 것처럼 타이완 독립을 지지하는 복료인 작가들은 언어의 측면에서 타이완 문학을 새롭게 정의하였는데, 이는 그들의 객가 동료[盟友]들의 불만을 사서 복료와 객가의 민족문학 제창자 간의 마찰을 불러일으켰다. 그러나 최근 다문화주의와 족군 평등의 가치가 제창됨으로써 타이완 문화민족주의의 본질주의적 경향과 복료 중심의 색채는 이미 상당 정도 수정이 이루어졌다. 타이완 문화의 다족군 기원에 대한 상세한 논술, 타이완의 발전에 각 족군의 참여 과정에 대한 묘사를 통해 - 이러한 '다족군성'이 상상의 결과이든, 진실로 존재한 것인지를 떠나 - 타이완 민족주의를 주장하는 인문 지식인들은 과거 소홀히 했던 차이성을 확인함으로써 포용적인 방향으로 변화하였다. 이러한 발전은 타이완이 더욱 개방적이고 공정한 사회로 나아가는 데 도움을 줄 것이라고 전망할 수 있다. 정체성의 구성적 성격을 충분히 이해하고 '진/위' 이원론을 폐기할 수 있는지 여부는 사람들이 더 이상 정체성 정치에서 편의적이고 손쉽게 딱지를 붙이는 태도, 예컨대 다른 사람을 중화민족의 '역적[叛徒]'이라고 비난하거나, 혹은 "중공과 노선을 같이하는 사람"이라고 고발하는 것과 같은 태도를 더 이상 취하지 않느냐에 달려있다. 이런 일들은 사실 '외부인사'를 사냥하여 죽이는 유희[遊戲]에 불과하기 때문이다. 이는 동시에 하나의 사실을 가리키는데, 일종의 광범위한 사회적 정체성은 사회단결의 중요한 기초로서 그것의 형성 혹은 변경에는 대립하는 서로 간의 많은 논쟁과 협상, 타협과정이 필요하다는 점이다. 이러한 정체성의 건립이 하룻밤 사이에 신속하게 완성되는 것은 거의 불가능에 가깝다. 차이성에 대해 인내와 용인容忍의 태도를 갖는 것은 정체성 정치에서 보기 드문 미덕이다. 세계 많은 지역의 사례에서 볼 수 있듯이, 생물학적 또는 초역사적 논증에 호소하여 권위를 확립하거나 혹은 권력에 의존하여 모종의 정체성에 대한 정의의 합법성을 확보하는 방식은, 설사 격리·학살·저항을 발생시키지는 않더라도 치욕과 고통과 분노를 초래할 뿐이다.

부록

1. 민족주의 연구자와 박쥐

날이 막 어두워질 무렵, 나는 이제 갓 두 살이 된 아들을 안아 무릎에 앉히고 시골의 고향집 앞의 긴 복도에서 함께 더위를 식히고 있었다. 하늘에 가득한 저녁노을이 서로 섞여 비추면서 불그스름한 구름송이를 이루었다. 부드러운 저녁 바람 속에서 가끔 몇 마리의 귀뚜라미의 처량한 울음소리가 들려왔다. 문 앞에 가로등이 이미 들어와 낮게 날아다니는 몇 마리의 박쥐를 비췄다. 아이는 마침 옹알이하며 말을 배우는 중이었고 묻는 것을 좋아했는데, 날아다니는 박쥐는 곧 그의 주의를 끌었다. "파파, 저 저…… 저게 뭐야?" 나는 본래 "응, 그것은 박쥐란다"라고 대답하려고 했다. 그러나 바꾸어 생각해보니 이리저리 날아다니는 모습이 얼마나 새와 같은가? 아이는 아직 어리고 어쨌든 잘 알지 못할 것이니, 그냥 새라고 해도 될 듯해서, "아 저건 새야"라고 대답했다. 이렇게 한번 생각나는 대로 답하고 나니, 갑자기 내 자신의 민족주의의 연구와 박쥐가 마치 무언가 관계가 있는 것 같았다. 머리를 숙여 아이를 보니 이미 아이는 대답에 만족하고 있었다. 민족주의 연구자와 박쥐는 어떤 관계가 있을까? 이를 바탕으로 내가 (타이완) 민족주의를 연구하는 소감을 천천히 말해보고자 한다.

동서냉전이 끝난 20세기 말, 뜻밖에도 민족주의 정치는 다시 세인들 관심의 초점이 되었다. 동구의 구 공산주의 국가와 구 소련만이 아니라 서구와 미국에서도 민족주의가 촉발한 집단행동과 쌓이고 쌓인 원한의 격렬함은 사람들을 충격에 빠뜨렸다. 세계사적 시각에서 볼 때 타이완 사회에 민족주의 문제가 있다는 것은 전혀 독특한 일은 아니다. 늦어도 18세기 말에는 민족주의 이데올로기와 민족국가라는 통치형식이 서구에서 점차 형성되었다. 지난 200년 동안 그것은 인류사회를 지도하고 조직하는 가장 좋은 방법이라고 인정받지는 못했을지라도, 적어도 사실상 이미 가장 우세를 점하는 정치 집단조직의 이념과 틀이 되었다. 동유럽과 구 소련의 정치 변화가 놀라운 것은 민족주의 정치 자체가 신기하기 때문이라기보다는 70년 이상 소비에트 연방 체제의 통치를 겪으면서도, (소비에트)공화국에 가입했던 각각의 정치 집단의 정체성이 지속되었던 점, 그리고 족군이 민족주의 정치의 동력으로서 작동하면서 수반하는 폭력성과 피비린내 때문이었다.

타이완은 식민통치를 겪었기 때문에 피식민지역의 역사에서 보면, 타이완에 민족주의 문제가 있다는 것은 결코 어떤 독특한 일은 아니다. 세계적으로 20세기 전반 피식민 지역에서 민족주의 운동과 국가형성 과정이 진행되었다는 것은 다 아는 일이다. 타이완의 족군 정치(특히 본성인과 외성인의 구분을 기초로 발전한 정치과정)와 민족주의 문제가 반영하는 것은 일제 식민 통치와 중국 내전이라는 독특한 역사의 오래되고 깊은 영향이었다. 나의 박사논문 주제는 '타이완의 문화 민족주의', 즉 타이완 민족주의 운동에서 정치엘리트와 다른 문화엘리트의 역할 및 그들이 문학·언어·역사 영역에서 구축하는 '타이완 민족' 정체성의 발전과정이었다.

민족주의의 이데올로기와 정치발전은 어떤 독특하고 신기한 것이 아닌 것 같지만, 민족주의 문제를 연구하는 것은 정말 특별한 경험일 수 있다. 내 스스로 타이완의 문화민족주의를 연구하는 소감부터 말하자면, 이 특별한 경험은 주로 연구자의 연구가 자신이 속한 바로 그 사회의 민족주의 문제를 대상으로 한다는 점에서 기인하는 것이다. 민족주의 문제는 '민족'이라는 이 집단 정체성으로 정치 사회집단(국가)을 나누고 위치를 정하는, 그 뿌리와 근거를 추적하는 작업이다. 집단 정체성을 다루자면 자연히 '우리'와 '타자'를 엄격하게 나누게 된다. 이러한 분할 작업은 바로 현실정치에서 '입장' 문제이기도 하다. 타이완 사회에 민족주의 문제가 있기 때문에 보통 그에 대한 현지 학자의 연구는 정치적 입장으로 '읽힐[解讀]' 가능성을 피할 수 없다. 바꿔 말하면, 자기가 속한 사회에서 '민족주의 연구자'는 늘 모종의 '민족주의자'로 분류될 가능성이 크다는 것이다.

이러한 경험은 특히 역사학자 에릭 홉스봄의 말을 참고하면 더욱 분명해진다. 그는 1990년 출판한 고전적인 저술, 『1780년 이후 민족과 민족주의』(Nations and Nationalism, since 1780)에서 민족주의 연구자들에게 몇 마디 충고를 했다. 그는 "엄숙하게 민족과 민족주의를 연구하는 사학자이면서, 동시에 정치적 열정을 투입할 수 있는 사람은 없다. 왜냐하면 민족주의는 너무나 많은 신앙을 필요로 하는데, 사학자가 도서관이나 서재에 파묻혀 자기의 신앙을 기억의 뒷전으로 던져버리는 경우가 아니라면, 신앙이라는 것은 분명히 그런 성격의 물건이 아니기 때문이다"라고 말했다. 내가 만일 이 말을 빌려서 자신이 속한 사회의 민족주의를 연구하는 사회학자에게 충고한다면, 홉스봄도 크게 반대하지는 않을 것이다. 상상해 보라, 자기 사회의 민족 정치에서 입장이 선명하고 열정을 투사하는 사회학자가 이 민족주의 연구에 종사한다면, 그의 연구는 얼마나 의혹을 살 수밖에 없겠는가! 비교하자면, 예컨대 자기가 속한 사회의 성별·노동자 또는 교육문제를 연구하는 사회학자이면서 동시에 여성주의자·노동운동가 또는 교육개혁을 추동하는 사람이라면, 그들이 학술연구와 사회적 실천을 결합한다 해도 상대적으로 그들의 연구가 그렇게 비교적 쉽게 질의의 대상이 되지는 않을 것이다. 바꿔 말해 타이완에서 타이완 민족주의 또는 상대적인 중국 민족주의 문제를 연구하는 것이 하나의 특수한 경험인 이유는, 바로 이러한 연구는 늘 연구자의 정치적 입장이 추단되며, 그 사회적 실천의 함의가 해독됨으로써 그 연구 동기도 의심을 받는다는 데 있다. 만일 연구자가 자각적으로 어떤 민족주의자의 역할을 피한다 해도(물론 일부 연구자는 이런 역할을 기꺼이 수행하지만), 이러한 (사회적으로-역자) 읽히는 관행은 당연히 연구자에 대한 일종의 압력이 되어 연구자에게 반성을 강요한다. 즉 자신의 민족주의 연구가 특정한 민족주의의 선전과 어떤 다른 점이 있는가? 민족주의 연구자로서 민족주의자와 무엇이 다른가? 또 이들 다른 점이 자신의 민족주의 연구에서 어떤 의미를 갖는 것인가? 이러한 연구가 민족주의 문제가 존재하는 이 사회에 또 어떤 의미를 가질 수 있는가? 등등.

여러분들은 박쥐 이야기를 모두 들어 보았을 것이다. 박쥐는 새에게 새라고 말하고, 쥐에게는 쥐라고 말했다. 왜냐하면 그는 날 수도 있지만 또 쥐를 닮았기 때문이다. 자기가 속한 사회의 민족주의 문제를 연구하면서 나는 갈수록 이 박쥐의 심리를 알 것 같다. 끊임없이 반성하는 한 마리의 박쥐는 앞의 이야기처럼 새에게는 새라고 말하고, 쥐에게는 쥐라고 말하는 것을 배워서는 안 된다. 어떤 사람은 새처럼 생겼다고 하고 또 어떤 사람은 쥐처럼 생겼다고 해도, 아니면 어떤 사람이 새와 같지 않게 생겼다고 하고 또 어떤 사람은 쥐와 다르게 생겼다 해도 담담하게 처신해야 한다. 나는 민족 문제가 있는 자기가 속한 사회에서, 그 내부의 민족주의 문제를 연구할 때 마주하는 이러한 특수한 경험이 연구와 부단한 반성을 격려하는 동력이 될지언정 연구자를 좌절시키는 요소가 될 수 없다고 믿는다. 최소한 박쥐는 새도 쥐도 안 될 수 있지만, (연구자는-역자) 자신의 정체성에 대해 갈수록 또렷하게 인식하고 갈수록 굳건히 지켜야만 한다. 다음에 아들이 황혼 속에 맹렬히 날아다니는 무리가 무엇인지 다시 묻는다면, "응, 저건 박쥐란다"라고 답할 수 있을 것 같다.

2. 타이완 문학의 본토화 패러다임:
역사서술과 전술적 본질주의 그리고 국가권력

(1) 머리말

 1980년대 이래 '본토화'는 타이완에 관한 지식의 구성과 문화재현의 참고 틀이자 타이완의 문학과 역사 영역에서 늘 격렬한 논쟁을 일으키는 중요한 의제가 되었다. 이러한 쟁의 과정에서 다루는 '본토화'는 일종의 패러다임적[典範性] 원칙으로, 타이완의 역사·문화·사회의 특수한 경험을 중시하고 타이완 자체의 관점에서 이러한 경험을 해석할 것을 요구한다. 주지하듯이 이러한 논쟁 현상이 벌어지게 된 중요한 원인 중 하나는 문학과 역사 이 두 지식 또는 문화영역이 타이완 정치 변천과 극도로 밀접한 관계가 있었기 때문이다. 이러한 지식문화 입장의 격렬한 충돌은 최근 20년 타이완의 족군과 민족주의 정체성 정치의 일부였다. '향토 회귀' 또는 '현실 회귀'의 문화조류가 출현한 1970대부터 치면, 다른 지식과 문화 생산영역에서도 이처럼 본토화 패러다임이 지식의 구성 또는 문화재현의 중요한 의제가 되었음을 볼 수 있다. 그러나 이러한 여타 영역에서 일어난 논쟁은 문학과 역사 영역에서처럼 그렇게 격렬하고 오래 지속되지는 못하였다. 또 여타 영역에서 이 의제의 족군과 민족주의 정체성 정치와의 관계 또한 이 두 영역에서만큼 밀접하지 않았다.
 이 부록의 목적은 왜 문학영역에서 이 본토화 패러다임이 다른 영역의 경우에 비해 훨씬 격렬하고 지속적인 논쟁과 충돌을 야기하였는지, 왜 문학 영역에서의 이 의제와 족군 및 민족주의 정체성 정치와의 관계가 여타 영역에 비해 그렇게 밀접하였는지를 해석하려는 데 있다. 이 해석 작업은 대개 두 가지 방향에서 진행될 것이다. 하나는 '역사과정'의 측면에서 이해할 것이고, 다른 하나는 '이론 분석'의 시각에서 접근할 것이다. 역사과정의 측면에서 1970년대의 '향토 회귀'의 이념은 본토화 패러다임의 가장 이른 텍스트라 할 수 있다. 당시 문학은 바로 이 관념을 실천하는 데 가장 앞장선 문화 활동 영역이었다. 향토 회귀는 동시에 타이완 역사의 새로운 발굴, 특히 일제시기 타이완의 신문학과 정치 사회 운동사에 대한 탐구를 포괄하였다. 1980년대 이후 문학과 역사는 줄곧 타이완 민족주의가 타이완 민족정체성을 구축하는 두 개의 중요한 문화영역이었고, 또 문학가와 역사연구자 또한 타이완 민족주의를 추동한 가장 중요한 문화 지식인들이었다. 타이완 민족주의를 지지하는 문학가와 역사연구자는 시종 본토화 패러다임이 타이완에 관한 지식을 구성하고 타이완 문화를 재현하는, 설사 유일한 것은 아닐지라도 가장 중요한 참고 틀이 되어야 한다고 강조했다. 이 때문에 본토화는 문학과 역사 영역에서 지지자와 반대자가 논쟁하는 초점이 되었다. 이러한 역사과정에 대해서는 타이완 문학 본토론 또는 타이완 민족주의 발전을 탐구한 기왕의 연구에서 이미 상세하게 분석하였으므로(예컨대 游勝冠 1996; 蕭阿勤 1999; Hsiau 2000) 여기서는 이에 대해 더 이상 다루지 않는다.

이글에서는 이론 분석의 시각에서 본토화 페러다임이 문학영역에서 어떻게 강렬하고 지속적인 논쟁을 일으킬 수 있었는지를 해석해보고자 한다. 물론 이론 분석적인 탐구라고는 하지만 역사과정에 대한 이해에서 벗어날 수는 없다. 그렇지만 전자의 각도에서 논의하기 때문에 그 중점은 조금 다를 수 있다. 아래의 분석에서는 문학영역에서 오랫동안 논란의 초점이 된 그러한 본토화 패러다임은 통상 일종의 역사 서사, 즉 특정한 주체의 관점에서 분명한 시작과 중간, 결말의 순서로 사건을 배열하는 일종의 '줄거리[情節化]'(plot-역자)를 갖춘 논술 형식과 관계있다는 점을 지적할 것이다. 이러한 서사에서 서사자의 주체적 위치(즉 정체성)는 이익에 대한 인식, 행동 방향에 대한 선택 등과 함께 그 문학과 역사 경험의 의의에 대한 해석과 밀접한 관계가 있고, 그 과정에 포함되는 문학과 역사 경험은 줄거리화의 역할을 통해 하나의 의미 있는 전체를 구성한다. 문학(그리고 역사) 영역에서 본토화 패러다임이 야기하는 논쟁은 통상 서로 다른 역사 서사의 충돌과 관계가 있다. 이러한 역사 서사는 인지[認知] 패러다임을 구성하거나 현실에 대한 포괄식[包裏式]의 관점이기 때문에 타협의 균형점을 찾기가 쉽지 않다. 다음으로 이 글에서는 1980년대 이래 '재식민[再殖民]'에 대한 반대 투쟁의 일부로서 타이완 문학 본토화 패러다임, 그중에서도 '탈중국화'에서 (타이완)민족화 과정에 이르는 역사 서사가 구축한 타이완 정체성은 포스트콜로니얼[後殖民] 정치/문화 투쟁의 '전략적 본질주의'의 특징을 구유한다는 점을 지적할 것이다. 그러나 필자는 전략적 본질주의는 단지 책략일 수만은 없고, 그것과 본질주의와는 구분하기 어렵기 때문에 왕왕 본질주의적 정체성과 충돌을 일으킬 수밖에 없다고 생각한다. 이는 본토화 패러다임이 문학 영역에서 격론을 일으키고, 집단정체성의 정치와 관계가 밀접하게 되는 중요한 원인 중 하나이다. 이 글은 나아가 타이완 문학의 본토화 패러다임의 지지자이든 반대자이든 모두 문학 문제는 정치적으로 국가권력에 의존해야 해결될 수 있다고 믿는 현상을 지적할 것이다. 바꾸어 말해, 문학 본토화 패러다임 및 그 대항 패러다임이 각각 서로 다른 방식으로 창조하는 민족 서사의 의의는 오직 궁극적으로 폭력에 의존하는 현대 국가를 통해서만 확보할 수 있다는 것이다.

종합하면, 본토화 패러다임이 왜 다른 영역보다 문학 영역에서 엄중한 논쟁을 야기하였고, 또 족군 및 민족주의 정체성 정치와의 관계가 다른 영역의 경우보다 훨씬 더 긴밀했는지에 대해, 이 글이 제시한 이론 분석적인 해석은 크게 세 가지이다. 첫째 문학의 본토화 패러다임은 일종의 서사적 본토화 패러다임이기 때문에 관련 논쟁은 세계관의 충돌과 같은 점이 있다는 것이다. 둘째, 정체성의 정치/문화 투쟁 과정에서 전략적 본질주의는 본질주의와 구별이 쉽지 않고, 설사 전략적 정체성을 공언한다 해도 쉽게 본질주의적 색채가 강한 정체성의 대항을 초래한다는 점이다. 셋째, 문학의 본토화 패러다임은 궁극적으로 국가권력과 관련되기 때문이다. 이 세 방향의 해석에 대한 본문의 분석과 토론은 모두 문학 본토화 패러다임의 기본 성질을 둘러싼 것으로, 그것은 일종의 서사화이자 상대적으로 폐쇄적인 의미론적 형태의 총체[意義形構整體]이다.

(2) 본토화 패러다임의 두 가지 유형과 정체성 서사

1970년대는 타이완 자체에 대한 지식을 구축하고 문화를 표현하는 본토화 패러다임이 발전하기 시작한 '축심시기軸心時期'(the Axial Period)였다.[2] 타이완이 처한 어려운 국제 환경, 국민당 정부의 제한적인 정치혁

---

2 여기에서 '축심시대'라는 개념은 독일 철학자 칼 야스퍼스(Karl T. Jaspers, 1883~1969)로부터 빌려온 것이다. 야스퍼스는 '축심시대'라는 용어로 기원전 800년~200년, 특히 기원전 500년 전후의 인류 역사를 묘사하였다. 당시 중국, 인도와 서구에서 사람들은 자신의 존재와 관련된 여러 문제를 반성하기 시작하면서, 세 지역에서 거의 동시에 각각의 특색을 갖춘 사상문화를 발전시켰다는 것이다. 야스퍼스는 "이 시대는 우리가 지금까지도 그 범위 내에서 사고하는 기본 범주를 만들었고 인류가 여전히 의존하며 생활하고 있는 세계종교의 발단을 열었다. …… 이 과정의 결과, 그 당시까지 무의식적으로 받아들인 관념·습관·환경 모두가 성찰·질의·정리의 대상이 되었다. 모든 것이 소용돌이 속으로 빨려 들어갔다. 그 표현형식이 명료해짐에 따라 여전히 생명력과 현실성을 갖춘 전통 내용들에 곧 변화가 발생했다."(Jaspers 1953[1949]: 1~2) 필자는 1970년대의 정치/문화변천 및 그 후 사회에

신, 사회경제적 변화, 전후세대의 사회 진출, 학술계와 문화 활동가의 자기반성과 새로운 변화에 대한 추구 등이 복합적으로 작용하여, 지식과 문화 생산 영역에서 본토화를 추구하는 많은 동력과 실천, 특히 타이완 자체에 대한 지식 구축과 문화재현의 본토화가 출현하였다. 이 시기의 본토화 패러다임은 서로 다른 지식과 문화 생산영역에서 출현하였고 발전방식도 같지 않았지만, 그 후 지금까지 타이완 사회에 미친 영향력은 매우 심원深遠하였다.

　이 글의 분석 목적을 위해, 1970년대 이래 지금까지 타이완의 본토화 패러다임을 '이념형(Ideal Type)'을 건립하는 방식에 따라 '서사적 (narrative) 본토화 패러다임'과 '비서사적 non-narrative 본토화 패러다임'의 두 유형으로 구분할 것이다. 후자의 경우, 예컨대 미술 영역에서 1970년대 '향토 회귀' 조류는 홍퉁[洪通](1920~1987 - 역자)의 회화나 주밍 [朱銘](1938~2023)의 조각이 긍정적 평가를 받는 데 기여했다. 당시 미술계에서 새로 일어난 논조는 서양 숭배 풍조를 비판하고 민간예술을 찬양[謳歌]하며, 서구화와 공업화 정도가 가장 낮은 향촌과 민속을 미술 창작의 소재로 삼는 것을 제창하였다. 그러나 미술계는 이후 체계적인 본토화 이념을 전혀 발전시키지는 못했다(林惺嶽 1987: 201~228). 또 예컨대 심리학·사회학·인류학의 경우 일부 학자들이 1970년대 후반부터 각 영역에서 서방의 학술 발전에 대한 지나친 의존을 반성하기 시작하였다(楊國樞 1993: 8, 63~64). 이러한 영역에서 1980년 이후 '사회 및 행위과학의 중국화'를 명분으로 구체적인 활동을 추진하였으니, 주로 타이완의 사회문

미친 영향이란 점에서 보면, 전후 타이완 역사상 그것은 야스퍼스가 생각했던 기원전 세계사에서의 지위와 같다고 생각한다. 이 때문에 필자는 '축심시기'라는 용어로 1970년대의 중요성을 묘사하였다.

화를 겨냥하여 현지 경험의 개념·이론·방법의 결합을 추구함으로써, 자신의 사회문화적 경험을 더욱 타당하게 분석하고 이해하려는 것이었다.[3] 상술한 미술·심리학·사회학·인류학 등 영역에서 출현한 본토화 패러다임은, 그 주장들이 명확하게 하나의 타이완에 관한 역사서술에 의존하는 것이 아니기 때문에 필자는 이를 '비서사적 본토화 패러다임'이라 부른다. 물론 상술한 영역에서의 본토화 지식과 문화의 재현에 대한 추구 역시 여전히 어떤 특정한 역사인식과 관계될 수밖에 없다고 할 수 있다. 그러나 아래에서 지적하겠지만 역사 서사는 문학(역사도 포함) 영역의 본토화 패러다임에 지배적으로 작용하면서 그 본토화 이념의 핵심을 구성하였다. 그에 비하여 미술·심리학·사회학·인류학 등의 영역에서 그것은 상대적으로 미약하고 간접적이었을 뿐 아니라, 문학 본토화 패러다임의 역사 서사가 생산한 전략적 본질주의와 국가권력 등 문제와는 거의 관계가 없었다. 그러한 영역에서 설사 논쟁이 일어나도 관련되는 정치 문화 층위는 문학영역의 논쟁처럼 직접적으로 국가 기구의 쟁탈까지 파급되지도 않았다. 그리고 또 그 논쟁은 문학 영역에서처럼 지속적이고 깊이 있지도 않았다.

'서사적 본토화 패러다임'은 1970년대 이래 문학과 역사영역에서 출현하였고, 두 영역에 대한 영향도 가장 현저하였다. 그 구체적 주장과 실천방식은 앞에서 보여준 '비서사적 본토화 패러다임'의 지식과 문화 생산영역이 추구하던 것과 전혀 같지 않았다. 이러한 서사적 본토

---

3   楊國樞·文崇一(1982), 李亦園·楊國樞·文崇一(1985), 蔡勇美·蕭新煌編(1986), 傅大爲(1991), 文崇一(1991), 楊國樞(1993)를 참고. 1980년대가 끝나갈 무렵 사회학과 인류학의 '중국화' 호소와 행동은 이미 자취를 감추었다. 그러나 심리학은 이 방면에서 지금도 여전히 발전을 거듭하고 있다. 그러나 심리학 연구의 '중국화' 개념은 1987년 전후로 '본토화'로 전환되었다(楊國樞 1993: 9, 64~65).

화 패러다임을 이해하기 위해서는 먼저 서사의 개념부터 살펴보아야
한다. 서사에 대해서는 서로 다른 여러 정의가 있지만, 귀납적으로 말
하자면 서사는 "분명한 시작·중간·결말의 순서로 사건을 배열하는 일
종의 논술 형식"이라는 점을 공통적으로 지적한다. 이는 바로 대다수
연구자들이 생각하는 서사의 – 혹은 이야기故事 – 기본적인 특징이다
(Hinchman and Hinchman 1997: x v).[4] 사건에 대해 시작·중간·결말의 순서
에 따라 배치함으로써 '구성(plot, 이야기의 과정-역자)'을 갖추게 하는 것이
서사의 가장 중요한 특징이니, 즉 '줄거리 부여賦予' 혹은 '줄거리 구성
[情節化]'(emplotment)[5]은 사건의 진술이 서사성(narrativity)을 갖게 하는 가
장 중요한 열쇠이다. 줄거리의 구성은 사건을 연속적인 이야기 중의 1막
(episode)으로 바꾸어 독립적인 개별 사건이 의미를 갖게 하고, 이로써 서
사의 각 부분을 연계시켜 하나의 내재적 의의를 갖춘 전체를 이루게 한
다. Somers와 Gibson이 지적한 것처럼, 서사성은 사건을 결코 고립적
인 범주에 두고 의미를 추구하지 않으며, 사건을 단일한 현상으로서 이
해하지 않는다. 서사성의 가장 뚜렷한 특징은 바로 다른 사건과의 시간
과 공간의 관계 속에서만 어떤 사건의 의의를 밝힐 수 있다는 데 있다
(Somers & Gibson 1994: 59). 질서와 의의를 찾기 위해 명확한 시작·중간·결
말을 배치하는 줄거리의 구성 과정에서 서사는 결코 간단하게 현실을
반영하지 않으며, 오히려 선택·재조직·현실의 간략화 등 기제를 포함하
게 된다(Hinchman and Hinchman 1997: x vi).

---

4 아래의 토론 과정에서는 심리학자 제롬 브루너(Jerom Bruner, 1986, 1990, 2002), 시어도
   어 사빈(Theodore R. Sarbin, 1986) 등의 방식에 따라 이야기[故事]와 서사의 개념을 구분
   하지 않고 호용[互用]하였다.
5 역자 주: 역사 서술에서 일련의 역사적 사건을 플롯을 갖춘 서사로 바꾸는 것을 의미한다.

많은 연구자는 모두 인류 생활에서 서사가 갖는 기본적인 중요성과 그 보편적 존재의 사실을 인식하고 있다. 서사 연구자들이 늘 인용하는 Roland Barthes의 초기 논문에서 지적한 것처럼 "어떤 시대, 어떤 지방, 어떤 사회에서도 서사는 출현한다. 그것은 인류 역사와 함께 출현했으며 오히려 서사 없는 사람들은 없었다. …… 서사는 초국경적, 초역사적, 과문화적[跨文化的]이다. 그것은 늘 거기에 있는 생명 자체이다"(Barthes 1977[1966]: 79). Paul Ricoeur가 20세기 문학 이론과 역사 이론을 집대성한 가장 중요한 저작[6]으로 칭송받는 그의 저작 *Time and Narrative* 제1권에서 집중적으로 토론한 것도 바로 인류의 서사 활동과 그 경험의 시간적 특성, 양자 간의 밀접한 관계였다. Ricoeur는 간단명료하게 "시간이 변하여 인간성[人性]을 갖춤으로써 서사방식으로 분명하게 표현되기에 이르고, 서사가 시간성이라는 존재의 하나의 조건이 되면 서사는 그 충분한 함의에 도달하게 된다"고 강조하였다. 그중에서도 서사성의 시간적 함의와 가장 관련되는 것이 줄거리이다(Ricoeur 1984: 53; 동시에 Ricoeur 1981: 165, 167도 참고). 바꿔 말해 서사는 인류 경험을 시간적 의미를 갖는 한 장면 또 한 장면으로 조직하는 것으로 일종의 기본적이고 중요한 인지 방식이다(Polkinghorne 1988: 1). 그리고 바로 상술한 것처럼 서사가 의미를 창조하는 방식은 경험 또는 사건을 특정한 줄거리에 집어넣어, 그것이 다른 사건이나 경험의 원인이나 결과가 되게 하고, 이로 인해 보다 큰 체계의 전체적 일부가 되게 하는 것이다.[7] 서사는 전체를 개괄하는 방식으

---

6 이는 이 책에 대한 역사철학자 하이든 화이트(Hayden White)의 찬사이다. White(1987: 170)를 참고.

7 이 때문에 Ricoeur는 줄거리를 "어떤 이야기 중 지배적인 일련의 사건을 이해할 수 있는 총체"로 정의하였다(Ricoeur 1981: 167).

로 세계의 중요한 작용을 이해하기 때문에 많은 서사 이론가들은 서로 다른 방식으로 그 중요성을 표현한다. 예컨대 '패러다임'(paradigms), '현실에 대한 포괄적 관점'(capsule views of reality), '해석기제'(interpretive device), 혹은 '세계관'(world view) 등이 그것이다(Hinchman and Hinchman 1997: xvi).[8]

줄거리 부여는 서사성의 원래 요건일 뿐 아니라, 바꾸어 말해 줄거리야말로 이야기가 어떤 방향성을 갖게 함으로써 각 부분을 끌어모으고, 관련되는 인물들이 어떤 완전함과 일치성을 느낄 수 있도록 하는 것이다. 이처럼 줄거리가 이야기를 어떻게 할 수 없는 지경에 이르지 않게 하는 까닭은, Eric Ringmar가 강조한 것처럼 줄거리에는 일종의 '문제의식'(problematique), 또는 일종의 기본적인 긴장과 충돌이 있기 때문이다. 긴장과 충돌은 완화[紓解]를 필요로 하기에, 이야기 속의 행위자(actor)는 행동(action)을 취해야 한다(Ringmar 1996: 72~73). Ringmar는 줄거리가 펼쳐지는 이야기의 방향을 중심으로 서사·정체성과 행동의 관계를 다음과 같이 간략하게 설명하였다.

> 이야기 참여자의 각도에서 말하면, 서사가 갖는 방향성(dircetedness)은 행위자의 의도적(intentional) 지향의 측면에서 이해할 수 있다. 의식이 있는 사람은 바로 그 의도와 계획을 갖고 있는데, 즉 모종의 결과를 만들어내고자 시도한다 - 그 의도와 실행

---

8   그러나 사람들이 서사로서 세계의 질서와 의의를 찾는 일은 반드시 모두 성공하는 것은 아니다. 이에 대해서는 MacIntyre(1984: 218~219)를 참고할 수 있다. 서사성이 도대체 인류 생활과 행동의 본체적(ontological) 존재성인지, 인류 인식적(epistemological) 과정과 결과에 불과한 것인지에 대해서는 여러 이론가의 서로 다른 견해가 있다(Polkinghorne 1988: 188, 주10; Carr 1986: introduction, 특히 pp.15~17을 참고). 필자의 입장은 전자에 가깝지만, 이 문제에 관한 논의는 이미 이 글의 범위를 벗어나기 때문에 여기서 토론할 수는 없다. 이 글에서 중요한 것은 본토화 패러다임 중에 이러한 '서사적'인 유형이 확실히 존재할 뿐 아니라, 정치/문화에 중대한 영향을 미친다는 점이다.

간의 연결은 늘 서사의 형식으로 구현된다. 따라서 이야기를 하는(story-telling) 것은 행위의 전제로 변한다. …… 우리는 우리의 과거에/현재에/미래에 어떠한 사람일지, 우리의 과거/현재/미래에 어떠한 상황에 놓일지, 우리 같은 사람이 이들 특수한 상황에서 어떻게 할 수 있을지를 스스로에게 말한다. (Ringmar 1996: 73)[9]

이상의 관점에서 개념화의 서사는 사람들의 기본적 인지과정 및 그 결과와 관련된다. 그 속에서 사람들은 개별적 행동과 사건을 상호 관련된 차원으로 연결하고, 이들 서로 관련된 차원은 하나의 이해할 수 있는 전체를 구성한다. 서사적 이해(natirrative understanding)라는 것은 바로 사람들이 시간 서열(sequence)방식으로 그 자신의 경험이 내재적으로 갖는 의의를 찾고 확인하는 기본적인 과정 및 결과이다(Bruner 1990: 43~44; Polkinghorne 1988: 13, 17~18). 문학·역사·동화·영화·만화 등의 서사 '텍스트'(text) 중에서 작가·역사 작가·대중문화 창작자들은 개인의 독특한 시도와 창의에 기초하여 작품 속의 행동 또는 사건의 전후 인과관계를 구현할 때 각종 특수한 진술 방식을 발전시키는데, 예컨대 같은 이야기라 할지라도 서로 다른 줄거리 구조로 배열하거나 심지어 반(反)서사 방식으로 시간순서를 고의로 모호하게 하거나 와해시킨 줄거리를 배치하기도 한다. 게다가 많은 연구자는 일부 고도로 발전된 또는 '포스트모던' 사회에서 전통 지식과 문화 합법성이 의존하던 '대서사'(grand narrative)나 '메타 서사'(metanarrative)가 일찍부터 위기에 처해 도전받고 있다고 지적하였다(예컨대 Lyotand 1984[1979]). 이러한 상황에 처한 사람들이 보편적으

---

9 Ringmar가 여기서 말한 소위 행위 개념은 베버(Max Weber)로부터 온 것이 분명한데, 행위 개체가 주관적 의의를 부여하는 그러한 행위들을 가리킨다(Ringmar 1996: 66; 베버 1993: 19).

로 구현하는 자아 정체성은 통상 다원적이고 잡종적이어서 통일된 일치성을 보여주는 경우는 매우 드물다. 그리고 포스트모던 풍격의 소설이나 영화도 정도의 차이는 있지만 이러한 현상을 반영해서, 왕왕 명확하게 구분할 수 있는 시작·중간·결말을 갖고 있지 않고, 명확한 핵심 주인공·중심 요점·행동 방향 등도 없다(예컨대 Gergen 1991: 129~134).[10] 그러나 문학 작가나 영상창작자가 창의에 몰두하고 자유를 발휘해서 서사를 와해시킬 수 있을지라도, 이는 결코 일상생활 속의 절대 다수인이 자아를 이해하고 정체성을 구축하는 보편적인 상태常態라고 보기 힘들다. 포스트모던 사회 속의 자아는 늘 다원적 사회관계와 각종 진리를 공언하는 충격에 직면한다고는 하지만, 포스트모던 연구 경향은 어쩌면 당대 인류가 경험하는 무질서와 혼란을 지나치게 강조하는지도 모른다. 관례적인 일상생활은 여전히 이러한 연구 경향이 생각하는 것보다 훨씬 질서 있고 연관되어 있으며, 생활 속에서 사람들의 자아도 여전히 서사를 통해 구축되기 때문이다(Crossley 2000: 56 ; Holstein and Gubrium 2000: 56~80). 사람들은 생활에 꼭 어떤 의미를 부여하는데, 이는 우리들이 시간의 깊이를 가진 서사 방식으로 자기를 이해할 수밖에 없음을 의미한다. 사람들의 생활은 Ricoeur이 말하는 "서사를 찾는 생활"이라고 할 수 있다(MacIntry 1984: 204~225; Taylor 1989: 25~52; Ricoeur 1991). 자아와 집단에 관한 총체적 이야기를 구축하려는 시도는 대다수의 일상생활 및 일반적 정치 과정에서 여전히 보편적으로 쉽게 볼 수 있는 현상이다.[11] 이로 미루어 보면 서사와 정체성, 그리고 행위를 연계시킨 Ringmar의 '서사적 정체성

---

10 Michele L. Crossley(2000: 55~56)의 논의를 참고.

11 사람들이 총체적 자기 이야기를 추구함으로써 명료하고 의미 있는 자아를 이해하는 작업은 여러 원인으로 말미암아 당연히 좌절할 수 있기 때문에 꼭 모두 성공하는 것만은 아니다.

narrative identity' 이론 경향과 유사하게 문학 이론과 문학 연구 중 이야기 또는 서사의 텍스트 형식의 구조에 대한 분석을 넘어서, 오히려 인간집단 관계, 사회질서와 정치과정에서 서사 혹은 이야기가 수행하는 역할과 작용을 탐구할 수 있게 한다(Plummer 1995: 19; Maines 2001: 168~171).[12] 족군과 민족주의적 정치/문화충돌은 통상 모종의 역사가 공언하는 대립, 또는 서로 다른 인간집단의 과거 기억에 대한 서사의 충돌과 관련되기도 한다. 역사 서사는 족군과 민족주의의 정체성 구축과 행동 속에서 왕왕 상당히 중요한 역할을 하기도 한다. 문학의 본토화 패러다임은 역사 서사와 관련될 뿐 아니라, 족군과 민족주의의 정체성 정치와 관계가 밀접하기 때문에 서사 정체성 이론은 우리가 그 성질과 사회정치적 작용을 분석하는 데 도움을 제공한다.

(3) 문학적 서사의 본토화 패러다임과 의미의 봉인[封閉] (해석 1)

1970년대 이래 문학(과 역사) 영역에서 본토화 패러다임이 일으킨 논쟁은 기타 지식영역의 경우에 비하여 훨씬 격렬하고 오래 지속되었다. 그 중요한 요인 중의 하나는 핵심적인 논쟁 쌍방이 모두 "타이완에서 생산된 문학은 도대체 무엇이고, 어떤 것이어야 하는가?"와 같은 문제에 대해 주로 '역사화' 방식으로 답하면서 관련 주장을 제출했기 때문이다. 여기서 말하는 역사화란, 구체적으로 논쟁하는 쌍방이 모두 타이완인 집

---

12   Ken Plummer는 이러한 텍스트의 형식 구조 분석을 넘어서려는 지향을 '이야기 사회학'(sociology of stories)이라 불렀다(Plummer 1995: 19). 그러나 David R. Maines는 그것을 '문학적 서사 사회학'(literary narrative socilogy)의 상대적 개념으로서 '사회적 서사 사회학'(sociological narrative socilogy)이라고 불렀다(Maines 2001: 168~171).

단적 과거·현재·미래를 포괄하는 서사 방식으로 이러한 문제에 답하고 주장을 제기한 것을 말한다. 앞서 서술한 것처럼, 하나의 서사는 필연적으로 서사자의 정체성 위치, 행동 주장을 내포한다. 1970년대 이래 지금까지 문학과 역사 영역에서 제창한 것은 주로 일종의 역사화 혹은 서사화된 본토화 패러다임이었고, 반대자는 일종의 첨예하게 대립하는 역사 서사를 제창하였기 때문에, 그들 간의 논쟁은 여타 지식영역의 비서사적 본토화 패러다임이 일으킨 논쟁에 비해 더욱 격렬하고 장기간 지속되었던 것이다.[13] 동시에 이로 인해 문학과 역사 영역의 본토화 패러다

---

13 이글을『문화연구文化研究』에 투고했을 때, 한 심사자는 "최근 문학계에서 본토화를 반대 또는 비판하는 목소리 대부분은 명확하게 판단할 수 있는 '역사 서사'도 없이(예컨대 張大春·朱天心·廖咸浩·南方朔), 본토화 패러다임의 대립 면을 '대중국大中國' 문학사관에 국한함으로써 역사의 맥락을 이해할 수 없게 하고 있다"고 보았다. 이 비평에 대해서 필자는 아래 세 가지 점을 들어 응답하였다. 첫째, 이글에서 분석한 것은 '타이완 문학'의 본토화 패러다임 및 그것이 초래한 논쟁 등에 관한 문제이지, 최근 타이완의 정치·문화 본토화에 대한 문학계 인사의 어떤 일반적인 반응이 아니었다. 주톈신[朱天心] 등은 정치·문화 본토화 중의 일부 현상에 대해 확실히 질책한 바가 있다. 예컨대 주톈신은 '타이완사랑[愛台灣]', '진정한 타이완인[眞正台灣人]' 등의 구호가 갖는 배타성이 여전히 '마음으로 중국과 연계'되어 있는 외성인을 포용할 수 없다고 비판하면서, 본토화가 문화예술 작품을 평가하는 유일한 지표가 되어서는 안 된다고 생각하였다(2001a, 2001b). 난팡쉬[南方朔]도 유사한 지적을 하였다(2000, 2002). 그러나 이들 모두 이글에서 다룬 타이완 문학 문제가 일으킨 논의를 겨냥한 것이 아니었다. 둘째, 타이완 문학 본토화에 관하여 논쟁자들이 피차 실명을 거론하며 서로 비판하였을 뿐 아니라, 그것이 1970년대부터 지금까지 지속되면서 언론 충돌의 정도가 갈수록 격렬해졌다. 이러한 현상은 이글에서 다룬 에스타오와 천잉전 두 사람을 둘러싼 대립하는 쌍방에서만 발생하였다. 랴오셴하오[廖咸浩]도 확실히 타이완 문학에 대한 그의 주장이 있었다. 그는 정체성 선택에 있어 '제3의 길'을 주장했으니, 타이완 사회가 중시해야 할 것은 공동의 향토와 지역 사회[社區]에서 생활하고 있는 '서민'에 기반한 '문화정체성'이어야지, 문화정체성과 국가정체성을 억지로 중첩하여 하나로 통합해서는 안 되며 오히려 문화정체성은 국가정체성의 구속에서 벗어나야 한다고 생각했다. 그는 문학계가 "본토의 우익 본토론자를 찬양하고 국족 논술에 집착하고 있다"라고 비판했을 뿐 아니라, "빈번하게 국제와 접속하는 양무론자洋務論者"의 지나친 국제화도 비판하였다(2000: 114, 116). 그러나 랴오셴하오의 주장처럼 타이완 문학 문제의 토론이 대부분 산발적[零星]이고 언론에 가끔 등장하는 식이어서 지속적이고 격렬한 논쟁을 일으키지 못하였

임 및 그것이 야기한 논쟁은 민족주의적 정체성 정치/문화충돌의 일부가 되었지만, 이러한 상황은 다른 지식영역과 문화 생산 영역에서 출현하지 않았다. 지면의 제한 때문에 아래에서는 문학 영역에서의 본토화 패러다임 및 그와 관련된 문제만을 집중적으로 논의하고자 한다. 그러나 그중 많은 부분은 대체로 1980년대 이후 역사 영역에서의 본토화 패러다임 및 그로 인한 논쟁에도 적용될 수 있을 것이다.

1970년대 말부터 지금까지 사반세기 가까운 시간 동안 문학 영역에서는 예스타오와 천잉전이 본토화 패러다임을 지지 또는 반대하는 양측을 대표하는 인물로 꼽혀왔다. 1970년대 문학 영역에서 본토화 패러다임

고, 그 성격도 이글에서 다룬 예스타오와 천잉전을 대표로 하는 쌍방의 엄중한 대립과는 확연히 달랐다. 셋째, 한 걸음 더 나아가 심사자가 언급한 위의 몇 사람을 사례로, 그들의 정치·문화 본토화에 대한 견해나 타이완 문학 문제에 대해 발신한 산발적 논의가 역사 서사와 무관하다고 말한다면, 꼭 그렇다고는 할 수 없을 것 같다. 랴오셴하오는 다음과 같이 말했다.

타이완은 문자로 기록된 400년의 역사가 있지만, 문자가 없는 역사는 먼 옛날[遠古]로 거슬러 올라가며 이 섬에 씨를 뿌리고 자란 문화는 길고 짧은 것이 모두 있어 헤아릴 수가 없다. 평민[常民]의 몸엔 생활방식이 역사 기억을 침적하고 있고, 역사 기억은 생활방식에 영양을 공급하고 있다. 이 섬은 바로 이러한 각종 전통이 모인 곳이지만, 섬이 각종 전통을 위해 새로운 무대를 제공한 나머지 이들 전통도 서민의 가장 성실한 생활 속에서 단절[割斷]과 선택되지 않고 박리剝離와 물화物化되지 않기를 부르짖고 있다. 본래 면목을 회복하고, 균등한 기회를 얻고자 부르짖고 있다.

그가 강조한 문화정체성 및 본토론자에 대한 질책이란 점에서 모두 상술한 타이완 역사에 대한 인식과 밀접한 관계가 있다. 또 예컨대 위에서 인용한 난팡쉬의 비평 문장 중(2000, 2002)에 비록 "명확하게 판단할 수 있는" 역사 서사는 없지만, 그의 다른 저작에는 분명하고 특정한 역사 서사가 가득하다. 1970년대 말 1980년대 초 난팡쉬는 자칭 "타이완인보다 더 타이완인 같은 외성인"이었는데, 그의 이상은 "행복한 타이완, 영광의 중국, 평화의 세계"였다(그의 1979년 저서 표지 날개에 실린 작자 소개를 참고).「대만 독립운동의 발전」,「3백년 이래 중국과 대만」등이 수록된 그의『제국주의와 대만 독립운동[帝國主義與台灣獨立運動]』(1980)은 그의 역사 인식을 충분히 보여주고 있다. 난팡쉬의 최근 정치·문화 본토화에 대한 비난은 1970년대 이래 그의 특정 역사 서사 정체성에 내재한 일부라고 말할 수 있다.

이 발전하기 시작할 때, 즉 1977년 가을 '향토문학 논쟁'이 발생하기 직전 예스타오와 천잉전 두 사람은 각각 선구자 격으로 선언식 문장을 발표하였고, 이후 오랜 논쟁의 기본 범위와 방식을 형성하였다(葉石濤 1977 ; 許南村 1978[1977]). 필자는 이어서 1970년대부터 지금까지 이 예스타오와 천잉전의 관련 주장과 논쟁을 사례로 문학 영역의 서사적 본토화 패러다임의 성질 및 그 문제점을 분석해 보고자 한다.[14]

일제식민지 말기에 성장하였던 예스타오는 1960년대 말부터 1970년대 상반기까지, 소설부문에서 거의 유일한 본성 출신 문학비평가였다.[15] 당시 그는 일제 식민지시기에서 전후에 이르는 시기 본성 출신 작가의 작품을 '(본성 또는 타이완의) 향토문학'이라 칭하고, 그것을 역사 변천의 맥락에서 자리매김하면서 그 문화와 정치적 의미를 해석하였는데, 특히 민족정체성의 시각에서 "'우리'에게 일제 식민지시기에서 전후에 이르는 세대의 본성 출신 소설가 및 그 작품이 의미하는 것은 무엇인가?", "그것이 과거·현재·미래의 중국문학 발전과-보다 넓은 의미의 과거·현재·미래의 중국국가/민족의 발전을 포함한-어떤 관계가 있는가"와 같은 문제에 회답하는 것이었다.[16] 이러한 문제에 회답하고 의의를 설명하면서, 예

---

14 예스타오와 천잉전을 대표로 하는 양측 가운데 이 둘을 제외한 다른 인물의 언론 주장 등은, 이글 시작부분에서 소개한 타이완 문학 본토론, 또는 타이완 문화민족주의의 역사 발전 과정을 검토한 기존 문헌에서 이미 상세히 다루고 있다. 이글의 중점이 이론 분석의 시각에 있기 때문에, 이들 다른 사람의 상세한 논점에 대해서는 더 이상 중복해 나열하지 않는다. 예스타오와 천잉전 두 사람의 주장과 논쟁을 위주로 하는 것이 이글의 문제의식과 분석의 필요에 부합하기 때문이다.

15 이 부분의 예스타오에 대한 토론은 주로 필자의 앞선 문장에 근거했다. 蕭阿勤(2000:105-112)을 참고.

16 이러한 문제는 예스타오가 당시 관심을 갖고 있는 것에 대해 필자가 종합적으로 귀납한 것이지, 그 자신이 질문했던 방식은 아니다.

스타오는 일제 식민시기부터 전후에 이르는 시기 본성인의 문학 활동을 서사화하고 상징화하였다. 이 때문에 그는 당대 타이완 문학의 집단 기억을 구축하는 데 매우 중요한 역할을 했던 것이다. 그러나 주의할 것은 오늘날의 예스타오와 달리, 1960년대 중기부터 1970년대까지 타이완 향토문학의 집단 기억의 구축에 관한 그의 기본적인 참고 틀은 중국 민족주의였다는 것이다. 사실 나중에 타이완 문학의 '탈중국화' 과정에서 중요한 역할을 하는 시 간행물『립』과『대만문예』잡지의 많은 회원들도 예스타오와(그 본인도『대만문예』잡지의 회원으로 볼 수 있음) 마찬가지로 1970년대에 본성인 문학 활동의 문화와 정치적 의의를 정의할 때, 모두 그들을 일종의 중국 민족주의 역사 서사 방식에 두고 그 줄거리의 일부로 간주하면서 이 총체적 경험의 구조 속에서 하나의 적당한 위치를 찾고자 하였다. 1970년대 천잉전·황춘밍·왕전허·양칭추·왕퉈 등의 작품을 포함하는 향토문학이 이러한 서사 과정에 힘입어 선명하게 드러낸 상징적 의미는 '(타이완) 향토적'일 뿐 아니라 '(중국) 민족적'이라는 것이었다. 이러한 의미의 구축은 기본적으로 당시 일어난 정치개혁 경향과 문학의 민족성·사회성에 대한 보편적 요구와 상응하는 것이었다. 앞에서 밝힌 서사의 일반적 특징에 비추어보면, 이 시기 예스타오를 대표로 하는 문학사의 서사는 대체적으로 표1과 같이 귀납될 수 있다.[17]

---

17 이러한 서사에 대해서는 葉石濤(1965, 1966, 1968, 1977, 1979a, 1979b, 1979c, 1984) 참고.

표1 중국 민족주의의 '타이완 향토문학' 서사 모델[18]

서사자	중국인, 중화민족
시간의 추이[演進]	일제시기부터 그 이후
중심 주제	향토문학: 타이완에서 중국으로의 역정 향토 색채를 띤 민족 풍격[風格]의 추구 지역 특성을 띤 민족 공통성[通性] 추구 전통으로부터 근대를 추구
줄거리	시작: 일제시기 본성의 향토문학은 항일운동의 일환으로 발전하기 시작하여, 조국으로 복귀하고자 하는 의지의 민족정신을 표현 중간: 타이완 광복 후 본성의 향토문학은 중국문학의 한 갈래로 다시 복귀하여, 1970년대 초 확고한 중국 민족주의를 품은 제3대 본성 출신 작가의 향토문학이 흥기 결말: (아래 결론 혹 해결방안에 따라 발전)
결론 또는 해결방안	'향토'와 '민족'의 균형과 융합을 추구하고, 자연스럽게 중국문학의 일부가 되어 세계문학 차원[層次]으로 끌어올림

예스타오는 향토문학 논쟁이 발생하기 몇 달 전, 「대만향토문학사도론」을 발표하여 처음으로 완전한 형태로 상술한 문학사 서사를 보여주었다(葉石濤 1977). 당시 천잉전은 곧 바로 「'향토문학'의 맹점」이라는 글을 통해 예스타오가 일제시기 이래 타이완 향토문학의 독특성을 지나치게 강조하고, 중국적 특징은 경시했다고 비평하였다. 그는 일제시기 타이완의 항일정치와 문학운동 과정의 '타이완 의식'은 바로 '중국의식', '중국을 향한 민족주의'였다고 보았다(許南村, 1978[1977]: 98). 이 시기 천잉전의 '타이완에서의 중국문학'의 서사에 대해서는 표2와 같이 정리할 수 있다.[19]

---

18 蕭阿勤(2000:112)에 근거한 것이다.

19 이러한 서사에 관해서는 許南村(1978[1977])과 陳映眞(1977)을 참고.

<표2> 중국 민족주의의 '타이완에서의 중국문학' 서사 모델

서사자	중국인, 중화민족
시간의 추이	일제시기부터 그 이후
중심주제	타이완에서의 중국문학 반제 반봉건적 중국민족으로 귀속, 민족 풍격을 추구 현실주의적, 시대와 사회에 대한 관심
줄거리	시작: 일제시기 타이완의 신문학은 농촌과 농민에 대한 관심과 항일을 초점으로 흥기하여, 중국 근대의 반제 반봉건문학 운동의 일환이 됨. 중간: 전후 근 30년, 문학계는 5·4시기 신문화 전통과 단절하고, 서구화를 추구하거나 현실로부터 도피; 1970년대 초 새로운 세대 작가들이 현실주의적 향토문학을 발전시켜 서구화 경향을 비판하고, 문학의 사회성과 민족성을 추구 결말: (아래 결론 혹 해결방안에 따라 발전)
결론 또는 해결방안	타이완의 중국생활을 소재로, 중국민족의 풍격과 현실주의 형식의 문학을 통해 전체 중국 문학에 공헌

〈표 1〉과 〈표 2〉를 비교하면 서사자의 정체성의 위치는 기본적으로 유사하다. 당시 예스타오는 여전히 중국인 또는 중화민족의 타이완인으로서 문학 이야기를 설명하고 있다. 이로써 보면 천잉전이 예스타오의 문학사 서사는 "매우 고심하는 분리주의적 논의", 즉 중국과 분리된 '타이완의 문화 민족주의'라고 암시했던 것은 역시 과도한 반응이었다.[20]

예스타오와 천잉전 두 사람은 역사화 또는 서사화 경향으로써 타이

---

20 설사 <표 1>과 <표 2>의 서사자 정체성이 비슷하다고 말할 수도 있지만, 예스타오와 천잉전이 이상으로 생각한 중국은 전혀 같지 않았다. 예컨대 천잉전이 추구한 것은 어떤 사회주의 성격의 '중국성中國性'이었으나, 이는 예스타오에게 없는 특징이었다. 그러나 이글의 문제의식 차원에서 보면, 천잉전은 중국인 또는 중화민족의 한 사람임을 견지하였고, 당시 예스타오의 타이완인 정체성도 아직 중국인 또는 중화민족의 일부에서 이탈하지 않았다는 점이다.

완 문학에 대한 인식을 제시함으로써 당시부터 현재에 이르는 문학 영역에서 본토화 패러다임을 논의하는 방식을 기본적으로 확립하였다. 동시에 천잉전의 과도한 반응은 이후 문학 영역에서 본토화 패러다임에 관한 논쟁이 늘 서로 다른 역사 서사의 대립이고, 점차 부상하는 민족주의 정체성 정치/문화 충돌의 일부가 될 것임을 예고하였다. 물론 이는 결과론적[回顧的] 관점에서 제시한 후견지명後見之明일 뿐이다. 사실 우리는 조악한 역사 목적론으로 당시부터 지금까지의 모든 변화를 이해할 수 없다.[21] 한 가지 분명한 사실은 1979년의 메이리다오 사건의 발생 및 1980년대 전반 재야 급진 인사들의 굴기崛起, 타이완 의식을 선양하는 재야 잡지의 대량 출현, 각종 방식을 동원한 국민당의 지속적인 탄압 등 여러 요소의 상호작용이 없었다면, 1970년대 초 출현한 재야의 정치 이념과 반대 행동이 1980년대 후반 그렇게 신속하게 급진화할 수 있었을지는 의문의 여지가 있다는 것이다. 그리고 반정부운동의 급진화 과정에서 '중국사관'을 대체하려 시도했던 타이완 민족주의 역사 서사 - 즉 1980년대 이후 본성 출신 반국민당의 정치·문화계 인사들이 말하는 '타이완 사관'이 그렇게 신속하게 발전할 수 있었을지도 말하기 어려울 것이다(蕭阿勤, 2003). 메이리다오 사건과 1980년대 초 재야의 반국민당의

---

21 John Breuilly는 민족주의를 이해하거나 연구하는 데 있어서 '서사적'(narrative) 지향은 거의 어떤 해석도 제공하지 않는다고 비판하였다. 그가 지적한 대로 민족주의자 본인은 민족주의 흥기 이야기를 구축하고 설명하는 데 있어 지도적 역할을 하지만, 직접적인 정치적 관심이나 이해관계가 없는 학계의 역사 연구자도 이런 연구 방향을 채택할 수 있다. 서사 지향은 민족주의의 흥기를 당연시하며, 민족주의 역사를 설명하는 적당한 형식이 곧 서사라고 생각한다. Breuilly는 이야기에 시작·중간·결말이 있다고 미리 설정한 점에서 서사 지향은 보통 역사의 결과[結局]가 갖는 우연성(contingency)을 소홀히 한다고 지적하였다. 그러나 그는 동시에 만일 목적론이 제공하는 것이 문제일 뿐이고(역사 과정에서 초기의 요소가 나중의 발전에 어떤 영향을 미쳤는지?) 답안이 아니라면, 역사를 이해하거나 연구할 때 목적론적 지향은 아무런 잘못도 없다고 강조했다(Breuilly 1996[1994]: 156~158, 173).

급진적인 대항, 민족주의 특징을 갖춘 타이완 의식의 선양은『립』과『대만문예』구성원들의 반국민당적 정치의식과 문화 활동을 촉발하였다. 1980년대 전반 그들은 재야와 공개적으로 밀접한 관계를 발전시켰고 반정부운동에도 참여하기 시작하였다. 이때 그들은 1982년 창간한『문학계』구성원들과 함께 타이완 문학의 '탈중국화'를 제창하기 시작하면서, 일제 식민지시기 이래 타이완(본성)인의 현대문학 발전을 하나의 독특한 '본토화' 역사 성격과 문학 특색을 가진 전통으로 해석하였는데, 이 전통은 5·4시기 이래 중국(민족) 문학의 진전과 관계가 거의 없거나 전혀 없는 것이었다. 이러한 본성 출신 문학계 인사는 아울러 점차 '본토문학'-나아가 '타이완 문학'으로 '향토문학'이라는 이름을 대체하였다. 1986년 민주진보당이 성립한 후인 1980년대 후반, 타이완 섬 내에서 타이완 독립운동은 현저하게 발전하였다. 이 시기 이러한 문학계 인사들은 한층 더 반정부운동에 참여하였으니, 그들의 문학 활동과 그 결과는 타이완 민족주의 정치/ 문화 발전의 중요한 부분이 되었다. 당시부터 현재까지 그들은 타이완 민족주의의 문화 혹은 문학 논술을 구축하는 과정에서 줄곧 중요한 역할을 하였다.[22] 1980년대 말 1990년대 초 예스타오가 출판한『대만문학사강』(1987)과 펑루이진의『대만 신문학운동 40년[台灣新文學運動40年]』(1991a)은 타이완의 문학 논술이 '탈중국화'에서 '타이완 민족화'로 발전하는 중간 발전 단계의 전형典型을 보여주는 대표작이었다 (蕭阿勤 2000: 113~116). 이 두 권의 문학사 저작은 1970년대 이래 문학 본토화 패러다임의 발전 결과를 구현했으며, 동시에 타이완 민족주의 문학 서사의 모델을 확립하였다. 예스타오가 1992년 무렵 펑루이진의 책

---

22 상술한 문학계에서의 타이완 민족주의 발전 과정은 蕭阿勤(1999), Hsiau(2000: 96~110) 그리고 이 책 앞 몇 장의 분석을 참고할 수 있다.

을 칭찬하면서 쓴 일부 글은 이 시기 문학 본토화 패러다임의 새로운 발전을 대표하는 전형으로서, 그의 1970년대의 시각과 다른 내용이었다.

우리가 전전의 신문학과 전후 타이완 문학을 분할할 수 없는 완전한 총체로서의 문학으로 보는 까닭은, 타이완 문학은 세계문학의 일환이지 어느 외래 통치 민족에 부속된 종속[附庸] 문학이 아니라고 보기 때문이다.···

타이완 문학은 독립 자주적 문학이지, 결코 어떤 외래 통치민족 문학의 부용이 아니라는 것은 400년 이래 타이완의 역사적 운명에서 기인한다. 다 알다시피 타이완의 역사적 발전단계 마다 모두 외래 통치자가 출현하였다. 그들은 모두 한통속으로 타이완 역사를 말살하고 타이완 문화를 소멸시키는 것을 가장 중요한 임무로 삼았다. 그들은 철저하게 타이완 의식을 훼손함으로써 타이완 민중을 한 무리의 '머리를 조아려 명을 따르는[俯首聽命]' 죽은 영혼으로 만들어버렸다.

타이완 문학은 바로 이 피압박자의 문학이요, 약소민족이 외래 통치자에 저항하면서 세운 항의抗議의 문학이다. 이러한 문학은 반드시 피억압자의 입장에 서서 싸워 타이완 민중의 '정치·경제·사회적' 해방을 쟁취해야 한다. 본질적으로 비옥한 타이완 문화의 토양 위에 세워진 타이완 문학은, 타이완 민중의 민주·자유를 기구企求하는 갈망 속에 뿌리를 내려야 한다. 꼭 파괴적인 모든 압제에 저항해야 한다. 그리고 이러한 항의의 의식 속에서 가장 중요한 지표는 농후하고 변하지 않는 타이완 의식만한 것이 없다. 그렇다면 무엇을 타이완 의식이라 하나? 우리는 그것을 타이완의 토지와 인민과 자신을 동일시하고, 타이완이 독립 자주의 운명공동체임을 인지하고, 또 타이완의 대자연과 본질적인 정신문화를 깊이 사랑하며, 그를 위해 희생하기를 원하는 의식이라고 생각한다.

70여 년의 타이완 문학은 바로 이 타이완 의식에 뿌리를 내리고, 타이완 민중과 하나가 되어 외래 민족의 압제하에 힘들게 생존해 온 타이완 민중의 생활사를 묘사하

는 문학이다. (葉石濤 1992b[?]: 13~15)

이 간단명료한 타이완 문학사의 서사자는 이미 명백하게 중국인이나 중화민족의 일원이 아니고, 국족의 정체성 면에서도 그와 완전히 대립하는 타이완인이었다.

타이완 문학의 본토화 논술은 『립』, 『대만문예』 및 『문학계』를 계승해 1991년 말 창간된 『문학대만文學台灣』 구성원들의 서술을 중심으로 하였는데, 이러한 논술은 1990년대 이후 더욱 급진화하였다. 그들은 타이완 문학을 '탈중국화'하는 데에서 한 걸음 더 나아가 '민족화' 하였다. 즉 한편으로 타이완 문학의 기원을 수천 년 전의 원주민의 신화·전설·가요 등으로 소급하여 그것을 다족군에서 발원한 하나의 문학 전통으로 해석하고, 다른 한편 전체 타이완 현대문학의 발전을 타이완(본성) 작가가 작품을 통해 독특한 타이완의 민족 정체성에 관심을 갖고 추구하며 확인하는 과정으로 해석하였다. 바꾸어 말하면 타이완 문학은 일종의 민족적 성격을 부여받아 독특한 '타이완 민족'의 문학 전통으로 재현되었기 때문에, '타이완 민족문학'이라는 개념도 이에 따라 구축되었던 것이다 (Hsiau 2000: 110~114; 蕭阿勤 2000: 116). 1990년대 말에 예스타오는, 1970년대의 천잉전·왕퉈·웨이톈충 등은 "중국 민족주의자로서 결코 타이완을 신흥 약소민족국가로서 승인하지 않았고, 그들이 창작하거나 지지했던 향토문학도 "사실은 전혀 타이완 본토의 현실을 진정으로 반영한 것이 아니었으니", "바로 중국 민족주의를 기조基調로 한 것이지, 결코 본토의 역사·인민·토지에서 실제를 구현한 것은 아니었다"고 지적하였다. 그들에게 향토문학 논쟁이 대표하는 것은 국민당 중심의 '구舊 중국 민족주의'와 친잉전 등의 '신 중국 민족주의자' 간의 내분[內訌]과 대결일 뿐이었다

(葉石濤, 1997: 42~43, 46~47, 143~145). 1990년대부터 지금까지 예스타오를 대표로 하는 타이완 문학 본토화의 서사 패러다임은 〈표3〉과 같이 정리할 수 있다.[23] 이 모델은 1970년대 이래 서사적 문학 본토화 패러다임이 타이완 민족주의를 향해 나아가는 충분한 표현이라 할 수 있다.

〈표 3〉 타이완 민족주의의 '타이완 문학' 서사 모델[24]

서사자	타이완인, 타이완 민족
시간의 추이	유사 이래 타이완, 특히 일제 식민지시기인 1920년대 이후
중심주제	타이완 문학: 타이완의 역사 경험을 묘사·반영한 현실주의 문학의 발전 과정 다족군적 문학 발전의 기원 타이완인의 외래 통치자로부터의 억압과 저항의 역사 경험을 묘사·반영 타이완인이 자유와 해방을 갈망하며, 독립 자주의 정치체제를 추구하는 소망을 묘사·반영 어떤 외래 통치자의 문학(특히 중국문학)에 부속되지 않는 독자적 문학 발전
줄거리	시작: 수천 년 전 원주민 문학의 발전 　일제 식민시기 문화 항일운동의 일부로서 타이완 신문학이 발전하기 시작하여, 자주를 추구하는 타이완 의식을 표현함 중간: 전후 본성 출신 작가들이 어렵고 외로운 상황에서 창작하며 '향토문학'이란 이름으로 타이완 문학 전통을 이어감 1960년대 『립』, 『대만문예』의 창간은 타이완 의식의 확립을 대표 1970년대 진정한 본토 작가들은 중국 민족주의 작가들 간의 내분인 향토문학 논쟁을 차가운 눈으로 방관하면서 묵묵히 창작하고 결집하는 한편, 일제식민지 시기의 타이완 신문학 전통을 회복 1980년대 향토문학과 본토문학은 마침내 타이완 문학이란 정식 명칭을 갖게 됨
줄거리	1990년대 이래 타이완 문학은 독립 자주적 '주체성'을 확립하는 중임 결말: (아래 '결론 또는 해결 방안'에 따라 발전)
결론 또는 해결방안	독립 자주적 정치체제의 건립을 촉진하고, 주권을 가진 타이완 문학을 확립함으로써 세계 문학의 일환이 됨

　1980년대 이래 타이완의 정치/문화적 본토화·타이완화 과정에서 타

---

23 이러한 서사에 대해서는 彭瑞金(1991a, 1995[1991]) ; 林瑞明(1992) ; 葉石濤(1997)를 참고.

24 蕭阿勤(2000:122-123)을 근거로 하였다.

이완 민족주의의 '타이완 문학' 서사는 점차 사회적 우위를 획득하였다. 상대적으로 친잉전이 대표하는 중국 민족주의적인 '타이완에서의 중국 문학' 서사는 분명히 사회적으로 비교적 주변적 위치에 처하게 되었다. 예스타오와 『립』, 『대만문예』 등 구성원들의 국족 정체성 변화와는 대조적으로, 1970년대 이래 천잉전은 강렬한 중국의식을 가슴에 품고 시종 반제 반봉건의 중국 민족주의 관점에서 타이완의 역사와 문학을 이해할 것을 주장하였다. 그가 구축한 타이완 문학에 관한 서사도 거의 바뀌지 않았다. 1980년대 초의 '타이완 의식 논쟁' 이래, 천잉전은 예스타오·천 팡밍·펑루이진 등 주요 본토화 패러다임 제창자들과 첨예하게 대립하였다. 1990년대 말 이래 그의 문학 서사는 점차 중화인민공화국 학자들의 호응을 얻어, 그들과 합작하여 문학계의 타이완 민족주의자들을 비판하였다. 예를 들어 2001년 말 『문학 내의 대만독립의 여러 모습['文學臺獨'面面觀]』이란 책을 베이징에서 출판하였다. 이 책의 두 저자는 이 책의 출판 목적이 "'문학의 타이완 독립', '문화의 타이완 독립' 및 모든 '타이완 독립' 음모를 철저히 분쇄하여, 해협 양안의 문학, 문화적 통일을 지키고 국가영토와 주권의 완전성, 민족과 국가의 통일을 유지하는 데 있다"고 선언하였다. 그들에게 예스타오의 「대만향토문학사도론」이라는 글은 "가장 먼저 '문학의 타이완 독립'의 공개적 활동을 알리는 징과 북소리"였고, 그리고 그는 줄곧 '문학의 타이완 독립'을 만들고 고취한 장본인"으로서 천팡밍·펑루이진·장량쩌 등과 '문학 타이완 독립'파를 형성한 주모자였다(趙遐秋·曾慶瑞 2001: 前言2, 正文2, 273). 천잉전은 이 책의 서문을 쓰면서 "'문학의 타이완 독립'에 대한 반대 투쟁은 아편전쟁 이래, 우리 민족의 민족해방과 단결, 국가의 독립과 통일을 쟁취하기 위한 위대한 투쟁에서 아직 이루지 못한 숙제이다"라고 생각하였다(陳映眞 2001: 3). 천잉전의 이와 같은 강렬한 태도의 선전포고처럼, 이 책의 두 저자는 "문학의 타이완 독립'은 문학 영역에서의 '양국론兩國論'이다"라고 규탄하였을 뿐 아니라, 위협적인 말투로 "천팡밍 등과 그의 선배 예스타오 무리가 철저하게 변하지 않으면, 그들의 '문학의 타이완 독립' 주장은 '타이완 독립' 세력의 순장품이 되어 죽음의 재로 사라지고 말 것이다!"라고 공언하였다(趙遐秋·曾慶瑞 2001: 6). 이러한 상황들은 정체성에 대한 서사의 대립이 강렬한 복수심을 초래하였음을 증명하는 것으로 개탄스러움을 자아낸다.[25] 베이징에서 출판된 『'문학의 타이완 독립'의 여러 모습』은 천수이볜 총통 당선 이후, 중화인민공화국의 타이완 민족주의에 대한 더

---

25 2000년 3월 타이완 총통 선거 투표일 3일 전, 중화인민공화국 총리 주룽지[朱鎔基]는 베이징에서 열린 기자회견에서 민진당 후보 천수이볜이 우세를 보이는 상황에 대해 "누가 당선되든 절대로 타이완이 독립하는 짓은 할 수 없다", "…우리는 결코 무력 사용 포기를 약속하지 않을 것이다. 누구든 하나의 중국원칙에 찬성하면 우리는 바로 그를 지지할 것이고, 무슨 문제라도 터놓고 말할 수 있고 양보도 할 수 있다. 중국인에게 양보하는 것이다! 그러나 누구든 타이완 독립을 추진한다면 누구도 좋은 앞날은 없을 것이다!"라는 입장을 표시하였다. 주룽지는 나아가 다음과 같이 말했다.

1842년 아편전쟁 이래 중국 근대사는 외국 세력으로부터의 침략과 능욕의 역사였고, 타이완 또한 여러 해 동안 일본 군국주의자의 통치와 점령하에 있었다. 되돌아보면 당시 중국은 얼마나 빈곤했던가? 하지만 우리는 마침내 "일어나라! 노예가 되길 원치 않는 인민이여"라고 소리치면서 끊임없이 용감하게 투쟁하였다. 나는 당시 겨우 아홉 살이었지만, 그때의 구망가곡[救亡歌曲]들을 지금도 분명하게 기억하고 있다. 이런 노래를 부를 때마다 나는 지금도 눈물이 나고, 의기가 복받치며, 조국을 위해 아낌없이 죽음을 무릅써야겠다는 호기로운 감정으로 충만해진다. 그렇다면, 오늘날 중국 인민은 이미 일어섰다. 그런 우리가 자고이래 중국에 속한 타이완이 분열하여 나가는 것을 용납할 수 있겠는가? 절대로 불가능하다.

2000/3/16, 「朱鎔基記者會見有關對臺部分問答全文」, 『中時電子報』. http://forums.chinatimes.com.tw/report/vote2000/main/89031604.htm(2003/9/30 검색) 사람들의 어떤 도덕과 가치 이념에 대한 집착, 그에 수반하는 사랑과 증오는 상당히 큰 범위와 정도로 자신을 특정한 역사 서사 중에 둠으로써 생기는 연대감에서 생긴다(蕭阿勤 2003: 244). 주룽지의 담화는 바로 또 다른 하나의 분명한 사례이다.

욱 강렬한 적의를 대표한 것이기도 하였다.

정체성의 구축과 확립에 대한 역사 서사는 의미의 봉쇄와 폐지終止가 만들어내는 효과이다. 이러한 의미의 봉쇄와 폐지는 주로 서사화의 총체적 의미의 구성에서 연유한다. 서사의 총체적 의미의 형성은 사건 혹은 경험에 대해 다른 해석의 가능성을 배제하고, 의미의 계속적 확장을 저지한다. 이 때문에 그것은 어떤 특정한 방식으로 서사자의 위치를 정하는 것이다. 문학 본토화 패러다임이 일으킨 논쟁과 충돌은 서로 다른 서사의 총체적 의미 구성 간의 대립이며, 그것은 또한 서로 다른 해석 기제, 현실에 대한 포괄적 관점, 혹은 심지어 세계관의 대립에 영향을 미친다. 이는 문학 영역에서 서사 본토화 패러다임이 격렬한 분쟁을 불러일으키고, 타이완 정체성 정치/문화의 일부가 되었던 중요한 원인이다.

(4) '전략적 본질주의'는 전략적일 뿐인가? (해석 2)

긴 역사의 시각에서 보면, 전후 국민당이 반세기의 식민통치를 거친 타이완을 맞이하여 진행한 '탈일본화'의 통치와 교화는 일종의 정부 당국 주도의 하향식 '강제적 탈식민'이었다고 할 수 있다. 그리고 그것이 전후에 성장하고 교육받은 세대에 미친 영향이라는 점에서 보면, 국민당의 '중국화' 교화는 상당히 성공적이었다고 할 수 있다. 본토화 지식 패러다임이 발전하기 시작한 1970년대, '향토 회귀', '현실 회귀' 조류를 추동했던 주인공들도 실제로는 이러한 전후 세대 성원이었다. 그들이 향토문학을 발전시키고 일제시기 타이완 문학을 발굴하고 타이완 역사를 탐색할 때, 즉 전후 사회 공공영역에서 억압당한 타이완성[台灣性]을 제창할 때, 그 역사 서사의 주체는 중국인, 중화민족으로서 타이완인이었다.[26] 메이리다오 사건 후 1980년대 이래 타이완 의식 혹은 타이완 민족주의의 발전은, 그 목적을 국민당 통치의 '재식민'뿐 아니라 중화인민공화국의 강력한 타이완 위협에 대한 저항에 두었다. 1980년대 이래 지식의 구축과 문화 생산의 본토화 패러다임의 발전, 특히 타이완 문학과 역사 영역에서 볼 수 있는 상황들은 이러한 재식민에 반대하는 중요한 현상의 일부였다.

세계 각지의 포스트콜로니얼 시기 정치/문화투쟁에서, 어떤 "본질주의 (essentialism)적 정체성 선언은 줄곧 결정적인 역할을 했다. 이러한 입장을 가진 피식민자에게 그들의 정체성은 공동의 조상과 역사 경험에서 나온, 일종의 집단적인 진정한 자아 혹은 본질이었다. 비록 그들은 피식민자로서 피차간의 일부 부차적인 차이나 역사적 변화[變幻]가 일시적으로 이 집단적 진정한 자아 또는 본질을 가리거나 억압할 수 있지만, 결국은 항구적으로 오랫동안 존재할 것이었다. 포스트콜로니얼 사회에서 식민통치가 수반하는 굴욕과 상처에서 벗어나려는 시도는 이러한 정체성을 되찾거나 혹은 제창하는 것이었고, 그것은 늘 피식민자들이 열렬하게 추구하는 목표였다(Fanon 1953: 170 ; Hall 1990: 223~224). 사실상 사회의 인간집단 분류 규칙에 따라 사회의 주변에 놓인 약자의 입장에서, 본질주의적 주장은 자기 자신의 정체성을 강화하는 주요한 길이자, 그들이 다른 방식으로 자신을 재현시킬 수 있는 창의의 원천이었다(Hall 1990: 223 ; Woodward 1997b: 242). 1980년대 이래 '재식민再植民'에 저항하는 투쟁의 일부였던 타이완 문학의 본토화 패러다임 또한 '탈중국화'에서 '(타이완) 민족화'로의 역사 서사 모델을 따라 발전하였는데, 그 과정에서 구축된 타이완 정체

---

26 1970년대 현실 회귀, 향토 회귀 조류와 관련한 전후세대의 역할에 관해서는 필자의 연구 (蕭阿勤 2010)를 참고.

성은 상술한 포스트콜로니얼 본질주의의 특징을 뚜렷하게 갖고 있었다. 이러한 서사 모델 제창자에게 문학은, 타이완인이 오랜 세월 동안 외래 통치자에게 압박받은 역사 경험을 표현하는 공구이자, 시종 압박에 저항하고 독립 자주를 추구해 온 수단이었다. 타이완 문학은 독립 자주적이어서 전전에는 일본 문학에 속하지 않았고 전후에는 중국문학에 속하지 않았으니, 마치 타이완인이 역사적으로 시종 확고부동한 타이완 의식을 가슴에 품고 있었던 것과 같다. 바꾸어 말하면 타이완 문학의 진정한 '본토화'는 바로 이러한 타이완 정체성을 충분히 구현할 수 있는, 즉 타이완인의 피억압적, 집체적인 진정한 자아 혹은 본질을 드러낼 수 있느냐에 달린 것이니, 이러한 정체성은 역사적으로 확증된 변치 않는 것이었다. 위에서 인용한 예스타오가 펑루이진을 찬양하는 관련 문구 중에서 바로 이러한 본질주의의 타이완 정체성 선언 및 문학은 이러한 정체성을 발견·천명·전달하는 주요한 매개여야 한다는 시각을 읽을 수 있다.[27]

그러나 당대의 정체성의 연구, 특히 문화영역에서는 의심할 바 없이 일종의 정체성에 대한 '반본질주의(anti-essentialism)'적 입장이 주류적 위치를 차지하고 있다. 이러한 시각에서 언어의 작용은 '만들어지는 것(makes)'이지 '발견되는 것(finds)'이 아니며, 언어가 지칭하는 대상(referents)도 결코 본질적 혹은 보편적 성질을 가질 수 없다. 정체성은 실재하는 사물(thing)이 아니라, 언어 속 일종의 서술, 일종의 논술적 구축의 결과로서 존재하며, 그 의미 역시 시간과 공간의 변화 또는 사용방식

---

27 예스타오는 그의 『대만문학입문』 「서문」에서 "나는 청년 시절부터 하나의 꿈이 있었으니, 그것은 바로 한 부部의 타이완 문학사를 완성하여 타이완 이 땅에서 수백 년을 살아온 타이완인의 문학 활동을 기록함으로써, 타이완인이라는 이 약소민족이 굽히지 않고 자유와 민주를 추구했던 정신이 어떻게 문학에 응집되어 성과를 거두었는지 증명하는 것이다"라고 말했다. (葉石濤 1997: 1)

에 따라 변화하는 것이다(Barker 2000: 166, 190). 이러한 반본질론은 서사 정체성 이론의 관점에서 보면, Stuart Hall이 카리브해 또는 흑인 이산자(diasporas)의 문화 정체성을 토론할 때 지적한 것처럼, "정체성은 우리가 자신에 대해 과거에 관한 서사에 의해 정해지는 위치(position)" 및 과거에 대한 서사 과정에서 자기를 위치 짓는 다양한 방식의 이름[命名]이다. 그리고 이러한 서사 속에서 '과거'는 본질화됨으로써 안정적인 정체성의 감정을 확보할 수 있다(Hall 1990: 225).

  포스트콜로니얼 정치/문화적 투쟁 혹은 기타 정체성 정치에서 사회의 주변에 처한 자의 저항이라는 점에서 보면, 정체성에 대한 반본질론적 시각은 행동실천의 측면에서 거의 가치가 없는 듯하다. 이 때문에 일부 비평가들은 반본질론보다 정체성 정치를 더 건설적이고 보다 정면으로 이해하고자 한다면, 일종의 '전략적 본질주의'(strategic essentialism)가 필요하다고 생각하는데, 즉 사람들은 특정한 정치적 실천적 목적에 따라 정체성이 '마치' 안정적인 실체인 것처럼 행동해야 한다는 것을 인정하는 것이다(Baker 2000: 190). 적지 않은 연구자들은 정체성을 해체[解構]함과 동시에 이러한 전략적 본질주의가 정치/문화적 실전에서 불가피하게 필요하다는 점을 인정한다. 예컨대 Hall은 일찍이 정체성의 상상은 허구적(fictional)이거나 서사적 성격을 가지며, 필연적으로 일종의 의미에 대한 완결적 마감[封閉終止]과 관련된다는 점을 지적하였다. 그에게 이러한 완결적 마감은 임의 독단적인 것이니, 민족·족군 단체·성별 등 각종 정체성의 집단 창출은 필연적으로 이러한 완결적 마감 - 즉 언어에 대한 권력의 무단개입, 이데올로기적 '재단'(cut), 자리매김[定位], 경계 넘기, 단열[斷裂] 등을 함유하는 것이었다(Hall 1990 : 230). 만일 의미에 대한 완결적 마감이 없다면, 정체성의 구성과 정치적 행동-특히 새로운 주체성의 건립에 대한 모든 요구와 사회를 바꾸려고 시도하는 사회운동- 이 두 가지는 가능하지 않다. 정체성과 정치에서는 이런 임의로 독단한 완결적 마감은 '전략적'으로 필요하다는 것이다(Hall 1997[1987]: 136~137; 1990: 230). 그 외 가나 출신의 흑인 철학가 Kwame A. Appiah는 서구에서 유행했던 본질화된 생물학적 종족, 종교 신앙, 오랜 역사에 근거하여 세워진 아프리카의 정체성을 비판하면서, 현실정치에서 신화와 신비화가 없다면 집단 결맹結盟은 불가능하다고 지적하였다. 집단행동에 필요한 능동성(agency)의 발전은 전체적으로 정체성의 기원에 대한 '잘못된' 인식을 필요로 하는 듯하다. 상술한 아프리카 정체성의 본질화가 내포한 부당함을 비판한 후, Appiah는 진상과 진리를 추구하는 지식인이 받아들일 수 있는 아프리카 정체성을 제출하고자 하였다. 그는 시간과 공간의 차이에 따라 정체성은 정치적 의미와 가치 면에서 상대적이며, 어떤 정체성에 대한 옹호 또는 반대는 상황에 따라 결정된다고 생각하였다. 현재의 아프리카의 정세를 감안하여, 그는 종족개념에 근거한 것이 아니라 아프리카 대륙의 공동의 친밀한 감정[情誼]에 기초한 '범 아프리카주의'(Pan-Africanism)는 여전히 필요하고, 유용하며 진보적이라고 생각했다. -"그의 이론 기초가 얼마나 잘못되거나, 불명확한 지에 관계없이"(Appiah 1992: 175~177, 178~180 ; 1995: 106~108, 110~113). 또 Gayatri C. Spivak은 부권父權에 반항하는 여성의 논술 전략을 말할 때, 반본질주의적 입장이 정확하고 틀림없다고 명확히 지적하였지만, 그녀도 "전략상 우리는 이렇게 하지 않을 수 없다"라는 점을 인정하였다. Spivak은 "…… 해체주의자(deconstructivist)가 된 이상, …사실상 나는 두 손을 탈탈 털고, "나는 독특하다"라고 말할 수가 없다. 사실 내가 말할 수밖에 없는 것은 나도 어떨 때는 본질주의자라는 것이다"라고 분명하게 공언하였다. 그녀에게 목표를 달성하는 데 유리한 전략적 본질주의를 선택하는 것은 이론적 수순성을 방기하는 것이지만, 그녀의 연구 자체가 앞뒤 조리의 일관성을 추구하는 데 있지 않았다(Spivak 1990: 10~12).

1980년대 이래 타이완의 문학의 본토화 패러다임에 대해, 필자는 이미 정체성의 공개 선언은 그 자체로 포스트콜로니얼 정치/문화투쟁의 본질주의적 성질을 갖는다는 점을 지적하였다. 예스타오·펑루이진 등이 그들의 타이완인·타이완 문학론을 구성할 때, 그 본질주의적 정체성 선언은 단순한 전략적 선택일 뿐이라고 의도적으로 성격을 규정한 것이었는지를 확실히 알 수 없다. 지금까지 그들도 정체성 구축이 단순한 전략차원이었을 뿐이라고 공개적으로 밝힌 적이 없다. 바꾸어 말하면, 타이완 문학의 본토화 패러다임 논쟁과 관련된 쌍방이 의식적으로 전략적 본질주의를 구사했는지 여부를 알 수 있는 경험적 또는 문헌적 증거를 발견하기는 어렵다. 상술한 Hall, Appiath, Spivak 등 엄숙한 자성적인 이론가를 제외하고, 현실의 정치 문화 과정에서 그들의 정체성 선언이 단순한 전략 차원의 것이었다고 분명하게 인정하는 경우는 거의 없다. 그 자신의 정체성 선언과 관련하여 그렇게 진지하게 성지적으로 투신한 경우가 아니라 하더라도, 공개적으로 그들의 선언이 다른 목적을 위한 전략적 수단일 뿐이었다고 공표하고 싶은 사람은 극소수일 것이다. 그러나 선의로 이해해보면 타이완 문학 본토화의 패러다임이 역사의 왜곡, 개념의 날조, 임의적인 분류, 이론의 모순을 다소 포함하고 있더라도, 그것은 일종의 재식민에 저항하는 행위라는 점에서 우리는 그 전략적 본질주의로서의 불가피성을 받아들일 수 있을 것이다.[28]

---

28 이 부분은 대부분 이글을『문화연구』에 투고했을 당시 받은 한 심사자의 비평에 대해 필자가 한 답변이다. 심사자의 지적에 감사한다.

Hall, Appiath, Spivak 등이 직간접적으로 제시한 전략적 본질주의는 모두 어떤 특정한 행위자의 본질주의적 정체성 선언을 무차별적으로 비난할 수 없다는 데 중점이 있다. 그러나 약자의 저항에 대한 선의의 해석이든, 혹은 저항자의 자기정당화의 언설이든 전략적 본질주의는 개념과 실천면에서 도전에 직면할 수밖에 없다. 개념 또는 실천면에서 대면해야 하는 최대의 난제는 "전략적 본질주의는 어떻게 그리고 단지 전략적일 수만 있을까?"라는 점이다.

우선 개념적인 측면에서 만일 본질화의 정체성 선언이 전략적일 뿐이라면, 이 주장은 사실상 고도의 도구적 합리성을 지닌 자아의 존재를 전제하는 것인데, 이 자아는 어쨌든 항상 자신 또는 자신이 동일시하는 사회집단의 진정한 이익이 무엇인지를 명백히 할 수 있고, 언제든지 수단과 목적의 차이를 분명하게 구분함으로써 혼란과 착란에 이르지 않아야 한다. 전략적 본질주의는 사람들이 서로 다른 시간과 공간의 실제 목적 때문에 정체성이 '마치' 안정된 실체인 것처럼 행동함으로써, 행위자가 '마치'(나는 정체성이 마치 안정된 본질인 것처럼 행동할 뿐이다)와 '실제'(나의 정체성은 확실히 일종의 안정되고 진정한 본질이다) 사이를 분명히 구별할 수 있다고 주장한다. 바로 Appiah가 자신이 이상으로 하는 범 아프리카주의를 제창할 때, 한편으로 아프리카의 정체성은 확실히 유력하고 유용한 호소라는 점을 지적하면서, 다른 한편으로 "아프리카는 우리가 필요로 하는 깃발이 아닐 수" 있다고 생각했던 것과 같다(Appiath 1992: 180 ; 1995 : 113). 그러나 정체성은 "나는 누구인가?", "나는 어떤 사람이 되고자 하는가?", "무엇이 의미 있는 생활인가?", "나는 이러한 생활을 어떻게 추구해야 하나?", "내 생활의 목적과 이익은 어디에 있는가" 등 개인의 자아실현과 관련된 문제에 대한 반성과 관련된다. 그리고 정체성의 구성과 유지는 사람들에게 상당한 정도 및 상당한 시간의 신념과 감정 투입을 필요로 한다. 전략적 본질주의 속에서 합리적 선택(rational choice)형, 또는 고도의 반성적(highly reflexive) - 설사 과도하게 반성(over reflexive)적인 것이 아닐 지라도 - 자아 이미지를 유지한다면, 신념과 감정의 지속적 투입의 필요 성을 부인하는 것과 다름이 없다. 이렇게 정체성 개념의 특수성을 소진 하고 또한 정체성의 행동을 해석하는 데 필요한 정체성의 잠재력을 약 화시키는 것은 결국 정체성 개념을 빈약하고 무력화시키는 것이다. 신 념과 감정을 투입한 정체성 개념이 아닌 그저 전략적 수단으로서 선택 한 것이라면, 어떻게 '정체성' 개념으로써 이해하고 분석할 수 있을까? 한 행위자가 항상 자신이 주장하는 정체성이 '아마' 혹은 '정말' 암묵적 인 본질이라는 것을 항상 분명하게 구분할 수 있다면, 그/그녀의 이성적 인 자아는 항상 정체성이 구성한 그(절대 정한 것이 아닌) 자아와 거리를 유 지하여, 양자를 혼돈하지 않고, 목적에 따라 수단을 조정할 수 있을 것이 다. 이러한 가정은 전략적 본질주의를 "나의 본질주의는 전략적이기 때 문에 도덕적이며 고상한데, 당신의 본질주의는 근본주의적(fundamentalist) 이고 사악하며 질못된 것이다"라는 식의 씽계로 바뀌어 버릴 수 있다 (Andermahr, et al 1997: 82).

다른 한편, 실천적인 측면에서 설사 처음에는 전략적 고려에 따라 구 성된 정체성이라 하더라도 비의도적 결과를 낳을 수 있다. 이러한 정체성 의 구성이 점차 사람들에게 수용되어 가끔 사회적 상호작용의 구실이 되 거나, 혹은 심지어 사회적 행위의 목표가 될 수 있는 만큼, 그것은 행위자 가 의도하는 전략 층차에 머무를 수는 없는 것이다. 타이완에서 '사대 족 군'이라는 사회집단의 정체성 분류의 발전은 단적인 사례이다. 1980년대 말 1990년대 초 민진당의 반정부 운동 방식이 점차 실제를 추구하면서,

그 지도자들은 민남인이 운동을 지배한다는 인상을 줄이고 다른 배경자의 지지를 얻기 위해 '사대 족군'이라는 논법을 제시하였다. 이러한 사회집단의 분류 방식은 점차 타이완 사회에 수용되어, 지금은 사회 민중과 엘리트들이 족군과 민족주의 정치/문화적 의제를 사고할 때 중요한 참고틀이 되었다. 동시에 자유민주 제도인 선거와 사회운동의 군중 동원 과정에서도 선거 입후보자나 사회운동 지도자들은 늘 족군 정체성에 호소하여 군중의 지지를 획득하였기 때문에, 정체성 구성의 전략/목적, 수단/목표의 이분법은 곧 와해되는 방향으로 흐를 수밖에 없었다. 민남·객가·외성·원주민(평포족 등을 포함)의 정체성을 지키는 것이 정체성 정치과정에서 행위자의 본질적 목적이 되기도 하는 것이다. '족군화'의 실제 정치 과정에서(Chang 1996 ; 張茂桂 1997), 본질화의 정체성 동원은 이제 거의 거스를 수 없게 된 만큼 단순한 전략 차원에 그칠 수만은 없다. 동시에 정치투쟁 과정에서 본질주의도 왕왕 본질주의의 대응을 불러일으키기도 한다. 정치 족군화 과정은 정체성 구성의 '본질화 과정'이기도 하다.

우리는 또한 Appiah, Spivak 등이 제기한 포스트콜로니얼리즘의 '전략적 본질주의'는 저항의 실제적 필요와 그것이 초래할 수 있는 사회적 결과 사이의 균형점을 찾으려는 시도이기 때문에, 비교적 책임 윤리성을 갖춘 사고방식이라고 말할 수 있다. 이런 식의 (상황을 고려한-역자) 균형[權衡]은 의식적이고 고도로 자성적인 것일지라도, 어쨌든 최대 이익을 추구하는 정객식政客式 도구 이성의 셈법은 아니라고 할 수 있다. 하지만 설사 그렇다 하더라도 본질화된 정체성 선언은 결국 비의도적이고 예측할 수 없는 사회적 결과를 수반하기 때문에, 가끔 책임 윤리와는 관련이 없어지기도 한다. 전략적 본질주의는 단지 전략적일 수만은 없다. 현실 정치가 충돌하는 관성에 따른 정체성 구성의 본질화 및 유사한 반응은 학술이론가가 자아극복의 내재적 사고 과정으로 제어할 수 있는 것이 아니며, 주관적 희망으로 통제할 수 없는, 즉 예측할 수 없는 사회과정과 후과일 뿐이다. 사실상 군중 의식을 변화시키고 사람들의 지지를 동원 확대한다는 점에서 보면, 논쟁적인 족군과 국족 문제에 있어서 모든 본질주의 공언은 설사 의식적이고 고도로 자성적이 아닐지라도, 어느 정도 전술적 운용의 함의를 모두 내포한다고 말할 수 있다.[29] 문학에서 본질화된 정체성의 동원(서사화된 문학사 방식으로 정의하는 '본토화'된 '타이완 문학' 및 그에 대항하는 '타이완에서의 중국문학' 또한 서사화의 방식을 빙자함)은 1980년대 이래 정치적 발전에 따라 그 논술상의 대립과 충돌도 갈수록 엄중해져서 더 이상 추세를 거스르기 어려워 보인다.

선의의 해석에 기초하면, 서사적 타이완 문학 본토화 패러다임은 저항이라는 현실적 필요에 따른 책략으로 볼 수 있다. 그러나 그 개념과 실천 면에서 전략적 본질주의는 전략적일 수만은 없고 본질주의와 구분하기도 어렵다. 설사 책략성의 정체성 선언이라 하더라도 쉽게 본질주의식의 정체성 대항을 초래할 수 있다. 판도라의 상자가 일단 열리면 다시 닫기는 매우 어렵다. 이는 족군과 민족주의 정체성 정치의 수요한 특징 중의 하나이면서, 또한 타이완 문학 영역에서 서사적 본토화 패러다임이 줄곧 극렬한 논쟁을 야기하게 되는 중요한 원인이기도 하다.

(5) 누구의 지식이고, 지식의 목적은 무엇인가? (해석 3과 결론)

본토화는 일종의 지식구축과 문화재현의 패러다임으로서, 그것이 촉

---

29   이러한 설명은 한 심사자의 비평에 대한 필자의 답변이다. 지적에 감사한다.

발한 지식상의 문제는 "누구의 지식인가?"에서부터 "지식의 목적은 어디에 있나" 등에 이르기까지, 모두 사람들을 상당히 곤혹스럽게 한다. 현실 정치과정에서 이러한 난제는 모든 사람을 만족시키는 답을 찾기 어렵다. 포스트콜로니얼 사회에서, 재식민의 정치/문화에 저항하는 투쟁 과정에서 문학 영역의 서사적 본토화 패러다임은 사람들에게 힘을 부여하는 지식(knowledge for empowerment)으로서 불가피하게 지식과 권력 또는 학술과 정치라는 복잡한 문제와 관련된다. 이러한 문제는 지식의 측면에서는 쉽게 대답하기 어렵다. 그러나 분명한 문제의 하나는, 그러한 의식적 혹은 무의식적으로 서사적 본토화 패러다임을 지지하는 타이완 문학사 연구는 늘 모종의 '경험주의'(empricism)의 제약을 받는다는 것이다. 여기에서 말하는 경험주의는 일종의 사회적 사실을 연구 대상으로 하는 관점을 의미하는데, 그러한 관점에서는 개념, 이론 및 사회적 사실은 모두 자명한 것으로 간주된다. 경험주의적 경향을 가진 연구자는 왕왕 이론상의 경각심이나 개념과 이론, 심지어 '사회적 사실' 자체에 대해 반성을 결여하기 때문에, 이런 것들이 가설적이면서 구성적인 성격으로 가득하다는 것을 알아차리지 못한다. 일상 생활언어와 관념의 운용은 통상 사람들에게 어떤 허구적 감각을 갖게 하여, 사회적 사실은 모두 명백하게 알 수 있는 것처럼 여기게 한다. 경험주의적 연구에서 출발하기 때문에 일상 언어와 관념에 대한 모종의 필요한 '결열決裂'을 시도할 수 없고, 따라서 그들이 경험을 분석할 때 분석 대상인 역사적 행위자(여기에서는 문학작가, 비평가 및 관련 행위자를 말한다)가 이해하는 세계의 범주를 초월할 수 없다. 즉 분석 대상과 경험 차원의 단절이 없기 때문에 결국 분석적 이해에 도달할 수 없게 되는 것이다.[30] 이러한 경험주의가 갖는 한계의 원인은 매우 많을 수 있지만, 지면의 제한 때문에 여기서 자세히 논할수는 없다. 그러나 그 중요한 요소 중의 하나는, 아마 하나의(서사자 자신이 소속한다고 여기는 정체성 집단 중에서) 서사는 보다 많은 사람이 이해할 수 있도록 하려는 의도 때문에, 서사가 구사하는 개념과 명제는 그들이 이해하는 방식에서 멀리 벗어날 수 없다는 것이다. 바꾸어 말하면, 이러한 서사적 본토화 패러다임에 따른 타이완 문학 연구의 낮은 이론화는 정체성 집단 내의 소통을 유지할 필요성에서 기인하였을 것이다. 이런 시각에서 보면 본토화 패러다임에 반대하는, 즉 선명한 중국 민족주의를 구현하는 타이완 문학 연구, 특히 중화인민공화국의 많은 학자들의 수많은 연구들 역시 경험주의와 낮은 정도의 이론화라는 한계 때문에, 특정한 정체성 집단의 집체적 고사를 나열하는 데 집착할 뿐이니, 그것은 본토화 패러다임의 영향을 깊게 받은 경우와 비교하여 사실상 차이가 없고, 심지어 더했으면 더했지 못하지는 않을 정도이다.

그러나 문학의 본토화 패러다임이 야기한 "누구의 지식인가", "지식의 목적은 어디에 있나" 등의 문제는, 실사 지식적인 측면에서는 곤혹스럽고 쉽게 답하기 어렵지만, 정치적인 측면의 해답은 명백하고 확실한 듯하다. ―최소한 그에 대한 지지 또는 반대자의 입장에서는 그러하다. 1990년대의 '타이완어 문학' 논쟁 시, 예스타오는 문제 해결을 위해서는 "국가 주권의 지위가 확립되어야 서광의 날을 맞이할 수 있을 것"이라고 생각했다(葉石濤 1997: 45). 중국학자와 합작하여 '문학의 타이완 독립'을 비판했던 천잉전도 앞서 서술한 것처럼, 그의 비판 작업을 중국

---

30 여기서 경험주의에 관한 토론은 대부분 Pierre Bourdieu, et al(1991[1996]: 13~18)를 참고 했다.

민족투쟁 사업의 일부로 보았다. 본토화 패러다임의 제창자와 반대자로
서 예스타오와 천잉전은 모두 문학 문제는 정치적으로 국가권력에 의존
해야 비로소 해결할 수 있다고 굳게 믿었으며, 두 사람은 모두 국가 주권
과 정체성을 확립함으로써 문학 자체의 문제도 해결할 수 있기를 희망
하였다. 이러한 문학 영역의 대립은 타이완의 정치·문화의 본토화 발전
이 갖는 핵심적인 난제를 반영하였다. 즉 이러한 본토화의 발전 추세는
보다 이른 시기의 역사·언어·문화·전통 정치체의 집단 기억에 도전하지
만, 이 집단 기억은 또한 외부에서 흥기하는 강권强權-중국-과 서로 뒤
엉켜서 분명하지 않다는 점이 그것이다. 이는 또한 사회집단의 분류 혹
은 집단 정체성이 만들어내는 사회적 긴장과 충돌도, 즉 원래는 주권국
가의 통치의 틀 속에서 국내 문제로서 논의 가능한 사회적 의제를 국제
적 대항 문제로 바꾸어 버린다(Hsiau 2005: 271~272). 근대국가의 기본적 특
징은 독점적 무력의 합법적 사용이 가능한 하나의 행정적, 법률적 질서
이자 영역적 기초를 가진 강제성 조직이라 할 수 있다(Weber 1978:56).[31] 이
러한 시각에서 보면, 예스타오와 천잉전이 대표하는 쌍방에게 문학의 본
토화 패러다임 및 그에 대항하는 패러다임은 국족 서사로서 달성한 의
미를 봉쇄하고, 국가권력에 -설사 완전히 폭력은 아니더라도- 의존해야
만 최종적으로 보장받을 수가 있는 것이다. 정치를 바로 보면 판도라 상
자는 정말 닫을 수 없는 것이 아닌가 한다. 종국적으로 문학 본토화 패러
다임은 국가체제와 질서에 관계되는데, 이점이 바로 이 영역에서 일으킨

---

31 이는 근대국가에 대한 Weber의 유명한 고전적 정의이다. 최근 Anthony Giddens의 여러
    저작에도 근대 민족국가의 기본 성격에 대한 유사한 시각이 있다(1981: 190; 1985: 18~20;
    1990: 58). 그가 Weber와 구별되는 점은 국가의 무력 사용 합법성에 대한 자아 '언명'의 필
    요를 강조하지 않은 데 있다(1985: 20).

논쟁과 충돌을 다른 영역의 그것보다 훨씬 엄중하게 하고, 또한 족군과 민족주의 정체성 정치와의 관계 역시 기타 영역보다 훨씬 밀접하게 하는 것이다.

정체성의 해체와 반 본질론은 정체성 정치의 행위적 실천에 별 영향을 미치지 못하며, 포스트콜로니얼 정치/문화투쟁 또는 사회 주변에 처한 자의 저항에 대해서도 더욱 가치가 없는 듯하다. 그리고 국가와 정치 폭력에 비해, 진상을 탐색하고 참지식을 추구하는 것 또한 상당히 허약한 역량인 것 같다. Appiah가 인정한 대로 정체성 구축 과정에는 이성(reason)이 존재할 그리 큰 공간이 없어서, 정체성으로 인한 차별과 폭력에 저항하는 데 있어 정체성에 관한 학술연구는 긴요하지 않다고 할 수 있으니, 실제의 투쟁은 결코 학술계에서 진행되는 것이 아니기 때문이다(Appiah 1992: 178~179; 1995: 110~111). 그렇지만 Appiau의 경우 눈앞의 아프리카의 현실 문제를 해결해야 할 필요성에 따라 전략적 본질주의를 고려하면서도, 동시에 지식인으로서 진상 혹은 진리에 대한 추구를 방기할 수 없다는 입장을 견지하였다. "우리는 비록 증거에 의한 논증만으로 세계를 바꿀 수 없다 하더라도, 그것이 없다면 또한 우리는 세상을 바꿀 수는 없을 것이다." 그의 입장에서 학술계가 공헌할 수 있는 것은, 설사 그것이 완만하고 미미한 것일지라도 본질화된 정체성의 논술에 대한 간섭적 해체(disruption)였다(Appiau 1992: 179 ; 1995: 111).

전략적 정체성 선언이 왕왕 본질주의 색채의 정체성 대립을 초래할지라도, 전략적 본질주의는 단지 전략적일 수만은 없다. 문학 본토화 패러다임 및 그에 대한 대항적 패러다임은 타이완을 인식하는 지식 원칙으로서, 결국 배후에 모두 국가의 정치 폭력을 숨기고 있을 수 있다. 바로 이 때문에 정치와 문화 엘리트의 논술, 예컨대 예스타오와 천잉전 등의 문학논술은 공공 서사의 주요한 원천이자, 사람들이 집체적 정체성을 발전시키는 데 참고 틀이 되는 원천으로서 상당히 중요해질 수 있다는 점을 주목할 필요가 있다. 진상을 추구하는 활동의 일부로서, 여기에서 타이완 족군과 민족주의 정치는 아직 명확해지지 않았지만, 본토화 패러다임이 싹을 틔운 추축[軸心] 시기이기도 했던 1970년대, 혹은 상대적으로 '순진무구'한 것 같았던 더 이른 시기인 1960년대로 돌아가 보자. 1966년 예스타오는 우쭤류의 소설의 한계를 비평하면서 본성 출신 작가에게 깊은 희망을 걸었다. 그는 다음과 같이 말했다.

> 타이완인의 운명을 전 인류 생활의 일부로 보고 인류의 이상주의적 경향을 추구함으로써, 장차 타이완 작가들이 탄탄대로를 향해 나아가 세계문학으로 통하는 문을 두드려 열게 하는 것, 이것이 바로 모든 작가가 몽매에도 추구하는 과제이다. 특수한 향토의 발굴에서 시작하여 인간성의 광휘光輝를 발양하고 나아가 보편적인 인류 공유의 인간성으로 승화시키는 것, 이는 조금도 의심할 바 없이 대다수 타이완 작가가 취하는 길이며 정확한 길이기도 하다. 그러나 과장된 향토 관념의 진흙 속에 두 발을 담그고 오래도록 헤어나지 못한다면, 이 역시 타이완 작가들을 영원히 폐쇄적이고 협소한 새장에 갇혀 살게 함으로써, 야랑夜郞이 자대自大하듯[32] 광망狂妄한 무리로 변하게 하는 것이다. 비록 세계의 거의 모든 위대한 소설이 향토에 뿌리를 내리고 순후한 민족성과 맥박이 박동하는 향토 분위기를 표현하지만, 그러나 그들은 또한 인류가 공유하는 인간성과 운명을 보여준다. (葉石濤 1996: 28)

---

32 역자주: 『史記·西南夷列傳』에서 滇王이 한의 사자에게 '한과 우리 중에서 누가 큰가?'라고 물었다는 고사에서 유래한 숙어. 제국을 알지 못하고 스스로 통치하는 고을만을 크게 생각하는 천박 무지를 일컫는 말로 쓰인다.

천잉전의 경우도 1976년 무렵 리항[李行]이 연출 감독한 국산영화를 평할 때, 평소 국산영화 및 관련자의 간고한 노력을 경시했음을 인정하면서, 그 개인의 성격이 치우친 면이 있어서 "가장 천박한 교조주의로 타락할 위험성"이 상당히 크다고 겸손해했다. 천잉전은 동시에 아래와 같이 반성하였다.

> 내가 볼 때 지식인은 항상 어떤 인습적이고 약속된 편집스러움을 제거하는 데 가장 유능한 사람이지만, 그러나 그 자신도 또한 또 다른 일종의 지식인으로서의 편견을 갖지 않기는 어렵다. 또한 직접적으로 말하자면, 지식인라는 것은 바로 특정한 지식측면에 편집스러움을 갖는 그런 부류의 사람이다. 지식인은 기유[既有]의 교양, 지식과 습관을 가지고 세계를 해석하고 일체의 사물을 재단한다. 더욱이 이러한 교양, 지식과 습관은 강렬한 당파성을 갖지 않는 것이 없다. 이렇게 지식의 범위 내에서 많은 파별이 갈라져 나와, 각자 그들의 서로 다른 가치관과 언어를 갖게 되는 것이다. 그리고 이러한 서로 다른 파별이 서로 대립할 때, 이른바 당파성, 이른바 '지식인 의식'은 곧 긴장하게 된다. 그리고 이렇게 긴장하게 되는 당파성과 '지식인 의식'이야말로 지식인을 각종 각양의 교조주의자로 타락시키는 근본 원인일 것이다.
>
> (許南村 1976: 111~112)

분명하게도 향토관념의 탐닉에 대한 예스타오의 간곡한[諄諄] 충고나 지식인의 편집증과 교조주의에 대한 천잉전의 진지한 자아비판을 막론하고, 그들 모두는 최근 각자의 논술과는 차이가 큰 것 같다. 이런 것들에 대한 회고는 고작해야 문학적 서사의 본토화 패러다임 및 그 대항 패러다임에 대한 간섭적 해독에 불과한 것이겠지만, 이것이야말로 진상을 탐색하는 역사연구의 작은 작용일 것이다.

그러나 하나의 안정된 사회의 적극적 유지와 통합이라는 측면에서, 우리는 반본질론의 정체성 해체라는 소극적 간섭에 만족하기는 어려울 것 같다. 정체성 서사의 이론과 연구에 기초하여 우리는 서로 다른 역사 서사에 기초한 정체성 구성의 충돌은, 현실에 대한 인식의 총체적 의미 체계의 대립이며 세계관의 충돌임을 알 수 있다. 그러나 서사를 벗어나 자아를 건립할 수 없는 사람들이 자신의 생명 의의를 정의하는 이야기, 특히 오랜 역사 과정에서 구축된 집단 서사를 쉽게 고치거나 방기할 수 있다고 상상하기도 매우 어렵다. 따라서 하나의 특정 사회에서 집단 서사와 관련된 정체성 충돌과 그것이 야기한 정치적 분쟁을 해결하기 위해서는 상대방이 그 생명과 같은 이야기를 쉽게 고치거나 버리기를 일방적으로 기대해서는 안 된다. 특정 정체성을 해체하는 반본질론의 간섭적 해체에 머물러 있는 것은, 충돌과 대립을 완화하여 실사구시적 방안을 찾는 데 왕왕 별다른 도움이 되지 않을 수 있다. 많은 경우 그것은 오히려 서사와 정체성 구축에 대한 일종의 조롱하는 태도, 특히 타자에 대한 경멸과 무시[鄙薄]를 조장한다. 이런 층차에 머무르는 것은 인류사회의 존재와 경험의 불가피한 서사성과 그와 관련한 정체성 구성에 대한 보다 깊은 이해에 전혀 도움이 되지 않는다. 정체성 서사 이론의 현실적 함의는, 민주사회에서 집단 정체성이 관련된 사회적 충돌과 대립의 효과적인 완화가 이 사회에서 반드시 더불어 살아야 한다는 인식에서 오는 상호 포용과 타협에 달렸지, 타자의 생명 이야기에 대한 풍자와 멸시, 그들의 변화나 포기를 과도하게 기대하는 것은 아니라는 데 있다. 이것이 바로 다문화주의적 민주사회의 기본정신이자 소중한 점이다. 그중에서 정치와 문화 엘리트의 상호존중과 화해는 특히 아주 큰 상징적 의의와 실질적인 사회적 영향력을 갖는다.

그러나 본토 문학 패러다임 및 그와 관련된 유사한 정체성 논쟁과 충돌의 해소를 바랄 때 곤란한 점은, 사람들 특히 정치와 문화 엘리트가 이 사회에서 반드시 함께 생존하고 포용하며 타협해야 한다는 것을 알 수 있느냐 하는 점이다. 타이완에서 이러한 논쟁은 늘 '국내' 정치문제뿐만은 아니었다. 말할 필요도 없이 타이완은 국제적으로 거의 승인받지 못할 뿐 아니라, 국내적인 정치 문화적 충돌조차도 이웃이면서 적대적인 대국이 대표하는 문화 및 역사 기억과 관계될 수밖에 없는 비정상 국가이다. 설사 반본질론적 정체성 해체가 민족국가의 쇠퇴, 지역적 통합, 글로벌화 요구의 고양 등 국족성 추구에 대한 비판으로 가득 찬다 해도, 현재 전 세계 민족국가 구조하에서 상대적으로 '정상'적인 국가는 여전히 사람들이 어떻게 타인과 협상 공존할지를 사고하는 필요한 참고의 틀일 것이다. 근래 타이완의 정치와 문화 본토화는 많은 불만과 도전을 불러일으켰지만, 본질적으로 그것은 현지 맥락을 강조하는 것이며 사람들이 현지에서 생각하는 정치제도, 지식구성, 문화재현을 추구하려는 노력이다(Hsiau 2005: 271~272). 이런 점에서 볼 때, 본토화 패러다임의 주요 제창자 혹은 반대자로서 예스다오와 천잉전이 내립했던 지섬이 국가 주권과 정체성에 있었다는 것은, 문제의 핵심을 절실하게 겨냥한 것일지언정 조금도 회피할 필요는 없는 것이다. 타이완의 주권 지위와 정치 신분 身分이 끊임없이 도전받음으로써, 이 섬의 사회 구성원들은 공동의 미래를 생각할 때 의지할만한 명확한 사고 틀을 여전히 결여하고 있다. 따라서 문학 본토화 패러다임이 일으킨 논쟁과 충돌의 지속은 (앞으로도 그러리라는 것을-역자) 상상할 수 있다. 본토화 패러다임의 선구격인 즉 '회귀 향토', '회귀 현실' 이념이 출현한 1970년대부터 계산하면 이미 40년이 지났다. 당시 이 문화 조류를 추동하였던 전후 젊은 세대(蕭何勤 2010)들도 지금은 이미 노년에 들어섰다. 세월은 무정하지만, 역사는 여전히 이 섬의 사회를 시험하면서 어디에서 와서 어디로 가는지를 묻고 있다.

역자후기

이 책은 蕭阿勤의 『重構台灣 ： 當代民族主義的文化政治』(台北 ： 聯經, 2012)
를 완역한 것이다. 원서는 저자(A-chin Hsiau)가 그전에 출간한 영문 저서
Contemporary Taiwanese Cultural Nationalism(Routledge, 2003)을 수정 보
완하여, 타이완의 연경출판사(聯經)에서 중문으로 출간한 것이다. 책의
핵심내용은 현재까지 타이완의 정치 사회적 변화를 추동하고 있는 타이
완 민족주의의 진전 과정을, 그것이 정치·문화적으로 발동되기 시작한
1980년대와 90년대로 거슬러 올라가, 타이완의 문화정치의 맥락에서 입
체적으로 분석하려는 데 있다. 출판시간만 놓고 보면, 현재와는 이미 거
리가 있어 보이지만, 당시 이루어진 민족주의적 상징과 기억, 서사는 현
실정치와 연동하면시 헌재의 타이완을 규정하고 있다는 점에서 이 책은
현재의 타이완을 이해하고, 앞날을 전망하는 데 여전히 유용성을 제공
하고 있다.

저자는 특히 최근 30년 동안 지속된 타이완의 민족주의 현상을 세계
사적으로 냉전 이후 찾아온 뒤늦은 민족주의로 정의하고, 베네딕트 엔
더슨의 '상상의 공동체' 이론을 원용하여 그것을 분석하고 있다. 특히 저
자는 양안관계에 초점을 맞춘 타이완의 외부적 시각과 달리 타이완 내
부적 시각에서 문제를 다루면서도, 세계사적인 비교의 안목과 사회 과
학적 방법을 동원함으로써 현실과의 객관적 거리를 확보하고 있다.

사실 베네딕트 엔더슨 이후 민족주의에 대한 다양한 연구가 있었고, 타이완의 정치적 변화와 연관해서도 국제적으로 손꼽히는 연구들이 여럿 있다. 그럼에도 이 책은 몇 가지 점에서 중요한 다른 특징이 있다. 첫째, 타이완의 민족주의 현상을 18세기 이후 세계적인 민족주의 현상 속에서 이해하고 있다는 것이다. 특히 타이완의 특징으로 거론되는 외성인과 본성인 간의 성적省籍 문제, 원주민을 포함한 족군族群 문제, 민족과 국가國家의 구성 및 통합문제, 그리고 그와 관련된 집단의 분류와 식별·집단 정체성·기억·역사 서술·문화재건 등을 근대 민족주의가 대면할 수밖에 없었던, 그리고 어디에서나 있을 수 있는 보편적인 문제로 전제하였다. 이를 통해 타이완 특유의 것으로 생각되는 문제들을 세계사적인 보편성의 지평으로 확장하고 있다. 특히 타이완의 민족주의 운동을 동유럽 등 많은 경우와 비교하여, 풍부한 이해를 제공하고 있는 것은 이 책의 장점이라 할 수 있다.

　　둘째는 이 책은 '重構台灣(Reconstructing Taiwan)'이라는 서명에서 알 수 있듯이 민족주의를 어떤 보편적으로 공유하는 민족 정서의 자연스러운 발현이 아니라, 사회적으로 구성된 것이라는 전제하에 그 진전 과정을 동태적으로 파악하고 있다는 점이다. 이는 앤더슨의 이론을 원용했다는 점에서 일견 당연해 보이지만, 특히 저자가 밝힌 책의 의도를 살펴보면 그 의미를 새삼 확인할 수 있다. "본서는 역사를 지향하는 사회학 연구로서 집단 정체성·정치적 경쟁, 그리고 문화 구조와의 밀접한 관계 및 특히 집단 정체성과 집단기억 혹은 정체성과 서사 간의 상호작용과 불가분의 동태적 과정을 탐구하는 데 (목적이) 있다." 같은 맥락에서 저자는 특히 민족주의를 사회적 조건 혹은 역사 현실의 '반영'만이 아니라 일종의 사회적 능동성(social agency)에 주목하여 해석한다. 이러한 과정에서 현실을 해석하고 재현함으로써 서사적 정체성을 창출하는 인문 지식인의 역할에 주목한다. 특히 그들의 언설이 사회 대중의 정체성을 형성하고, 정치적 동원의 기초를 제공하면서, 타이완의 정치·사회·문화 및 이념적 재편과정을 '문화정치'라는 개념으로 입체화시키고 있는 것이다. 특히 이책은 타이완 민족주의가 족군정치와 '탈중국화'를 넘어서 타이완 독립을 추구하는 민족주의로 발전하는 과정을 잘 밝히면서도 그것이 세계 어느나라의 경우와 달리 족군 간의 충돌이나, 양안 관계의 곤경을 넘어설 수있는 전망을 모색하고 있다. 저자의 진지함을 읽을 수 있는 부분이다.

이러한 저자의 방법과 시각은 기왕의 연구와 달리 타이완을 이해하는 데 필요한 다양한 시사점을 제공한다. 특히 '민족주의의 문화정치'라는 압축적인 용어는 지금도 지속되고 있는 타이완의 민족주의의 동력을 현재 타이완의 정치적 지형 속에서 투시할 수 있는 열쇠라 할 수 있다. 이에 따라 이 번역서는 본서의 부제를 서명으로 삼아 출판하게 되었지만, 번역과정은 쉽지만은 않았다. 가장 먼저 '대만'과 '타이완'의 문제이다. 사실 '대만'이라는 호칭은 미국, 중국, 또는 일본의 경우처럼 우리가 관습적으로 불리온 한자식 이름이다. 따라서 그렇게 표기해도 별 문제는 없을 것이다. 다만 본서에서 서술하고 있듯이, '대만'인들이 이미 새로운 국가와 새로운 민족정체성을 추구하고 있다는 점을 감안하면, 기왕의 '대만'과 다른 새로운 이름으로 부를 필요가 있다고 생각하였다. 번역 과정에서 '대만'을 대신하여 군이 '타이완'으로 표기한 이유이다. 다만 일종의 사료 용어나 이미 관습화된 이름의 경우, '대만'으로 표기하였다. 독자들의 양해를 구한다. 그 외 한국사와 한국어의 맥락에서는 낯설거나 번역하기 쉽지 않은 맥락과 개념 단어들도 많았다. 예컨대 민족/국족(國族), 족군(族群), 이의정치異議政治, 산두주의山頭主義 등은 대표적인 예이다. 또 민족/국족으로서 타이완을 창출하는 과정에 수반하는 언어민족주의나, 국가사로서 타이완사 서술 과정 및 관련 현상에 대한 이해는 적어도 한국적 맥락을 넘어설 것을 요구하고 있다.

더구나 이 책은 언어와 문학, 그리고 역사 영역에서 타이완 민족주의와 관련된 논술과 담론을 분석하는 방식을 취하는 사회학적 연구라는 점에서 역사를 공부해 온 역자들로서는 저자의 뜻을 충분히 전달하는데 버거운 부분이 적지 않았다. 번역과정에서 이해의 편리를 위해 최대한 현실과 타협하였으나 부족한 점이 많을 것이다. 책임은 모두 역자의 몫이다.

그럼에도 타이완 민족주의에 대한 저자의 연구와 시각, 특히 타이완 민족주의가 족군 간의 경쟁은 물론 양안 관계를 넘어서 동아시아의 평화에 기여하기를 기원하는 저자의 입장을 응원하며, 우리 사회가 함께 공유할 수 있는 가치가 되기를 희망한다.

이 책을 출간할 수 있도록 기회를 주신 중앙대학교 접경연구 사업단과 손준식 선생님, 그리고 학고방 출판사에 감사를 드린다.

2024년 10월 역자가 함께 씀

참고문헌

<중문>

江默流, 1984(1947), 「造成文藝空氣」, 『文學界』10: 258~261.

古繼堂, 1989, 『台灣新詩發展史』, 台北: 文史哲.

古繼堂, 1992, 「台灣文學硏究十年」, 『文訊』79: 26~29.

高伊哥, 1983, 「台灣文化協會的分裂(VII)」, 『生根週刊』8: 62~64.

高伊哥, 1984, 「平埔族社會: 四百年前的台灣」, 『台灣年代』1: 61~63.

高伊哥, 1988(1984), 「台灣歷史意識問題」, 施敏輝編, 『台灣意識論戰選集』(台北: 前衛),
         163~171.

高天生, 1981, 「歷史悲運的頑抗: 隨想台灣文學的前途及展望」, 『台灣文藝』72: 291~301.

高天生, 1983, 「論台灣文學史的寫作架構」, 『台灣文藝』84: 18~23.

高天生, 1985, 『台灣小説與小説家』, 台北: 前衛.

郭成義, 1982, 「近三十年來的台灣詩文學運動暨『笠』的位置: 座談會紀實」, 『文學界』4:
         168~188.

郭廷以, 1954, 『台灣史事槪説』, 台北: 正中.

郭秋生, 1931, 「建設'台灣話文'一提案」, 『台灣新民報』380號, 9月 7日.

郭秋生, 1932, 「新字問題」, 『南音』1(7): 24~25.

教育部編, 1994, 『國民中學課程標準』, 台北: 教育部.

歐陽明, 1984(1947), 「台灣新文學的建設」, 『文學界』10: 271~276.

歐陽聖恩, 1986, 「無黨籍人士所辦政論雜誌在我國政治環境中角色功能之硏究」, 中國文化
         大學政治學硏究所碩士論文.

紀 弦, 1966, 「給趙天儀先生的一封公開信」, 『笠』14: 2~9.

吉 也, 1988, 「意義辯證與社會重建: 李敏勇訪問記」, 『文學界』28: 96~105.

南方朔, 1979, 『中國自由主義的最後堡壘』, 台北: 四季.

南方朔, 1980, 『帝國主義與台灣獨立運動』, 台北: 四季.

南方朔, 2000, 「愛台灣: 特定場合的催情劑」, 『語言是我們的海洋』(台北: 大田), 151~155.

南方朔, 2002, 「台民粹政治與新鎖國主義」, 『亞洲週刊』16(13): 4.

唐文標, 1976(1973), 「詩的没落: 香港台灣新詩的歷史批判」, 『天國不是我們的』(台北: 聯經), 145~191.

戴國輝, 1984, 「研究台灣史經驗談」, 『夏潮論壇』12: 29~35.

戴國輝, 1985, 「日本的殖民統治與台灣籍民」, 王曉波編, 『台灣的殖民地傷痕』(台北: 帕米爾), 239~269.

戴寶村, 1994, 「台灣史問題研究」, 『人文社會科學教育改進計畫: '本土文化研究整合性教程-以台灣社會變遷為題'成果報告』, 中壢: 中央大學.

杜國清, 1985, 「『笠』與台灣詩人」, 『笠』128: 54~65.

羅肇錦, 1992, 「找不到定位的符號: 台灣話」, 龔鵬程編, 『一九九一文化評論』(台北: 三民), 345~376.

梁其姿, 1995, 「學門報告: 歷史學」, '全國人文社會科學發展評估會議'發表論文, 台北, 10月 27~29日.

呂 昱, 1983, 「打開歷史的那扇門: 為催生'台灣文學史'敲邊鼓」, 『文學界』5: 206~209.

呂正惠, 1992, 『戰後台灣文學經驗』, 台北: 新地.

呂正惠, 1995, 『文學經典與文化認同』, 台北: 九歌.

呂興昌, 1992, 「走向多音交響的語言共同體從台灣文學的翻譯談起」, 『文學台灣』3: 5~8.

呂興昌, 1993, 「台灣文學資料的蒐集整理與翻譯」, 『文學台灣』8: 21~35.

盧修一, 1989, 『日據時代台灣共產黨史(1928~1932)』, 台北: 前衛.

瀨南人, 1985(1948), 「評錢歌川·陳大禹對台灣新文學運動意見」, 『文學界』13: 188~190.

廖棋正, 1990, 「三十年代台灣鄉土話文運動」, 國立成功大學歷史語言研究所碩士論文.

廖毓文, 1979(1954, 1955), 「台灣文字改革運動史略」, 李南衡編, 『日據下台灣新文學, 明集 5: 文獻資料選集』(台北: 明潭), 458~496.

廖益興, 1996, 「影響選民投票支持李登輝與否的因素」, '選舉行為與台灣地區政治民主化'學術研討會發表論文, 台北: 11月 30日~12月 1日.

廖鹹浩, 2000, 「一種'後台灣文學'的可能」, 『聯合文學』190: 110~117.

劉登翰, 1990, 「大陸台灣文學研究十年」, 『台灣文學觀察雜铸』1: 58~67.

劉登翰, 1995, 『台灣文學隔海觀: 文學香火的傳承與變異』, 台北: 風雲時代.

劉還月, 1994, 『屏東地區平埔族的歷史與文化』, 屏東: 屏東縣立文化中心.

李 喬, 1983, 「台灣文學正解」, 『台灣文藝』83: 6~7.

李 喬, 1984, 「從文學作品看台灣人的形象」, 『台灣文藝』91: 57~66,

李 喬, 1991, 「寬廣的語言大道: 對台灣語文的思考」, 『自立晚報』, 9月 29日.

李 喬·趙天儀, 1988,「文學, 文化, 時代: 詩人和小說家的對談」,『台灣文藝』110: 28~50.

李 立, 1983,「黨外的文學與文人」,『生根週刊』8: 10~12.

李魁賢, 1987(1982),「論巫永福的詩」,『台灣詩人作品論』(台北: 名流), 9~26.

李國祁, 1975,「清季台灣的政治近代化: 開山撫番與建省(1875~1894)」,『中華文化復興月刊』8(12): 4~16.

李國祁, 1982,『中國現代化的區域研究: 閩浙台地區, 1860~1916』, 台北: 中央研究院近代史研究所.

李敏勇, 1991,「檢視戰後文學的歷程與軌跡」,『現代學術研究』4: 1~11.

李筱峰, 1984,「近三十年來台灣地區大學歷史研究所中有關台灣史研究成果之分析」,『台灣風物』34(2): 84~97.

李筱峰, 1987,『台灣民主運動四十年』, 台北: 自立晚報

李筱峰, 1996,『林茂生·陳炘和他們的時代』, 台北: 玉山社.

李筱峰·劉峰松, 1994,『台灣歷史閱覽』, 台北: 自立晚報.

李亦園·楊國樞·文崇一編, 1985,『現代化與中國化論集』, 台北: 桂冠.

李雲漢, 1981,「國民革命與台灣光復的歷史淵源」, 劉寧顏編,『台灣史蹟源流』(台中: 台灣省文獻委員會), 396~469.

李壬癸, 1997,『台灣平埔族的歷史與互動』, 台北: 常民文化.

李鴻禧, 1987,「台灣經驗四十年叢書序: 人類寶貴的台灣戰後歷史經驗」, 林惺嶽等著,『台灣美術風雲四十年』(台北: 自立晚報), 3~14.

李哮佛, 1982,「台灣歷史不容閹割」,『八十年代』5(2): 81~85.

林 勁, 1993,『'台獨'研究論集』, 台北: 海峽學術出版社.

林佳龍, 1989,「威權侍從體制下的台灣反對運動: 民進黨社會基礎的政治解釋」,『台灣社會研究季刊』2(1): 117~143.

林繼雄, 1989,『資訊時代的台灣話語文』, 台南: 大夏.

林錦賢, 1988,「為斯土斯民个語言敆文化講一句話: 兼論陳瑞玉先生个兩篇文章」,『台灣文藝』113: 61~82.

林瑞明, 1992,「現階段台語文學之發展及其意義」,『文學台灣』3: 12~31.

林惺嶽, 1987,『台灣美術風雲40年』, 台北: 自立晚報.

林央敏, 1989,「台語文字化的道路」,『新文化』6: 77~78.

林央敏, 1996(1991),「回歸台灣文學的面孔」,『台語文學運動史論』(台北: 前衛), 117~128.

林央敏, 1996,『台灣文學運動史論』, 台北: 前衛.

林宗源, 1979,「以自己的語言·文字, 創造自己的文化」,『笠』93: 39~41.

林宗源, 1990,「我對台語文學的追求與看法」, 鄭良偉編,『台語詩六家選』(台北: 前衛),

　　　211~216.

林進輝, 1983,『台灣語言問題論集』, 台北: 台灣文藝雜請社.

林濁水, 1979,「台灣是美麗島」,『八十年代』1(4): 20~24.

林濁水, 1988(1984),「『夏潮論壇』反'台灣人意識'論的崩解」, 施敏輝編,『台灣意識論戰選
　　　集』(台北: 前衛), 153~162.

林濁水, 1991(1984)a,「神話英雄吳鳳」, 林濁水編,『瓦解的帝國』(台北: 前衛), 57~104.

林濁水, 1991(1984)b,『瓦解的帝國』, 台北: 前衛.

林衡哲, 1986,「漫談我對台灣文化與台灣文學的看法」,『台灣文藝』100: 49~56.

馬起華, 1992,「台獨之研究」,『警政學報』20: 335~355.

明鳳英, 1979(1977),「中國文學往何處去?: 中西文藝思潮座談會」, 故鄉出版社編輯部編,
　　　『民族文學的再出發』(台北: 故鄉), 19~35.

穆 超, 1983,「推行國語提高國文程度刻不容緩」,『中國語文』310: 10~13.

巫永福, 1978,「悼張文環兄回首前塵」.『笠』84: 14~22.

文崇一, 1991,「中國的社會學: 國際化或國家化?」,『中國社會學刊』15: 1~28.

潘敬尉, 1981,『血濃於水』, 台中: 台灣省文獻委員會.

方 豪, 1951,『台灣民族運動小史』, 台北: 正中.

白 荻, 1989,「百年熬鍊」, 鄭炯明編,『台灣精神的崛起:『笠』詩論選集』(高雄: 文學界),
　　　4~7.

番仔火·林濁水, 1991(1984),「福爾摩沙人」, 林濁水編,『瓦解的帝國』(台北: 前衛), 2~10.

負 人, 1932,「台灣話文雜駁」,『南音』1: 10~13.

傅大為, 1991,「歷史建構, 邊陲策略, 與'中國化': 對台灣'行為及社會科學中國化'提法的思
　　　想史研究」,『島嶼邊緣』1: 103~125.

費德廉, 1988,「美國學術界的台灣史研究」,『當代』30: 55~60.

史敬一, 1983,「台語, 你的名字是方言: 電視台語節目的處境」, 林進輝編,『台灣語言問題
　　　論集』(台北: 台灣文藝社), 161~172.

謝里法, 1994,「台灣美術生態分析」,『文學台灣』11: 40~47.

史 明, 1980(1962),『台灣人四百年史』, 聖荷西, 美國加州: 蓬島文化公司.

謝世忠, 1987,『認同的污名』, 台北: 自立晚報.

徐紫亭, 1986a,「熱血滔滔, 烽火片片: 台灣早期的抗日, 前仆後繼(上)」,『伸根周刊』6:
　　　62~64.

徐紫亭, 1986b,「熱血滔滔, 烽火片片: 台灣早期的抗日, 前仆後繼(下)」.『伸根週刊』7:
　　　29~31.

徐正光, 1991,「一個研究典範的形成與變遷: 陳紹馨「中國社會文化研究的實驗室: 台灣」一

文의 重探」,『中國社會學刊』15: 29~40.

石計生等, 1993,『意識型態與台灣教科書』, 台北: 前衛.

盛清沂等, 1977,『台灣史』, 台中: 台灣省文獻委員會.

蘇 新, 1993(1949),『憤怒的台灣』, 台北: 時報.

蕭阿勤, 1999,「1980年代以來台灣文化民族主義的發展: 以'台灣(民族)文學'為主的分析」,
　　　『台灣社會學研究』3: 1~51.

蕭阿勤, 2000,「民族主義與台灣一九七〇年代的'鄉土文學': 一個文化(集體)記憶變遷的探
　　　討」,『台灣史研究』6(2): 77~138.

蕭阿勤, 2003,「認同, 叙事, 與行動: 台灣一九七〇年代黨外的歷史建構」,『台灣社會學』5:
　　　195~250.

蕭阿勤, 2010,『回歸現實: 台灣1970年代的戰後世代與文化政治變遷』(第二版), 台北: 中央
　　　研究院社會學研究所.

蕭行易, 1990,「'台獨'理論與組織的剖析」,『三民主義學報』14: 383~408.

宋冬陽(陳芳明), 1983,「日據時期台灣新詩遺產的重估」,『台灣文藝』83: 9~27.

宋冬陽(陳芳明), 1984a,「現階段台灣文學本土化的問題」,『台灣文藝』86: 10~40.

宋冬陽(陳芳明), 1984b,「朝向許願中的黎明: 試論吳濁流作品中的'中國經驗'」,『文學界』
　　　10: 127~146.

宋如珊, 1993,「大陸的台灣文學研究概況」,『中國大陸研究』36(2): 94~107.

松永正義, 1989,「關於鄉土文學論爭(1930~32年)」,『台灣學術研究會誌』4: 73~95.

宋澤萊, 1987,「談台語文字化問題」,『台灣新文化』5: 38~41.

施敏輝(陳芳明), 1988(1984),「注視島內一場'台灣意識'的論戰」, 施敏輝編,『台灣意識論戰
　　　選集』(台北: 前衛), 1~18.

施敏輝(陳芳明), 1988(1985),「『台灣意識論戰選集』序」, 施敏輝編,『台灣意識論戰選集』(台
　　　北: 前衛), 1~7.

施敏輝編, 1988,『台灣意識論戰選集』, 台北: 前衛,

施志汶, 1994,「'台灣史研究的反思': 以近十年來國內各歷史研究所碩士論文為中心
　　　(1983~1992)」,『國立台灣師範大學歷史學報』22: 413~446.

阿 瑞, 1985(1948),「台灣文學需要一個'狂飆運動'」,『文學界』13: 197~200.

顏尹謨, 1984,「日據時代與國民黨統治下反對運動模式」,『政治家』16: 60~64.

若林正丈, 1987,「台灣抗日運動中的'中國座標'與'臺灣座標'」,『當代』17: 40~51.

若林正丈, 1994,『台灣: 分裂國家與民主化』, 台北: 月旦,

楊 逵, 1984(1948),「如何建立台灣新文學」,『文學界』10: 280~282.

楊國樞, 1987,「緒論: 人文學及社會科學研究的台灣經驗」, 賴澤涵編,『三十年來我國人文

及社會科學之回顧與展望』(台北: 東大), 3~31.

楊國樞, 1993,「我們為什麼要建立中國人的本土心理學?」,『本土心理學研究』1: 6~88.

楊國樞·文崇一編, 1982,『社會及行為科學研究的中國化』, 台北: 中央研究院民族學研究所.

羊文漪, 1995,「他者的超越: 台灣當代藝術的轉折與再造」,『藝術家』238: 215~226.

楊碧川, 1983,「日據時期台語羅馬字運動」,『生根』14: 45~46.

楊碧川, 1988,『日據時代台灣人反抗史』, 台北: 稻鄉.

楊秀芳, 1991,『台灣閩南語語法稿』, 台北: 大安.

楊青矗, 1978(1977),「什麼是健康的文學?」, 尉天聰編,『鄉土文學討論集』(台北: 遠流),
    297~299.

余光中, 1977,「狼來了」, 彭品光編,『當前文學問題總批判』(台北: 中華民國青溪新文藝學
    會), 24~27.

余昭玫, 1991,「瞭解與再思: 評葉石濤對台灣文學的評論」,『新地文學』1(6): 6~23.

葉六仁((葉石濤), 1986,「四O年代台灣的台灣文學」,『文學界』20: 81~133.

葉石濤, 1965,「台灣的鄉土文學」,『文星』97: 70~73.

葉石濤, 1966,「吳濁流論」,『台灣文藝』12: 25~30.

葉石濤, 1968,「兩年来的省籍作家及其小説」,『台灣文藝』19: 37~45.

葉石濤, 1977,「台灣鄉土文學史導論」,『夏潮』14: 68~75.

葉石濤, 1979a,「日據時代新文學的回顧」,『台灣鄉土作家論集』(台北: 遠景), 41~43.

葉石濤, 1979b,「現代主義小説的没落」,『台灣鄉土作家論集』(台北: 遠景), 49~50.

葉石濤, 1979c,「作家的世代」,『台灣鄉土作家論集』(台北: 遠景), 41~43.

葉石濤, 1984(1948),「一九四一年以後的台灣文學」,『文學界』10: 288~291.

葉石濤, 1984,「六十年代的台灣鄉土文學」,『文訊』13: 137~146.

葉石濤, 1987,『台灣文學史網』, 高雄: 文學界.

葉石濤, 1991,『一個台灣老朽作家的五〇年代』, 台北: 前衛.

葉石濤, 1992a,「台灣文學本土化是必然途徑」,『文學台灣』4: 4~8.

葉石濤, 1992b[?],「撰寫台灣文學史應走的方向」,『台灣文學的困境』(高雄: 派色文化),
    13~23.

葉石濤, 1994,「開拓多種族風貌的台灣文學」,『文學台灣』9: 10~14.

葉石濤, 1997,『台灣文學入門: 台灣文學五十七問』, 高雄: 春暉.

葉阿明, 1983,「意識與存在: 再論台灣意識」,『生根』15: 27~28.

葉榮鐘, 1932a,「再論'第三文學'」,『南音』1(9)·1(10): 卷頭言.

葉榮鐘, 1932b,「第三文學提唱」,『南音』1(8): 卷頭言.

葉榮鐘, 1995(1964),「台灣光復前後的回憶」,『台灣人物群像』(台北: 時報文化), 40~44.

吳錦發, 1992,「為『原住民文學專輯』說幾句話」,『文學台灣』4: 9~10.

吳乃德, 1993,「省籍意識, 政治支持和國家認同: 台灣族群政治理論的初探」, 張茂桂等著,
    『族群關係與國家認同』(台北: 國家政策研究中心), 27~51.

吳德山, 1984,「走出'台灣意識'的陰影: 宋冬陽台灣意識文學論底批判」,『夏潮論壇』12:
    36~57.

吳明勇, 1994,「戰後台灣史學的'台灣民族'論: 以史明為例」, 國立成功大學歷史語言研究所
    碩士論文.

吳文星, 1992,『日據時期台灣社會領導階層之研究』, 台北: 正中.

吳密察, 1994,「台灣史的成立及其課題」,『當代』100: 78~97.

吳密察·若林正丈, 1989,『台灣對話錄』, 台北: 自立晚報.

吳密察等, 1991,「三家評『台灣人四百年史』」,『中國論壇』371: 65~80.

吳守禮, 1955,『近五十年來台語研究之總成績』, 台北: 大立.

吳阿文, 1984(1949),「略論台灣新文學建設諸問題」,『文學界』10: 295~300.

吳濁流, 1964a,「漢詩須要革新」,『台灣文藝』1: 63~68.

吳濁流, 1964b,「漫談台灣文藝的使命」,『台灣文藝』4: 74.

吳濁流, 1971,「再論中國的詩」,『台灣文藝』30: 4~14.

吳濁流, 1977(1951),『南京雜感』, 台北: 遠行.

吳濁流, 1995(1968),『無花果』, 台北: 草根.

翁佳音, 1986,『台灣漢人武裝抗日史研究(1895~1902)』, 台北: 國立台灣大學出版委員會.

翁佳音, 1989,「清代台灣漢人社會史研究的若干問題」, '民國以來國史研究的回顧與展望研
    討會'發表論文, 台北: 1989年 8月 1~3日.

王 拓, 1978(1977),「是'現實主義'文學, 不是'鄉土文學'」, 尉天驄編,『鄉土文學討論集』(台
    北: 遠流), 100~119.

王錦江(王詩琅), 1984(1947),「台灣新文學運動史料」.『文學界』10: 301~304.

王莫愁(王育德), 1984(1946),「傍徨的台灣文學」.『文學界』9: 107~109.

王孟武, 1982,「如何使國語運動往下紮根」,『中國語文』295: 23~28.

王甫昌, 1994,「族群同化與動員: 台灣民眾政黨支持之分析」,『中央研究院民族學研究所集
    刊』77: 1~34.

王甫昌, 1996,「反對運動的共識動員: 一九七九～一九八九年兩波挑戰高峰的比較」,『台灣
    政治學刊』1: 129~210.

王甫昌, 1997,「結構限制, 運動參與, 與異議性意識: 台灣民眾政黨支持的社會結構基礎初
    探」, 張苙雲等編,『九〇年代的台灣社會: 社會變遷基本調查研究系列二(下)』(台
    北: 中央研究院社會學研究所籌備處), 249~294.

王詩琅, 1978,「日據下台灣新文學的生成及發展」, 李南衡編, 『日據下台灣新文學, 明集5: 文献資料選集』(台北: 明潭), 1~12.

王育德, 1993(1964), 『台灣: 苦悶的歷史』, 台北: 自立晚報.

王爾敏, 1982,「中國近代知識普及化之自覺與國語運動」, 『中央研究院近代史研究所集刊』11: 13~45.

王蕙瑛, 1995,「創傷與記憶: 二二八民眾史與台灣主體性」, 『台灣史料研究』5: 68~83.

王曉波, 1986a, 『台灣史與近代中國民族運動』, 台北: 帕米爾.

王曉波, 1986b, 『走出台灣歷史的陰影』, 台北: 帕米爾.

王曉波, 1988(1987),「台灣最後的河洛人: 巫著『風雨中的長青樹』讀後感」, 『台灣史與台灣人』(台北: 東大), 239~254.

王曉波, 1988, 『台灣史與台灣人』, 台北: 東大.

韋伯(Weber Max)著, 1991(1917), 『學術與政治: 韋伯選集(I)』, 錢永祥編譯, 台北: 遠流.

韋伯(Weber Max)著, 1993, 『社會學的基本概念』, 顧忠華譯, 台北: 遠流.

尉天聰等, 1978(1977),「當前的中國文學問題」, 尉天聰編, 『鄉土文學討論集』(台北: 遠流), 761~785.

游 喚, 1992,「八十年代台灣文學論述之變質」, 『台灣文學觀察雜誌』5: 29~54.

游勝冠, 1996, 『台灣文學本土論的興起與發展』, 台北: 前衛.

毓 文, 1984(1947),「打破緘黙談'文運'」, 『文學界』10: 266~270.

翼鵬程, 1994,「四十年来台灣文學之回顧」, 『國家科學委員會研究案刊: 人文及社會科學』4(2): 206~222.

蔣 勳, 1977,「台灣寫實文學中新起的道德力量: 序王拓『望君早歸』」, 王拓著, 『望君早歸』(台北: 遠景), 1~13.

張岱年, 1989,「評五四時期對於傳統文化的評論」, 湯一界編, 『論傳統與反傳統: 五四70周年紀念文選』(台北: 聯經), 3~11.

張良澤, 1977,「『吳濁流作品集』總序」, 張良澤編, 『吳濁流作品集, 卷6, 台灣文藝與我』(台北: 遠行), 1~33.

張隆志, 1991, 『族群關係與鄉村台薄: 一個台灣平埔族史的重建與理解』, 台北: 國立台灣大學出版委員會.

張茂桂, 1997,「台灣的政治轉型與政治的'族群化'過程」, 施正鋒編, 『族群政治與政策』(台北: 前衛), 37~71.

張博宇, 1974, 『台灣地區國語運動史料』, 台北: 台灣商務印書館.

張博宇編, 1987, 『慶祝台灣光復四十週年台灣地區國語推行資料彙編(上)』, 台中: 台灣省政府教育應.

張我軍, 1979(1925),「新文學運動的意義」, 李南衡編,『日據下台灣新文學, 明集5: 文獻資料選集』(台北: 明潭), 98~103,

張炎憲, 1990,「二二八的歷史重建」,『台灣春秋』17: 199~214.

張炎憲, 1992,「死亡中的再生: 二二八的意義」, 張炎憲編,『創造台灣新文化』(台北: 前衛), 43~47.

張炎憲, 1993a,「台灣史研究的新精神」,『台灣史料研究』1: 76~86.

張炎憲, 1993b,「重建台灣人反抗精神史」,『台灣史料研究』2: 3~7.

張炎憲, 1995a,「台灣史研究與台灣主體性」, '台灣近百年史研討會(1895~1995)'發表論文, 台北, 1995年 8月 15~17日.

張炎憲, 1995b,「威權統治和台灣人歷史意識的形成」, '馬關條約一百年: 台灣命運的回顧與展望'學術大會發表論文, 台北, 1995年 4月 15~17日.

張漢良·蕭蕭編, 1979,『現代詩導讀: 理論·史料篇』, 台北: 故鄉.

田 兵, 1985(1948),「台灣新文學的意義」,『文學界』13: 178~179.

鄭 梓, 1991,「戰後台灣行政體系的接收與重建: 以行政長官公署為中心之分析」,『思與言』29(4): 217~259.

程大學, 1981,「台灣的先賢先烈」, 台灣省文獻委員會編,『台灣史蹟源流』(台中: 台灣省文獻委員會), 518~548.

鄭良偉, 1989,『走向標準化的台灣話文』, 台北: 自立晚報.

鄭良偉, 1990,『演變中的台灣社會語文』, 台北: 自立晚報.

鄭良偉, 1993,「互咱的子弟有機會讀台語學台語」,『台灣文藝』136: 173~180.

鄭穗影, 1991,『台灣語言的思想基礎』, 台北: 台原.

鄭炯明, 1978,「林宗源訪問記」,『笠』85: 52~54.

鄭炯明, 1987,「我的詩路歷程」,『文學界』23: 4~14.

鄭炯明等, 1994,「把台灣人的文學主權找回來: 台灣文學主體性座談會」,『文學台灣』11: 93~136.

鄭欽仁, 1983,「台灣史研究與歷史意識之探討」,『台湾文藝』84: 7~17.

趙遐秋·曾慶瑞, 2001,『文學台獨面面觀』, 北京: 九州.

鍾肇政, 1989,「台灣文學之鬼: 葉石濤」,『台灣春秋』8: 314~337.

周婉窈, 1994,「從比較的觀點看台灣與韓國的皇民化運動(1937~1945)」,『新史學』5(2): 117~158.

周婉窈, 1995,「台灣人第一次的'國語'經驗: 析論日治末期的日語運動及其問題」,『新史學』6(2): 113~161.

周應龍, 1984,「國語文教育與文化建設」,『中國語文』319: 7~9.

朱天心, 2001a,「當'台灣人'變成一塊肥美的大餅」,『小説家的政治周記』(台北: 聯經),
　　　　66~69.

朱天心, 2001b,「孤絶之島」,『小説家的政治周記』(台北: 聯經), 135~139.

中國國民黨黨史委員會編, 1988,『中國國民黨與中華民國』, 台北: 中國國民黨史委員會.

秦　琦, 1988(1984),「神話與歷史, 現在與將來: 評『夏潮論壇』對黨外的批判」, 施敏輝編,
　　　　『台灣意識論戰選集』(台北: 前衛), 173~184.

陳　元, 1988(1984),「從移民的台灣史試解'中國結'與'台灣結'」, 施敏輝編,『台灣意識論戰選
　　　　集』(台北: 前衛), 67~76.

陳　炘, 1920,「文學與職務」,『台灣青年』1(1): 41~43.

陳佳宏, 1998,『海外台獨運動史』, 台北: 前衛.

陳嘉農(陳芳明), 1988,「是撰寫台灣文學史的時候了」,『文學界』25: 6~14.

陳孔立, 1988,「清代台灣社會發展的模式問題: 評'土著化'和'内地化'的爭論」,『當代』30:
　　　　61~75.

陳其南, 1984,「土著化與内地化: 論清代漢人社會的發展模式」, 中央研究院三民主義
　　　　研究所編,『中國海洋發展史論文集(一)』(台北: 中央研究院三民主義研究所),
　　　　335~366.

陳其南, 1990,「台灣漢人移民社會的建立及轉向」,『家族與社會: 台灣和中國社會研究的基
　　　　礎理念』(台北: 聯經), 57~96.

陳奇祿等, 1980,『中國的台湾』, 台北: 中央文物供應社.

陳俐甫, 1990,『禁忌, 原罪, 悲劇: 新生代看二二八事件』, 台北: 稻鄉.

陳銘城, 1992,『海外台獨運動四十年』, 台北: 自立晚報.

陳明仁, 1992,「『台灣語文復興運動』引言補充資料」,『台灣文藝』133: 132~142.

陳鳴鐘·陳興唐, 1989,『台灣光復和光復後五年省情』, 南京: 南京.

陳明台, 1969,「笠詩社五年大事紀」,『笠』30: 21~27.

陳明台, 1982,「根源的掌握與確認: 台灣現代詩人的鄉愁(II)」,『笠』112: 19~23.

陳明台, 1989,「鄉愁論: 台灣現代詩人的故鄉憧憬與歷史意識」, 鄭炯明編,『台灣精神的崛
　　　　起:「笠」詩論選集』(高雄: 文學界), 20~67.

陳文俊, 1996,「國家認同與總統大選: 分裂國家民主化問題的探討」, '選舉制度·選舉行為與
　　　　台灣地區政治民主化'學術研討會發表論文, 台北: 1996年 11月 30日~12月 1日.

陳芳明, 1988,『台灣人的歷史與意識』, 高雄: 敦煌.

陳芳明, 1989a,「二二八事件史導讀」,『台海春秋』5: 248~255.

陳芳明, 1989b,「鄭成功與施琅: 台灣歷史人物評價的反思」,『台灣春秋』7: 302~321.

陳芳明, 1990,「台灣歷史上的一天: 論戰後以來的四個二二八」,『台灣春秋』17: 182~193.

陳芳明, 1992a,「家國半世紀: 台灣的政治與文學」,『文學台灣』2: 73~82.

陳芳明, 1992b,『探索台灣史觀』, 台北: 自立晚報.

陳芳明, 1992c,「台灣政治主體性的建立之歷史考察: 以抗日運動為中心(1920~1931)」,『探索台灣史觀』(台北: 自立晚報), 26~43.

陳芳明, 1992d,「中共對二二八事件史觀的政策性轉變」,『探索台灣史觀』(台北: 自立晚報), 144~131.

陳芳明·彭瑞金, 1987,「陳芳明·彭瑞金對談: 釐清台灣文學的一些烏雲暗日」,『文學界』24: 17~46.

陳三井, 1981,「國民革命與台灣」, 台灣省文獻委員會編,『台灣史蹟源流』(台中: 台灣省文獻委員會), 470~517.

陳少廷, 1977,『台灣新文學運動簡史』, 台北: 聯經.

陳少廷, 1987,「對日據時期台灣新文學史的幾點看法」,『文學界』24: 47~51.

陳少廷, 1988,「不堪回首話當年: 我為什麼要編撰『台灣新文學運動簡史』」,『台灣新文化』18: 58~61.

陳紹馨, 1979a(1966),「台灣的家庭, 世系與聚落型態」,『台灣人口的變遷與社會變遷』(台北: 聯經), 443~485.

陳紹馨, 1979b(1966),「中國社會文化研究的實驗室: 台灣」,『台灣的人口變遷與社會變遷』(台北: 聯經), 1~7.

陳樹鴻, 1988(1983),「台灣意識: 黨外民主運動的基石」, 施敏輝編,『台灣意識論戰選集』(台北: 前衛), 191~205.

陳信治, 1990,「'土著化'與'內地化'論爭的一個側面: 評陳孔立『清代台灣社會發展的模式問題』」,『史繹』21: 119~150.

陳映真, 1977,「文學來自社會, 反映社會」,『仙人掌雜誌』5: 65~78.

陳映真, 1988(1984),「向著更寬廣的歷史視野」, 施敏輝編,『台灣意識論戰選集』(台北: 前衛), 31~37.

陳映真, 2001,「序」, 趙遐秋·曾慶瑞著,『文學台獨面面觀』(北京: 九州), 1~4.

陳竹水, 1978,「談推行社會國語運動」,『中國語文』254: 14~17.

陳千武, 1975,「詩的行為」,『笠』68: 1.

陳千武, 1989,「豎立台灣詩文學的旗幟」, 鄭炯明編,『台灣精神的崛起: 『笠』詩論選集』(高雄: 文學界), 1~3.

陳翠蓮, 1995,『派系鬥爭與權謀政治: 二二八悲劇的另一面向』, 台北: 時報文化.

搶救十三行文化遺址行動聯盟, 1991,『重建台灣歷史圖像: 十三行遺址調查報告』, 台北: 搶救十三行文化遺址行動聯盟.

蔡培火等, 1971, 『台灣民族運動史』, 台北: 自立晚報.

蔡淵絜, 1985, 「光復後台灣地區有關清代台灣社會史研究的檢討」, 『思與言』23(1): 71~90.

蔡勇美·蕭新煌編, 1986, 『社會學中國化』, 台北: 巨流.

詹宏志, 1981, 「兩種文學心靈: 評雨篇聯合報小說獎得獎作品」, 『書評書目』93: 23~32.

詹素娟, 1996, 「詮釋與建構之間: 當代'平埔現象'的解讀」, 『思與言』34(3): 45~78.

托克維爾(Alexis de Tocqueville), 1994(1856), 『舊制度與大革命』, 香港: 牛津大學出版社.

台灣教育會, 1973(1939), 『台灣教育沿革志』, 台北: 古亭.

台灣歷史學會, 1995, 「'建立台灣主體性歷史觀'座談會」, 『台灣歷史學會通訊』1: 3~37.

台灣省文獻委員會, 1974, 『台灣史話』, 台中: 台灣省文獻委員會.

台灣省文獻委員會, 1998, 『台灣省文獻委員會志』, 南投: 台灣省文獻委員會.

台灣總督府警務局, 王乃信等譯, 1989a(1939), 『台灣總督府警察沿革志, 第二編, 領台以後的治安狀況, 中卷, 台灣社會運動史』, 第一冊, 台北: 創造 .

台灣總督府警務局, 王乃信等譯, 1989b(1939), 『台灣總督府警察沿革志, 第二編, 領台以後的治安狀況, 中卷, 台灣社會運動史』, 第二冊, 台北: 創造.

台灣總督府警務局, 王乃信等譯, 1989c(1939), 『台灣總督府警察沿革志, 第二編, 領台以後的治安狀況, 中卷, 台灣社會運動史』, 第三冊, 台北: 創造.

彭　歌, 1977, 「不談人性, 何有文學」, 彭品光編, 『當前文學問題總批判』(台北: 中華民國青溪新文藝學會), 3~23.

彭明敏, 1984(1972), 『自由的滋味: 彭明敏回憶錄』, 加州: 台灣出版社.

彭明敏, 1988(1972), 『自由的滋味: 彭明敏回憶錄』, 台北: 前衛.

彭敏(彭明敏), 1985(1948), 「建設台灣新文學, 再認識台灣社會」, 『文學界』13: 194~196.

彭瑞金, 1982, 「台灣文學應以本土化為首要課題」, 『文學界』2: 1~3.

彭瑞金, 1983, 「追尋, 迷惘與再生: 戰後的吳濁流到鍾肇政」, 『台灣文藝』83: 42~48.

彭瑞金, 1984, 「記一九四八年前後的一場台灣文學論戰」, 『文學界』10: 2~15.

彭瑞金, 1989, 「寫有國籍的台灣文學」, 『台灣文藝』119: 4~5.

彭瑞金, 1991a, 『台灣新文學運動40年』, 台北: 自立晚報.

彭瑞金, 1991b, 「請勿點燃語言炸彈」, 『自立晚報』, 10月 7日.

彭瑞金, 1991c, 「語, 文, 文學」, 『自立晚報』, 10月 27日.

彭瑞金, 1992, 「當前台灣文學的本土化與多元化: 兼論有關台灣文學的一些異說」, 『文學台灣』4: 11~36.

彭瑞金, 1993, 「台灣民族運動與台灣民族文學」, 李鴻禧等著, 『國家認同學術研討會論文集』(台北: 現代學術研究基金會), 57~78.

彭瑞金, 1994, 「台灣文學定位的過去和未來」, 『文學台灣』9: 93~116.

彭瑞金, 1995(1991),「鄉土文學與七〇年代的台灣文學」,『台灣文學探索』(台北: 前衛),
　　250~259.

彭瑞金, 1995,「是宣告台灣文學獨立的時候了」,『文學台灣』15: 333~336.

彭品光編, 1977,『當前文學問題總批判』, 台北: 中華民國青溪文藝學會.

彭懷恩, 1987,『台灣政治變遷四十年』, 台北: 自立晚報.

夏金英, 1995,「台灣光復後之國語運動(1945~1987)」, 台灣師範大學歷史研究所碩士論文.

何容·齊鐵恨·王炬, 1948,『台灣之國語運動』, 台北: 台灣省政府教育廳.

學生台灣語文促進會, 1995,「九〇年代以來校園台語文運動概況」,'第七屆台灣新生代論文
　　研討會'發表論文, 台北: 7月15~16日.

行政院研究二二八事件小組, 1992,『二二八事件研究報告』, 台北: 行政院.

許極墩, 1984,「台灣文學需要充實的維生素: 泛談台語與台灣文學的關係」,『台灣文藝』90:
　　29~46.

許極墩, 1990,『台灣語概論』, 台北: 台灣語文研究發展基金會,

許極墩, 1992,『台語文字化的方向』, 台北: 自立晚報.

許極墩, 1993,「多采多姿的語言」, 許極墩編『尋找台灣新座標』(台北: 自立晚報), 37~64.

許南村(陳映真), 1976,『知識人的偏執』, 台北: 遠行.

許南村(陳映真), 1978(1977),「鄉土文學的盲點」, 尉天聰編『鄉土文學討論集』(台北: 遠流),
　　93~99.

許南村編, 1994,『史明台灣史論的虛構』, 台北: 人間.

許雪姬, 1991,「台灣光復初期的語文問題」,『思與言』29(4): 155~184.

許水綠, 1984,「戰前台灣話文運動: 台灣文學語言的建設」,『台灣年代』5: 51~55.

許水綠, 1987,「筆尖指向現實: 台灣文學作品與社會生命」,『台灣新文化』13: 52~59.

許水綠, 1988,「不要容忍陳少廷: 再評『台灣新文學運動簡史』」,『台灣新文化』17: 82~86.

洪惟仁, 1985,『台灣河佬語聲調樹研究』, 台北: 自立晚報.

洪惟仁, 1992a,『台灣語言危機』, 台北: 前衛.

洪惟仁, 1992b,「台語文字化的理論俗實際」,『台語文摘』28: 12~32.

洪惟仁, 1992c,『台語文學與台語文字』, 台北: 前衛.

黃琪椿, 1995,「日治時期社會主義思潮下之鄉土文學論爭與台灣話文運動」,『中外文學』
　　23(9): 56~74.

黃大受, 1980,『台灣的根』, 台北: 中央文物供應社.

黃得時, 1979(1954, 1955),「台灣新文學運動概觀」, 李南衡編『日據下台灣新文學, 明集5:
　　文獻資料選集』(台北: 明潭), 269~324.

黃連德, 1988(1984),「洗掉中國熱昏症的'科學'粒吧!」, 施敏輝編『台灣意識論戰選集』(台

北: 前衛), 133~151.

黄武忠, 1980,『日據時代台灣文學作家小傳』, 台北: 時報.

黄富三等, 1986,「在學術工程上建立台灣史」,『中國論壇』254: 10~24.

黄宣範, 1988,「台灣話的語言社會學研究」,『台灣文藝』114: 94~101.

黄宣範, 1993,『語言, 社會與族群意識: 台灣語言社會學的研究』, 台北: 文鶴.

黄昭堂, 1994,「戰後台灣獨立運動與台灣民族主義的發展」, 施正鋒編,『台灣民族主義』(台北: 前衛), 195~227.

黄秀政, 1992,「清代台灣的分類械鬥」,『台灣史研究』(台北: 學生), 29~80.

黄呈聰, 1979(1923),「論普及白話文的新使命」, 李南衡編,『日據下台灣新文學, 明集5: 文献資料選集』(台北: 明潭), 6~19.

黄朝琴, 1979(1923),「漢文改革論」, 李南衡編,『日據下台滿新文學, 明集5: 文獻資料選集』(台北: 明潭), 20~35.

黄燦庭, 1983a,「台灣史的黎明與土著族」,『八十年代』5(6): 72~76.

黄燦庭, 1983b,「中國古書内的台灣」.『八十年代』6(1): 76~79.

黄春雄, 1984,「台灣人的'俘虜心態': 日據時期中智份子的澈底同化過程」,『八十年代』1: 59~62.

黄海鳴, 1995,「本土意識, 文化認同及台灣當代藝術之脈動」,『藝術家』238: 227~234.

侯坤宏, 1994,「'二二八事件'有關史料與研究之分析」,『國史館館刊』復刊16: 37~66.

<영문>

Aberbach, David, 1997, "Hebrew Literature and Jewish Nationalism in the Tsarist Empire,1881~1917", *Nations and Nationalism* 3(1): 25~44.

Andermahr, Sonya, et al., 1997, *A Glossary of Feminist Theory*, London: Arnold.

Anderson, Benedict, 1983, *Imagined Communities: Reflections on the Origin and Spread of Nationalism*, London: Verso.

Appiah, Kwame Anthony, 1992, *In My Father's House: Africa in the Philosophy of Culture*, Oxford, UK: Oxford University Press.

Appiah, Kwame Anthony, 1995, "African Identity" pp.103~115 in *Social Postmodernism: Beyond Identity Politics*, edited by Linda Nichloson and Steven Seidman, Cambridge, UK: Cambridge University Press.

Barker, Chris, 2000, *Cultural Studies: Theory and Practice*, London: Sage.

Barthes, Roland, 1977(1966), "Introduction to the Structural Analysis of Narratives" pp.79~124 in *Image, Music, Text*, translated by Stephen Heath, edited by Stephen Heath, New York: Hill and Wang.

Bates, Daniel G., 1994, "What's in a Name? Minorities, Identity, and Politics in Bulgaria", *Identities* 1(2~3): 201~225.

Berman, Daniel K., 1992, *Words like Colored Glass: The Role of the Press in Taiwan's Democratization Process*, Boulder, Colorado: Westview Press.

Blommaert, Jan and Jef Verschueren, 1991, "The Role of Language in European Nationalist Ideologies", *Pragmatics* 2(3): 355~375.

Bourdieu, Pierre, 1985, "The Social Space and the Genesis of Groups", *Theory and Society* 14:723~744.

Bourdieu, Pierre, 1991, *Language and Symbolic Power*, Cambridge, MA: Harvard University Press.

Bourdieu, Pierre, et al., 1991(1968), *The Craft of Sociology: Epistemological Preliminaries*, Berlin: Walter de Gruyter.

Bowler, Peter J., 1993, *Darwinism*, New York: Twayne Publishers.

Breuilly, John, 1982, *Nationalism and the State*, Chicago: The University of Chicago Press.

Breuilly, John, 1996(1994), "Approaches to Nationalism", pp.146~174 in *Mapping the Nation*, edited by Gopal Balakrishnan, London: Verso.

Bruner, Jerome, 1986, *Actual Minds, Possible Worlds*, Cambridge, MA: Harvard University Press.

Bruner, Jerome, 1990, *Acts of Meaning*, Cambridge, MA: Harvard University Press.

Bruner, Jerome, 2002, *Making Stories: Law, Literature, Life*, Cambridge, MA: Harvard University Press.

Calhoun, Craig, 1993, "Nationalism and Ethnicity", *Annual Review of Sociology* 19: 211~239.

Calhoun, Craig, 1994, "Nationalism and Civil Society: Democracy, Diversity and Self~Determination", pp.304~335 in *Social Theory and the Politics of Identity*, edited by Craig Calhoun, Cambridge, MA.: Blackwell.

Carr, David, 1986, *Time, Narrative, and History*, Bloomington, IN: Indiana University Press.

Chang, Mau-kuei Michael, 1989, "The Formation of Partisan Preferences in Taiwan's

Democratization Process, 1986~87", pp.313~342 in *Taiwan: A Newly Industrialized State*, edited by Hsiao Hsin-huang Michael, Cheng Wei-yuan, and Chan Hou-sheng, Taipei: Department of Sociology, Naitonal Taiwan University.

Chang, Mau-kuei Michael, 1994, "Toward an Understanding of the Seng-chi Wen-ti in Taiwan: Focusing on Changes after Political Liberalization", pp.93~150 in *Ethnicity in Taiwan: Social, Historical, and Cultural Perspectives*, edited by Chen Chung-min, Chuang Ying-chang, Huang Shu-min, Taipei: Institute of Ethnology, Academia Sinica.

Chang, Mau-kuei Michael, 1996, "Political Transformation and Ethnization of Politics in Taiwan", pp.135~152 in *Taiwanan der Schwelle Zum 21 Jahrhumdert–Gesellschalficher Wendel, Prolbem und Perspektiven eines Asiatischen Schwellenlandes*, edited by Guter Schubert and Axel Schneider, Hamberg, Germany: Institute fuer Asienkunde.

Chang, Sung~sheng Yvonne, 1993, *Modernism and the Nativist Resistance: Contemporary Chinese Fiction From Taiwan*, Durham and London: Duke University Press.

Chatterjee, Partha, 1986, *Nationalist Thought in the Colonial World: A Derivative Discourse*, London: Zed Books.

Chen, Ching-chih, 1988, "Impact of Japanese Colonial Rule on Taiwanese Elites", *Journal of Asian History* 22(1): 25~51.

Chen, Edward I-te, 1972, "Formosan Political Movements under Japanese Colonial Rule, 1914~37", *Journal of Asian Studies* 31(3): 477~497.

Chen, Lucy H., 1963, "Literary Taiwan", *The China Quarterly* 15: 75~85.

Cheng, Robert L., 1979, "Language Unification in Taiwan: Present and Future", pp.541~578 in *Language and Society: anthropological issues*, edited by William C. McCormack and Stephen A. Wurm, The Hague: Mouton.

Chiu, Hungdah, 1979, "The Question of Taiwan in Sino-American Relations", pp.147~211 in *China and The Taiwan Issue*, edited by Hunghad Chiu, New York: Praeger Publishers.

Chow, Tse-tsung, 1960, *The May Fourth Movement: Intellectual Revolution in Modern China*, Cambridge, MA: Harvard University Press.

Chun, Allen, 1994, "From Nationalism to Nationalizing: Cultural Imagination and State Formation in Postwar Taiwan", *The Australian Journal of Chinese Affairs* 31:

49~69.

Clough, Ralph, 1991, "Taiwan under Nationalist Rule, 1949~82", pp.815~874 in *The Cambridge History of China, Vol.15, The People's Republic, Part 2: Revolutions Within the Chinese Revolution 1966~82*, edited by Roderick MacFaarquhar and John K. Fairbank, Cambridge: Cambridge University Press.

Connor, Walker, 1990, "When Is a Nation?", *Ethnic and Racial Studies* 13(1): 92~ 103.

Coulmas, Florian, 1988, "What Is a National Language Good for?", pp.1~24 in *With Forked Tongues: What Are National Languages Good For?*, edited by Florian Coulmas. Singapore: Karoma.

Crossley, Michele L., 2000, *Introducing Narrative Psychology: Self, Trauma, and the Construction of Meaning*, Buckingham, UK: Open University Press.

Croucher, Sheila L., 1996, "The Success of the Cuban Success Story: Ethnicity, Power, and Politics", *Identities* 2(4): 351~384.

Deutsch, Karl, 1966, *Nationalism and Social Communication: An Inquiry into the Foundations of Nationality*, Cambridge, MA: MIT Press.

Duara, Prasenjit, 1993a, "Provincial Narratives of the Nation: Centralism and Federalism in Republican China", in *Cultural Nationalism in East Asia*, edited by Harumi Befu, Berkeley, CA: University of California Press.

Duara, Prasenjit, 1993b, "De-constructing the Chinese Nation", *The Australian Journal of Chinese Affairs* 30: 1~26.

Eckert, Penelope, 1983, "The Paradox of National Language Movements", *Journal of Multilingual and Multicultural Development* 4(4): 289~300.

Eley, Geoff, and Ronald Grigor Suny, 1996, "Introduction: From the Movement of Social History to the Work of Cultural Representation", pp.3~37 in *Becoming National: A Reader, edited by Geoff Eley and Ronald Grigor Suny*, New York: Oxford University Press.

Emerson, Ralph W, 1929(1837), "The American Scholar", in his *The Complete Writings of Ralph Waldo Emerson*, New York: WM. H. Wise & Co.

Eriksen, Thomas H., 1992, *Us and Them in Modern Societies: Ethnicity and Nationalism in Mauritius, Trinidad and Beyond*, Oslo, Norway: Scandinavian University Press.

Eriksen, Thomas H., 1993, *Ethnicity and Nationalism: Anthropological Perspectives*, London: Pluto Press.

Fanon, Frantz, 1963, *The Wretched of the Earth*, New York: Grove Press.

Fitzgerald, John, 1995, "The Nationless State: The Search for a Nation in Modern Chinese Nationalism", *The Australian Journal of Chinese Affairs* 33: 75~105.

Fix, Douglas L., 1993, "Advancing on Tokyo: The New Literature Movement, 1930~37", pp.251~302 in 日據時期台灣史國際學術研討會論文集(*Symposium of the International Colloquium on the Taiwanese History in the Period of the Japanese Rule*), Taipei: Department of History, National Taiwan University.

Foucault, Michel, 1972, *The Archaeology of Knowledge*, New York: Pantheon.

Furth, Charlotte, 1983, "Intellectual Change: from the Reform Movement to the May Fourth Moverment, 1895~1920", pp.322~405 in *The Cambridge History of China, Vol.12 Republican China 1912~49, Part I*, edited by John K. Fairbank, Cambridge: Cambridge University Press.

Gates, Hill, and Emily Martin Ahren, 1981, "Introduction" in *The Anthropology of Taiwanese Society*, edited by Emily Martin Ahren and Hill Gates, Stanford, CA: Stanford University Press.

Gellner, Ermest, 1983, *Nations and Nationalism*, Ithaca, NY: Cornell University Press.

Gergen, Kenneth J, 1991, *The Saturated Self: Dilemmas of Identity in Contemporary Life*, New York: Basic Books.

Giddens, Anthony, 1981, *A Contemporary Critique of Historical Materialism, Vol.1, Power, Property, and the State*, London: Macmillian.

Giddens, Anthony, 1985, *The Nation-State and Violence, Volume Two of A Contemporary Critique of Historical Materialism*, Cambridge, UK: Polity Press.

Giddens, Anthony, 1990, *The Consequences of Modernity*, Cambridge, UK: Polity Press.

Gilroy, Paul, 1997, "Diaspora and the Detours of Identity", pp.299~343 in *Identity and Difference*, edited by Kathryn Woodward, London: Sage Publications.

Grillo, R. D., 1989, *Dominant Languages: Language and Hierarchy in Brilain and France*, New York: Cambridge University Press.

Gross, M, 1981, "On the Integration of the Croatian Nation: A Case-study in Nation-building", *East European Quarterly* 15(2): 209~225.

Halbeisen, Hermann, 1991, "Taiwanese Consciousness(T'ai-wan i-shih): Facets of A Continuing Debate", pp.235~250 in *Taiwan: Economy, Sociery, and History*, edited by E. K. Y. Chen, et al., Hong Kong: Center of Asian Studies, University of HongKong.

Halbwachs, Maurice, 1980(1950), *The Collective Memory*, Translated by Francis J. Ditter

Jr. and Uida Yazdi Ditter, New York: Happer and Row.

Halbwachs, Maurice, 1992(1941, 1952), *On Collective Memory*, Edited and translated by Lewis A. Coser, Chicago, IL: The University of Chicago Press.

Hall, Stuart, 1990, "Cultural Identity and Diaspora", pp.222~237 in *Community, Culture, Diference*, edited by Jonathan Rutherford. London: Lawrence & Wishart.

Hall, Stuart, 1997(1987), "Minimal Selves", pp.34~138 in *Studying Culture: An Introductory Reader*, second edition, edited by Ann Gray and Jim McGuigan, London: Arnold.

Hann, Chris, 1995, "Intellectuals, Ethnic Groups and Nations: Two Late-Twentieth-Century Cases", pp.106~128 in *Notions of Nationalism*, edited by Sukumar Periwal, Budapest: Central European University Press.

Hinchman, Lewis P. and Sandra K Hinchman, 1997, "Introduction", pp.xii-xxxii in *Memory, Identity, Communiy: The Idea of Narrative in the Human Sciences*, edited by Lewis P. Hinchman and Sandra K. Hinchman, New York: State University of New York Press.

Hobsbawm, Eric, 1983, "Introduction: Inventing Traditions", pp.1~14 in *The Invention of Tradition*, edited by Eric Hobsbawm and Terence Ranger, Cambridge, UK: Cambridge University Press.

Hobsbawm, Eric, 1990, *Nations and Nationalism since 1780: Programme, Myth, Reality*, Cambridge, UK: Cambridge University Press.

Holstein, James A. and Jaber F. Gubrium, 2000, *The Self We Live by: Narrative Identity in a Postmodern World*, New York: Oxford University Press.

Hood, Steven J, 1997, *The Kuomintang and the Democratization of Taiwan*, Boulder, Colorado: Westview Press.

Hroch, Miroslav, 1985, *Social Preconditions of National Revival in Europe: A Comparative Analysis of the Social Composition of Patriotic Groups among the Smaller European Nations*, Translated by Ben Fowkes, London: Cambridge University Press.

Hroch, Miroslav, 1996(1993), "From National Movement to the Fully-formed Nation: The Nation-building Process in Europe", pp.78~97 in *Mapping the Nation, edited by Gopal Balakrishnan*, London: Verso.

Hsia C. T, 1971, *A History of Modern Chinese Fiction*, second edition, New Haven: Yale University Press.

Hsiao, Frank S. T. and Lawrence R. Sullivan, 1979, "The Chinese Communist Party and the Status of Taiwan, 1928~43", *Pacific Affairs* 52(3): 446~467.

Hsiao, Frank S. T. and Lawrence R. Sullivan, 1983, "A Political History of the Taiwanese Communist Party, 1928~1931", *Journal of Asian Studies* 42(2): 269~289.

Hsiau, A-chin(蕭阿勤), 2000, *Contemporary Taiwanese Cultural Nationalism*, London: Routledge.

Hsiau, A-chin(蕭阿勤), 2005, "Epilogue: Bentuhua - An Endeavor for Normalizing a Would-be Nation-state?", pp.271~272 in *Cultural, Ethnic, and Political Nationalism in Contemporary Taiwan: Bentuhua*, edited by John Makeham and A-chin Hsiau, New York, NY: Palgrave Macmillan.

Hsu, Wen-hsiung, 1980, "From Aboriginal Island to Chinese Frontier: the Development of Taiwan before 1683", pp.3~29 in *China's Island Frontier: Studies in the Historical Geography of Taiwan*, edited by Ronald G. Knapp, Honolulu. HI: The University Press of Hawaii.

Huang, Mab, 1976, *Intellectual Ferment for Political Reforms in Taiwan, 1971~73*, Ann Arbor, Michigan: Center for Chinese Studies, The University of Michigan.

Huang, Te-fu, 1996, "Elections and the Evolution of the Kuomintang", pp.105~136 in *Taiwan's Electoral Politics and Democratic Transition: Riding the Third Wave*, edited by Tien Huang-mao, Armonk, NY: M. E. Sharpe.

Hutchinson, John, 1987, *The Dynamics of Cultural Nationalism: The Gaelic Revival and the Creation of the Irish National State*, London: Allen & Unwin.

Jaspers, Karl T, 1953(1949), *The Origin and Goal of History*, New Haven, CT: Yale University Press.

Kedourie, Elie, 1993(1960), *Nationalism*, London: Hutchinson.

Kellas, James G., 1992, "The Social Origins of Nationalism in Great Britain: the Case of Scotland", pp.165~186 in *The Social Origins of Nationalist Movements: The Contemporary West European Experience*, edited by John Coakley, London: Sage.

Kellner, Hans, 1989, *Language and Historical Representation: Getting the Story Crooked*, Madison, WI: University of Wisconsin Press.

Kwan-Terry, John, 1972, "Modernism and Tradition in Some Recent Chinese Verse", *Tamkang Review* 3(2): 189~202.

Lai, Tse-han, Ramon H. Myers, and Wei Wou, 1991, *A Tragic Beginning: The Taiwan Uprising of February 28, 1947*, Stanford, CA: Stanford University Press.

Lau, Joseph S. M, 1973, "'How Much Truth can A Blade of Grass Carry?' Ch'en Ying-chen and the Emergence of Native Taiwanese Writers", *Journal of Asian Studies* 32(4): 623~638.

Lau, Joseph S. M, 1983, "Echoes of the May Fourth Movement in Hsiang-t'u Fiction", pp.135~150 in *Mainland China, Taiwan, and U.S. Policy*, edited by Tien Huang-mao, Cambridge, MA: Oelgeschlager, Gunn & Hain.

Lee, Lee Ou-fan, 1980, "'Modernism' and 'Romanticism' in Taiwan Literature", pp.6~30 in *Chinese Fiction from Taiwan: Critical Perspectives*, edited by Jeannette L. Faurot, Bloomington, Indiana: Indiana University Press.

Lee, Lee Ou-fan, 1983, "Literary Trend I: The Quest for Modernity, 1895~1927", pp.451~504 in *The Cambridge History of China, Vol.12, Republican China 1912~49, Part I*, edited by John K. Fairbank, Cambridge: Cambridge University Press.

Lee, Lee Ou-fan, 1986, "Literary Trends: The Road to Revolution 1927~47", pp.421~491 in *The Cambridge History of China, Vol.13, Republican China 1912~49, Part 2*, edited by John Fairbank and Albert Feuerwerker, Cambridge: Cambridge University Press.

Lin, Yu-sheng, 1979, *The Crisis of Chinese Consciousness: Radical Antitradtionalism in the May Fourth Era*, Madison, Wisconsin: The University of Wisconsin Press.

Linnekin, Jocelin, 1992, "On the Theory and Politics of Cultural Construction in the Pacific", *Oceania* 64(4): 249~263.

Lyotard, Jean-Francois, 1984(1979), *The Postmodern Condition: A Report on Knowledge*, UK: Manchester University Press.

MacIntyre, Alasdair, 1984, *After Virtue: A Study in Moral Theory*, Notre Dame, IN: University of Notre Dame Press.

Madsen, Richard, 1995, *China and the American Dream: A Moral Inquiry*, Berkeley, CA: University of California Press.

Madsen, Richard, 2007, *Democracy's Dharma: Religious Renaissance and Political Development in Taiwan*, Berkeley, CA: University of California Press.

Maines, David R., 2001, *The Faultline of Consciousness: A View of Interactionism in Sociology*, New York: Aldine de Gruyter.

Mann, Michael, 1992, *The Sources of Social Power, Vol.2*, Cambridge, UK: Cambridge University Press.

Maraini, Fosco, 1979, "The Persistence of the Ideographic Script in the Far East: Its Competitive Values Versus the Alphabet", pp.579~588 in *Language and Society: anthropological issues*, edited by William C. McCormack and Stephen A. Wurm, The Hague: Mouton.

Martin, Denis-Constant, 1995, "The Choice of Identity", *Social Identities* 1(1): 5~16.

Mato, Daniel, 1996, "On the Theory, Epistemology, and Politics of the Social Construction of 'Cultural Identities'" in "The Age of Globalization: Introductory Remarks to Ongoing Debates", *Identities* 3(1~2): 61~72.

McDonald, Maryon, 1989, *We Are not French: Language, Culture, and Identity in Brittany*, London: Routledge.

McGrew, Anthony, 1992, "A Global Society?", pp.61~116 in *Modernity and its Futures*, edited by Stuart Hall, et al., Cambridge: Polity Press.

Mei, Wen-li, 1963, "The Intellectuals on Formosa", *The China Quarterly* 15: 65~74.

Meisner, Maurice, 1964, "The Development of Formosan Nationalism", pp.147~162 in *Formosa Today*, edited by Mark Mancall, New York: Frederick A. Prasger.

Mendel, Douglas, 1970, *The Politics of Formosan Nationalism*, Berkeley and Los Angeles: University of California Press.

O'Sullivan, Tim, et al., 1994, *Key Concepts in Communication and Cultural Studies*, London: Routledge.

Peattie, Mark P., 1984, "Introduction", pp.3~52 in *The Japanese Colonial Empire, 1895~1945*, edited by Ramon H. Myers and Mark R. Peattie, Princeton, NJ: Princeton University Press.

P'eng, Ming-min, 1972, *A Taste of Freedom: Memoirs of a Formosan Independence Leader*, New York: Holt, Rinehart, and Winston.

Penrose, Jan, 1995, "Essential Constructions? The 'Cultural Bases' of Nationalist Movements", *Nations and Nationalism* 1(3): 391~417.

Pepper, Suzanne, 1986, "The KMT-CCP Conflict 1945~49", pp.723~788 in *The Cambridge History of China, Vol.13, Republican China 1912~49, Part2*, edited by John K. Fairbank and Albert Feuerwerker, Cambridge: Cambridge University Press.

Plummer, Ken, 1995, *Telling Sexual Stories: Power; Chang and Social Words*, London:

Routledge.

Polkinghone, Donald E., 1988, *Narrative Knowing and the Human Sciences*, Albany, NY: State University of New York Press.

Renan, Emest, 1990(1882), "What Is a Nation?" in *Nation and Narration*, edited by Homi K. Bhabha, London and New York: Routledge.

Ricoeur, Paul, 1981, "Narrative Time", pp.165~186 in *On Narrative*, edited by W. J. T. Mitchell, Chicago: The University of Chicago Press.

Ricoeur, Paul, 1984, *Time and Narrative, vol. I.* Translated by Kathleen McLaughlin and David Pellauer, Chicago: The University of Chicago Press.

Ricoeur, Paul, 1991, "Life in Quest of Narrative", pp.20~33 in *On Paul Ricoeur: Narrative and Interpretation*, edited by David Wood, London: Routledge.

Ringmar, Eric, 1996, *Identity, Interest and Action: A Cultural Explanation of Sweden Intervention in the Thirty Years War*, Cambridge, UK: Cambridge University Press.

ROC Government Information Office, 1996, *The Republic of China Yearbook*, Taipei: ROC Government Information Office.

Royce, Anya Peterson, 1993, "Ethnicity, Nationalism, and the Role of the Intellectual" in *Ethnicity and the State*, edited by Judity D. Toland, New Brunswick, NJ: Transaction Publishers.

Sarbin, Theodore R., 1986, "The Narrative as a Root Metaphor for Psychology", pp.3~21 in *Narrative Psychology: The Storied Nature of Human Conduct*, edited by Theodore R. Sarbin, New York: Praeger.

Schwartz, Benjamin L, 1983, "Themes in Intellectual History: May Fourth and After", pp.406~451 in *The Cambridge History of China, Vol.12, Republican China 1912~49, Part I*, edited by John K. Fairbank, Cambridge: Cambridge University Press.

Smith, Anthony D., 1986, *The Ethnic Origins of Nations*, Oxford: Blackwell.

Smith, Anthony D., 1991, *National Identity*, Reno, NV: University of Nevada Press.

Smith, Anthony D., 1993, "The Nation: Invented, Imagined, Reconstructed?", pp.9~28 in *Reimagining the Nation*, edited by Marjorie Ringrose and Adam J. Lerner, Bristol, PA: Open University Press.

Smith, Anthony D., 1996(1989), "The Origins of Nations", pp.106~130 in *Becoming National*, Geoff Eley and Ronald Grigor Suny, New York: Oxford Universtiy

Press.

Somers, Margaret R. and Gibson, Gloria D, 1994, "Reclaiming the Epistemological 'Other': Narrative and the Social Construction of Identity", pp.37~99 in *Social Theory and the Politics of Identity*, edited by Craig Calhoun, Oxford, UK: Blackwell.

Spivak, Gayatri Chakravorty, 1990, *The Post-colonial Critic: Interviews, Strategies, Dialogues*, London: Routledge.

Taylor, Charles, 1989, *Sources of the Self: the Making of the Modern Identity*, Cambridge, UK: Cambridge University Press.

Tien, Hung-mao, 1989, *The Great Transition: Political and Social Change in the Republic of China*, Stanford, CA: Hoover Institution Press.

Tilly, Charles, 1990, *Coercion, Capital and European States AD 990~1990*, Oxford, UK: Blackwell.

Townsend, James, 1992, "Chinese Nationalism", *The Australian Journal of Chinese Affairs* 27: 97~130.

Tozer, Warren, 1970, "Taiwan's 'Cultural Renaissance': A Preliminary View", *The China Quarterly* 43: 81~99

Tse, John Kwock-ping, 1986, "Standardization of Chinese in Taiwan", *International Journal of Sociology of Language* 59: 25~32.

Tsurumi, E. Patricia, 1977, *Japanese Colonial Education in Taiwan, 1895~1945*, Cambridge, MA: Harvard University Press.

Tsurumi, E. Patricia, 1980, "Mental Captivity and Resistance: Lessons from Taiwanese Anti-colonialism", *Bulletin of Concerned Asian Scholars* 12(2): 2~13.

Urla, Jacqueline, 1993, "Contesting Modernities: Language Standardization and the Production of an Ancient/Modern Basque Culture", *Critique of Anthropology* 13(2): 101~118.

Verdery, Katherine, 1991, *National Ideology under Socialism: Identity and Cultural Politics in Ceausescu's Romania*, Berkeley, CA: University of California Press.

Wang, Fu-ch'ang, 1989, *The Unexpected Resurgence: Ethnic Assimilation and Competition in Taiwan, 1945~88*, doctoral dissertation of the University of Arizona.

Wang, Jing, 1980, "Taiwan Hsiang-t'u Literature: Perspectives in the Evolution of a Literary Movement", pp.43~70 in *Chinese Fiction from Taiwan: Critical Perspectives*, edited by Jeannette L. Faurot, Bloomington, IN: Indiana

University Press.

Weber, Max, 1978, *Economy and Society, Volume 1*, Berkeley, CA: University of California Press.

White, Hayden, 1987, "The Metaphysics of Narrativity: Time and Symbol in Ricoeur's Philosophy of History", pp.169~184 in his *The Content of the Form: Narrative Discourse and Historical Representation*, Baltimorek, MD: The Johns Hopkins University Press.

Woodward, Kathrym, 1997a, "Introduction", pp.1~6 in *Identity and Difference*, edited by Kathryn Woodward, London: Sage publications.

Woodward, Kathrym, 1997b, "Motherhood: Identities, Meanings and Myths", pp.239~285 in *Identity and Difference*, edited by Kathryn Woodward, London: Sage.

Woolard, Kathryn A. and Bambi B. Schieffelin, 1994, "Language Ideology", *Annual Review of Anthropology* 23: 55~82.

Woolf, Stuart, 1996, "Introduction", pp.1~39 in *Nationalism in Europe, 1815 to the Present: A Reader*, edited by Stuart Woolf, London: Routledge.

Wu, David Yen-ho, 1991, "The Construction of Chinese and Non-Chinese Identities", *Daedalus*, 120(2): 159~179.

Yoshino, Kosaku, 1992, *Cultural Nationalism in Contemporary Japan*, London: Routledge.

Yuval-Davis, Nira, 1997, *Gender and Nation*, London: Sage.

인명색인

| 지은이 소개 |

샤오아친[蕭阿勤, A-Chin Hsiau]

문화사회학, 정치사회학을 연구하는 타이완의 사회학자이다. 캘리포니아 대학(University of California)에서 사회학을 공부했고, 현재 타이완 중앙연구원 사회학연구소 연구원으로 재직하고 있다. 오랫동안 타이완의 족군정치와 문화 본토화 연구에 천착해왔으며, 현재는 '해양과 타이완의 민족정체성'을 연구하고 있다. *Contemporary Taiwanese Cultural Nationalism*(2000); *Youth, Narrative, Nationalism: Politics and Cultural Nativism in 1970s Taiwan*(2021);『回歸現實:台灣一九七〇年代的戰後世代與文化政治變遷』(2010)을 썼고, *Cultural, Ethnic, and Political Nationalism in Contemporary Taiwan: Bentuhua*(2005);『族群、民族與現代國家:經驗與理論的反思』(2016); *Les Liens de la Memoire: Itineraires Taïwanais*(2024)를 책임 편집하였다.

| 옮긴이 소개 |

오병수

푸단대학에서 중국근현대사를 공부했고, 동국대학교 인간과미래연구소에서 연구교수로 재직하고 있다. 사상사 학술사 냉전사에 관심이 많다.『제국의 학술기획과 만주』(2021) 등을 공저하였으며,『탈일본화 재중국화: 전후 타이완에서의 문화재건(1945~47)』(2024)을 번역하였다.

손승희

국립대만사범대학과 푸단대학에서 중국근현대사를 공부했고, 현재 중앙대학교 연구교수로 재직하고 있다. 중국근현대 사회경제사를 연구해 왔으며, 저서로는『중국의 근대, '가정'으로 보다』(2022),『민간계약문서에 투영된 중국인의 경제생활』(2019),『중국의 가정, 민간계약문서로 엿보다』(2018) 등이 있다.

접경인문학 번역총서 012

당대當代 타이완의
민족주의의 문화정치

초판 인쇄 2024년 10월 24일
초판 발행 2024년 10월 31일

지 은 이 | 샤오아친[蕭阿勤, A-Chin Hsiau]
옮 긴 이 | 손 승 희·오 병 수
펴 낸 이 | 하 운 근
펴 낸 곳 | 學古房

주   소 | 경기도 고양시 덕양구 통일로 140 삼송테크노밸리 A동 B224
전   화 | (02)353-9908 편집부(02)356-9903
팩   스 | (02)6959-8234
홈페이지 | www.hakgobang.co.kr
전자우편 | www.hakgobang@naver.com
등록번호 | 제311-1994-000001호

ISBN 979-11-6995-530-0 94910
       979-11-6995-455-6 (세트)

값 40,000원

파본은 교환해 드립니다.